ANNUAL OF HUAZHONG UNIVERSITY OF SCIENCE AND TECHNOLOGY

华中科技大学年鉴

·2017·

《华中科技大学年鉴》编纂委员会

《华中科技大学年鉴》

（2017）

编纂委员会

编 辑 人 员

目　　录

学 校 概 况

学校简介

华中科技大学是教育部直属重点综合性大学，由原华中理工大学、同济医科大学、武汉城市建设学院于2000年5月26日合并成立，是国家“211工程”重点建设和“985工程”建设高校之一，是首批“双一流”建设高校。

学校校园占地7000余亩，园内树木葱茏，碧草如茵，环境优雅，景色秀丽，绿化覆盖率达72%，被誉为“森林式大学”。学校教学科研支撑体系完备，各项公共服务设施齐全。

学校学科齐全、结构合理，基本构建起综合性、研究型大学的学科体系。拥有哲学、经济学、法学、教育学、文学、理学、工学、医学、管理学、艺术学等10大学科门类；设有98个本科专业，214个硕士学位授权点，183个博士学位授权点，39个博士后科研流动站；现有一级学科国家重点学科7个，二级学科国家重点学科15个（内科学、外科学按三级），国家重点（培育）学科7个。在教育部第四轮学科评估中，14个学科进入A类（其中机械工程、光学工程、生物医学工程、公共卫生与预防医学4个学科进入A^+），28个学科进入B类（其中19个进入B^+）。

学校实施“人才兴校”战略，师资力量雄厚。现有专任教师3000余人，其中教授1000余人，副教授1300余人；教师中有院士16人，“千人计划”入选者38人，“外专千人计划”入选者7人，“青年千人计划”入选者123人，长江学者特聘教授59人、讲座教授42人，长江学者青年项目15人，国家杰出青年科学基金获得者65人，973计划项目首席科学家15人，重大科学研究计划项目首席科学家2人，国家重点研发计划项目首席科学家24人，973计划（含重大科学研究计划）青年科学家3人，优秀青年科学基金获得者43人，国家级教学名师9人，“万人计划”领军人才29人、青年拔尖人才21人，教育部新世纪优秀人才支持计划入选者224人，国家百千万人才工程入选者39人，湖北省“百人计划”入选者52人，“楚天学者”207人。

学校贯彻建设“学生、学者与学术的大学”的教育思想，秉承“育人为本、创新是魂、责任以行”的办学理念，坚持“一流教学一流本科”的建设目标，采取多种举措，深化教育教学改革，全面推进素质教育，构建和完善充满活力的创新人才培养体系。几十年来，已为国家培养了近40万名高级人才。

按照“应用领先、基础突破、协调发展”的科技发展方略，构建起了覆盖基础研究层、高新技术研究层、技术开发层三个层次的科技创新体系。建设有武汉光电国家研究中心以及国家脉冲强磁场科学中心（筹）、精密重力测量研究设施等国家重大科技基础设施，还拥有4个国家重点实验室、1个国防科技重点实验室、6个国家工程（技术）研究中心、1个国家工程实验室、2个国家专业实验室及一批省部级研究基地。

学校坚持“服务乃宗旨，贡献即发展”的办学思路，面向国民经济建设主战场，学研产相结合，密切与地方政府、大型企业的合作关系，通过设立驻外研究院、产业化基地，开展横向科技合作等方式为区域经济建设服务。

学校坚持开放式办学理念，积极开展全方位、多层次的国际交流与合作，目前已与世界上35个国家和地区的100多所大学建立了良好的校际交流关系，每年有约1600余人次的国（境）外专家学者来我校任教、合作科研和开展学术交流活动。

附属协和医院、同济医院是集医疗、教学、科研、培训为一体的大型现代化综合性医院，是湖北省乃至中南地区的医疗诊治中心。附属梨园医院突出老年病学的特色，是湖北省老年病防治研究中心。

华中科技大学正以创建世界一流大学为目标，秉持“明德厚学，求是创新”的校训，敢于竞争，善于转化，聚精会神，科学发展，全面提升办学水平，努力开创更加辉煌灿烂的明天。

学校基本情况一览表(截至2017年9月底)[①]

全日制在校生数

单位:人

合计	本科	硕士	博士	留学生	普通预科生	进修及培训(一年及以上)	专科
57083	29835	16482	7288	2782	101	488	107

其他学生数

单位:人

成人专科	成人本科	网络专科	网络本科	在职人员攻读硕士学位	研究生课程进修班	进修及培训(一年以内)
1197	3376	26397	13462	9739	0	1548

全校教职工数

单位:人

	全校教职工数													
	合计	校本部教职工										科研机构人员	校办企业职工	其他附设机构人员
		计	专任教师						行政人员	教辅人员	工勤人员			
			计	正高级	副高级	中级	初级	未定职级						
总计	6912	5685	3358	1108	1370	798	23	59	1048	827	452	798	213	216
其中:女	2337	1872	962	187	458	287	12	18	525	349	36	281	41	143

学科情况

单位:个

专科(高职)专业	本科专业	硕士学位授权一级学科点	硕士学位授权二级学科点(不含一级学科覆盖点)	博士学位授权一级学科点	博士学位授权二级学科点(不含一级学科覆盖点)	博士后科研流动站
1	98	45	0	40	0	39

科研机构情况

国家实验室	国家重点实验室	国家工程实验室	国家工程研究中心	国家工程技术研究中心	省、部级设置的研究(院、所、中心)、实验室
1	5	1	2	4	107

① 不包含附属医院情况。

固定资产、教学科研仪器设备及图书情况

<table>
<tr><th rowspan="3">学校产权占地面积/平方米</th><th rowspan="3">图书/万册</th><th colspan="3">计算机数/台</th><th colspan="2">教室/间</th><th colspan="2">固定资产总值/万元</th></tr>
<tr><th rowspan="2">计</th><th colspan="2">其中:教学用计算机</th><th rowspan="2">计</th><th rowspan="2">其中:网络多媒体教室</th><th rowspan="2">计</th><th rowspan="2">其中:教学、科研仪器设备资产值</th></tr>
<tr><th>计</th><th>其中:平板电脑</th></tr>
<tr><td>4081834.46</td><td>644.27</td><td>40677</td><td>17978</td><td>205</td><td>691</td><td>634</td><td>792771.0982</td><td>370656.12</td></tr>
</table>

综合统计资料(截至2017年9月底)

分学科专任教师数

单位:人

按学科分类	合计	正高级	副高级	中级	初级	未定职级
总　计	3358	1108	1370	798	23	59
其中:女	962	187	458	287	12	18
哲学	76	21	26	22	1	6
经济学	57	20	17	20	0	0
法学	51	13	24	14	0	0
教育学	107	20	55	31	0	1
其中:体育	78	8	45	24	0	1
文学	232	42	96	90	2	2
其中:外语	154	16	65	72	1	0
历史学	11	3	4	4	0	0
理学	436	184	170	76	0	6
工学	1800	602	743	408	14	33
其中:计算机	189	36	84	60	8	1
农学	0	0	0	0	0	0
其中:林学	0	0	0	0	0	0
医学	386	134	153	93	5	1
管理学	192	69	76	37	0	10
艺术学	10	0	6	3	1	0

普通本科分学科学生数

单位:人

按学科分类	毕业生数	招生数	在校生数
总　计	7148	7129	29835
其中:女	2305	2258	9313
哲学	0	75	75
经济学	287	301	1237
法学	487	326	2051
教育学	0	0	0
文学	462	429	2083
其中:外语	0	0	0
历史学	0	0	0
理学	884	1200	4447
工学	3198	2413	11778
农学	0	0	0
医学	989	977	3979
管理学	718	1334	3657
艺术学	123	74	528

外国留学生情况

单位:人

		毕(结)业生数	授予学位数	招生数	在校生数
总计		913	436	1280	2782
其中:女		370	152	499	1069
按学历分	小计	545	436	826	2279
	专科	0		0	0
	本科	171	155	255	964
	硕士研究生	259	190	360	744
	博士研究生	115	91	211	571
培训		368		454	503
按大洲分	亚洲	464	226	597	1431
	非洲	250	155	425	951
	欧洲	152	27	188	252
	北美洲	27	21	40	97
	南美洲	17	6	23	36
	大洋洲	3	1	7	15
按经费来源分	国际组织资助	0	0	0	0
	中国政府资助	310	217	597	1221
	本国政府资助	30	21	0	52
	学校间交换	120	17	123	153
	自费	453	181	560	1356

分计划、分学科研究生数

单位:人

		毕业生数			招生数			在校生数		
		合计	硕士	博士	合计	硕士	博士	合计	硕士	博士
总计		6614	5322	1292	7732	6210	1522	23770	16482	7288
其中:女		2666	2213	453	3885	3283	602	10457	7916	2541
按学科分	哲学	38	31	7	42	34	8	151	106	45
	经济学	220	185	35	265	235	30	659	491	168
	法学	312	303	9	361	343	18	1060	937	123
	教育学	137	125	12	193	172	21	500	353	147
	文学	151	126	25	240	207	33	695	529	166
	历史学	7	7	0	0	0	0	20	20	0
	理学	280	148	132	634	421	213	1769	918	851
	工学	3473	2916	557	4654	3948	706	12723	9144	3579
	农学	13	13	0	29	29	0	55	55	0
	医学	1077	656	421	1329	939	390	4134	2470	1664
	军事学	0	0	0	0	0	0	0	0	0
	管理学	873	779	94	1160	1057	103	3102	2557	545
	艺术学	33	33	0	52	52	0	129	129	0
总计中:学术型学位		4032	2762	1270	5217	3714	1503	17276	10117	7159
专业学位		2560	2560	0	2496	2496	0	6365	6365	0

在职人员攻读硕士学位分学科学生数

单位:人

		授予学位数	招生数	在校生数
总　计		2073	0	8529
其中:女		642	0	2490
学术型学位	小　计	19	0	69
	哲学	0	0	1
	经济学	14	0	32
	法学	0	0	8
	教育学	0	0	0
	文学	0	0	10
	历史学	0	0	0
	理学	0	0	0
	工学	3	0	7
	农学	0	0	0
	医学	2	0	11
	军事学	0	0	0
	管理学	0	0	0
	艺术学	0	0	0
专业学位	小　计	2054	0	8190
	哲学	0	0	0
	经济学	0	0	0
	法学	22	0	308
	教育学	178	0	638
	文学	0	0	0
	历史学	0	0	0
	理学	0	0	0
	工学	1703	0	6807
	农学	31	0	162
	医学	51	0	173
	军事学	0	0	0
	管理学	69	0	102
	艺术学	0	0	0

校舍情况

单位:平方米

校舍分类	学校产权校舍建筑面积
总　计	2334325.52
一、教学科研及辅助用房	876430.27
教室	141877.08
图书馆	66177.15
实验室、实习场所	523505.09
专用科研用房	93101.11
体育馆	41991.29
会堂	9778.55
二、行政办公用房	40834.93
三、生活用房	774506.10
学生宿舍(公寓)	591075.16
学生食堂	80841.88
教工宿舍(公寓)	26729.77
教工食堂	8032.22
生活福利及附属用房	67827.07
四、教工住宅	552238.88
五、其他用房	90315.34

(学校办公室、总务长办公室供稿)

重 要 文 献

重要文件

华中科技大学基层党委(党总支、直属党支部)管党治党责任体系与考评办法

校党〔2017〕9 号

为进一步深入贯彻落实党要管党、从严治党的要求,深刻认识和落实基层党组织管党治党主体责任,根据上级文件精神,结合学校实际,特制订本责任体系及考评办法。

一、指导思想

以马列主义、毛泽东思想和中国特色社会主义理论体系为指导,以党章、党内法规制度为基本遵循,全面贯彻落实党的十八大以来党中央管党治党新思想新要求,深入学习贯彻习近平总书记系列重要讲话精神和治国理政新理念新思想新战略,全面落实党要管党、从严治党主体责任,牢固树立落实管党治党、抓好党建是各级党组织负责人第一责任的意识,坚持思想教育从严、干部管理从严、作风要求从严、组织建设从严、制度执行从严,聚焦主责主业、强化担当作为,加大主体责任压力传导,找准抓牢主体责任着力点,健全制度强化考评问责,推动主体责任落实到位,切实发挥基层党组织的政治核心作用,不断增强基层党组织推动发展、服务师生、凝聚人心、促进和谐的责任担当,为加快建设世界一流大学提供坚强的政治保证、思想保证和组织保证。

二、基层党委(党总支、直属党支部)管党治党主要职责

1. 认真贯彻执行上级决策部署

坚持党的领导,坚持社会主义办学方向,认真宣传、贯彻执行党的路线方针政策和上级党组织的决策部署,及时向党支部和党员通报传达上级文件和会议精神,发挥好党组织的政治核心和保障作用,保证党的领导在工作中全面发挥作用。及时召开党的委员会会议,研究讨论本单位党的建设工作。制定本单位党建工作计划、制度和措施,并组织实施,掌握思想政治工作主导权,用科学理论培养人,用正确思想引导人,推进全面工作。

2. 加强本单位领导班子建设

坚持和完善领导班子集体学习制度,不断提高领导班子谋划运作、执行落实、科学管理、推动发展的能力。认真执行民主集中制,通过党政联席会议讨论和决定本单位重要事项,规范完善会议制度,认真落实"三重一大"决策制度,健全集体领导、党政分工合作、协调运行的工作机制,提升班子整体功能和议事决策水平。加强基层班子建设,坚持原则,严守纪律,勇于担当,维护团结,形成合力。加强本单位干部队伍建设,抓好后备干部培养工作。

3. 加强党支部和党员队伍建设

加强教师党支部、学生党支部特别是研究生党支部建设,合理设置党支部,创新支部活动方式,充分发挥党支部组织教育管理党员和宣传引导凝聚师生的主体作用,做好党员日常学习教育,加强党员日常管理监督,建立经常性督查指导机制,开展党支部工作考核,及时加强薄弱党支部的整改。规范党内组织生活,健全"三会一课"等制度,使党内组织生活制度化、经常化、规范化。规范党费收缴工作,严格履行党费收缴手

续。指导党支部规范发展党员工作程序,保证发展党员质量,加大在优秀青年教师、海外留学归国教师中发展党员力度。重视基层党务工作者队伍建设,选优训强党支部书记,加强对党务工作干部的培训和指导。做好党员教育管理服务工作,引导党员立足本职岗位发挥先锋模范作用。

4. 加强基层服务型党组织建设

坚持全心全意为人民服务的根本宗旨,坚持服务改革、服务发展、服务民生、服务群众、服务党员,建设基层服务型党组织。开展党组织联系服务党员和师生活动,建立健全联系服务群众的长效机制,倾听群众的意见和呼声。关心支持青年教师成长,做好离退休老同志工作,帮助有困难的师生员工解决实际问题。健全党内激励关怀帮扶机制,增强党组织的凝聚力和党员的归属感。发挥基层党组织在维护安全稳定、促进和谐校园建设的主导和保障作用。

5. 落实党风廉政建设主体责任

不断加强党员干部党性、党风、党纪和反腐倡廉教育,严明纪律,严守规矩,督促干部认真履行“一岗双责”。贯彻落实中央八项规定精神,认真执行学校有关规定,纠正“四风”方面存在的突出问题。建立健全廉政风险防控机制,加强重点领域和关键环节监管。加强本单位干部的严格管理和监督,对苗头性、倾向性问题坚持早提醒、早纠正,对违纪违规问题要严肃处理。

坚持“一岗双责”、党政同责,加强制度建设,加强教育与学习,严格规范制度执行,加强监督检查,确保党风廉政建设责任落实到位、执行到位。发挥好党内政治生活对党风廉政建设的保障作用,开展和利用好监督执纪“四种形态”的第一、二两种形态,认真开展批评与自我批评,让咬耳扯袖、红脸出汗成为常态,维护良好的政治生态和纪律生态。

6. 坚持正确政治导向,做好意识形态工作

深入开展中国特色社会主义宣传教育,用社会主义核心价值观凝聚和引领师生员工。准确把握师生思想状况,创新工作理念和方式方法,把解决思想问题与解决实际问题结合起来,不断增强针对性实效性。加强教职工思想政治工作,抓好师德师风和医德医风建设,引导教职工做到教书育人、实践育人、科研育人、管理育人、服务育人。加强学生思想政治教育,引导学生全面发展、成长成才。加强本单位文化建设,营造积极进取、团结和谐的文化氛围。加强对课堂教学、报告会、研讨会、讲座、论坛和网络等思想文化阵地的管理。

7. 履行党委统战工作主体责任

统一战线工作是党的工作的重要组成部分,各级党委要切实提高认识,要全面加强党对统战工作的领导,从战略高度重视和抓好统战工作,真正把统战工作摆在重要位置来抓。基层党组织负责人要履行好第一责任人责任,自觉履职尽责,真正担当起抓统战工作的主体责任。要建立健全统战工作体制机制,要充分发挥党总揽全局、协调各方的领导核心作用。

8. 推动民主办学

支持本单位学术委员会、学位分委员会、教学指导委员会等学术组织加强自身建设、充分发挥作用。领导和支持本单位工会、共青团、学生会等群众组织和教职工代表大会开展工作。

三、考评基本要求

(一)加强基层党组织建设与党员日常管理

1. 基层组织建设

(1)基层党组织设置合理,实现全覆盖。按照有利于开展党员教育管理服务活动、有利于密切联系群众的原则,合理设置二级党委下的党总支、党支部、党小组等,合理控制党支部规模,实现党组织和党的工作全覆盖。

(2)基层党组织按期换届。各级组织任期届满,应按期进行换届。要明确时间进度,制定具体措施,建立基层党组织按期换届工作台账。对软弱涣散的基层党组织,要认真分析原因、找准症结,做好整顿。换届中要严肃基层党组织换届工作纪律,要严格程序,加强监督检查,营造风清气正的换届环境。

2. 基层党组织书记队伍建设

(1)选优配强基层党组织书记,实施教师党支部书记“双带头人”培育工程。按照思想政治素质好、党务工作能力强、学术科研能力强的“一好双强”标准,选配教师党支部书记。不断提高党员学科带头人和学术骨干担任教师党支部书记比例。注重从优秀辅导员、优秀大学生党员中选拔学生党支部书记。着眼新时期高校党建和教育改革发展需要，本着精干、务实、管用原则，选配好党务工作人员，建设一支本领过硬的骨干队伍。

（2）加强党组织书记和骨干队伍教育培训。着眼于建设一支政治素质高、党务能力强、工作作风好的基层党组织带头人队伍，切实加强教育培训。二级单位党组织主要负责人每年至少参加一次上级组织部门开展的集中培训。积极开展本单位教职工和学生党支部书记轮训，使教职工党支部、学生党支部书记任期内至少参加一次集中培训学习，强化党的基本知识、纪律规矩和党建工作方法学习培训。按照上级和学校部署安排，有针对性地开展党组织书记和骨干队伍专题教育培训。

3. 党员队伍建设

（1）做好入党积极分子、发展对象培养教育工作。建立健全分层培养、分步衔接的教育体系，重视做好思想上入党工作。健全入党积极分子动态管理机制，做好培养档案和台账工作。加强分党校建设，组织开展入党积极分子、发展对象培训班，使每位入党积极分子、发展对象在入党前参加一次集中培训。

（2）做好新生党员资格审查工作。从严落实党员组织关系转接管理制度，规范新生党员组织关系程序，抓好责任落实。按照相关文件要求，做好新生党员组织关系转入和党员资格审查工作。

（3）做好党员发展工作。注重政治合格、持续培养，端正师生入党动机，严把党员入口关。重视在优秀青年教师、海外留学归国教师中发展党员，对那些对党有感情、思想品行好、业务能力强、为人师表的优秀人才，安排专人联系，进行重点培养，条件成熟的及时吸收入党。认真做好发展学生党员工作，重视发展少数民族学生入党。

（4）加强党员组织关系管理。规范毕业生党员组织关系接转，加强对社会聘用人员党员、留学党员、流动党员、暂缓和保留组织关系转接等各类党员的日常管理，把好组织关系管理的各环节，做到党员组织管理人员无疏漏、环节无疏漏，杜绝新出现“口袋党员”“失联党员”。

（二）落实党内组织生活基本制度，加强党员教育

1. 规范党内组织生活

（1）坚持和完善党员领导干部民主生活会制度。坚持和完善民主生活会制度，是保证党的团结统一、保持党的先进性和纯洁性的一大法宝。二级单位党组织领导班子和党员领导干部要向党中央看齐，严格执行民主生活会制度，勇于批评和自我批评，勇于听取不同意见，不断增强发现和解决自身问题的能力。二级单位党组织领导班子和党员领导干部一般每年至少召开1次。

（2）落实专题组织生活会制度。专题组织生活会是以交流思想、总结经验教训、开展批评与自我批评为中心内容的组织活动制度，以党支部或党小组为单位召开，党支部（党小组）全体党员参加，一般每年1次，必要时可随时召开。遵循的原则是“团结—批评—团结”。

（3）落实党员领导干部双重组织生活制度。党员领导干部要按期参加定期召开的民主生活会，同时要以普通党员身份，编入党的支部、小组，按期参加所在党支部、党小组的组织生活，自觉接受党组织和党员群众的监督。

（4）落实“三会一课”制度。按照《关于进一步规范党费收缴和党内组织生活的通知》（校党〔2016〕26号）文件要求，规范组织党员参加党内组织生活，保障“三会一课”制度落实，不断提高“三会一课”的质量和效果。加强和规范党内政治生活，严肃党的政治纪律和政治规矩，增强党内政治生活的政治性、时代性、原则性、战斗性。强化党员党的意识、党员意识，不断提升基层党组织战斗力和凝聚力。落实领导干部带头讲党课制度，党员领导干部尤其是二级单位党组织主要负责人要带头为党员干部上党课，每学期至少讲1次，班子成员中党员领导干部每年至少讲1次。

（5）开展民主评议党员。各党支部每年至少组织一次以党员民主评议为主题的专题组织生活会。用好批评与自我批评的武器，利用和发挥好党内组织生活会在执纪问责“四种形态”前两种形态的教育、提醒和改正的作用。

（6）坚持谈心谈话制度。党员领导干部要结合“一岗双责”要求和分管工作，开展谈心谈话活动，做到基层党组织主要负责人同班子成员之间、班子成员相互之间、班子成员和分管部门负责同志之间、班子成员和所在支部党员代表之间，要开展经常性的谈心谈话。同时，要积极开展党支部委员与群众谈心交流活动，努力实现全覆盖。党员领导干部应当积极接受党员、干部的

约谈。

(7) 规范"支部主题党日"。每月固定一个时间作为"支部主题党日"时间。各二级基层党组织在组织党员开展知识测试、自觉缴纳党费、讲授微党课等规定动作的基础上,结合本单位实际设计党日主题,抓好自选动作,采取集中学习、辅导报告、专题研讨等灵活多样的形式,激励和引导党员发挥先锋模范作用。

(8) 开展批评和自我批评。按照"照镜子、正衣冠、洗洗澡、治治病"的要求,与组织生活会、民主评议党员等结合起来开展批评和自我批评,严肃认真提意见,满腔热情帮同志。批评必须出于公心,不主观武断,不发泄私愤。坚决反对事不关己、高高挂起,明知不对、少说为佳的庸俗哲学和好人主义,坚决克服文过饰非、知错不改等错误倾向。对待批评要有则改之、无则加勉,不能搞无原则的纷争。

2. 党员按时主动足额交纳党费

教育引导党员主动按时足额交纳党费,严格规范党费收缴管理,健全专人管、足额收、及时缴、定期查的工作机制,推动党费工作制度执行到位。

3. 做好党建工作重点任务和专项工作

认真组织抓好上级及学校党委部署的党建年度专项工作,及时部署,有序实施,确保各项工作任务稳步推进。抓好对下级党组织的组织指导、检查督办,确保工作取得实效。及时总结宣传工作中的好做法和好经验,营造加强基层党组织建设的良好环境。

(三) 加强党建工作制度建设,全面推进各项工作

1. 党建工作制度建设

(1) 落实院(系)党政联席会议制度。不断完善和落实好学院(系)党政联席会议制度、"三重一大"制度,进一步完善院系内部治理结构,建立健全科学规范有序的内部运行机制。建立和完善沟通协调、决策和监督机制,明确议事范围、健全议事规则、规范决策程序。

(2) 落实基层党的委员会定期研究工作制度。建立健全基层党的委员会定期研究工作制度,加强党建研究。基层党委(党总支)委员会、直属党支部每学期专题研究基层党建工作不少于1次,总结分析基层党建工作总体状况和新经验,及时解决新形势下党建工作遇到的新情况、新问题,提高党建工作的水平。

(3) 落实二级单位党组织抓思想政治工作制度。各基层党组织要把高校思想政治工作摆到重要位置,切实加强组织领导和工作指导。二级单位党组织主要负责人是本单位思想政治工作的第一责任人,二级单位党委(党总支、直属党支部)委员会应定期研究师生思想政治工作。二级单位党政主要负责人每学期至少给学生讲一次思想教育课或辅导报告。

(4) 建立党委委员抓基层党建工作联系点制度。二级单位党组织每位党委委员要具体联系指导一个党支部和一名困难党员,负责抓好联系支部基层党建工作,指导和帮助联系支部理清党建工作思路,指导和参加联系支部开展的重要事务和重大活动,帮助联系支部分析存在的问题和原因,切实帮助联系支部解决实际问题。每学期到联系支部走访调研不少于1次。

(5) 落实对基层党支部党建情况的考评制度。以二级单位党组织书记抓党建述职评议考核工作为抓手,强化各单位党组织书记管党治党第一责任人意识,推进各基层党组织书记认真履行第一责任人责任。参照本办法,探索实施教职工党支部书记向上级党组织述职、接受评议考核,建立层层落实责任体系。完善考核评价体系,优化考评方式,把党支部党建考核结果作为评价支部工作的重要内容,作为评先评优的重要依据。

(6) 加强党建工作保障机制。建立健全基层党建工作经费、场地、设施和人员保障机制。坚持"专款专用、力求实效、依规依据"的基本原则加强专项经费使用和管理。为基层党组织开展活动提供必要的场所与设备,通过单独建、联合建等方式,加强对党校、党员活动室、党员教育网站的建设和投入,配备必要活动设施。

2. 贯彻落实党风廉政建设责任制

深入学习、宣传《中国共产党问责条例》《中国共产党纪律处分条例》等党纪党规,按照《中共华中科技大学委员会关于落实党风廉政建设主体责任的实施细则》(校党〔2014〕22号)文件精神,领会和把握党风廉政建设主体责任的深刻内涵和具体要求,不断增强党风廉政建设的责任意识,切实加强对党风廉政建设和反腐败工作的组织领导,自觉肩负起党风廉政建设的政治责任。

3. 贯彻落实意识形态工作责任制

按照《中共华中科技大学委员会贯彻落实〈党委(党组)意识形态工作责任制实施办法〉的实施细则》(校党〔2016〕18号)文件精神,二级单位党组织要落实党管意识形态原则,强化责任意识,进一步加强和改进意识形态工作,落实意识形态工作责任制。

4. 贯彻落实上级对统战工作的要求

深入学习贯彻党的统战理论方针政策,深化对重要理论观点、方针政策、法规规定的认识理解和实践运用,以强化党外知识分子思想政治引导为主线,以加强党外代表人士队伍建设为重点,全面推进民主党派、无党派人士、民族、宗教、港澳台侨工作,落实抓好统战工作主体责任。

5. 班子成员认真履行好"一岗双责"

各基层单位党政班子成员都应积极支持、配合本单位党组织负责人履行管党治党的主体责任,认真履行好"一岗双责"的责任。

6. 促进事业发展,营造发展与和谐的良好氛围

坚持抓党建促发展、促和谐,推进基层党组织和党员发挥组织优势和政治优势,为营造发展与和谐的良好氛围献计献策,凝心聚力,率先力行,用过硬的党建引领好本单位改革发展稳定各项工作。

(四)评先、评优一票否决情况

出现下列情形之一,且情况较严重、造成较严重不良影响的,取消单位和其主要负责人年度考核评先、评优资格。

(1)党组织不健全、党员基本管理不到位、出现新的失联党员;

(2)党内组织生活不正常、党组织软弱涣散;

(3)党费收缴不规范;

(4)违犯政治纪律、政治规矩等党内六大纪律;

(5)出现教师违背教育部教师红七条底线的情况;

(6)违背财经纪律及中央八项规定精神要求;

(7)师德师风、教风学风存在突出问题;

(8)党风廉政建设检查考评不合格或有较严重问题;

(9)思想政治工作检查考评不合格或有较严重问题;

(10)意识形态工作检查考评不合格或有较严重问题;

(11)统战工作检查考评不合格或有较严重问题;

(12)其他重要工作失职。

四、加强监督检查

(一)加强检查督导

建立健全校党委督查工作制度,把落实管党治党主体责任情况作为督查的重要内容,积极探索专项督查的有效方式,加强不定期检查和随机检查力度,建立经常性监督机制。进一步强化督查结果运用,加强整改督办,确保整改落实取得实效。

(二)加强检查考核

学校党委设立管党治党考核领导小组,组长由党委书记和校长担任,副组长由党委常务副书记及党委副书记担任,小组成员单位为党委办公室、党委组织部、党委宣传部、纪委办公室、党委统战部、党委学生工作部、党委研究生工作部、党委老干部工作部、机关党委。考核小组下设办公室,办公室设在组织部。考核采取党建工作述职评议和检查督导相结合的方式。

(三)加强责任追究

完善责任追究制度,对抓管党治党主体责任工作不力,造成不良影响的,严肃追究领导责任。健全责任分解、检查监督、倒查追究的完整链条,有错必纠、有责必问。对党组织不履行管党治党主体责任或者履行管党治党主体责任不力、整改不到位,造成严重损害或者严重不良影响的,进行必要的纪律处分和组织调整。

本责任体系及考评办法自发布之日起实行。

中共华中科技大学委员会

2017年3月3日

华中科技大学2017年工作要点

校党〔2017〕10号

2017年学校工作的总体要求是：认真贯彻落实党的十八大和十八届三中、四中、五中、六中全会精神，深入学习贯彻习近平总书记系列重要讲话精神和党中央治国理政新理念、新思想、新战略，全面贯彻落实党的教育方针和全国高校思想政治工作会议精神，坚持全面从严治党，坚持立德树人根本任务，加强谋划，狠抓落实，推进学校“双一流”建设，推动学校事业科学发展，以优异成绩迎接党的十九大胜利召开。

重点做好以下工作。

一、坚持全面从严治党，持续加强党的建设

1. 深化理论学习

重点围绕学习贯彻党的十八届六中全会、全国高校思政工作会精神，学习贯彻习近平总书记系列重要讲话精神和党中央治国理政新理念、新思想、新战略，开展分层分类的专题培训。完善校、院两级党委中心组学习制度，经常性、常态化开展党员教育，使党员干部牢固树立“四个意识”，增强师生“四个自信”。

2. 夯实基层党建工作

推动全面从严治党向基层延伸。加强院系党组织民主集中制建设，完善院系决策运行机制。建立健全基层党组织管党治党的责任体系及考核办法。全面开展基层党组织书记抓党建述职评议考核工作。推动“两学一做”学习教育常态化、制度化。总结十年工作经验，深入推进“党旗领航工程”。加大在优秀青年教职工中发展党员力度，加强党员和干部教育培训力度。

3. 加强作风和干部队伍建设

从校领导班子做起，改进工作作风，加强调查研究，加强统筹协调，谋划学校发展，破解发展难题。进一步精简文件和会议，改进文风、会风。进一步完善选人用人工作程序，规范二级单位换届工作。加强干部考核，强化责任担当，畅通干部退出机制，激发队伍建设活力。进一步做好从严管理、监督干部各项工作，加强干部谈心谈话。

4. 推进党风廉政建设

落实学校和院系管党治党主体责任，严肃党内政治生活，增强党内政治生活的政治性、时代性、原则性、战斗性。坚持问题导向，认真查摆、严肃纠正、深入整改党的领导弱化、党的建设缺失、全面从严治党不力的问题。落实监督执纪“四种形态”，抓苗头、管小节，防止小毛病演变为大问题。坚持惩前毖后、治病救人，严肃查办违规违纪问题，推进全面从严治党走向深化。做好各项工作，接受中央巡视。

5. 维护团结和谐稳定局面

加强精神文明建设，营造良好学风、教风、校风。深耕校园文化品牌，提高华中大美誉度。继续加强校工会、校团委、校妇代会政治性、群众性、先进性建设。完成教代会、工会换届。常态化开展“三问于民”活动。做好统一战线工作。关心老同志，做好离退休干部和关心下一代工作。坚持依法治校，深入开展校园法治教育，继续举办国家宪法日普法宣传活动。高度重视稳定和保密工作，落实安全工作责任制，加强安全监管，维护校园和谐稳定。

二、落实高校思政工作会精神，全面提升人才培养质量

6. 加强思想政治工作

落实立德树人根本任务，从课堂、教材、教师、学生、网络思政等方面推进落实高校思政工作会精神，坚持全程全方位育人。开展“学做创”，推进实施“六有”大学生培养计划。加强马克思主义学院建设，上好思想政治理论课，加强哲学社会科学教材建设。落实意识形态工作责任制，加强意识形态阵地管理。推进融媒体传播，加强网络思政载体建设，管好思想文化阵地，把握舆论正能量导向，树立师生干部先进典型。

7. 提高人才培养质量

完善本科招生选拔和培养机制，实施优质生

源提升计划，试行按院系招生，优化转专业机制。深化创新创业教育改革，促进创新创业。实施教学登峰计划，培育国家级的名师、名课、名教材。强化专业评估和学位授权点评估，建立专业和学位授权点动态调整机制。做好拔尖创新人才培养计划，加强创新研究院建设。深化医教协同临床医学人才培养改革，推进全科医学系相关工作。加强文化素质教育，以文化人，以文育人。推行院系学生工作进社区，增强学生班级和团组织活力。加强心理健康教育及咨询专业化建设，优化就业指导服务。

8. 加强队伍建设

成立学校思想政治工作队伍建设领导小组，统筹推进教师队伍、思想政治工作队伍和党政管理工作队伍建设。加强师德师风建设，改进考核评价机制，加大激励力度，引导教师立足三尺讲台、投入课堂教学，调动教职工从事思想政治工作积极性。加大人才队伍培养和引进力度，继续实施学术前沿研究团队支持计划、青年骨干教师海外培养计划，做好各类人才项目遴选、申报。规范机构设置和人员编制管理，完善教师分类管理，改进职员评聘机制。扩大博士后规模，打造高水平专职科研队伍。实施绩效工资制度改革，做好事业单位养老保险制度改革工作，让教职工有更多获得感。

三、抢抓“双一流”建设机遇，推进学校事业发展

9. 增强创新引领能力

继续做好武汉光电国家实验室(筹)、脉冲强磁场实验装置和精密重力测量研究设施等国家重大科技基础设施建设工作。建立公共科研平台统一管理、开放运行的新机制，建设促进医科与其他学科交叉融合的国际医学中心。重点推进质子刀项目和环境与健康大数据平台二期建设等重大项目及工程，争取高端数控装备国家制造业创新中心落户我校，积极申报多模态跨尺度生物医学成像国家重大科技基础设施。积极申报面向临床的国家医学中心和国家医疗中心，做好新增国家重大科研基地和国家重点实验室的申报争取工作。组织实施第二批“登峰计划”，重点支持跨学科团队。打造中国特色新型智库机构，推出“文科学术精品文库”。

10. 提升学科建设水平

做好“双一流”建设实施方案编制及推进工作。进一步优化资源配置，完善建设项目管理制度，着力建设与世界一流大学相适应的学科体系。对照扎根中国大地、建设世界一流标准，抓好重点优势学科建设，以重点优势学科带动相关学科发展。做好第四轮一级学科评估相关工作，开展学科国际诊断性评估工作，强化以评促建。深化大学与学科发展状态监测，完善激励机制，提升学科影响力和竞争力。

11. 提升国际影响力

落实中央教育对外开放精神，推出学校国际影响力提升计划。加快推进中外合作办学工作，推动与英国爱丁堡大学合作举办国际微电子学院。实施来华留学教育质量提升工程，改善来华留学生服务设施，完成国家来华留学质量认证。积极拓展学生海外交流渠道，稳步推动来华留学生趋同管理，进一步提高海外交流本科生、在校留学生和外籍教师比例。建立国际合作重大科学研究项目培养机制。

12. 提升社会服务能力

进一步完善校地校企产学研合作模式，探索改革驻外研究院管理模式，理清资产权属关系，促进学校为地方经济社会发展服务。落实中央扶贫开发工作部署，做好精准扶贫和对口帮扶工作。整合优质医疗教学资源，促进附属医院提供更优质医疗服务。提升横向科研合作水平，加快成果转化服务步伐，进一步提升成果转化效率。

四、提升管理保障水平，全方位改善办学环境

13. 提升管理服务水平

宣传贯彻落实中央财政科研项目资金管理精神，激发科研人员积极性。多渠道筹集资金，保障学校收入稳步增长。深化预算管理改革，提高预算资金使用效益和预算执行进度。加强国有资产管理，妥善解决历史遗留问题。完善内部控制建设，强化会计监督。增强管理人员服务意识，深化流程再造工作，推进“一张表”工程。建设数字校园，实施信息公开。开展校友品牌活动，争取社会办学支持。

14. 加强校园环境建设

进一步做好校园规划顶层设计和校内规划审批,加强基本建设和基础设施建设,着力解决群众反映强烈的突出问题。加强安全生产,做好校园消防、安防监控系统升级改造、电力增容及改造。推进校园道路改造和湖溪河治理,改善校园交通秩序,加强学校绿化美化。

15. 重点做好师生关心的10件实事

开工建设室内游泳馆,完善师生体育锻炼设施。

扩建校医院,增加医疗设备,提高医疗水平。

合理规划停车区域,新建改建停车位,规范校园停车。

建设师生服务中心,提升服务能力。

升级改造校园路灯照明系统,完善和优化具有校园特色的道路交通标识系统。

启动学生公寓社区功能化建设,方便学生学习生活。

实施部分公共大楼卫生间改造工程,改善卫生环境。

改造紫菘路及部分支路,改善校园交通环境。

建设师生学术交流公共空间。

医学院实验教学楼统一安装门禁系统,加强安全保障。

中共华中科技大学委员会
华中科技大学
2017年3月3日

华中科技大学2017年党风廉政建设工作要点

校党〔2017〕15号

2017年学校党风廉政建设总体思路是:认真学习贯彻党的十八届六中全会、十八届中央纪委七次全会精神和习近平同志系列重要讲话精神,以接受中央巡视为契机,进一步加强党风廉政建设和反腐败工作,持续深化全面从严治党,迎接党的十九大胜利召开。

一、坚决维护以习近平同志为核心的党中央权威

(1) 认真学习贯彻党的十八届六中全会、十八届中央纪委七次全会精神和习近平同志系列重要讲话精神,牢固树立"四个意识",主动对标、精准对表,更加紧密地团结在以习近平同志为核心的党中央周围。

(2) 加强理想信念教育,不忘初心,永葆共产党员政治本色;落实高校思想政治工作会议精神,坚持立德树人,将培育和践行社会主义核心价值观融入教书育人全过程;强化思想引领,牢牢把握意识形态工作领导权、主导权和主动权。

二、以接受巡视为契机,深入推进全面从严治党

(3) 做好接受巡视工作。提高政治站位,深刻认识巡视的重大意义;提高政治觉悟,按政治巡视的要求对标;坚持问题导向,对巡视发现的问题,切实做到闻风而动、即知即改,抓早抓小、立行立改,统筹研究、全面整改;全力配合巡视工作,把全面从严治党的要求贯彻落实到学校工作的各个方面,整体提升办学治校水平和管党治党的能力。

(4) 严肃党内生活。贯彻落实《关于新形势下党内政治生活的若干准则》,增强政治性、时代性、原则性和战斗性。加强党内监督。贯彻落实《中国共产党党内监督条例》,充分调动和发挥学校各级党组织、党员的监督作用;领导和支持纪委落实党内监督专责机关职责。

三、加强作风建设,促进八项规定精神风化俗成

(5) 深化反"四风"成效,着力从深层次解决形式主义和官僚主义问题,强化担当意识和服务意识;紧盯谨防隐形变异的"四风"问题。以党风促校风兴学风,深化良好校园文化氛围。

(6) 深入落实八项规定精神,深入查摆和整改违反八项规定精神的问题。健全作风建设制度机制,进一步明确、细化规定要求,加强制度宣传教育,严格监督、执纪,健全长效机制,促进风化俗成。

四、实践监督执纪"四种形态"

(7) 认真落实《关于落实监督执纪"四种形态"的实施意见》。推动学校各级党组织、党员领导干部认真落实第一种形态,经常开展批评和自我批评,让"红红脸、出出汗"成为常态,通过抓早、抓小,防微杜渐,将对师生的关爱落在实处。

(8) 严肃查办违规违纪违法问题。将党的纪律和规矩挺在前面,严肃查办违反政治纪律、组织纪律、廉洁纪律、群众纪律、工作纪律、生活纪律的问题。坚决纠正和查办违反中央八项规定精神的问题。落实《中国共产党问责条例》,加大问责和情况通报力度。

五、加强对权力运行的制约与监督

(9) 健全责任体系。进一步明确和细化二级党组织主体责任和二级纪委监督责任,深入推进责任向纵深传导,直达"神经末梢"。进一步明确和细化职能部门责任清单,强化管理、监督与服

务职责，落实《中国共产党纪律检查机关监督执纪工作规则》，加强纪检监察机构建设。落实纪实制度，加强痕迹管理，强化责任落实情况监督检查。

（10）积极防控廉洁风险。坚持问题导向，从问题入手，抽丝剥茧，从管理体制、工作机制上查找根源，深化改革，破立并举，推进制度机制建设与创新，加强对权力运行的制约与监督。

中共华中科技大学委员会

2017 年 3 月 21 日

华中科技大学贯彻落实“做六有大学生”的实施计划

校党〔2017〕26号

2016年“五四”青年节前夕，习近平总书记勉励大学生做有理想、有追求的大学生，做有担当、有作为的大学生，做有品质、有修养的大学生(以下简称“做六有大学生”)。“做六有大学生”，与“勤学、修德、明辨、笃实”的要求一脉相承，与“四个正确认识”的要求一脉相承，是新时期做好高校人才培养工作的根本遵循与目标指向。

为深入学习习近平总书记系列重要讲话精神，贯彻落实《中共中央国务院关于加强和改进新形势下高校思想政治工作的意见》(中发〔2016〕31号)精神，进一步加强和改进大学生思想政治教育，培养又红又专、德才兼备、全面发展的社会主义合格建设者和可靠接班人，现制定如下实施方案。

一、加强思想教育和价值引领，培育有理想、有追求的大学生

做有理想、有追求的大学生，就是要树立为共产主义远大理想和中国特色社会主义共同理想而奋斗的信念，增强中国特色社会主义道路自信、理论自信、制度自信和文化自信，弘扬国家至上、民族至上、人民至上的家国情怀。

继续推进“党旗领航工程”。以“党旗领航工程”实施十周年为契机，实施大学生马克思主义学习行动计划，引领学生听党话、跟党走。继续实施“党报进宿舍”，坚持在学生社区建设先锋引领的党建文化，加强学生社区党建教育活动载体建设。继续实施“红色领航员计划”，培养一批政治素质过硬的学生党员骨干队伍，引领全校学生向党组织靠拢。支持学生党支部开展特色党日，重点资助一批学生党支部开展社会基层调查、党员服务进社区等党员教育实践活动。贯彻中央“两学一做”学习教育常态、制度化意见，推动高校“两学一做”融入日常、抓在经常。建立和完善院系学生党建工作标准体系。

培育践行社会主义核心价值观。结合重大事件和重要时间节点，深入开展“我的中国梦”等主题教育。办好校园文化节，组织开展形式多样、健康向上、格调高雅的校园文化活动。加强校风、学风、班风建设，开展“优良学风班”评选。强化文明校园传统、校训校史育人功能。把社会主义核心价值观融入教育教学全过程，引导广大学生做社会主义核心价值观的坚定信仰者、积极传播者、模范践行者。

深入开展爱国主义教育。弘扬以爱国主义为核心的民族精神和以改革创新为核心的时代精神，利用我国改革发展的伟大成就、重大历史事件纪念活动、爱国主义教育基地、国家公祭仪式等组织开展系列主题教育。把爱国主义教育与专业教育紧密结合，全方位、多渠道融入人才培养体系。深入开展“我爱我的祖国”“永远跟党走”等主题活动，加强大学生国防教育、民族团结进步教育，增强大学生国家安全意识。

推进团学工作深化开展。将思想政治引领贯穿共青团各项工作和活动，进一步深入开展“学习总书记讲话、做六有大学生、创优秀团支部”主题教育活动。坚持团的“三会两制一课”制度，健全建强基层团组织，发挥团组织思想引领和服务育人作用。切实开展“百生讲坛”“翻转团课”“学生大讲堂”等活动，发挥团员朋辈教育和自我教育作用。改革提升“青年马克思主义者培养工程”“喻园英才青年人才培养计划”，发挥团学骨干引领带动作用。

创新互联网思想政治教育。坚持线上线下有机融合，使思想政治工作联网上线，鼓励广大学生参与网络文化产品创作生产，增强时代感和吸引力。建立大学生网络文化工作室，鼓励学生利用所知所学，正面发声、理性思辨，唱响网上好声音，传播网络正能量，打造清朗网络空间，培育一批“校园好网民”。

二、增强时代责任和历史使命，培育有担当、有作为的大学生

做有担当、有作为的大学生，就是要树立梦

想从学习开始、事业靠本领成就的观念，脚踏实地、开拓进取，在实现“两个一百年”征程中勇做先锋，彰显“空谈误国、实干兴邦”的时代旋律。

强化责任使命意识。加强理论引导，组织思想政治专家学者、学工战线一线人员、优秀学生党员，共同建立“马克思列宁主义”“中国特色社会主义理论体系”理论宣讲团，开办国情教育系列讲座，培养学生树立正确的使命意识、忧患意识、担当意识、奉献意识。联系学生思想实际，引导学生认识和把握“两个历史必然性”，不断树立为共产主义远大理想和中国特色社会主义共同理想而奋斗的信念和信心。激励学生自觉把个人理想追求融入国家和民族事业中。

开展先进典型模范选树工作。切实发挥学生党员先锋模范作用和党支部战斗堡垒作用，进一步深入做好学生中“优秀共产党员”“先进党支部”的评选工作，树立鲜明的优秀导向，更好地发挥身边榜样的模范带动作用。组织大学生年度人物、三好学生标兵、自强标兵、青年五四奖章、红色楷模、研究生品德模范等评选活动。教育引导学生把评比表彰过程作为树立典型、推广典型的过程，作为弘扬先进、学习先进、争当先进的过程，注意发现、总结和推荐具有鲜明时代特征、事迹特别突出的先进典型，深入挖掘他们的先进事迹，充分发挥先进典型的激励作用。

推进实践育人工作。充分发挥挂职锻炼、社会调查、生产劳动、志愿服务、公益活动、科技发明和勤工助学等实践育人载体作用，坚持社会实践与学科专业相结合，统筹设计社会实践学分认定制度，将社会实践列入第一课堂学分系统。继续深化文化科技卫生“三下乡”活动，建立健全学雷锋志愿服务制度，广泛开展社会公益活动，探索实施国际志愿者计划。拓展学生国际视野，引导学生到国际组织实习任职。

鼓励学生把视线投向国家发展航程。有组织、有计划地发现、培养、推荐一批具备良好综合素质的毕业生到基层去、到西部去、到祖国最需要的地方去。做好“西部计划”“大学生村官”“三支一扶”“选调生”等基层服务项目的宣传、动员、组织工作。服务国家发展战略，主动对接国家重点单位，共建实习实践基地，向重点领域、重点行业、重点单位、重大工程输送毕业生。继续做好大学生征兵的宣传和引导，把大学生应征入伍工作纳入大学生思想政治教育工作体系，加强与兵役部门的合作，开展宣传、解读征兵政策等活动，鼓励和引导更多大学生投身军营、报效国家。

营造良好创新创业环境。完善创新创业激励机制，开展“青年创业服务月”、创业实训计划、投资人零距离等品牌活动，建设好大学生“青创”空间。以社会需求为导向，系统开展大学生创新创业教育，让创新创业教育成为华中大新名片。

三、提升道德品格和进取精神，培育有品质、有修养的大学生

做有品质、有修养的大学生，就是要增强中华优秀传统文化底蕴，注重思想道德修养，将正确的道德认知、自觉的道德养成、积极的道德实践紧密结合，书写“心中有阳光，脚下有力量”的青春年华。

注重以文化人、以文育人。弘扬中华优秀传统文化和革命文化、社会主义先进文化。发挥艺术教育中心作用，开展高雅艺术进校园等活动，特别是传统戏剧、歌剧、音乐。继续扩大人文素质教育讲座影响力，发挥国家大学生文化素质教育基地的文化熏陶作用。持续加强中华优秀传统文化教育，充分利用校史馆、图书馆、档案馆等育人载体推动历史文化传承。加强革命文化教育，继承革命传统，传承红色基因。加强社会主义先进文化教育，深化党史、国史、改革开放史和社会主义发展史学习教育。

培养学生公民意识和道德情操。继续实施“大学生品德模范”推选展示活动，办好“弘德讲坛”，实施“公德长征素质提升计划”。以诚信建设为重点，开展诚信讲座、诚信演讲等各类主题教育活动，不断强化学生的诚信意识，加强大学生社会公德、职业道德、家庭美德、个人品德教育。

促进学生身心和人格健康发展。组织开展“走下网络、走出宿舍、走向操场”活动，强化体育课和课外锻炼，促进大学生身心健康、体魄强健。加强人文关怀和心理疏导，开展“团体咨询”“朋辈辅导”心理教育活动，举办“成长互助营”“学业发展中心”，及时疏导学生心理压力，提升学生心理健康素质。

培育科学精神和法治意识。办好“校园科技节”“科学精神与实践”系列讲座，通过不同学科

领域的科学大师讲述他们科学研究的亲身经历，分享科学实践的直接感悟，诠释科学精神的巨大力量，指引大学生步步前进。深入开展法制宣传教育，弘扬社会主义法治精神，树立社会主义法治理念，引导学生树立学法、尊法、守法、用法的法治意识。

加强学生社区建设。推动学生公寓社区功能化建设，建好学生“社区之家”，组织开展“本科生社区文化建设项目”“社区沙龙”“社区大讲堂”和学生社区学业发展中心“微课堂”建设，发挥社区育人功能。

中共华中科技大学委员会

2017 年 6 月 9 日

华中科技大学教职工代表大会实施办法

校党〔2017〕27号

（2017年2月17日第四届第一次教职工代表大会表决通过）

第一章　总则

第一条　为依法保障教职工参与学校民主管理和监督，完善现代大学制度，促进学校依法治校，依据《学校教职工代表大会规定》（教育部第32号令）、《湖北省学校教职工代表大会工作规程（试行）》，结合我校实际，制定本实施办法。

第二条　学校教职工代表大会（以下简称“教代会”）是教职工依法参与学校民主管理和监督的基本形式，是学校管理制度的重要组成部分。

学校应当不断健全和完善教职工代表大会制度。

第三条　教代会要高举中国特色社会主义伟大旗帜，以马克思列宁主义、毛泽东思想、邓小平理论、“三个代表”重要思想、科学发展观为指导，全面贯彻执行党的基本路线和教育方针，认真参与学校民主管理和监督。

第四条　教代会和教代会代表要遵守国家法律法规，遵守学校规章制度，正确处理国家、学校、集体和教职工的利益关系。

第五条　教代会在学校党委领导下开展工作。教代会的组织原则是民主集中制。

第二章　职权

第六条　教代会的职权是：

（一）听取学校章程草案的制定和修订情况报告，提出修改意见和建议；

（二）听取学校发展规划、教职工队伍建设、教育教学改革、校园建设以及其他重大改革和重大问题解决方案的报告，提出意见和建议；

（三）听取学校年度工作、财务工作、工会工作报告以及其他专项工作报告，提出意见和建议；

（四）讨论通过学校提出的与教职工利益直接相关的福利、校内分配实施方案以及相应的教职工聘任、考核、奖惩办法；

（五）审议学校上一届（次）教代会提案的办理情况报告；

（六）按照有关工作规定和安排评议学校领导干部；

（七）通过多种方式对学校工作提出意见和建议，监督学校章程、规章制度和决策的落实，提出整改意见和建议；

（八）讨论法律法规规章规定的以及学校与学校工会商定的其他事项。

教代会的意见和建议，以会议决议的方式做出。

第七条　学校建立健全沟通机制，全面听取教代会提出的意见和建议，并合理吸收采纳；不能吸收采纳的，要做出说明。

第三章　教代会代表

第八条　凡与学校签订聘任聘用合同、具有聘任聘用关系的教职工，均可当选为教代会代表。

第九条　教代会代表以学院、系（所）、部室等为单位，由教职工直接选举产生。

教代会代表一般按照选举单位组成代表团，代表人数较少的选举单位可以联合组成代表团，并推选出团长、副团长。

第十条　教代会代表总人数占全体教职工总人数的比例一般为6%。教代会代表以教师为主体，教师代表人数不得低于代表总人数的60%，其中女教职工、青年教职工和具有高级职称的代表应占适当比例。

第十一条　学校、学校工会的领导一般应选为代表。选举时将他们的名额分配到有关选举单位，以普通教职工身份参加选举。

第十二条　教代会代表实行任期制，任期5年，可以连选连任。

第十三条　教代会代表接受选举单位教职工的监督，必要时选举单位可以依照规定的程序撤换、更换或补选本单位的代表。教代会代表在学校内部调动工作，其代表资格依然有效，并视为调入单位代表，接受该单位教职工的监督；教代会代表调离学校或退休，其代表资格自调离或退休之日起自行终止；教代会代表被依法判处刑罚或受到记过及以上行政处分，自宣布之日起，其代表资格自行终止；教代会代表因长期离校达两年以上不能履行代表职责或失去教职工信任的，由原选举单位向学校工会提出撤销其代表资格的申请。

撤销代表资格，须经原选举单位教职工讨论，全体教职工过半数同意，方可做出决定。撤销代表资格，要及时书面报告学校工会，经学校工会审核通过后，予以宣布。教代会代表出现缺额，学校工会根据情况确定是否需要补选。补选代表的条件和程序与选举代表相同。

第十四条　教代会代表享有以下权利：

（一）在教代会上享有选举权、被选举权和表决权；

（二）在教代会上充分发表意见和建议；

（三）提出提案并对提案办理情况进行询问和监督；

（四）就学校工作向学校领导和学校有关机构反映教职工的意见和要求；

（五）因履行职责受到压制、阻挠或者打击报复时，向有关部门提出申诉和控告。

第十五条 教代会代表应当履行以下义务：

（一）努力学习并认真执行党的路线方针政策、国家的法律法规、党和国家关于教育改革发展的方针政策，不断提高思想政治素质和参与民主管理的能力；

（二）积极参加教代会的活动，认真宣传、贯彻教代会决议，完成教代会交给的任务；

（三）办事公正，为人正派，密切联系教职工群众，如实反映群众的意见和要求；

（四）及时向本单位教职工通报参加教代会活动和履行职责的情况，接受评议监督；

（五）自觉遵守学校的规章制度和职业道德，提高业务水平，做好本职工作。

第四章　组织规则

第十六条　教代会每学年至少召开一次。遇有重大事项，经学校、学校工会或1/3以上教代会代表提议，可以临时召开教代会。

第十七条　教代会每5年为一届。期满应当进行换届选举。

第十八条　教代会须有2/3以上教代会代表出席。

教代会根据需要可设特邀代表和列席代表。特邀代表和列席代表可以是学校的在职干部和教职工，也可以是学校退（离）休干部和教职工。特邀代表和列席代表由学校工会提名，与学校有关方面商定。特邀代表和列席代表没有表决权、选举权和被选举权。

第十九条　教代会的议题，应当根据学校的中心工作、教职工的普遍要求，由学校工会提交学校研究确定，并提请教代会表决通过。

第二十条　教代会的选举和表决，须经教代会代表总数半数以上通过方为有效。

第二十一条　教代会在教代会代表中推选人员，组成主席团主持会议。

主席团应当由学校各方面人员组成，其中包括学校、学校工会主要领导，教师代表应占多数。

第二十二条　教代会根据实际情况和需要设立若干专门委员会，完成教代会交办的有关任务。专门委员会对教代会负责。

第二十三条　教代会换届时，在教代会代表中选举产生执行委员会。执行委员会中，教师代表应占多数。

教代会闭会期间，由执行委员会行使教代会职权。遇有急需解决的重要问题，可由执行委员会召集教代会代表团团长、副团长及专门委员会负责人，召开联席会议协商处理。根据实际情况和需要，联席会议可邀请学校有关领导和机构参加。其结果向下一次教代会报告。

第五章　工作机构

第二十四条　学校工会委员会为教代会的工作机构。工会委员会与教代会执行委员会组成相同。

第二十五条　学校工会委员会在学校党委的领导下，承担以下与教代会相关的工作职责：

（一）做好教代会的筹备工作和会务工作，组织选举教代会代表，征集和整理提案，提出会议议题、方案和主席团建议人选；

（二）教代会闭会期间，组织传达贯彻教代会精神，督促检查教代会决议和提案的落实，组织各代表团及专门委员会的活动；

（三）组织教代会代表的培训，接受和处理教代会代表的建议和申诉；

（四）代表教职工参与学校有关重大事项的讨论，就学校民主管理和监督工作向学校党组织汇报，与学校沟通；

（五）完成教代会委托的其他任务。

第二十六条 学校为学校工会委员会承担教代会工作机构的职责提供必要的工作条件和经费保障。

第六章　附则

第二十七条　学校各二级单位须建立二级教（职）代会制度或教职工大会制度，在该单位范围内实行民主管理和监督。

第二十八条　本实施办法自发布之日起施行，由华中科技大学工会委员会负责解释，原《华中科技大学教职工代表大会实施办法》（校党〔2013〕40 号）同时废止。

中共华中科技大学委员会

2017 年 6 月 12 日

推进全校“两学一做”学习教育常态化制度化的实施方案

校党〔2017〕23号

为贯彻落实党的十八届六中全会、全国高校思想政治工作会议精神，根据党中央和中共湖北省委关于推进“两学一做”学习教育常态化制度化的有关文件要求，结合我校实际，制定如下实施方案。

一、目标要求

推进“两学一做”学习教育常态化、制度化，是坚定维护以习近平同志为核心的党中央权威和集中统一领导、更好发挥我们党政治优势的必然要求，是坚持思想建党、组织建党、制度治党紧密结合的有力抓手，是不断加强党的思想政治建设的有效途径，是全面从严治党的战略性、基础性工程，是凝心聚力促进改革发展稳定大局的内在需要，意义重大而深远。

（一）主要目标

把思想教育作为首要任务，坚持全覆盖、常态化、重创新、求实效，不断增强各级党组织和广大党员的政治意识、大局意识、核心意识、看齐意识，不断增强党内政治生活的政治性、时代性、原则性、战斗性，不断增强党自我净化、自我完善、自我革新、自我提高的能力，保证党的组织充分履行职能、发挥核心作用，保证领导干部忠诚干净担当、发挥表率作用，保证广大党员以身作则、发挥先锋模范作用。坚持把“两学一做”学习教育与中心工作深度融合、有机衔接，与党员、干部的工作职责和正在做的事情紧密结合起来，与坚持正确办学方向、落实立德树人任务结合起来，为推进我校“双一流”建设提供坚强组织保证。

（二）基本要求

在“学”上，要用党的创新理论武装全党，把党的十八届六中全会、全国高校思想政治工作会议和习近平总书记系列重要讲话精神作为重中之重，坚持融入日常、抓在经常、落实到平常。在“做”上，要坚持用党章党规规范党员、干部言行，坚持学思践悟、知行合一，要紧密联系本单位实际，联系党员思想工作实际，引导全体党员做合格党员；要抓住“关键少数”，坚持问题导向，发挥先进典型示范作用；要抓实基层支部，充分发挥党支部教育管理党员的主体作用；要强化责任落实，坚持常抓不懈，努力实现每个支部强起来、每名党员不掉队，确保学习教育取得实效。

二、学习内容安排

坚持读原著、学原文、悟原理，领会掌握基本精神、基本内容、基本要求。要联系实际学、带着问题学、不断跟进学，要融入日常、抓在经常，在持续学、深入学上下功夫。

（一）精心安排学习内容

学习党章党规。深入学习党章，深刻认识党章是管党治党的总规矩总遵循，深入领会党的性质、宗旨、指导思想、奋斗目标、组织原则、优良作风，深入领会党员条件和义务、权利，牢记入党誓词，明确做合格共产党员的标准和条件。深入学习《关于新形势下党内政治生活的若干准则》《中国共产党廉洁自律准则》《中国共产党纪律处分条例》《中国共产党党内监督条例》《中国共产党问责条例》等党内法规，积极践行有关要求。

学习系列讲话。深入学习《习近平谈治国理政》《习近平总书记系列重要讲话读本（2016年版）》《习近平总书记系列重要讲话文章选编（领导干部读本）》，以及习近平总书记在全国高校思想政治工作会议上的讲话，及时跟进学习最新讲话精神。要深刻认识讲话的重大理论意义和实践意义，深刻理解讲话的时代背景、鲜明主题、科学体系，准确把握蕴含其中的治国理政新理念、新思想、新战略，领会掌握贯穿其中的马克思主义立场、观点、方法。要把学习习近平总书记系列重要讲话同学习党章党规紧密结合起来。各二级单位党组织要结合本单位实际，认真收集整理习近平总书记有关高等教育、高校思想政治工作、科技创新、知识分子、大学生等方面的重要讲话，为党员提供“对口”“对味”的重点学习内容。

（二）切实强化学习效果

二级单位党组织要以理论学习中心组学习为主要形式，按学校党委部署制定年度学习计划，并报校党委备案。要综合运用重点发言、集体研讨、专题学习和系统学习等方式，并按要求报送学习情况报告。同时要统筹指导本单位基层党组织和党员安排好和执行好学习计划，注意掌握党员队伍的思想状况和学习效果，每学期至少进行一次系统分析，对学习效果不佳的要进行批评、督促和帮助，有针对性地加强教育引导。

基层党支部要按照上级党组织部署，针对本党支部情况制定年度学习计划，并报上级党组织备案。要把“三会一课”等基本制度有机融入支部主题党日活动，要注意检查和督促党员的学习情况。党支部书记要领着党员学，带动党员学。

党员领导干部要制定个人学习计划，并报所在二级单位党组织主要负责同志备查，要以普通党员身份带头参加所在党支部的学习。

党员要结合支部安排和自身实际制定个人学习计划，沉下心来学习必要书目和篇目。要综合运用好培训学习、典型交流学习、警示教育学习、网络在线学习等方式，利用好党员学习网、“领航博客”、干部在线学习中心、微信等网络学习平台。

三、查摆解决问题

各级党组织和广大党员要联系思想工作实际，坚持学做结合，突出针对性，突出问题导向，敢于直面问题，勇于自我革命，把解决问题情况作为衡量工作成效的重要标准。要把党的组织生活作为查找和解决问题的重要途径，注重开展调查研究、听取群众的意见和建议，抓早抓小、防微杜渐。

（一）党员要重点查找解决的问题

通过参加党的组织生活、民主评议、谈心谈话、批评和自我批评等方式，对照党章党规，对照系列讲话，对照“政治合格、执行纪律合格、品德合格、发挥作用合格”的要求，对照先进典型，着重查找党的意识不强、组织观念不强、发挥作用不够等问题，主要围绕三个方面进行查找分析：

（1）理想信念是否坚定，是否把正确的理想追求转化为行动的力量，在各自岗位上发挥先锋模范作用。教师党员是否能为人师表，模范做到“四个相统一”。学生党员是否能带头做到“四个正确认识”。

（2）对党是否忠诚老实，是否时刻牢记自己第一身份是党员，听党话、跟党走，在党言党、在党爱党、在党护党、在党为党。在大是大非面前是否旗帜鲜明，敢于同各种错误思想、错误言论做斗争，不信谣不传谣。

（3）执行纪律是否合格，是否严格遵守政治纪律、政治规矩，是否服从党组织安排，积极完成党组织交给的任务。党员领导干部是否自觉落实党建与意识形态工作“一岗双责”，是否带头贯彻落实中央“八项规定”精神、反对“四风”，是否对组织瞒报漏报个人重大事项，是否执行双重组织生活制度等问题，是否具有担当精神、合作服务意识，是否存在推诿扯皮，是否重函来函往、轻沟通协作等。教师党员是否自觉贯彻落实中央“八项规定”精神，是否严格遵守财经纪律、课堂讲授纪律、教学科研纪律，是否发挥师德师风模范作用等。学生党员是否模范遵守各项规章制度，是否有坚定的理想信念、较强的集体主义精神，是否自觉践行社会主义核心价值观等。

（二）基层党支部重点查找解决的问题

要通过“三会一课”、专题组织生活会和民主评议党员、谈心谈话等方式，着重查找政治功能不强、组织软弱涣散、从严治党缺位等问题，主要围绕三个方面进行查找分析：

（1）组织生活是否经常、认真、严肃，是否不走过场，形式多样。教师党支部是否以业务研讨替代政治学习，是否在开展教师思想政治工作中发挥作用，是否注重在优秀青年教师中发展党员，是否成为团结凝聚教师的战斗堡垒等。学生党支部是否建立健全学生党员发展、教育、管理、服务工作机制，是否发挥带领班级和学生团结进步的核心作用等。

（2）党员教育管理监督是否严格、规范，是否认真组织党员开展政治理论学习，经常谈话交心，做好党员思想工作。

（3）团结教育服务群众是否有力、到位，是否坚持以人为本，热情帮助党员、群众解决实际困难等。

（三）二级单位党组织重点查找解决的问题

要通过民主生活会、双重组织生活、谈心谈话、广泛听取意见、述职评议等方式，着重查找党的领导弱化、党的建设缺失、管党治党宽松软等问题，主要围绕三个方面进行查找分析：

（1）是否落实全面从严治党主体责任，树立抓好党建是最大政绩的意识，坚持思想建党和制度治党相结合，把从严的要求贯穿党的建设全过程、各方面；履行政治责任是否到位，是否把好干部队伍、教师队伍建设政治关，是否严格执行按期换届规定，党员党籍与组织关系管理是否规范等。

（2）是否坚决执行党的理论和路线方针政策，坚持解放思想、实事求是、与时俱进、求真务实，认真贯彻新发展理念等。

（3）是否认真坚持民主集中制，严格执行党政联席会议制度，是否把握好教学科研管理等重大事项中的政治原则、政治立场、政治方向，是否实行集体领导和个人分工负责相结合，重要决策注重听取下级党组织和党员群众意见等。

各级党组织要按照查找出来的问题清单，制定详细整改方案，明确整改目标、责任人、时间表和具体措施，认真加以整改。要通过民主生活会和组织生活会情况通报等方式定期对整改落实推进情况通报，做到边查边改，立行立改。

四、推进落实具体措施

（一）充分发挥院系党委会（总支委员会）作用

进一步发挥二级单位党组织的政治核心作用，履行政治责任，规范完善党委会（总支委员会）议事决策程序，健全集体领导、党政分工合作、协调运行的工作机制，提升班子整体功能和议事决策水平，保证学校党委各项决定的贯彻执行。每年要研究制定本单位领导班子理论学习中心组学习计划，以中心组学习为引领，带动基层党支部开展形式多样的学习活动。

（二）落实“三会一课”制度

认真落实我校关于进一步健全和规范“三会一课”制度的有关要求，以学习党章党规、学习习近平总书记系列重要讲话为主要内容，针对党员思想工作实际，确定“三会一课”的主题和具体方式，做到形式多样、氛围庄重。落实领导干部带头讲党课制度，党支部书记和支部班子成员每学期至少讲一次党课，鼓励普通正式党员轮流讲党课、微党课。党支部要规范使用《党支部工作手册》，如实记载“三会一课”开展情况，要坚持“月报”制度。上级党组织要对基层党支部“三会一课”制度执行情况进行指导检查，对不经常、不认真、不严肃的，要批评指正，情况严重的，要采取整顿措施，进行组织处理。对没有正当理由长期不参加“三会一课”的党员，要进行批评教育，促其改正。

（三）坚持支部主题党日活动

坚持把支部主题党日活动作为加强党支部规范化建设、落实“三会一课”制度、加强党员教育管理和保障党员权利的重要途径。原则上每月第三个周四下午为全校开展支部主题党日的固定时间。主题党日坚持规定动作与自选动作相结合，各基层党组织可结合自身实际在组织党员开展知识测试、自觉交纳党费、讲授微党课、组织党员讨论交流等规定动作的基础上，结合本单位党支部建设实际和中心工作，组织开展辅导报告、交流研讨、社会实践、志愿服务等自选动作。要突出强化政治功能、管理功能、服务功能，围绕建强组织、建好队伍，增强组织力来展开，激励和引导党员发挥先锋模范作用。

（四）落实民主生活会和专题组织生活会制度

各级党组织要根据上级和学校党委统一部署，围绕主题认真召开民主生活会和专题组织生活会。按照“四必谈”要求进行认真的谈心谈话，广泛听取多方意见，联系思想工作实际查找问题。要严肃认真开展批评和自我批评，坚持“团结—批评—团结”，严于自我解剖，热忱帮助同志，切实推动问题的解决。

（五）落实民主评议党员制度

以党支部（或党小组）为单位召开全体党员会议，组织党员开展民主评议。对照“四个合格”，按照个人自评、党员互评、民主测评、组织评定的程序，对党员进行评议。党员人数较多的党支部，个人自评、党员互评、民主测评可分党小组进行。由党支部委员会根据党支部（或党小组）党员民主测评的情况，综合分析研究后，提出党支部评议意见。对党性不强的党员，基层党组织要及时进行批评教育，限期改正。二级单位党组织应加强指导检查，派人列席会议进行督导，切实把好质量关。

（六）加强党支部建设

合理设置党支部。各二级单位党组织要开展党支部设置集中清理，以有利于加强对党员的教育、管理和监督，有利于开展党内活动和业务工作等为目的，合理设置党支部。党支部人数不宜过多，一般在30人以内。支部党员人数在10人以上的，可适当划分党小组，党小组人数一般在10人以内，要注重发挥党小组作用。本科低年级党员人数较少时，应以班级为单位建立党章学习小组，在党支部的指导下组织开展学习教育。

抓好支部委员会建设。二级单位党组织要选好配强党支部委员会，突出抓好党支部书记这个"关键多数"。要按照上级和学校部署安排，积极开展本单位基层党支部书记轮训和专题培训，使基层党支部书记在任期内至少参加一次集中培训学习。要指导基层党支部委员会按期换届，建立党支部按期换届工作台账，规范换届程序。

探索党支部书记抓党建述职评议考核。二级单位党组织要加强对党支部工作的经常性督查指导，探索实施基层党支部书记向上级党组织进行述职、接受评议考核制度。

（七）抓好党员领导干部这个"关键少数"

要带头学习。凡是对普通党员的学习要求，领导干部都要首先做到，同时更进一步、学深一层。要带头完成每年规定的学习任务和学时要求。

要带头讲党课。二级单位党组织主要负责同志每学期要面向本单位党员至少讲一次党课，班子成员中的其他党员同志每年至少讲一次党课。

要带头坚持谈心谈话制度。各基层党组织主要负责同志同班子成员之间、班子成员互相之间、班子成员同分管部门负责同志之间、班子成员和所在党支部党员之间、党支部书记和党员之间、党支部或党小组内的党员和党员之间，要开展经常性的谈心谈话。

要严格执行双重组织生活制度。二级单位党组织要按月将领导干部参加双重组织生活的情况报校党委组织部备案，建立领导干部参加支部组织生活通报提醒机制。

要带头践行"四个合格"。要带头做合格党员、合格领导干部。自觉在政治方向、政治路线、政治立场、政治主张上同以习近平同志为核心的党中央保持高度一致；严格贯彻执行民主集中制，注重自觉主动接受监督；严格执行中央"八项规定"精神，严格要求自己和身边工作人员，注重家庭、家教、家风，永葆共产党人政治本色；践行"三严三实"要求，重实干、务实功、办实事、求实效；发扬斗争精神，面对各种错误思想和歪风邪气时，敢于亮剑、敢于斗争。

（八）推动党员立足岗位作表率、当先锋

教职工党员要带头"坚持教书和育人相统一，坚持言传和身教相统一，坚持潜心问道和关注社会相统一，坚持学术自由和学术规范相统一"，带头做学生"锤炼品格的引路人，学习知识的引路人，创新思维的引路人，奉献祖国的引路人"，带头做"有理想信念，有道德情操，有扎实学识，有仁爱之心"的好老师。要坚守党的信仰信念，牢记党的历史使命，坚持立德树人，自觉把党的教育方针贯彻到教书育人、管理育人、服务育人的全过程。要严格遵守政治纪律、政治规矩，严格党内政治生活，按时积极参加组织生活，严格遵守财经纪律、课堂讲授纪律等各项纪律。要奋发有为干事创业，努力提升工作的质量和水平，主动为创建世界一流大学和一流学科、培养社会主义的合格建设者和可靠接班人努力工作、积极奉献。在各部门工作的党员要敢于亮明身份，积极创建党员先锋岗。

离退休教职工党员也要不断加强学习，发扬优良传统和作风，发挥余热，关心学校、学科发展，关心和带动青年教师和广大学生。

学生党员要努力发挥先锋模范作用。要始终牢记自己是一名共产党员，加强理论学习和党性锻炼，增强党性修养，积极参加组织生活，按时交纳党费，带头做"有理想、有追求，有担当、有作为，有品质、有修养"的大学生。要增强使命感和责任感，带头践行社会主义核心价值观和中华传统美德，积极参与志愿服务，积极实践"我为党旗添光彩"，践行"学在华中大"，带头遵守学术诚信、校纪校规，在校风、院风、班风、学风建设中发挥党员先锋模范带头作用，要带头关心集体、团结协作，主动关心帮助同学，热心为同学服务，正确处理个人与他人、个人与集体的关系。

（九）持续推进基层党建重点任务落实

各二级单位党组织要继续做好党费自查自改、组织关系集中排查、基层组织换届等“两学一做”重点任务的深化落实。认真落实我校关于加强和规范党员组织关系的相关规定，结合本单位实际，探索建立定期督导检查反馈机制，建立防止党员失联的长效机制、基层党组织换届提醒督促和责任追究机制等。认真执行我校关于发展党员工作的实施细则，全环节、全链条加强党员发展和教育管理工作，积极配合和推动党员管理信息化建设。

（十）强化基本保障

各二级单位党组织要落实好党支部工作活动经费、活动场所等保障政策，增强党支部教育管理党员、团结服务群众、推进工作落实的能力。认真落实我校关于党费收缴、使用和管理的相关制度，充分发挥党费的政治功能和教育功能，确保党费用在最需要的地方，用出好效果。建立党内经常性激励关怀帮扶机制，对老党员、生活困难党员等进行重点帮扶，在遭受重大灾害和遇到特殊困难时，党组织即时慰问帮扶，体现党组织的温暖。

五、加强组织领导

（一）强化责任落实

要把推进“两学一做”学习教育常态化制度化纳入各级党组织管党治党的责任清单。二级单位党组织要切实履行主体责任，每年至少专门研究部署一次，对本单位学习教育常态化制度化落实情况进行分析评估，研究提出改进工作、深入推进的措施办法。二级单位党组织主要负责同志要承担起第一责任人的责任，亲自抓谋划、抓推动、抓落实，不能当“甩手掌柜”。班子成员要认真履行好“一岗双责”的责任，结合分管工作对相关领域和部门单位党组织加强指导。

（二）加强分类指导

各二级单位党组织要充分考虑本单位不同类型党组织和党员的实际情况，做到精准施策、精准施教，体现具体化、精准化、差异化。要充分运用喜闻乐见的方式推进师生党员学习教育，重视抓好青年党员、高知识群体党员的学习教育，对离退休党员及年老体弱党员，既体现从严要求，又考虑实际情况，以适当方式组织他们参加学习教育。要注意鼓励探索、鼓励创造，充分调动基层单位的主动性、创造性，让基层党组织在学习教育中有更多自主权，有足够的灵活性。

（三）严格督查考核

要加强对基层党组织的督查考核，把开展“两学一做”学习教育情况纳入支部书记抓党建工作考核的重要内容，坚持一级抓一级、层层抓落实。注重从党支部工作成效和党员作用发挥看效果、让党员群众作评价。二级单位党组织要以经常性督查为主要方式，对所属党支部做到全覆盖。通过定期排查、随机抽查、情况通报、专项督查、重点约谈等方式，随时掌握本单位基层党组织落实学习教育的情况，及时总结经验，研究推动整改。对工作落实不力、搞形式走过场的，要严肃批评、追责问责。

（四）加强宣传引导

要结合推进“两学一做”学习教育常态化制度化，深入贯彻全国高校思想政治工作会议精神，牢牢把握党对高校意识形态工作的领导权，落实高校党委管党治党、办学治校主体责任。要更好运用多种媒体平台，运用接地气、有实效的宣传方法，及时宣传“两学一做”学习教育常态化、制度化的好做法、好经验、好故事，加强理论阐释和舆论引导，在校内营造良好氛围。要注重典型引路，积极发现、培育和宣传先进典型，用身边人、身边事教育激励党员，传递鲜活的社会主义核心价值观和有形的正能量，让广大党员学有标杆、做有榜样，使学先进、赶先进、当先进成为时代风尚。

中共华中科技大学委员会

2017年5月23日

中共华中科技大学委员会关于贯彻党委领导下的校长负责制的实施办法

校党〔2017〕44号

根据《中国共产党章程》《中华人民共和国高等教育法》《中国共产党普通高等学校基层组织工作条例》《关于加强和改进新形势下高校思想政治工作的意见》《关于坚持和完善普通高等学校党委领导下的校长负责制的实施意见》，结合学校实际，制定本办法。

第一章　校党委全面领导学校工作

第一条　高举中国特色社会主义伟大旗帜，以马克思列宁主义、毛泽东思想、邓小平理论、“三个代表”重要思想、科学发展观为指导，深入学习贯彻习近平总书记系列重要讲话精神和治国理政新理念、新思想、新战略，全面贯彻党的教育方针，坚持社会主义办学方向，统筹推进“五位一体”总体布局，协调推进“四个全面”战略布局，增强“四个意识”，坚定“四个自信”，落实“四个服务”，以立德树人为根本，坚持不懈传播马克思主义科学理论，坚持不懈培育和弘扬社会主义核心价值观，坚持不懈促进高校和谐稳定，坚持不懈培育优良校风和学风，扎根中国大地，建设世界一流大学。

第二条　中国共产党华中科技大学委员会（以下简称“校党委”）对学校工作实行全面领导，对学校党的建设全面负责，履行管党治党、办学治校的主体责任，把方向、管大局、做决策、保落实、议大事、谋大事，严格执行和维护政治纪律和政治规矩，落实党建工作责任制，切实发挥领导核心作用。

第三条　校党委的主要职责是：

（一）全面贯彻执行党的路线方针政策，贯彻执行党的教育方针，坚持社会主义办学方向，坚持立德树人，依法治校，依靠全校师生员工推动学校科学发展，培养又红又专、德才兼备、全面发展的中国特色社会主义合格建设者和可靠接班人。

（二）讨论决定事关学校改革发展稳定及教学、科研、行政管理中的重大事项和基本管理制度。

（三）坚持党管干部原则，按照干部管理权限负责干部的任免、教育、培养、考核和监督，讨论决定学校内部组织机构的设置及其负责人的人选，依照有关程序推荐校级领导干部和后备干部人选。做好老干部工作。

（四）坚持党管人才原则，讨论决定学校人才工作规划和重大人才政策，创新人才工作体制机制，优化人才成长环境，统筹推进学校各类人才队伍建设。

（五）领导学校思想政治工作和德育工作，坚持用中国特色社会主义理论体系武装师生员工头脑，培育和践行社会主义核心价值观，牢牢掌握学校意识形态工作的领导权、管理权、话语权。维护学校安全稳定，促进和谐校园建设。

（六）加强大学文化建设，发挥文化育人作用，培育良好党风校风学风教风。

（七）加强对院系等基层党组织的领导，做好发展党员和党员教育、管理、服务工作，发展党内基层民主，充分发挥基层党组织的战斗堡垒作用和党员的先锋模范作用。加强校党委自身建设。

（八）领导学校党的纪律检查工作，落实党风廉政建设主体责任，推进惩治和预防腐败体系建设。

（九）领导学校工会、妇委会、共青团、学生会、研究生会等群众组织和教职工代表大会。做好统一战线工作。

（十）讨论决定其他事关师生员工切身利益的重要事项。

第四条　校党委实行集体领导与个人分工负责相结合的制度，凡属重大问题都要按照集体领导、民主集中、个别酝酿、会议决定的原则，由党委会议集体讨论，作出决定；领导班子成员要根据集体的决定和分工，切实履行自己的职责。

第五条　党委书记作为主要负责人，主持党委全面工作，对党委工作负主要责任，负责组织党委重要活动，协调党委领导班子成员工作，督促检查党委决议贯彻落实，主动协调党委与校长之间的工作关系，支持校长开展工作。

第二章　校长主持学校行政工作

第六条　校长是学校的法人代表，在校党委

领导下组织实施校党委有关决议，行使高等教育法等规定的各项职权，全面负责教学、科研、行政管理工作。

第七条　校长的主要职责是：

（一）组织拟订和实施学校发展规划、基本管理制度、重要行政规章制度、重大教学科研改革措施、重要办学资源配置方案。组织制定和实施具体规章制度、年度工作计划。

（二）组织拟订和实施学校内部组织机构的设置方案。按照国家法律和干部选拔任用工作有关规定，推荐副校长人选，任免内部行政组织机构的负责人。

（三）组织拟订和实施学校人才发展规划、重要人才政策和重大人才工程计划。负责教师队伍建设，依据有关规定聘任与解聘教师以及内部其他工作人员。

（四）组织拟订和实施学校重大基本建设、年度经费预算等方案。加强财务管理和审计监督，管理和保护学校资产。

（五）组织开展教学活动和科学研究，创新人才培养机制，提高人才培养质量，推进文化传承创新，服务国家和地方经济社会发展，把学校办出特色、争创一流。

（六）组织开展思想品德教育，负责学生学籍管理并实施奖励或处分，开展招生和就业工作。

（七）做好学校安全稳定和后勤保障工作。

（八）组织开展学校对外交流与合作，依法代表学校与各级政府、社会各界和境外机构等签署合作协议，接受社会捐赠。

（九）向党委报告重大决议执行情况，向教职工代表大会报告工作，组织处理教职工代表大会、工会会员代表大会、学生代表大会和团员代表大会有关行政工作的提案。支持学校各级党组织、民主党派基层组织、群众组织和学术组织依法开展工作。

（十）履行法律法规和学校章程规定的其他职权。

第三章　健全党委与行政议事决策制度

第八条　学校按期召开党员代表大会（以下简称“党代会”），选举产生学校党的委员会。校党委对党代会负责并报告工作。校党委设立常务委员会（以下简称“常委会”）。

第九条　校党委全体会议（以下简称“全委会”）在党代会闭会期间领导学校的工作，主要对事关学校改革发展稳定和师生员工切身利益及党的建设等全局性重大问题做出决策，听取和审议常委会工作报告、纪委工作报告。

第十条　常委会主持党委经常工作，主要对学校改革发展稳定和教学、科研、行政管理及党的建设等方面的重要事项做出决定，按照干部管理权限和有关程序推荐、提名、决定任免干部。

第十一条　校长办公会议是学校行政议事决策机构，主要研究提出拟由党委讨论决定的重要事项方案，具体部署落实党委决议的有关措施，研究处理教学、科研、行政管理工作。

第十二条　党委会议和校长办公会议坚持科学决策、民主决策、依法决策，防止个人或少数人专断和议而不决、决而不行。对会议决定的事项如需变更、调整，应根据决策程序进行复议。

第十三条　坚持党管干部、党管人才，落实“三重一大”决策制度，重要干部任免、重要人才使用、重要阵地建设、重大发展规划、重大项目安排、重大资金使用、重大评价评奖活动等要经党委集体研究决定。建立常委会和校长办公会专题研究附属医院工作的机制。

坚持议大事，谋大事。建立和完善党委议事机制，校党委设立若干领导小组，由党委书记、校长和相关校领导组成，对重要和重大事项充分酝酿、谋划研究之后，再由有关方面按照相关程序及要求开展工作。

第四章　完善协调运行机制

第十四条　党委领导下的校长负责制是一个不可分割的有机整体，必须坚持党委的领导核心地位，保证校长依法行使职权，建立健全党委统一领导、党政分工合作、协调运行的工作机制。要合理确定领导班子成员分工，明确工作职责。领导班子成员要切实增强“四个意识”，对校党委做出的决定、决议，要坚定不移地维护、执行、推进，按照分工积极主动开展工作，勇于担当。

第十五条　党委书记和校长要树立政治意识、大局意识、核心意识、看齐意识，相互信任，坦诚相见，加强团结，及时交流工作情况，重要决策事先沟通、日常工作经常沟通、紧急情况及时沟通。

领导班子成员应经常沟通情况、协调工作。

党委书记、校长要发扬民主，充分听取和尊重领导班子成员的意见，支持他们的工作。领导班子成员相互理解、相互支持，对职责分工交叉的工作，要做好协调配合。

第十六条　坚持领导干部双重组织生活会制度，提高组织生活质量。认真开好民主生活会，正确运用批评和自我批评的武器，开展积极健康的思想斗争。落实谈心谈话制度，党委书记和校长要定期相互谈心，定期同其他领导班子成员谈心，对在思想、作风、廉洁自律等方面出现的苗头性、倾向性问题，要早提醒、早纠正；领导班子成员之间要经常交流思想、交换意见，努力营造团结共事的和谐氛围。

第十七条　加强学术组织建设，完善学术评价体系和评价标准。提高学术委员会建设水平，把政治立场和思想政治表现作为遴选成员的底线要求，在校党委领导下发挥好学术委员会的作用。

第十八条　发挥教职工代表大会及群众组织作用，健全师生员工参与民主管理和监督的工作机制。实行党务公开和校务公开，及时向师生员工、群众团体、民主党派、离退休老同志等通报学校重大决策及实施情况。推行党员代表大会代表任期制和提案制，健全学校常委会向全委会报告工作并接受监督等制度。

第五章　加强组织领导

第十九条　加强领导班子思想政治建设和作风建设，加大教育培训力度，不断提高领导干部思想政治素质和办学治校能力。党委书记、校长要成为社会主义政治家、教育家，既要有正确的教育思想、深厚的学识学养、强烈的事业心，又要有坚定的政治立场、崇高的理想信念、服务国家和人民的价值追求；既要掌握教育工作规律，又要善于从政治上看问题、把方向。学校领导干部要认真履职尽责，正确处理领导管理工作和个人学术研究的关系，确保有足够的时间和主要精力投入学校管理工作。党委书记和校长一般不担任科研项目主要负责人。

第二十条　严格执行回避制度。领导班子成员实行任职回避制度和会议回避，任职回避执行上级有关文件规定，会议回避在全委会、常委会、校长办公会议事规则中做具体规定。

第二十一条　强化院系党的领导。建立健全院系党委（党总支）会议制度，发挥院系党委（党总支）的政治核心作用。完善院系党政联席会议制度，认真执行民主集中制原则，集体讨论和决定本单位重要事项。健全院系集体领导，党政分工合作、协调运行的工作机制。

第二十二条　加强学校基层党组织建设。完善教职工党支部和学生党支部设置形式，创新党支部活动方式。提高发展党员质量，加强党员教育管理。大力创建基层服务型党组织，不断提高基层党组织的创造力、凝聚力、战斗力，保证党的路线方针政策和学校各项决定的贯彻落实。

第二十三条　校党委负责对领导班子成员贯彻执行党委领导下的校长负责制情况进行监督，发现问题及时纠正。党政主要负责人要在民主生活会、任期述职述责、年度工作总结中报告贯彻执行党委领导下的校长负责制的情况，自觉接受监督。

第六章　附则

第二十四条　根据本实施办法和工作实际，制定党委全委会、党委常委会、校长办公会议事规则，作为附则文件。

第二十五条　本办法及党委全委会、党委常委会、校长办公会议事规则由常委会负责解释，自公布之日起施行，原《中共华中科技大学委员会常务委员会议事规则》（校党〔2015〕34 号）、《华中科技大学校长办公会议事规则》（校党〔2015〕35 号）即废止。

附则

党委全委会议事规则

第一条　议事范围主要包括：

（一）学习传达贯彻落实习近平总书记重要讲话、重要批示和中央重要决策部署；贯彻执行党的路线方针政策和党的教育方针。

（二）对事关学校改革发展稳定和师生员工切身利益及党的建设等全局性重大问题做出决策。

（三）听取和审议党委常委会工作报告、纪委工作报告。

第二条　全委会由常委会召集，议题由常委会确定。每学期至少召开一次，如遇重大问题可以随时召开。会议必须有三分之二以上委员到会方能召开。

第三条　全委会实行民主集中制。讨论决定重大问题实行少数服从多数的原则。表决事项时，以超过应到会委员人数的半数同意为通过。

第四条　与会人员应自觉遵守会议纪律，按时参加会议，因特殊情况不能与会，须提前履行请假程序。对会议内容、讨论情况和尚未公布的会议决定，不能以任何形式泄露。

第五条　全委会实施回避制度。在议事决策过程中，如果议题涉及本人及本人近亲属或有其他利害关系的，会议主持人应要求有关人员回避，参加会议的有关人员应主动提出回避。

第六条　党委办公室负责党委全委会的会务工作，做好会议记录。

第七条　全委会做出的决议、决定，各有关部门和单位必须认真贯彻落实。一般由党委办公室负责传达和催办，负责督促检查。

党委常委会议事规则

第一章　议事范围

第一条　议事范围主要包括：

（一）学习传达贯彻落实习近平总书记重要讲话、重要批示和中央重要决策部署；贯彻执行党的路线方针政策和党的教育方针；贯彻落实党代会和全委会决议。

（二）讨论决定加强党的领导有关重要事项，讨论决定党的建设有关重要事项，讨论决定全面从严治党有关重要事项。研究讨论立德树人的重要问题，研究讨论人才工作的重要问题，研究讨论意识形态工作的重要问题，研究讨论师生思想政治工作的重要问题。研究决定领导班子建设和干部队伍建设的重要问题。

（三）讨论决定事关学校改革发展稳定及教学、科研、行政管理中的重大事项和基本管理制度。

第二章　议题确定

第二条　议题确定。议题由党委常委提出，党委书记确定。有关教学、科研、行政管理工作等议题，应在会前听取校长意见，意见不一致的议题暂缓上会。

第三条　前置程序。坚持科学决策，专业性、技术性较强的重要事项，应经过专家评估及技术、政策咨询。坚持民主决策，事关师生员工切身利益的重要事项，应通过教职工代表大会或其他方式，广泛听取师生员工的意见建议。坚持依法决策，涉及可能影响稳定、法律风险等重要事项，应经过相应的风险评估和法律咨询。

第四条　议题提交。拟提交会议的议题由相关部门填写《党委常委会议题审批表》并附汇报材料，主要包括调研论证情况、前置程序材料、提请会议决定事项等，经分管校领导及相关校领导审批后，至少提前3个工作日交党委办公室审核，呈党委书记审定。

第三章　会议组织

第五条　会议一般每两周召开一次，例行召开时间为校历单周星期一下午。如遇重要情况或党委书记提议可随时召开。

第六条　会议由党委书记召集并主持。根据工作需要，会议主持人可确定有关人员列席。不是党委常委的行政领导班子成员列席会议。

第七条　会议必须有半数以上党委常委到会方能召开；讨论决定干部任免等重要事项时，应有三分之二以上党委常委到会。

第八条　会议应安排专人记录。对会议决定的事项、参与人及其意见、表决情况、结论等内容，应当完整、详细记录并存档。有关会务工作由党委办公室负责。

第四章　议事程序

第九条　会议议事实行一事一议，程序一般为：党委常委或议题提出部门报告议题的论证情况及需要会议决定的事项等要点，提出解决问题的建议或方案；提出议题的党委常委先对议题发表明确意见；其他与会成员就此议题充分发表意见；会议主持人在广泛听取与会人员意见基础上，对讨论研究的事项做出决定。

第十条　会议进行表决时，可根据讨论事项的不同内容，分别采取口头、举手、无记名投票或记名投票方式，赞成票超过应到会党委常委人数的半数为通过。干部议题表决采取票决制，推荐、提名干部和决定干部任免、奖惩事项，应逐个表决。

第十一条　会议决策中意见分歧较大或者发现有重大情况尚不清楚的，应暂缓决策，待进一步调研或论证后再做决策。

第五章　督办落实

第十二条　会议决定事项应编发会议纪要。会议纪要决定事项须经相关党委常委审阅签字，最后由校长、党委书记先后审定。经会议讨论通过的、以校党委名义上报或下发的文件，由党委书记签发。

第十三条　会议做出的决策，由党委常委分工负责组织实施。党委常委要按照分工督促检查会议决定执行情况，并协调解决在执行过程中出现的问题。执行过程中遇有新的情况和问题，应及时报告。对会议决定的事项如需变更、调整，应根据决策程序进行复议。

第十四条　党委办公室应根据会议纪要及时向有关部门传达会议决定。督办室对会议决定落实情况进行跟踪督办，及时向相关校领导报告落实情况，每学期应向常委会集中报告一次。

第六章　纪律要求

第十五条　严格按照新形势下党内政治生活准则议事决策，增强政治性、时代性、原则性、战斗性，严守政治纪律和政治规矩。

第十六条　党委常委应按时参加会议，并自觉遵守会议纪律。确因故不能出席会议，应在会前向会议主持人请假，对涉及个人分工的议题，会前应书面表达意见。

第十七条　会议实施回避制度。在议事决策过程中，如果议题涉及本人及本人近亲属或有其他利害关系的，会议主持人应要求有关人员回避，参加会议的有关人员应主动提出回避。

第十八条　会议审议的有关事项，适合公开的根据信息公开相关规定及时公开；对会议内容、讨论情况和尚未公布的会议决定，不得泄露。

校长办公会议事规则

第一章　议事范围

第一条　议事范围主要包括：

（一）贯彻执行党和国家的路线方针政策和法律法规，学习传达落实上级有关工作的重要指示、决定或会议精神，研究制定校党委决议中相关工作的实施方案和重要措施。

（二）研究拟订学校发展规划、基本管理制度、重要行政规章制度、重大教学科研改革措施、重要办学资源配置方案，拟订实施人才发展规划、重要人才政策和重大人才工程。

（三）研究处理教学、科研、行政管理工作中的重大问题，包括重要行政规章制度，年度招生计划，学科、专业的设置和调整，教职工收入分配及福利待遇、奖励、违纪处理和关系学生权益的重要事项等。

（四）研究实施对学校规模条件、办学质量等产生重要影响的项目安排，包括学校基本建设项目设计方案和工程投资估算，重要专项资金建设项目，学校贷款项目，科技文化交流与合作重要项目等。

（五）研究实施年度预算内大额度资金调动和使用事项、重要资产的使用、重大捐赠等。

（六）研究实施思想品德教育、安全稳定和后勤保障等工作的具体措施。

（七）研究处理教职工代表大会、工会会员代表大会、妇女代表大会、学生代表大会和团员代表大会有关重要行政工作的提案。

（八）研究决定其他事关学校事业发展、师生员工切身利益的重要行政事项。

第二章　议题确定

第二条　议题确定。议题由学校领导班子成员提出，校长确定。重要议题，应在会前听取党委书记意见，意见不一致的议题暂缓上会。

第三条　前置程序。讨论决定学校重大问题，应在调查研究基础上提出建议方案，经领导班子成员沟通酝酿且无重大分歧后提交会议讨论决定。涉及学校资产、财务、规划、基建、维修、招标、采购、招生、人事、后勤和产业等重要事项，应先按相应规程加强前置程序审核。

坚持科学决策,专业性、技术性较强的重要事项,应经过专家评估及技术、政策咨询。坚持民主决策,事关师生员工切身利益的重要事项,应通过教职工代表大会或其他方式,广泛听取师生员工的意见建议。坚持依法决策,涉及可能影响稳定、法律风险等重要事项,应经过相应的风险评估和法律咨询。

第四条　议题提交。拟提交会议的议题由相关职能部门填写《校长办公会会议题审批表》并附汇报材料,主要包括调研论证情况、前置程序材料、提请会议决定事项等,经分管校领导及相关校领导审批后,至少提前3个工作日交校长办公室审核,呈校长审定。

第三章　会议组织

第五条　会议一般每两周召开一次,例行召开时间为校历双周星期一下午。如遇重要情况或校长提议可随时召开。

第六条　会议由校长召集并主持。会议成员为学校行政领导班子成员和相关人员。党委书记、副书记、纪委书记可视议题情况参加会议。根据工作需要,会议主持人可确定有关人员列席。

第七条　会议必须有半数以上成员到会方能召开。

第八条　会议应安排专人记录。对会议决定的事项、参与人及其意见、讨论情况、结论等内容,应有完整、详细记录并存档。有关会务工作由校长办公室负责。

第四章　议事程序

第九条　会议议事实行一事一议,程序一般为:议题提出部门报告议题的论证情况及需要会议决定的事项等要点,提出解决问题的建议或方案;分管领导先对议题发表明确意见;其他与会成员就此议题充分发表意见;会议主持人在广泛听取与会人员意见基础上,对讨论研究的事项做出决定。

第十条　会议决策中意见分歧较大或者发现有重大情况尚不清楚的,应暂缓决策,待进一步调研或论证后再做决策。

第五章　督办落实

第十一条　会议决定事项应编发会议纪要。会议纪要决定事项须经相关校领导审阅签字,最后由党委书记、校长先后审定签发。经会议讨论通过的、以学校行政名义上报或下发的文件,由校长签发。

第十二条　会议做出的决策,由校领导分工负责组织实施。校领导要按照分工督促检查会议决定执行情况,并协调解决在执行过程中出现的问题。执行过程中遇有新的情况和问题,应及时报告。对会议决定的事项如需变更、调整,应根据决策程序进行复议。

第十三条　校长办公室应根据会议纪要及时向有关部门传达会议决定。督办室对会议决定落实情况进行跟踪督办,及时向相关校领导报告落实情况,每学期应向校长办公会集中报告一次。

第六章　纪律要求

第十四条　会议成员应按时参加会议,并自觉遵守会议纪律。确因故不能出席会议,应在会前向会议主持人请假,对涉及个人分工的议题,会前应书面表达意见。

第十五条　会议实施回避制度。在议事决策过程中,如果议题涉及本人及本人近亲属或有其他利害关系的,会议主持人应要求有关人员回避,参加会议的有关人员应主动提出回避。

第十六条　会议审议的有关事项,适合公开的根据信息公开相关规定及时公开;对会议内容、讨论情况和尚未公布的会议决定,不得泄露。

中共华中科技大学委员会
2017年8月17日

关于认真学习宣传贯彻党的十九大精神的通知

校党〔2017〕59号

各基层党委、党总支、直属党支部,全校各单位:

党的第十九次全国代表大会是在全面建成小康社会决胜阶段、中国特色社会主义进入新时代的关键时期召开的一次十分重要的大会。学习好、宣传好、贯彻好十九大精神,是学校当前和今后一个时期的首要政治任务。为推动全校上下迅速行动起来,认真学习宣传贯彻党的十九大精神,特别是认真学习领会习近平新时代中国特色社会主义思想,按照中央关于学习宣传贯彻党的十九大精神要在学懂弄通做实上下功夫的要求,现将现阶段工作安排通知如下。

一、宣传十九大

1. 组织全覆盖的宣讲活动

按照习近平总书记"领导干部要做实干家,也要做宣传家。各级领导干部要带头宣讲,面向群众宣传党的十九大精神"的要求。成立由校党委书记牵头,全体校党委常委、各二级单位党组织书记以及相关专家学者组成的党的十九大精神宣讲团,制定宣讲计划,确定宣讲要点,组织集体备课,落实宣讲安排。校党委常委每人宣讲一场,各二级单位党组织书记在本单位至少宣讲一场,宣讲活动由党委宣传部统筹安排,确保全覆盖。力争在今年11月底之前完成宣讲,把党的十九大精神讲清楚、讲明白,让师生听得懂、能领会、可落实。(宣传部)

2. 开展立体式校内宣传

组织校报、广播台、电视台、新闻网站、新媒体等联动宣传,通过设置专题专栏、推出系列报道、发布权威文章等方式,广泛宣传师生学懂弄通做实十九大精神的各项行动,以及各院系加快"双一流"建设、推动内涵式发展的思路与举措。在宣传中,要坚持全面准确深入、既严谨又生动,突出昂扬向上、平实务实的鲜明基调,坚持网上网下宣传一起抓,用好用活新媒体,推动党的十九大精神深入人心、落地生根。(宣传部)

3. 对外讲好学校好故事好经验

进一步扩大学校的对外影响力,围绕学校十九大精神的学习贯彻,推进典型经验、特色举措的宣传,扩大学校的社会影响;围绕十九大报告中关于科技创新的内容,重点推介学校下半年科技创新方面的重大突破和新成果;围绕十九大报告中关于立德树人的内容,推进学校典型人物的对外宣传。(宣传部)

二、学习新思想

1. 抓好党委理论中心组集中学习

把学习党的十九大精神作为今年党委理论学习中心组学习的重中之重,要认真学习、准确领会党的十九大提出的许多新理念、新论断,确定的新任务、新举措;要多思多想,努力掌握党的十九大精神的政治意义、历史意义、理论意义、实践意义;要注重采取理论和实践、历史和现实、当前和未来相结合的方法,把每一点都领会深、领会透。(宣传部)

2. 开展干部集中轮训

分期分批举办中层干部学习贯彻党的十九大精神专题培训班,实现全覆盖;分期分批,全覆盖开展基层党支部书记学习贯彻党的十九大精神培训班,提高党支部书记的政治站位,确保十九大精神在基层党支部的全面准确贯彻。(组织部)

3. 推动全体师生党支部专题学习

将传达学习党的十九大精神内容纳入"两学一做"常态化制度化学习重要内容,指导师生党支部每月支部主题党日和组织生活会专题传达学习,全覆盖推动全体党员师生认真学习党的十九大精神。(组织部)

4. 抓好教职工政治理论学习

将党的十九大精神传达学习作为全校教职工每月政治理论学习重要内容,各单位要利用好每月教职工政治理论学习时间,专题组织好传达学习十九大精神(教师工作部)。多种形式开展座谈会、报告会等，认真组织离退休老同志学习十九大精神工作(离退休工作处)。通过专题座谈会等，组织民主党派和党外代表人士深入学习党的十九大精神，强化政治共识(统战部)。各职能部门要结合业务工作，坚持目标导向和问题导向，深入学习研究领会党的十九大精神(机关党委)。

5. 抓好学生的学习活动

发挥思政课教学主渠道作用，把学习党的十九大精神作为思政课的重要内容，通过集体备课集思广益，定好讲授大纲、选好鲜活故事、全覆盖推进党的十九大精神深入学生，推动十九大精神进教材、进课堂、进头脑，真正入耳入脑入心(教务处、马克思主义学院)。学工部门、校团委要抓好学生班团集体、学生社团等组织，通过班会、团日、“学做创”主题教育活动等，以学生喜闻乐见的方式，迅速传达、深入学习党的十九大精神(学工部、研工部、校团委)。

三、开启新征程

各级党组织、各单位各部门要把学习宣传贯彻党的十九大精神作为头等大事持之以恒抓紧抓好，要和贯彻落实思政会精神、深化巡视整改、推动“两学一做”学习教育常态化制度化、促进“双一流”建设等工作结合起来，深入学习领会，认真调查研究，带着问题去学习、宣讲、调研，主动思考谋划，推动形成一些务实管用的具体举措，用党的十九大精神来推动学校各项工作开展，以实际行动推动习近平新时代中国特色社会主义思想在学校落地生根，形成生动实践。

各单位主要负责同志要切实履行传达学习第一责任人责任和党政同责责任。学习贯彻党的十九大精神情况将纳入基层党组织书记党建述职评议、各单位领导班子及领导干部述职述责等重要考核内容。

各单位要将学习宣传贯彻党的十九大精神的情况及时报学校党委。

中共华中科技大学委员会
2017 年 11 月 3 日

中共华中科技大学委员会关于加强学校二级纪检队伍建设的暂行办法

校党〔2017〕57 号

第一章　总则

第一条　为进一步加强学校二级纪检队伍建设，强化监督责任的落实，根据《中国共产党章程》《中国共产党普通高等学校基层组织工作条例》《中国共产党纪律检查机关监督执纪工作规则》及校党委《关于落实党风廉政建设主体责任的实施细则》《关于落实党风廉政建设监督责任的实施办法》等文件精神，结合学校实际，制定本办法。

第二条　本办法所称二级纪检队伍包括：学校二级纪委，学校二级党组织的纪检委员，学校职能部门、群团组织党支部（党总支）的纪检委员。

第三条　二级纪检队伍在同级党组织和校纪委的双重领导下开展工作。

第二章　二级纪检队伍设置

第四条　在产业集团、后勤集团、附属医院等规模较大的党委设立纪委。纪委设委员 5～11 人，其中设纪委书记 1 人。相关单位要进一步健全纪委办事机构，充实专兼职纪检干部队伍，推进纪委监督责任的落实。

第五条　在条件成熟的院（系）、直属附属单位党委设立纪委。纪委设委员 3～5 人，其中纪委书记 1 人。相关单位要配备兼职纪检工作人员，推进监督责任的落实。在其他二级党委设立纪检委员，纪检委员要积极协助党委加强监督。

第六条　在各二级党总支，直属党支部，学校职能部门、群团组织党支部（党总支）设立纪检委员。纪检委员要积极协助党组织加强监督工作。

第三章　二级纪检队伍职责

第七条　二级纪委、纪检委员主要履行以下职责：

（一）坚决维护党章及其他党内法规，协助党组织加强对党的各项纪律尤其是政治纪律、政治规矩执行情况的监督检查，持之以恒推进中央八项规定精神的深化落实。

（二）协助党组织开展党风廉政建设、意识形态工作、师德师风等宣传教育，加强对落实情况的监督检查，积极推进廉洁文化建设。

（三）协助党组织加强廉洁风险防控建设，加强调查研究，协助查找风险点，积极推进重要岗位和关键环节管理制度、工作机制的健全与完善。

（四）协助党组织认真落实监督执纪第一种形态，根据工作需要参加谈心谈话，让咬耳扯袖、红脸出汗成为常态。协助开展对受处分人的教育、帮扶和考察。

（五）纪委书记（纪检委员）参加党组织会议、党政联席会议，对领导班子、领导干部贯彻执行党的路线、方针、政策和学校党委、纪委决议、决定、工作部署及执行“三重一大”决策制度、议事规则等情况进行监督。

（六）加强对涉及人、财、物等重要事项、关键环节的监督检查，及时提出工作建议和意见。

（七）经常性了解本单位党风廉政建设和反腐败工作情况，主动、及时向党组织和校纪委报告领导班子、领导干部尤其是主要负责人履职履责情况以及涉嫌违规违纪的问题；努力防控涉及教职工廉洁自律的倾向性和苗头性问题。

（八）接受反映党组织管辖范围工作事项的信访举报，维护党员的权利，关注群众关心的热点、难点问题；支持师生同违法乱纪行为和不良作风做斗争。接受的信访举报以及发现的问题线索，要及时报告校纪委。

（九）参与或承办党组织和校纪委交办的其他事项。

第八条　产业集团、后勤集团、附属医院纪委要积极协助党委落实党风廉政建设和反腐败工作主体责任，认真落实校纪委工作部署，强化监督责任的落实。聚焦监督执纪问责主责，其中查办案件以校纪委领导为主，线索处置和案件查办在向同级党组织报告的同时必须向校纪委报告。

院（系）、直属附属单位纪委要积极协助党委落实党风廉政建设和反腐败工作主体责任，认真落实纪委监督责任。根据校纪委的工作部署，协助或独立开展问题线索调查，参与问题线索初步核实工作。

未设立纪委的二级党委（党总支）以及学校职能部门、群团组织党支部（党总支），该党组织负责监督执纪工作。其纪检委员要积极协助党组织开展工作。

第九条　二级纪委书记职责：

（一）协助同级党委书记抓好党风廉政建设和反腐败工作，对班子成员执行党风廉政建设责任制和廉洁自律情况进行监督、检查。

（二）负责二级纪委全面工作，组织落实同级党委和校纪委的工作安排及交办的各项任务，推进监督责任的落实。

（三）加强纪委自身建设，定期组织纪委会议，加强学习，按照民主集中制的原则研究决定重要事项；指导下级党组织纪检委员开展工作。

（四）定期向校纪委报告落实监督责任的情况。

（五）认真完成同级党委和校纪委交办的其他事项。

第四章　二级纪检队伍人员选任

第十条　选任二级党组织，学校职能部门、群团组织的党支部（党总支）纪检委员、纪委书记（副书记），应符合以下要求：

（一）任所在党组织的委员（党支部委员，党总支委员，党委委员、常委）。

（二）一般由本单位副职领导干部担任。

第十一条　选任程序

（一）二级纪委书记人选，由校纪委会同校党委组织部提出，校党委组织部就提名人选听取二级单位党委意见，校纪委会同校党委组织部按照学校有关干部选拔任用工作办法进行考察。

（二）二级党组织纪检委员人选，由所在党组织提出，报校纪委审核批准，并报校党委组织部备案。学校职能部门、群团组织党支部（党总支）的纪检委员人选，由所在党组织提出，报校纪委审核批准，并报校机关党委备案。

（三）二级纪委办事机构负责人人选、下级党组织纪检委员人选，由二级纪委参照本条第（一）（二）款组织落实，并报校纪委备案。

第五章　保障机制

第十二条　学校二级党委要高度重视二级纪检队伍建设，按要求配齐配强纪检监察专兼职工作人员，为其履职履责提供必要的办公场地和经费保障，领导和支持二级纪检队伍强化责任的落实，并自觉接受二级纪检队伍的监督。

第十三条　强化学校纪委对二级纪检队伍的领导。健全二级纪检队伍负责人集中学习培训制度，参加专项检查和问题线索调查、案件查办制度，不断提高政治理论素养和纪检监察业务水平，努力建设一支忠诚、干净、担当的纪检干部队伍。

第十四条　加强对二级纪检队伍履职履责的指导和检查。建立二级纪检队伍负责人定期向校纪委述职述廉制度，并及时报告所在单位领导班子及成员执行党风廉政建设责任制和廉洁自律情况。

第十五条　建立和完善对二级纪检队伍工作的考核、评价制度，考核评价结果作为学校表彰先进二级党组织的重要内容。对软弱涣散、履职履责不力的二级纪检队伍，在对其负责人进行责任追究同时，视情况对二级党组织主要负责人进行责任追究。

第六章　附则

第十六条　本办法由学校纪委办公室负责解释。

第十七条　本办法自发布之日起施行。

中共华中科技大学委员会
2017 年 10 月 13 日

华中科技大学消防安全管理规定

校发〔2017〕8号

第一章　总则

第一条　为了加强和规范学校消防安全管理，预防和减少火灾危害，保障师生员工生命财产和学校财产安全，根据《中华人民共和国消防法》《湖北省消防条例》《湖北省消防安全责任规定》和《高等学校消防安全管理规定》等法律、法规和规章，结合学校实际，制定本规定。

第二条　校内各单位的消防安全管理，适用本规定。

驻校内其他单位的消防安全管理，按照本规定的有关规定执行。

第三条　各单位应严格遵守消防法律、法规和规章，贯彻“预防为主、防消结合”的方针，履行消防安全职责。

第四条　各单位应按照“谁主管，谁负责”“谁使用，谁负责”“管业务必须管安全”的原则，落实逐级消防安全责任制和岗位消防安全责任制，确定各级、各岗位消防安全责任人，明确职责，实行消防安全责任追究制。

第五条　各单位应开展消防安全教育和培训，加强消防演练，提高师生员工的消防安全意识和自救逃生技能。

第六条　师生员工应依法履行保护消防设施、预防火灾、报告火警和扑救初起火灾等维护消防安全的义务。

第七条　学校消防安全管理委员会依法履行对各单位消防安全工作的管理职责。学校消防安全管理办公室依法履行对各单位的消防安全工作进行检查、指导和监督的职责，督促各单位建立健全消防安全管理制度并落实消防安全责任制。

第二章　消防安全责任

第八条　校内各单位主要负责人是本单位的消防安全责任人，全面负责本单位的消防安全工作。分管消防安全的负责人为消防安全管理人，协助消防安全责任人落实本单位的消防安全工作职责。其他负责人在分管工作范围内，对消防工作负有领导、监督、检查、教育和管理职责。

驻校内其他单位的主要负责人是该单位消防安全责任人，全面负责本单位的消防安全工作。

第九条　学校成立消防安全管理委员会，由学校分管消防安全的校领导担任主任，相关职能部门主要负责人为成员，代表学校法定代表人全面贯彻落实消防法律、法规和规章，负责组织、实施和协调校内各单位的消防安全工作，对学校消防工作中的重大问题进行研究，并形成意见，报校长办公会决策。

第十条　学校设立消防安全管理办公室（挂靠保卫处）负责学校日常消防安全工作，履行下列消防安全职责：

（一）拟订学校消防安全年度工作计划、年度经费预算，拟订学校消防安全责任制、灭火和应急疏散预案等消防安全管理制度，报校长办公会审批后实施；

（二）监督检查校内各单位消防安全责任制的落实情况；

（三）监督检查消防设施、设备、器材的使用与管理，以及消防基础设施的运转，定期组织检验、检测和维修；

（四）确定学校消防安全重点单位（部位）并监督指导其做好消防安全工作；

（五）监督检查有关单位做好易燃易爆等危险品的储存、使用和管理工作，审批校内各单位动用明火作业申请；

（六）开展消防安全教育培训，组织消防演练，普及消防知识，提高师生员工的消防安全意识、扑救初起火灾和自救逃生技能；

（七）定期对志愿消防队等消防组织进行消防知识和灭火技能培训；

（八）推进消防安全技术防范工作，做好技术防范人员上岗培训工作；

（九）受理学校各单位及驻校内其他单位在校内新建、扩建、改建及装饰装修工程和公众聚集场所投入使用、营业前消防行政许可或者备案手续的备案审查工作，督促其向公安机关消防机构进行申报,协助公安机关消防机构进行建设工程消防设计审核、消防验收或者备案以及公众聚集场所投入使用、营业前消防安全检查工作;

(十)建立健全学校消防工作档案及消防安全隐患台账;

(十一)按照工作要求上报有关信息数据;

(十二)协助公安机关消防机构调查处理火灾事故,协助有关部门做好火灾事故处理及善后工作。

第十一条 学校各单位和驻校内其他单位应履行下列消防安全职责:

(一)落实学校的消防安全管理规定,结合本单位实际制定并落实消防安全制度和消防安全操作规程;

(二)建立消防安全责任考核、奖惩制度;

(三)开展经常性的消防安全教育、培训及演练;

(四)定期进行防火检查,做好检查记录,及时消除火灾隐患;

(五)按规定配置消防设施、器材并确保其完好有效;

(六)按规定设置安全疏散指示标志和应急照明设施,并保证疏散通道、安全出口畅通;

(七)消防控制室配备消防值班人员,制定值班岗位职责,做好监督检查工作;

(八)新建、扩建、改建、装饰装修工程报校消防安全管理办公室备案;

(九)按照规定的程序与措施处置火灾事故;

(十)学校规定的其他消防安全职责。

第十二条 除本规定第十一条外,学生管理部门和各学院(系)还应履行《华中科技大学本科生公寓管理规定》和《华中科技大学研究生住宿管理规定》中的安全管理职责;学生宿舍管理部门,还应履行下列安全管理职责:

(一)建立由学生参加的志愿消防组织,定期进行消防演练;

(二)加强学生宿舍用火、用电安全教育与检查;

(三)加强昼夜防火巡查,发现火灾立即组织扑救和疏散学生。

第十三条 物业服务企业应在其管理区域内依照服务合同履行相应的消防安全职责。

物业服务企业对占用、堵塞、封闭疏散通道、安全出口、消防车通道和消防登高场地等违反消防安全规定的行为,应予以劝阻、制止;对不听劝阻的,应及时向学校消防安全管理办公室、公安机关消防机构或者公安派出所报告。

第三章 消防安全管理

第十四条 下列单位(部位)是学校消防安全重点单位(部位):

(一)学生宿舍、食堂(餐厅)、教学楼、校医院、体育场(馆)、会堂(会议中心)、超市(商场)、宾馆(招待所)、幼儿园、中小学以及其他文体活动、公共娱乐等人员密集场所;

(二)学校网络、广播电台、电视台等传媒部门和驻校内邮政、通信、金融等单位;

(三)车库;

(四)图书馆、校史馆、档案馆、文物单位等;

(五)供水、供电、供气、供热等系统;

(六)易燃易爆等危险化学物品的生产、充装、储存、供应、使用部门;

(七)实验室、计算机房、电化教学中心和承担国家重点科研项目或配备有先进精密仪器设备的部位,监控中心、消防控制中心;

(八)保密要害部门及部位;

(九)高层建筑及地下室、半地下室;

(十)建设工程的施工现场以及有人员居住的临时性建筑;

(十一)其他发生火灾可能性较大以及一旦发生火灾可能造成重大人身伤亡或者财产损失的单位(部位)。

消防安全重点单位(部位),应按照有关法律法规和本规定履行消防安全管理职责,设置防火标志,实行严格消防安全管理。

第十五条 在学校内举办文艺、体育、集会、招生和就业咨询等大型活动和展览,主办单位和承办单位应确定专人负责消防安全工作,明确并落实消防安全职责和措施,保证消防设施和消防器材配置齐全、完好有效,保证疏散通道、安全出口、疏散指示标志、应急照明和消防车通道符合消防技术标准和管理规定,制定灭火和应急疏散预案并组织演练,并报校消防安全管理办公室备案,消防安全管理办公室对活动现场检查合格后方可举办。

依法应报请当地人民政府有关部门审批的,须经有关部门审核同意后方可举办。

第十六条 建筑物的消防安全由建筑物使

用单位或管理单位负责。若有物业管理的，物业合同必须有消防管理责任的条款。

第十七条　消防控制室由建筑物使用单位或管理单位按照相关规定配备专职值班人员，持证上岗。建筑物属多家单位的，由占用面积最大的单位负责消防控制室的管理，产生的费用由各单位按使用面积分摊。消防控制室不得挪作他用。

第十八条　建筑物使用单位或管理单位应保障疏散通道、安全出口、消防车通道畅通。消防设施、器材要指定专人负责管理、定期检查、登记造册、存档备查。

各建筑物的消防设施、设备损坏需要维修的，由各使用单位或管理单位向消防安全管理办公室报备，消防安全管理办公室负责组织检测，总务长办公室或基建处组织维修。

各单位需添置、更换消防器材，应向消防安全管理办公室报备后，及时添置、更换或维修。

学校公共场所（如教学楼、学生宿舍等）的消防器材，由消防安全管理办公室负责添置、更换和维修。

实行企业化管理和自负盈亏的单位的消防设施、设备的检测和维修由单位自行负责，并须确保消防设施、设备完好有效。

第十九条　建筑物使用单位或管理单位应负责室内消防设施、设备的日常检查和维护保养，确保其完好有效。

消防安全管理办公室负责室外消火栓和消防接合器的日常检查和维护，确保其完好有效。

消防安全管理办公室负责校园消防管网（含喷淋、消火栓、消防供水设施）的正常使用，总务长办公室或基建处负责维修和维护。

第二十条　基建处负责学校的新建、改建（含室内装修、用途变更）和扩建建筑物消防安全标志的设置、消防设施的建设和消防器材的配置，确保消防设施和器材完好有效。

第二十一条　各单位进行新建、改建、扩建、装修、装饰等活动，应确定一名安全负责人，严格执行消防法规和国家工程建设消防技术标准，并依法办理建设工程消防设计审核、消防验收或者备案手续。学校各项工程和驻校内各单位在校内的各项工程消防设施的招标和验收，应报请消防安全管理办公室参加方可进行。

施工单位负责施工现场的消防安全，严格按设计图纸安全施工，并接受消防安全管理办公室的监督、检查。竣工后，建筑工程中与消防有关的图纸、资料、文件等报学校档案机构和消防安全管理办公室备案。

第二十二条　地下室、半地下室和用于生产、经营，储存易燃易爆、有毒有害等危险物品场所的建筑不得用作学生宿舍。

生产、经营、储存其他物品的场所与学生宿舍等居住场所设置在同一建筑物内的，应符合国家工程建设消防技术标准。

学生宿舍、教室和礼堂等人员密集场所，禁止违规使用大功率电器，在门窗、阳台等部位不得设置影响逃生和灭火救援的障碍物。

第二十三条　利用地下空间开设公共活动场所，应符合国家有关规定，并报消防安全管理办公室备案。

第二十四条　各单位购买、储存、使用和销毁易燃易爆等危险品，应按照国家有关规定严格管理，规范操作，并制定应急处置预案和防范措施。

各单位对管理和操作易燃易爆等危险品的人员，上岗前必须进行培训，持证上岗。

第二十五条　各单位应对动用明火实行严格的消防安全管理。禁止在具有火灾、爆炸危险的场所吸烟、使用明火；因特殊原因确需进行电、气焊等明火作业的，动火单位和人员应向消防安全管理办公室申办审批手续，落实现场监管人，采取相应的消防安全措施。作业人员应遵守消防安全规定。

第二十六条　学校内出租房屋的，当事人应签订房屋租赁合同，明确消防安全责任。出租方负责对出租房屋的消防安全管理。学校授权的管理单位应加强对校内出租房屋的监督检查。

外来务工人员的消防安全管理由用人单位负责。

第二十七条　发生火灾时，相关单位应及时报警并立即启动应急预案，迅速扑救初起火灾，及时疏散人员。

事故单位应在火灾事故发生后及时向学校党委办公室、校长办公室、消防安全管理办公室等有关部门报告。

学校应在火灾事故发生后两个小时内向所在地教育行政主管部门报告；较大以上火灾，同时报教育部。

火灾扑灭后，事故单位应保护现场并接受事故调查，协助公安机关消防机构或校消防安全管理办公室调查火灾原因、统计火灾损失。未经公安机关消防机构或校消防安全管理办公室同意，任何人不得擅自清理火灾现场。

第二十八条 各单位应建立健全消防档案。

消防档案应全面反映消防安全和消防安全管理情况，并根据情况变化及时更新。

第四章 消防安全检查和整改

第二十九条 学校消防安全管理办公室每季度至少进行一次消防安全检查。检查的主要内容包括：

（一）消防安全宣传教育及培训情况；

（二）消防安全制度及责任制落实情况；

（三）消防安全工作档案建立健全情况；

（四）单位防火检查及每日防火巡查落实及记录情况；

（五）火灾隐患和隐患整改及防范措施落实情况；

（六）消防设施、器材设置及完好有效情况；

（七）灭火和应急疏散预案的制定和组织消防演练情况；

（八）其他需要检查的内容。

第三十条 学校消防安全管理办公室的消防安全检查应填写检查记录，检查人员、被检查单位负责人或者相关人员应在检查记录上签名；发现火灾隐患的应及时填发《火灾隐患整改通知书》。

第三十一条 各单位每月至少进行一次消防安全检查。检查的主要内容包括：

（一）火灾隐患和隐患整改情况以及防范措施的落实情况；

（二）疏散通道、疏散指示标志、应急照明和安全出口情况；

（三）消防车通道、消防水源情况；

（四）消防设施、器材配置及有效情况；

（五）消防安全标志设置及其完好、有效情况；

（六）用火、用电有无违章情况；

（七）重点工种人员以及其他员工消防知识掌握情况；

（八）消防安全重点单位（部位）管理情况；

（九）易燃易爆危险物品和场所防火防爆措施落实情况以及其他重要物资防火安全情况；

（十）消防（控制室）值班情况和设施、设备运行、记录情况；

（十一）防火巡查落实及记录情况；

（十二）其他需要检查的内容。

消防安全检查应填写检查记录。检查人员和被检查部门负责人应在检查记录上签名。

第三十二条 消防安全重点单位（部位）应进行每日防火巡查，并确定巡查的人员、内容、部位和频次。其他单位可根据需要组织防火巡查。巡查内容主要包括：

（一）用火、用电有无违章情况；

（二）安全出口、疏散通道是否畅通，安全疏散指示标志、应急照明是否完好；

（三）消防设施、器材和消防安全标志是否在位、完整；

（四）常闭式防火门是否处于关闭状态，防火卷帘下是否堆放物品影响使用；

（五）消防安全重点单位（部位）的人员在岗情况；

（六）其他消防安全情况。

校医院、学生宿舍、公共教室、实验室、文物单位等场所应加强夜间防火巡查。

防火巡查人员应及时纠正消防违章行为，妥善处置火灾隐患，无法当场处置的，应立即报告。发现初起火灾应立即报警、通知人员疏散、及时扑救。

防火巡查应填写巡查记录，巡查人员及其主管人员应在巡查记录上签名。

第三十三条 对下列违反消防安全规定的行为，检查、巡查人员应责成有关人员改正并督促落实：

（一）消防设施、器材或消防安全标志的配置、设置不符合国家标准、行业标准，或未保持完好有效的；

（二）损坏、挪用或擅自拆除、停用消防设施和器材的；

（三）占用、堵塞、封闭消防通道和安全出口的；

（四）埋压、圈占、遮挡消火栓或占用防火间距的；

（五）占用、堵塞、封闭消防车通道，妨碍消防车通行的；

（六）人员密集场所在门窗上设置影响逃生

和灭火救援障碍物的；

（七）常闭式防火门处于开启状态，防火卷帘下堆放物品影响使用的；

（八）违章进入易燃易爆危险物品生产、储存等场所的；

（九）违章使用明火作业或在具有火灾、爆炸危险的场所吸烟、使用明火等违反禁令的；

（十）消防设施管理、值班人员和防火巡查人员脱岗的；

（十一）对火灾隐患经公安机关消防机构通知后不及时采取措施消除的；

（十二）其他违反消防安全管理规定的行为。

第三十四条　各单位对教育行政主管部门和公安机关消防机构、公安派出所以及学校消防安全管理办公室提出的各类火灾隐患，应及时予以核查、消除。

对公安机关消防机构、公安派出所以及学校消防安全管理办公室责令限期改正的火灾隐患，相关单位应在规定的期限内整改。

第三十五条　对不能及时消除的火灾隐患，隐患单位应提出整改方案，确定整改措施、期限以及负责整改的部门、人员，并落实整改资金，同时报消防安全管理办公室备案。

火灾隐患尚未消除的，隐患单位应落实防范措施，保障消防安全。对于随时可能引发火灾或一旦发生火灾将严重危及人身安全的危险部位，应停止使用或停业整改。

第三十六条　对于涉及城市规划布局等学校无力解决的重大火灾隐患，学校将及时向上级主管部门或者当地人民政府报告。

第三十七条　火灾隐患整改完毕，整改单位应将整改情况记录报送相应的消防安全责任人签字确认后存档备查，并报消防安全管理办公室备案。

第五章　消防安全教育和培训

第三十八条　各单位应将师生员工的消防安全教育和培训纳入本单位消防安全年度工作计划。

消防安全宣传教育和培训的主要内容包括：

（一）国家消防工作方针、政策，消防法律、法规；

（二）本单位、本岗位的火灾危险性，火灾预防知识和措施；

（三）有关消防设施的性能、灭火器材的使用方法；

（四）报火警、扑救初起火灾和自救互救技能；

（五）组织、引导在场人员疏散的方法。

第三十九条　学生管理部门和各学院（系）应采取下列措施对学生进行消防安全教育，使其了解防火、灭火知识，掌握报警、扑救初起火灾和自救、逃生方法。

（一）开展学生自救、逃生等防火安全常识的模拟演练，每学年至少组织一次学生消防演练；

（二）根据消防安全教育的需要，将消防安全知识纳入教学和培训内容；

（三）对每届新生进行不低于4学时的消防安全教育和培训；

（四）对进入实验室的学生进行必要的安全技能和操作规程培训；

（五）每学年至少举办一次消防安全专题讲座，并在校园网络、广播、校内报刊开设消防安全教育栏目。

第四十条　各单位应组织新上岗和进入新岗位的员工进行上岗前的消防安全培训。

消防安全重点单位（部位）对员工每年至少进行一次消防安全培训。

第四十一条　下列人员应依法接受消防安全培训：

（一）学校及各单位的消防安全责任人、消防安全管理人；

（二）专职消防管理人员、学生宿舍管理人员；

（三）消防控制室值班、操作人员；

（四）其他依照规定应接受消防安全培训的人员。

前款规定中的第（三）项人员必须持证上岗。

第六章　灭火、应急疏散预案和演练

第四十二条　学校各单位应制定相应的灭火和应急疏散预案，建立应急反应和处置机制，为火灾扑救和应急救援工作提供人员、装备等保障。

灭火和应急疏散预案应包括以下内容：

（一）组织机构：指挥协调组、灭火行动组、通讯联络组、疏散引导组、安全防护救护组；

（二）报警和接警处置程序；

（三）应急疏散的组织程序和措施；

（四）扑救初起火灾的程序和措施；

（五）通讯联络、安全防护救护的程序和措施；

（六）其他需要明确的内容。

第四十三条　学校各类实验室应有针对性地制定突发事件应急处置预案，并将应急处置预案涉及的生物、化学及易燃易爆物品的种类、性质、数量、危险性和应对措施及处置药品的名称、产地和储备等内容报学校实验室与设备管理处及消防安全管理办公室备案。

第四十四条　消防安全重点单位应按照灭火和应急疏散预案每半年至少组织一次消防演练，并结合实际，不断完善预案。

消防演练应设置明显标识并事先告知演练范围内的人员，避免意外事故发生。

第七章　消防经费

第四十五条　各单位应将消防经费纳入年度经费预算，保证消防经费投入，保障消防工作的需要。

第四十六条　各单位日常消防经费应用于灭火器材的配置、更新，消防设施设备的维护、检测，消防宣传教育、培训、演练，以及单位内部火灾隐患的整改，保证消防工作正常开展。

第四十七条　学校安排专项经费，用于整改重大火灾隐患，维修保养、检测、改造消防专用给水管网、消防专用供水系统、灭火系统、自动报警系统、防排烟系统、消防通信系统、消防监控系统等消防设施。

第四十八条　消防经费使用坚持专款专用、统筹兼顾、保证重点、勤俭节约的原则。

任何单位和个人不得挤占、挪用消防经费。

第八章　表彰奖励

第四十九条　学校将消防安全工作纳入校内评估考核内容，对在消防安全工作中成绩突出的单位和个人给予表彰奖励。

第五十条　各单位应根据本单位制定的消防安全责任考核、奖惩制度，开展消防安全工作考核，对在消防安全工作中成绩突出的部门和个人给予表彰奖励。

第九章　责任追究

第五十一条　对未依法履行消防安全职责、违反学校消防安全制度，或擅自挪用、损坏、破坏消防器材和设施等违反消防安全管理规定的相关单位，学校应责令其限期整改，给予通报批评；对直接负责的主管人员和其他直接责任人根据情节轻重给予警告等相应的处分。

前款涉及民事损失、损害的，有关责任单位和责任人应依法承担民事责任。

第五十二条　因违反国家消防法律法规和学校消防管理规定、过失等行为，造成校园内发生火灾事故，情节轻微且公安机关消防机构认为可以由学校处理的，由学校消防安全管理委员会召集相关职能部门，对火灾造成的经济损失及负面影响的情况进行评估后，除责令相关责任人承担赔偿责任，取消相关责任人和单位当年各类评奖评优资格外，并按以下两种情况进行责任追究：

（一）火灾事故造成直接经济损失在3万元以下（含3万元），无人员伤亡的，对相关责任人责令其做出书面检查，给予通报批评或警告处分；

（二）火灾事故造成直接经济损失在3万元以上，无人员伤亡的，按情节轻重分别对相关责任人给予通报批评、警告或记过处分。

前款规定中，直接责任人为学生的，按照《华中科技大学学生手册》《华中科技大学研究生手册》有关规定执行处分；不能明确责任的，由相关负责人、管理人员承担相应责任。

第五十三条　校园内发生火灾事故且由公安机关消防机构立案处理的，根据公安机关消防机构查明的火灾原因和责任认定意见，追究学校相应的各级消防安全责任人、消防安全管理人、直接责任人的法律责任，并且根据情节轻重给予相关责任人记过以上处分，同时取消该单位当年各类评奖评优资格和相关人员晋职晋级资格；情节特别严重、涉嫌违法犯罪的，及时移交司法机关处理。

第十章　附则

第五十四条　本规定未尽事项，按国家有关法律、法规、规章执行。本规定条款如与国家新颁布的法律、法规、规章相抵触，按国家新颁布的法律、法规、规章执行。

第五十五条　本规定所称的各单位，包括各学院（系）、党政各部门、直属各单位及其他各独立机构。

第五十六条　本规定所称的消防设施设备，指火灾自动报警系统、自动灭火系统、消火栓系统、防烟排烟系统以及应急广播和应急照明、安全疏散设施等。

第五十七条　本规定由学校消防安全管理委员会办公室负责解释。

第五十八条　本规定经校长办公会讨论通过，自公布之日起执行，《华中科技大学消防安全管理规定》（校办发〔2000〕14号）同时废止。

华中科技大学

2017年6月28日

华中科技大学学位评定委员会章程

校发〔2017〕10号

第一章　总则

第一条　根据《中华人民共和国学位条例》和《中华人民共和国学位条例暂行实施办法》，为做好我校学位授予、学位授权学科管理等学位与研究生教育相关工作，规范我校学位评定委员会的工作职责和程序，特制定本章程。

第二条　华中科技大学学位评定委员会（以下简称校学位评定委员会）是全校学位及其相关工作的领导机构，负有对全校学位授予及其相关工作进行指导、监督、检查、评估、审批的职责。

第二章　组织机构

第三条　校学位评定委员会的组成由学校确定。校学位评定委员会一般由19～25人组成，设主席1人，副主席3～5人。

校学位评定委员会的组成应保持学科、专业方向的均衡和委员的代表性，组成人数为奇数。

校学位评定委员会组成名单经校长办公会通过，组成人员由校长聘任。校学位评定委员会组成名单报国务院学位委员会备案。

第四条　校学位评定委员会下设办公室（以下简称学位办公室），为校学位评定委员会的常设机构，负责处理日常工作。学位办公室设在研究生院。

第五条　校学位评定委员会下设学位评定分委员会、学位审议委员会。

学位评定分委员会按学科大类设理学、工学Ⅰ、工学Ⅱ、人文社会科学（含管理学）、医学等五个学位评定分委员会。学位评定分委员会一般由9～19人组成，组成人数为奇数，设主席1人，副主席1～2人，成员由学科属性相关的校学位评定委员会成员、有关学院学位审议委员会主席或副主席、学科负责人及研究生导师代表组成，成员名单由各院（系）提出，报校学位评定委员会审批。各学位评定分委员会主席由校学位评定委员会委员担任，副主席由学术地位较高的专家担任。

学位审议委员会一般按照院（系）设置，教授人数少于9人的院（系）原则上不设立学位审议委员会，相关工作由校学位评定委员会指定的学位审议委员会负责。学位审议委员会一般由7～17人组成，组成人数为奇数，设主席1人，副主席1人，成员名单由各院（系）提出，报校学位评定委员会审批。

第三章　委员的资格及产生

第六条　校学位评定委员会、学位评定分委员会、学位审议委员会委员一般应具有教授级技术职称并具有指导研究生的丰富经验。委员应坚持原则、顾全大局、为人正派、办事公正。新增委员的年龄一般不超过60岁，身体健康。

校学位评定委员会委员中应有学校主要负责人及相关职能部门负责人；学位评定分委员会、学位审议委员会委员中应有各院（系）主要负责人；根据工作需要，相关院（系）学位审议委员会委员中应有院（系）党组织主要负责人。

第七条　校学位评定委员会主席一般由校长担任，副主席一般由主席提名；校学位评定委员会委员由各学位评定分委员会、各院（系）学位审议委员会或相关职能部门推荐；主席可直接聘任校学位评定委员会委员，但直接聘任人数不超过总人数的八分之一。

第八条　校学位评定委员会届期四年，委员可连任；每届新委员应不少于总数的三分之一。学位评定分委员会、学位审议委员会原则上与校学位评定委员会同步换届。

第九条　校学位评定委员会、学位评定分委员会、学位审议委员会委员在任期内，有下列情况之一的，不再担任委员，但应报校学位评定委员会批准。

（一）人事变动且无法继续履行职责的；

（二）本人因故书面辞去委员职务的；

（三）其他原因不宜继续任职的。

对违背学术规范、危害学校声誉的，由主席取消其委员资格。

因上述原因出现的委员缺额，应按规定补聘。

第四章　工作职责

第十条　校学位评定委员会的工作职责

（一）审批硕士、博士学位申请，并做出授予学位的决定；向国务院学位委员会推荐授予名誉博士学位的人选名单；

（二）审批学校新增硕士博士学位授权点、增列或撤销硕士博士学位授权点；

（三）审定学位授予标准、学校学位与研究生教育的相关规章制度和办法，检查、监督、评估各级学位授予质量；

（四）研究和处理学位与研究生教育中有争议的问题及其他事项。包括做出撤销已授予学士、硕士和博士学位的决定；

（五）审批学位评定分委员会、学位审议委员会名单；

（六）完成国务院学位委员会交给的其他任务。

第十一条　学位评定分委员会的工作职责

（一）审核通过各相关学位授权点申请学位人员名单并报校学位评定委员会审批；

（二）审核学校新增硕士博士学位授权点、增列或撤销硕士博士学位授权点，报校学位评定委员会审批；

（三）审定各相关学位授权点遴选研究生导师工作办法，报校学位评定委员会备案；

（四）审核各相关学位授权点的学位授予标准、学校学位与研究生教育的相关规章制度，报校学位评定委员会审定；

（五）负责各相关学位授权点的建设与评估，负责检查、监督、评估相关学位授权点的学位授予质量等其他相关工作；

（六）积极探索提高研究生培养质量的新举措；

（七）研究和处理学位与研究生教育中有争议的问题及其他事项；

（八）完成校学位评定委员会布置的其他工作。

第十二条　学位审议委员会的工作职责

（一）制定各学位授权点的研究生培养方案、学位标准，制定本单位学位与研究生教育的相关规章制度；

（二）审查学位论文答辩委员会成员名单；

（三）审查硕士、博士学位申请，做出建议授予或建议暂缓授予学位的决议，报学位评定分委员会审核；

（四）审查新增硕士博士学位授权点、增列或调整硕士博士学位授权点，报学位评定分委员会审核；

（五）每年定期遴选招收研究生的教师，报校学位评定委员会办公室备案；

（六）负责组织本单位学位授权点的建设与评估、优秀博士论文评选等其他相关工作，检查、监督、评估所属学科的学位授予质量；

（七）研究和处理学位与研究生教育中有争议的问题及其他事项；

（八）完成校学位评定委员会及学位评定分委员会布置的其他工作。

第五章　议事规则

第十三条　校学位评定委员会每年定期召开审批学位会议 3～4 次。

校学位评定委员会有特殊需要时可召开全体会议，或召开通讯会议，或召开主席、副主席会议并由其决定是否授权召开部分委员参加的特别会议。

第十四条　校学位评定委员会会议议题，根据工作需要报主席或副主席确定。5 名以上委员联名，可以向校学位评定委员会提出有关工作的议项，经主席或副主席审查同意后，列入校学位评定委员会会议议程。会议议题及相关材料至少应在会议前一天送达委员。

第十五条　各级学位评定委员会举行会议时，可以根据需要，要求当事人或专家到会陈述意见或接受质疑，亦可邀请相关部门、院（系）负责人列席。

第十六条　各级学位评定委员会委员应按时出席校学位评定委员会会议，应恪尽职守、遵守学术道德规范、维护学术尊严、公平公正地履行职责。

各级学位评定委员会委员应为校学位评定委员会会议中涉及个人、学科和单位的评价保密，为各级学位评定委员会认为应当保密的事件保密。

各级学位评定委员会委员应按时完成各级学位评定委员会布置的工作。

第十七条　各级学位评定委员会会议实行民主集中制的原则，对议题进行充分的讨论和协商。会议决议一般采取举手或无记名投票表决的方式，会议表决结果由主持人当场宣布；通讯评议采取电子投票表决的方式，电子表决结果可用多种方式通报。

第十八条　各级学位评定委员会的会议，必须有三分之二及以上委员出席，方能举行。

凡审议学位授予议题的学位授予决议以无记名投票方式经全体委员过半数(不含半数)同意方为通过。

其他议题所做出的决议由到会委员的三分之二及以上同意方为通过。国家文件另有规定的，按国家规定执行。

第十九条　各级学位评定委员会委员原则上不得缺席或委托他人参加会议，确因情况特殊不能参加会议，应提前履行请假手续，经委员会主席或副主席批准方可。

第二十条　各级学位评定委员会如遇急迫问题需及时决策的，可授权主席处理，处理结果必须通报各级学位评定委员会全体委员。

第二十一条　各级学位评定委员会审议的事项涉及具体的个人和单位时，相关决议应当在规定日期内(无规定日期则应在一周内)告知有关个人和单位。

第二十二条　根据工作需要，校学位评定委员会主席有权聘请校内外专家组成专门委员会或专家组，就有关具体事项进行调查、研究，为校学位评定委员会决策提出建议。

第二十三条　学位办公室负责贯彻、落实校学位评定委员会会议的决议及主席、副主席会议的决定。

第二十四条　校学位评定委员会会议的决议，由学位办公室以通知的形式发送与之相关的个人、职能部门及院(系)。

第六章　附则

第二十五条　校学位评定委员会另设学士学位评定工作组，专门负责各类本科生的学士学位评定工作。

第二十六条　学位评定分委员会的组成与运行另行规定。

第二十七条　本章程自发布之日起执行，由校学位评定委员会负责解释。原《华中科技大学学位评定委员会条例》(校发〔2014〕32 号)同时废止。

华中科技大学

2017 年 8 月 13 日

华中科技大学学术前沿青年团队支持计划管理实施办法

校发〔2017〕15号

为进一步加强青年教师队伍建设，进一步提升青年教师的科研能力，支持优秀青年学术骨干和研究团队面向世界科技前沿开展自由探索研究，产出具有重要影响的原创性成果，提升学校的学术影响力、科研硬实力与核心竞争力，大力推动学校的“双一流”建设，特制定本办法，有计划地支持一批学术前沿青年团队。

一、申报要求与条件

（1）学术前沿青年团队研究方向应属于学校学科发展规划的重点领域或国际重大科学前沿热点问题。研究方向能够引领学校未来一段时期的学科发展，体现前瞻性、引领性、创新性、颠覆性、交叉性和时代性。

（2）学术前沿青年团队应围绕基础研究、工程科技前沿或多学科交叉前瞻性研究开展自由探索。研究应具有明确、先进的科学目标，针对明确的科学问题，具有创新的学术思想、可行的研究方案，具有较高水平的学术骨干和研究团队。

（3）学术前沿青年团队负责人应具有较高的学术水平和创新性学术思想，具有较强的研究能力和较大的发展潜力，具有较好的组织协调能力和合作精神，具有开阔的国际视野，了解学科发展前沿，具有坚定的理想信念、高尚的道德情操，恪守学术道德和科研诚信。团队负责人及骨干人员申请当年1月1日不超过45周岁，团队固定成员（含团队负责人）原则上不超过3人且具备合理的年龄结构和专业结构，鼓励跨专业、跨学科、跨领域组建团队。

（4）教育部“长江学者”特聘教授、国家杰出青年科学基金获得者、青年千人计划入选者、青年拔尖人才支持计划入选者、国家优秀青年科学基金获得者、青年长江学者等不再参与本计划的申请。

二、组织申报与评审

1. 遴选面向未来的学科前沿学术方向

学校征集面向未来的前沿学术方向建议，组织国内评审和国际评审；学校以学科发展规划和评审结果为基础，研究确定学校面向未来的学术前沿方向。

2. 根据前沿学术方向发布申报通知

根据学校确定的前沿学术方向发布申报通知。海内外人员和校内人员均可申报，优先支持学校在岗在编的青年教师的培养。校内学者可直接申报，海内外学者需经学校人才引进程序获批进校资格并聘任副高及以上专业技术职务，并根据研究方向在校内组建团队。

3. 组织申报团队进行答辩及国际评审

对申报的学术前沿青年团队分学科领域组织评审专家进行现场答辩；对通过校内评议的团队，自然科学领域邀请国外专家进行通讯评议，人文社会科学领域邀请国内外专家进行通讯评议。根据通讯评议的结果，形成建议资助方案报学校审批。

三、资助与支持措施

学校对入选团队提供经费和资源支持，尽可能为团队创造良好的科研条件和宽松的学术环境，以达到产出重要影响的原创性成果的目标。入选团队所在院系须给予相应的配套条件，包括独立的实验室与人员等，保证团队潜心研究的基本条件。

（1）学术前沿青年团队资助周期为五年。给予学术前沿青年团队配套经费支持，主要用于资助期内的科研工作，由科发院归口管理。配套经费一次核定，分年度下拨。经费的使用与管理按照学校财务有关规定执行，团队负责人对经费使用的有效性和合理性负责。

（2）团队负责人享受"华中学者"特聘岗待遇，由人事处负责支持。学校对入选团队免除年度考核和聘期科研目标任务考核。师德师风、教学、公共服务工作按照教师基本岗位职责执行。

（3）学校每年支持学术前沿青年团队1个博士生指标。

四、过程管理与服务

1. 以创新过程管理机制激发团队创新的动力与活力

创造鼓励创新、尊重规律、宽容失败的学术环境，资助周期内不进行年度考核和中期检查，倡导以学术兴趣为动力，关注长远目标、瞄准学术前沿进行潜心研究。

营造科学民主、开放包容、宽松友好的创新氛围，每年以面向全校进行学术报告的形式对团队进行状态评估，活跃学术气氛，激发创新活力，邀请专家重点评估团队的工作状态和研究进展，给团队研究工作提出建设性意见，促进团队研究工作的顺利开展。

2. 把提升国际化水平作为促进团队发展的重要手段与措施

学术前沿青年团队应坚持面向世界科技前沿的原则，积极与国内外进行学术交流与合作，以全球视野与国际思维在更高的层次、更高的起点上进行科学研究、学科建设与学术发展。

资助期内至少组织一次有一定规模的国际学术研讨会或相当水平的国内学术研讨会，通过学术交流等方式交流科学思想、激发创新思维、扩大学术影响，促进团队发展。

3. 建立以重要影响的原始性创新成果为导向的考核和评价机制

资助周期结束后，学校采取适当方式对资助团队研究成果的原创性和科学价值、对学科发展的推动作用及国际影响等进行评价。对产出重要影响的原始性创新成果，发展潜力大，创新氛围好的学术前沿青年团队将继续给予新一轮的滚动支持。

学术前沿青年团队计划实施形成的研究成果，包括论文、专著、学术报告，以及申报的成果奖励等，均应标注"华中科技大学学术前沿青年团队资助"，英文标注："Supported by Program for HUST Academic Frontier Youth Team"。

五、有关说明

（1）本办法由科学技术发展院、人事处负责解释。学术前沿青年团队支持计划实施过程中如遇到未尽事宜，学校将另做补充规定。

（2）本办法自发布之日起施行。原《华中科技大学学术前沿青年团队支持计划实施办法》（校发〔2015〕2号）同时废止。

华中科技大学

2017年12月13日

华中科技大学公文处理规定

党办发〔2017〕11号

第一章　总则

第一条　为进一步贯彻落实中央八项规定精神，切实发挥公文效用，根据《党政机关公文处理工作条例》(中办发〔2012〕14号)和上级有关规定，结合我校实际，制定本规定。

第二条　本规定适用于全校各单位公文处理工作。

第三条　学校公文是传达指令，指导、布置和商洽工作，请示和答复问题，报告、通报和交流情况等的重要工具。凡能面谈或用电话、便函即可处理的事项，不行文。

第四条　公文处理工作要坚持实事求是、准确规范、精简高效、安全保密的原则。

第五条　公文实行统一管理。党委办公室、校长办公室(以下简称办公室)主管学校公文处理工作，并对各单位进行业务指导和督促检查。各单位应明确分管工作负责人和具体负责公文处理的人员。

第六条　除涉密和特殊公文外，学校公文处理一般通过办公自动化系统(简称 OA 系统)进行。

第二章　公文种类

第七条　学校主要使用的公文种类有：

(一) 请示。适用于向上级单位请求指示、批准。

(二) 报告。适用于向上级单位汇报工作、反映情况，回复上级单位的询问。

(三) 通知。适用于发布、传达要求下级单位执行和有关单位周知或者执行的事项，批转、转发公文。

(四) 函。适用于不相隶属单位之间相互商洽工作、询问和答复问题、请求批准和答复审批事项。

(五) 纪要。适用于记载会议主要情况和议定事项。

(六) 意见。适用于对重要问题提出见解和处理办法。

(七) 通报。适用于表彰先进、批评错误、传达重要精神和告知重要情况。

(八) 决定。适用于对重要事项做出决策和部署、奖惩有关单位和人员。

(九) 决议。适用于会议讨论通过的重大决策事项。

(十) 批复。适用于答复下级单位请示事项。

第三章　公文格式

第八条　公文一般由份号、密级和保密期限、紧急程度、发文单位标志、发文字号、签发人、标题、主送单位、正文、附件说明、发文单位署名、成文日期、印章、附注、附件、抄送单位、印发单位和印发日期、页码等组成。

(一) 发文字号。由发文单位代字、年份、发文顺序号组成。联合行文时，使用主办单位的发文字号。校级公文编号归口办公室，各单位自行发文不得以“校”字起首。

(二) 标题。由发文单位名称、事由和文种组成。

(三) 主送单位。公文的主要受理单位，应使用单位全称、规范化简称或者同类型单位统称。

(四) 正文。文中结构层次序数依次可以用“一、”“(一)”“1.”“(1)”标注。

(五) 发文单位署名。署发文单位全称或者规范化简称。

(六) 成文日期。署发文单位负责人签发的日期。联合行文时，署最后签发单位负责人签发的日期。

(七) 印章。公文中有发文单位署名的，应当加盖发文单位印章，并与署名单位相符。有特定发文单位标志的普发性公文可以不加盖印章。

(八) 印发单位和印发日期。公文的送印单位和送印日期。

第九条　公文使用的汉字、数字、外文字符、计量单位和标点符号等，按照相关的国家标准和规定执行。

第十条　学校发文的版式参照《党政机关公文格式》国家标准执行。

第四章　行文要求

第十一条　要精简文件。从严控制发文数量和发文规格，没有实质内容、可发可不发的文件，一律不发；由部门发文或部门联合发文能够解决的，不以学校名义发文。减少配套类、分工类文件数量。

第十二条　要简明实用，严格控制篇幅，坚持“短实新”的文风。各单位报送学校的请示、报告，正文一般不超过1500字；拟以学校名义发布的文件，正文一般不超过3000字。

第十三条　行文关系根据单位隶属关系和职权范围确定。一般不得越级行文，特殊情况需越级行文时，应同时抄送被越过的单位。

第十四条　请示应当一文一事。不得在报告等非请示性公文中夹带请示事项。职能部门转呈院系或相关单位的请示、报告应先提出拟办意见，不得原文转报。除校领导直接交办的事项外，各类请示、报告原则上不直接报送校领导个人，不能多头报送。

第十五条　职能部门以学校名义行文，须经办公室审核。以学校名义行文，必须是关系全局性的、重要的、方针政策性问题的决定、通知等，以及对上级机关呈送的重要公文。

第五章　公文办理

第十六条　公文办理包括收文办理、发文办理和整理归档。收文办理主要包括签收、登记、初审、承办、传阅、催办、答复等程序；发文办理主要包括复核、登记、印制、核发等程序。

第十七条　公文处理要及时。

（一）要及时签收和办理文件，坚持“特件特办、急件急办、平件快办”原则，当日事当日毕。

（二）对指定期限上报的公文，各单位应按要求提前做好准备，在规定时间内及时办理，尽量避免临时急呈校领导阅批的情况。

（三）要及时了解掌握公文办理进展情况，督促承办单位按期办理。紧急公文或重要公文应有专人催办。

（四）各单位通过校外会议、网络平台或机要等渠道收到的发至学校的重要公文，除按照职责做好相关工作外，要及时转办公室。

第十八条　办理公文要符合程序。各单位向学校呈送的请示、报告，须经单位主要负责人审核签字，对涉及其他部门业务范围或较复杂的事项，还应进行充分调研、论证、协商、会签后，再送办公室办理。对不按程序处理的公文，办公室可不予办理。

第十九条　把好发文质量关。

（一）各单位负责人应当主持、指导、把关重要发文起草工作，发文起草应做到：符合国家法律法规和党的路线方针政策，结合学校实际，所提政策措施和办法切实可行，完整准确体现发文意图，并同现行有关公文相衔接；简明扼要，文种正确，格式规范；深入调查研究，充分进行论证，广泛听取意见；涉及其他部门职权范围内的事项，必须征求意见，力求达成一致。

（二）办公室要认真审核是否必须行文，是否符合行文规则，文种、格式是否符合要求，涉及其他单位的事项是否已经协商、会签等。学校法规部门要对规范性文件的合法性、合规性进行审核。公文会签单位应签署明确意见。修改公文应如实保留修改痕迹，并标注修改人姓名。对不符合规定的公文，办公室应及时退回起草单位并说明理由。

第二十条　提高安全保密意识。公文流转、送阅、存放等过程中要注意保密，防止泄露有关信息。OA系统使用人员要保管好个人账号密码，不得泄露OA系统中的信息。

第二十一条　公文审批。

（一）签批公文，应签署意见、姓名和完整日期；圈阅或者签名的，视为同意。

（二）以校党委或学校名义发布的公文中，“校党”“校发”字号发文，分别由校党委书记、校长签发，或由校党委书记、校长委托其副职签发；“校教”“校研”等字号发文，由分管校领导签发。办公室发文，由校领导或办公室主任签发。

第二十二条　公文印发。

（一）已经签批的公文，印发前应由办公室对公文的审批手续、内容、文种、格式等进行复核；需作实质性修改的，应当报原签批人复审。

（二）对复核后的以学校名义编号发出的公文，由办公室登记发文字号后付印。

（三）“校党”“校发”“党办发”“校办发”“校函”字号公文，由拟稿单位、办公室先后校对，办公室印制，拟稿单位分发；其他以学校名义的发文，其校对、印发均由拟稿单位负责。

（四）在学校网站发布的公文，除印制少量存档外，原则上不再印发纸质文件。

第二十三条　公文归档。

（一）公文办理完毕，各单位应按学校档案管理要求对公文进行整理归档。“校党”“校发”“党办发”“校办发”“校函”字号公文及学校收到的校外重要公文由办公室归档，其他公文由主办单位归档。

（二）经学校OA系统运转的公文办理归档手续，由归档单位从OA系统打印公文处理单、正文及附件，并按归档要求加盖本单位公章后归档。归档公文的正文或附件若是经签字或盖章的原件扫描上传的，应归档相应的原件。

第六章　附则

第二十四条　涉密公文按照有关保密规定执行。

第二十五条　本规定由党委办公室、校长办公室负责解释。

第二十六条　本规定自发布之日起施行，原《华中科技大学公文处理规定》（校发〔2008〕6号）同时废止。

中共华中科技大学委员会办公室
华中科技大学校长办公室
2017年12月13日

重要讲话

让“学在华中大”的品牌更响亮
——在华中科技大学2017级本科生开学典礼上的讲话

校长　丁烈云

各位老师、各位教官、亲爱的同学们：

大家上午好！

今天，7135名2017级优秀学子共聚喻园，成为HUST森林大学的新主人。首先，我代表全校师生员工，热烈欢迎来自祖国各地的新同学们。今天又恰逢我国第33个教师节，让我们把最诚挚的敬意送给我们的所有老师，祝老师们节日快乐！同时，也借此机会，对海军工程大学的各位领导和教官对我校军训工作的支持与承训表示衷心感谢！

同学们，你们从940万高考大军中脱颖而出，怀着对未来的憧憬，怀着对“学在华中科技大学”的景仰，选择来到了这所大学。初入校园，一切都是那么的新鲜和陌生，作为华中大的校长，我愿意当大家的导游，带领大家一起追寻“学在华中大”的足迹。当你由南一门而入，你一定会记住挥手欢迎你的“毛爷爷”。一路向北，驻足“化成天下人文科学纪念墙”下，你可以在这里细细品读老校长杨叔子院士说的话，“一个国家、一个民族，没有科学技术，一打就垮；没有人文精神，不打自垮。”拾级而下，就是我们的校史馆，在这里你可以了解到华中科技大学与祖国“同呼吸共命运”的发展历史。校史馆的西边是图书馆，这将是你“开启自习模式”的地方，我希望大家能爱上“泡馆子”，要知道去年土木学院梁同学以260册借阅量居借阅榜榜首，希望你们能刷新这个纪录。图书馆的西边是青年园，这是晨读的好地方，除了琅琅的读书声外，你还会看到一座面容坚毅的雕像，他就是“舍己救人，英勇献身”的我校学子胡吉伟，16年来崇德向上的精神在“胡吉伟班”代代传递。学校的东边和西边各有一座巨型教学楼，东九楼和西十二楼，规模都在万人以上，这将是你们上课和学习的地方，在这里老师将为你“传道授业解惑”，你的思想在这里启迪，知识在这里增长。西十二楼的西边是紫菘公寓，东九楼的东边是韵苑公寓，这是你们的宿舍，在这些宿舍中，曾经有95间学霸寝室集体“晋升”研究生，其中也许就有你住的那间。

同学们，这就是我们的学校，一所被誉为“新中国高等教育发展缩影”的大学。建校逾甲子，学校从严治校，教师从严执教，学生踏实求学，共同凝聚成“学在华中大”的社会美誉。这个品牌出于一个“严”字，来自一个“实”字。它源于华中科技大学几十年优良传统的沉淀，又内化于“明德、厚学、求是、创新”的校训中。它延伸在立德树人、春风化雨的教化中，又拓展于服务社会、奉献小我的责任中。这就是“学在华中大”的精神，它将融汇在你们成长、成人、成才的点点滴滴里，成为华中大人特有的文化基因。

习近平总书记曾说过：“一所高校的校风和学风，犹如阳光和空气决定万物生长一样，直接影响着学生学习成长。”今天，你们来到这所学校，就成了“学在华中大”的传承者和弘扬者。我期待着你们在华中科技大学良好校风和学风的熏陶下，通过自身的努力和奋斗，让“学在华中大”的品牌更闪亮。

“学在华中大”，就是要德才兼备，以德为先。国无德不兴，人无德不立。立德树人是大学的立身之本。你们既要扎实求学，增进才干，又要注重心灵的教化和人格的培养，努力成为德才兼备、全面发展的人。“中国肝胆外科之父”吴孟超校友老骥伏枥，手中一把刀，心中一团火，90多岁高龄还想着“背每一个病人过河”；“抗艾英雄”桂希恩校友知难而上，打破禁忌，传递温暖，让角落里的弱者看到春天。正是因为有深厚的学识，有高尚的德行，和对生命博大的爱，他们才能感动中国，甚至感动世界。同学们，希望你们在“党旗领航”“公德长征”中树立坚定的理想信念，在争优创先活动中锤炼高尚的道德品质，在人文讲座中接受文化素质教育的洗礼，在高水平文体赛事和艺术活动中开阔眼界、陶冶情操。“才者，德之资也，德者，才之帅也。”德才兼备方能行稳致胜。学在华中大，就是要崇德向上，提升文化素质，养成健全人格，实现自我超越。

“学在华中大”，就是要潜心治学，严谨求实。历经寒彻骨，方得梅花香。业精于勤而荒于嬉。你们要戒浮戒躁，心无旁骛，严谨治学，把学习作为一种责任、一种精神追求、一种生活方式。就好比我校引力中心团队三十余年如一日，在喻家山下阴冷潮湿的防空洞里，测量出世界上最精确的万有引力常数。还有崔崑院士，80多岁的高龄仍然耕耘不止，耗时6年著成“钢铁百科全书”。正是因为有这一批批坚持追求真理、严谨求实的学者，华中大才能在基础研究的学术上出精品，在应用研究的学术上显特色。同学们，希望你们少一点“舶来节”里的狂欢，多去学习传统文化的思想精华；少在王者荣耀里游戏人生，多和师长、学长探索科学的真理；少宅在宿舍消磨时光，多在启明学院、创新研究院等科研基地留下拼搏的身影。“十年磨一剑，不敢试锋芒。再磨十年后，泰山不敢当。”学在华中大，就是要耐得住寂寞、下得了苦功夫，学成一流人才，一朝试锋芒。

“学在华中大”，就是要实践创新，知行合一。实践检验真知，创新引领发展。在新时代下，你们要扎根中国大地了解国情民情，要在创新创业中增长智慧才干，更要与祖国同命运共呼吸。华中科技大学从不缺创新创业的土壤。我校最早倡议并推动建设“武汉·中国光谷”，如今已成为国家自主创新示范区、大众创业万众创新示范基地，成为地方经济发展的强大动力。国家脉冲强磁场、武汉光电国家实验室、精密重力测量科学中心，这三项国家重大科技基础设施如同塔尖上的三颗明珠熠熠生辉，既是我校创新研究的阶段成果，也是当前和未来创新驱动发展的新动力。我校学生在“挑战杯”“互联网＋”“创青春”等重大创新赛事中更是屡创佳绩。华中大实践创新的精神激励着一代代华中大人知识报国、服务社会。“小处方医生”王争艳把平凡之路走出不平凡；“微信之父”张小龙，和以柯尊尧、郭列等为代表一群年轻校友频频入选福布斯30岁以下精英榜、创业者榜单，书写着“华科系”的创新创业神话。同学们，希望你们在“智慧助企”“寻梦丝路”的实践中造福人民，在创新创业的推动下服务社会，在认识世界与中国发展大势中报效国家。“凿井者，起于三寸之坎，以就万仞之深。”“学在华中大”，就要做通过实践创新，让祖国变得更美好的践行者。

同学们，你们是如此幸运的一代。2021年建党100年，你们将在毕业之际见证全面小康社会的建成；2049年建国100年，你们正值壮年，将见证富强、民主、文明、和谐的社会主义现代化国家建成。作为青年学子，你们前所未有地接近实现中华民族伟大复兴的目标，你们也必将志存高远，引领时代，笃实致精，不负时代重托。

同学们，华中科技大学鼓励勤奋，也支持幻想；赞美传统，更褒奖创新；崇尚自由，也强调责任；追求真理，更陶冶品性。你们的到来为华中科技大学注入新的活力，你们也将在这里臻于至善。同学们，时不我待，希望你们在学校建设中国特色、世界一流大学的征程中不懈努力，“学在华中大”，放飞青春梦想，谱写人生华章！

谢谢大家！

华中大学子，让中国更美好！
——在2017届本科生毕业典礼上的致辞

校长 丁烈云

各位老师、各位嘉宾、各位校友、各位家长，亲爱的同学们：

大家上午好！

今天，我们在这里为全体2017届本科毕业生举行隆重的毕业典礼和学位授予仪式，我谨代表全校师生员工向同学们致以热烈的祝贺！向辛勤付出的各位老师、家长，以及出席毕业典礼的优秀校友代表、知名高中校长代表，表示衷心感谢！

同学们，当你们再次走进熟悉的光谷体育馆、穿上学位服的时候，是否会感叹一句："谢天谢地，我终于毕业了！"此时此刻，在这个属于你们的毕业典礼上，我也想对你们说声感谢，感谢你们把人生中最美好的青春和年华留在了华中科技大学！

同学们，回顾这四年，从初入校园的"青涩"到毕业离校的"成熟"，母校见证了你们的成长。你们泡过的图书馆、比过的龙舟赛、跑过的马拉松、举过的创业杯，全都融进了你们的青春里、藏在了你们的记忆中、含在了你们的气质里，让你们变得智慧、勇敢、拼搏、奋进。在你们当中，更是涌现出了一批优秀的毕业生，以光电学院周祎舒为代表的"名校收割机"的"学霸"，以电信学院周扬为代表的"创业弄潮儿"的"创客"，以计算机学院汪潇滟为代表的"扎根基层"的"赤子"。除了这些优秀的个人，还有一批优秀的班集体，如材料卓越1301班，全班26人中18人保送研究生、6人出国深造，还有涉及380人的95间"学霸"寝室，集体晋升"研究生"。看到同学们的成长与蜕变，我由衷地为大家点赞。

同学们，不要忘了，与你们一起成长的还有母校。在世界一流大学建设的进程中，学校的影响力不断增大，保持国家创新基地建设的领先优势，15个学科领域进入ESI前1%，"学在华中大"的品牌更响、文化素质教育的旗帜更艳、创新创业教育的名片更亮。学校始终秉持"以学生为中心"的办学理念，从细微处入手，营造良好的育人环境。校园一卡通方便了大家的学习生活，宿舍里洗上了热水澡；"三纵两横"道路工程提升了学校的硬件设施；"梧桐雨"项目、室内游泳馆、国家创新创业基地项目等也在有条不紊地推进。同学们，母校一直在为你们而改变，我们希望将华中科技大学办成你们心目中理想的大学。

同学们，天涯地角有穷时，只有相思无尽处。大学一场，难忘为你传道授业的任课老师，难忘为你指点迷津的教师班主任，难忘对你嘘寒问暖的辅导员，难忘HUB系统的"生日祝福"。可是，时光的脚步太匆忙，你或许还没来得及吃遍35个食堂，还没在图书馆待到过闭馆，还没纯粹地不为学分旁听过一门喜欢的课程，甚至还没来得及留意爱因斯坦雕像背后的方程式。这就是母校，你刚来的时候巴不得早点走，可当真要走的时候，又急切地希望多留一两天。

过了今天，大家就要离开母校，投身到火热的时代大潮中。一个多月前，习近平总书记在中国政法大学勉励青年学子说："当今中国最鲜明的时代主题，就是实现'两个一百年'奋斗目标，实现中华民族伟大复兴的中国梦。当代青年要树立与这个时代同心同向的理想信念，勇于担当这个时代赋予的历史责任，励志勤学、刻苦磨炼，在激情奋斗中绽放青春光芒、健康成长进步。"一代人有一代人的青春，你们的青春将注定与中国崛起联系在一起，你们将是中国梦的见证者，更是实现中国梦的建设者。我希望，不论你走到哪里，都要牢记华中科技大学学子的身份，时刻秉持华中科技大学的"精气神"，与时代主题同心同向！

同学们，当你远行时，不要忘记母校赋予你的"志存高远"。藕发莲生，必定有根。在今后的旅程中，我希望大家能正确认识世界和中国发展大势、正确认识中国特色和国际比较，坚定与时代同心同向的理想信念。大学之道，在于铸魂。唯有志存高远，才能守住大学的"根"与"魂"。当你踏入华中科技大学、选择所学专业时，你们就开始"以梦为马"。你们学环境科学，是为了让这个世界山清水秀；学法律，是为了让这个世界公平正义；学电气，是为了让这个世界万家灯火；学文学，是为了让这个世界诗情画意。这就是大学的意义，它不仅告诉你知识，更告诉你为何要学习这些知识。就如同我们校训所指出的，华中大要培养的是“明德厚学，求是创新”之人，是有血有肉、具有完整人格的人。同学们，我所理解的华中科技大学学子，既是社会的适应者，更是社会的引领者；既能用自己所学去理解世界，更能用自己所学去改变世界。

同学们，当你远行时，不要忘记母校赋予你的“赤子情怀”。育才造士，为国之本。在今后的旅程中，我希望大家正确认识你们所肩负的时代责任和历史使命，用中国梦激扬青春梦，把个人的理想追求融入国家和民族的事业中。大学里，同学们获得了成长，也变得更成熟。我想提醒大家的是，成熟并不是丧失了纯真和热情的老于世故、左右逢源，而是智慧和知识的增长带来的理性、持重和责任感。从“士不可不弘毅，任重而道远”到“家事国事天下事，事事关心”，再到“衙斋卧听萧萧竹，疑是民间疾苦声”，这些古训都告诉我们：“读书越多，责任越大！”在校期间，无论是每年的暑期社会调查，还是已经办至 2185 期的人文讲座，以及不间断的各种公益活动，学校旨在让大家明白：我们是社会的一员，我们不能忘记自己对社会的责任。同学们，我所理解的华中科技大学学子，不是精致的利己主义者，不是“不明觉厉”的吃瓜群众，而是“一枝一叶总关情”的满怀情怀的人，是“铁肩担道义”的担当者。

同学们，当你远行时，不要忘记母校赋予你的“笃实力行”。道不坐论，德不空谈。在今后的旅程中，我希望大家正确认识远大抱负和脚踏实地的关系，把远大抱负落实到实际行动中。诗在远方，路在脚下。大家记得要做一个行动者，从那些“小目标”开始，从那些“微事务”做起，让增长本领成为青春搏击的能量。同学们，一个合格的华中科技大学毕业生，起码要写好“两篇论文”：一篇是发表在学术杂志上的论文，而更为重要的是第二篇论文——写在祖国大地上的“论文”，这篇论文更体现出一个学校的社会责任，我校的特色正是在于将科学研究与国家发展需求高效对接，积极承担社会责任，助力国家发展。多年来，一大批优秀校友以实际行动在祖国大地上建功立业，“抗艾斗士”桂希恩校友以大爱精神感动着中国，“微信之父”张小龙校友以敢于突破改变着中国，“垃圾总工”占美丽校友以不怕吃苦温暖着中国，“脸萌 CEO”郭列校友以创新创造奋进着中国。同学们，我所理解的华中科技大学学子，是通过自身脚踏实地的努力，让祖国变得更美好的践行者。

不久前，华中科技大学第十届企业家论坛召开，500 多名校友积极响应母校号召，助力武汉大城崛起。论坛期间发表的武汉宣言提出：华中大学子，不仅要让“学在华中大”的品牌更加响亮，更要让勇于创新创业、懂得感恩回报成为华中大新的名片。华中科技大学校友在哪里，华中科技大学就在哪里！同学们，今天之后，你们将从“华中大学生”变为“华中大校友”，华中大精神的接力棒也将交接到你们的手里，你们将是华中大新的代言人，你们的一举一动，不仅改变着母校，也将改变着中国。同学们，请记住：华中大学子，让中国更美好！

同学们，尽管不舍，你终将远行，世界那么大，你要去看看。

天空吸引你展翅飞翔，
海洋召唤你扬帆起航，
高山激励你奋勇攀登，
平原等待你信马由缰。
出发吧，亲爱的同学们，祝你们一路顺风！

华中科技大学第四届第二次教职工代表大会学校工作报告

校长 丁烈云

各位代表、同志们：

现在，我代表学校向大会做工作报告，请予审议。

一、2017年工作回顾

过去一年，在全校师生员工的共同努力下，学校各项工作取得长足进步，综合实力进一步提高，较好地完成了预定的工作任务。下面，我从七个方面报告学校一年来的主要工作。

（一）党的建设与巡视整改

2017年，全校深入学习宣传贯彻党的十九大精神，扎实推进习近平新时代中国特色社会主义思想入脑入心。坚持以政治建设为统领，认真贯彻党委领导下的校长负责制，坚持民主集中制，落实意识形态责任制，将党的领导贯穿到学校改革发展稳定的各项工作中。认真落实中央八项规定实施细则精神，持之以恒纠正“四风”。推动工会、共青团改革，促进学校民主管理。严肃监督执纪问责，扎实推进依规治党、依法治校有机融合，坚定不移全面从严治党治校，营造风清气正的政治生态和立德树人的良好环境，为学校事业健康发展提供坚强政治保障。

2月28日至4月28日，中央第十巡视组对我校进行了专项巡视，指出学校存在的问题，并提出了整改意见和建议。学校深入学习贯彻习近平总书记关于巡视工作重要讲话精神，增强“四个意识”，提高政治站位，履行政治责任，制订整改方案，推进整改工作。一是对巡视反馈指出的问题，压实整改责任，推进全面整改。二是突出全面加强党的领导和“立德树人”两大重点。三是坚持标本兼治，加强顶层设计，建立长效机制。四是抓住巡视整改机遇，对基建维修、资产管理、科研经费、附属医院、校办企业等方面存在的重点难点问题，进行全面清理，利用典型问题突破，带动从根本上解决问题。截至目前，阶段整改任务基本完成，长期整改任务持之以恒稳步推进落实，做到了以整改促改革、以改革促发展。

（二）人才培养

深化本科生培养改革。继续加大对本科教学的投入，出台课堂教学卓越奖、优质奖评选办法和“华中学者计划”教学激励实施细则，进一步激发广大教师投入课堂教学的积极性和创造性。出台专项奖励办法，鼓励教师参与本科生高水平教材建设和在线开放课程建设。适应学生个性化、多样化发展需求，取消专业转出限制，实施“一生一方案”“一生一课表”和“第二课堂成绩单”制度。探索分流培养、分类成才的学籍管理机制，出台普通本科生转专科管理办法。深化本科招生机制改革，实施“优质生源提升工程”，首次推行按院系招生。

提高研究生培养质量。修订博士生、硕士生培养工作条例等文件，进一步完善研究生培养制度。高被引“登峰计划”实施成效显著。博士学位论文盲审结果优秀率提升。2016年，我校研究生以第一和第二作者（导师为第一作者）发表SCI论文共计3482篇，比2015年增加264篇。组织编写出版专业学位研究生实验课程教材，高水平专业研究生实验课程建设初见成效。经过三年建设，全校52个专业学位点实现校内实践基地（平台）全覆盖。医学研究生教育改革持续推进，形成较为成熟的临床医学专业学位研究生培养质量保障体系。完善推免生接收工作，生源质量进一步提升。全面推进学位授权点合格评估，各学位点的质量意识得到增强。

构建“大思政”工作格局。坚持全员全过程全方位育人，培育和践行社会主义核心价值观。成立思政工作队伍建设领导小组，统筹推进教师队伍、思政工作队伍、党政干部队伍建设。按照师生比要求核定辅导员岗位数，逐步配齐思政工作队伍。聘任1027人为本科生教师班主任，召开第三届教师班主任工作总结交流会。加强思政课程体系建设，强化思政课堂督导和实践育人环节。深入推进“党旗领航工程”。制订“贯彻落实‘做六有大学生’实施计划”“面向国家重大战略需求就业引导行动计划”。“胡吉伟班”16年坚持学习英雄事迹，弘扬理想信念，成为高校立德树人典型。进一步加强研究生导师责任制，强化导师育人职责。大力实施“青年马克思主义者”培养工程，成立培养学校并完成首期招生。

加强创新创业教育。邀请业内知名人士参与教学和实践，初步建立创新创业课程群，推动创新创业教育融入人才培养体系。制定普通本科生休学创业管理规定，支持学生创业实践。制定研究生创新创业学分认定办法，提升研究生创新创业积极性。加强平台建设，在20余家校友企业建立创业实习基地。校友汪潮涌与学校签约捐赠1亿元支持创新创业和脑科学研究。推动导师库建设，3人获评教育部“全国万名优秀创新创业导师”。学校被教育部评为“深化创新创业教育改革示范高校”和“国家双创示范基地”，入选团中央首批“全国大学生创业示范园”。蝉联“互联网+”大学生创新创业大赛金奖数第一。本科生参加国际、全国和省级竞赛获奖921项，其中国际奖85项、全国奖489项。

（三）科研与社会服务

科技创新平台建设取得新进展。武汉光电国家实验室（筹）通过评估验收，转设为武汉光电国家研究中心，是全国首批6个国家研究中心之一。脉冲强磁场实验装置积极筹备提升磁场强度，对外开放机时增长25%，用户数量和成果质量进一步提升。精密重力测量研究设施项目用地完成拆迁，项目初步设计获教育部批复。生物医学成像设施项目获得省部共建支持并开工建设。光电信息大楼和转化医学大楼主体结构封顶。积极申报数字化设计与制造国家制造业创新中心，拓展以资本为纽带的产学研创新，探索形成工业研究总院新格局。东盟研究中心获教育部国别和区域研究中心备案。健康政策与管理研究院入选中国智库索引来源。

科技创新能力不断提高。2017年我校共获批国家自然科学基金项目753项，首次突破700项，获批项目数居全国第四；获批项目直接经费4.72亿元，首次超过4亿元，居全国第七；获批面上项目362项，居全国第五；获批青年科学基金项目304项，居全国第三。获得国家社科基金重大项目1项，教育部哲学社会科学研究重大课题攻关项目1项。主持千万级项目32项，是上一年度的1.6倍。全年科研经费18.84亿元，较2016年增长19%。我校学者在国际一流学术期刊上发表高水平论文330篇，较上年增加149篇，其中在《科学》《自然》《细胞》系列期刊上发表论文74篇。5项成果获国家科技奖二等奖，其中作为第一完成单位的有3项。

主动服务经济社会发展。2017年12月，李克强总理到附属协和医院调研重大疾病攻关情况，高度评价医院工作。学校启动“一带一路”机遇与风险研究，共建“华中科技大学-昆明理工大学东盟联合研究中心”，服务国家“一带一路”倡议。扎实开展精准扶贫和对口帮扶，规划扶贫、科技扶贫、教育扶贫、医疗扶贫深入推进，作为唯一高校代表在全国打赢教育脱贫攻坚战现场会上做典型发言。与湖北技术交易所共同承办华中科技大学服务湖北企业技术需求对接会，首次以“人才招聘会”的形式开展产学研对接。积极响应武汉市“双百万”工程，举办“资智回汉”首场活动暨第十届校友企业家论坛，现场签约重大合作协议和项目35个，签约金额近千亿元。组织武汉市第三批科技成果转化集中签约活动华中科技大学专场，现场签约项目62项，金额达66亿元。附属同济医院连续12年保留“全国文明单位”荣誉称号。产业集团全年预计实现合并营业收入达81亿元，较2016年增长23%；合并净利润达到3.2亿元，较2016年增长15%。

（四）队伍建设

人才队伍建设取得新突破。马丁教授当选中国工程院院士，实现我校医科院士在中国工程院零的突破。10人通过“长江学者”会议评审进入公示环节；新增国家杰出青年科学基金获得者4人；16人入选第三批“万人计划”领军人才，入选人数并列全国第二；新增“千人计划”青年项目入选者20人、“万人计划”青年拔尖人才4人、优秀青年科学基金获得者8人；1人入选中宣部文化名家暨“四个一批”人才；14人入选湖北省“楚天学者”；新增2个基金委创新研究群体；3个团队获得教育部创新团队发展计划滚动支持；34人入选2016年中国高被引学者榜单。2017年学校新进专任教师172人，其中具有一年以上海外学习和工作经历的有112人，约占65%。

人事改革不断深化。制订深化人事制度综合改革实施方案及相关配套文件，明确院系发展指标体系，推动教师分类到位，完善考核评价机制。健全人才制度体系，修订“华中学者计划”实施办法，强化成果质量导向和绩效考核。制定基于岗位职责的管理人员考核办法，强化考核在绩效分配中的主导作用,完善管理人员选拔、培养、激励机制。

教师队伍建设进一步加强。成立党委教师工作部,加强教职工思想政治教育,落实思想政治表现和师德考核"一票否决",严把教师引进关和出国培训关。重视培养培训,通过"学术前沿青年团队支持计划""优秀青年教师培养计划""学术新人奖"等举措,支持优秀青年教师发展。完善引进教师考核办法和职务评审程序,提高人才引进质量和效率。专职科研队伍建设成效显著,博士后在站人数达 913 人,2017 年博士后获国家自然科学和社会科学基金项目 101 项。

(五)学科建设与国际合作

加快"双一流"建设。学校入选一流大学建设高校 A 类名单,8 个学科入选一流学科建设名单。在教育部第四轮学科评估中,我校 44 个参评学科全部上榜;14 个学科进入 A 类,其中机械工程、光学工程、生物医学工程、公共卫生与预防医学等 4 个学科进入 A+。2018 年 1 月 ESI 数据显示,我校全领域排名全球 317 位,列一流大学建设高校第十;前 1%学科保持 15 个,列一流大学建设高校第九;工程学保持前 1‰并接近前 1‱;材料科学、计算机科学 2017 年进入前 1‰,我校前 1‰学科达 3 个,并列一流大学建设高校第七;高被引和热引论文合计 480 篇,列一流大学建设高校第十。USNEWS 世界大学排名 282 位,居内地高校第九,计算机科学全球第九,工程科学全球第二十一,材料科学全球第三十八。上海软科中国最好大学排名第八。完成 8 个学科国际诊断性评估,找准学科短板,提升国际影响。

国际化建设再上新台阶。注重内涵式发展,国际影响力进一步提升;国际合作网络和平台建设模式不断创新,"双一流""国际合作推进计划"初见成效。2017 年短期来访专家达 1200 人,中长期外籍专家增长近一倍,突破 150 人。通过"高端引智计划"引进的米耀荣教授当选为中国工程院外籍院士。出国境交流本科生人数达 1381 人,较 2016 年增加 53%。来华留学实现规模与质量双提升,国际学生人数达 4049 人,其中获中国政府奖学金人数居全国第一,研究生人数居全国第二;新增 3 门国家级、4 门省级来华留学英语授课精品课程;国际学生在"首届全国来华留学生临床思维与技能竞赛"中获最高奖;学校以优异成绩通过教育部来华留学质量认证。与我校共建的新西兰坎特伯雷大学孔子学院获评"全球先进孔子学院",是我校 2007 年承办孔子学院以来首次获此称号。

(六)管理与服务

提升管理效能。师生服务中心实体办事大厅投入使用,设有 27 个服务窗口,可办理服务事项 191 项;同时还引入了户籍办理、火车票自助取票、天然气圈存、武汉一卡通充值等社会服务。网上办事大厅现有 23 个单位提供服务,可办理服务事项 105 项,已有近 15000 人次申请办理,满意率 97%。连续举办三届工作流程设计与再造竞赛,优化办事流程,提升服务质量,促进了工作作风的转变。信息化建设"十个一"工程稳步推进,330 个二级单位和实验室网站入驻站群。完成资产管理系统与财务信息系统互联互通,数据共享共用,建立设备、家具账实相符长效机制。依法组织采购工作,集中采购项目和网上竞价采购项目节支率分别达 14.6%和 11.5%。积极筹措资金,学校全年总收入 64.32 亿元,收入预算完成率为 107%。

完善制度建设。修订党委全委会、党委常委会和校长办公会议事规则,出台院系党政联席会议事规则,健全校院两级党委与行政议事决策制度。修订校学术委员会章程和院系学术委员会规程制定指导性意见,明确在校党委领导下充分发挥学术委员会作用。修订学术道德规范及学术不端行为处理规定,进一步规范学术行为。出台加强督促检查工作实施办法,强化问责,确保上级和学校决策部署真正落地生根。全年出台或修订制度性文件 80 余项,制度建设不断完善。

(七)民生工作

努力提高师生福利待遇。以深化综合改革为抓手,调整院系收入分配结构,增加基础性绩效津贴比重,建立合理的收入分配关系。提高新进教师薪酬核拨标准,增强人才引进吸引力。启动全员养老保险改革。2017 年全校 11457 名在职和退休教职工参加大病医疗互助,学校配套资金 270 万元,192 人享受互助金补助,金额达 266 万元。开展两次全校性离退休老同志困难补助工作,发放补助金额近 100 万元。全年发放学生各类奖助学金超过 2 亿元,困难补助 820 万元,减免学费 200 万元。

改善校园及周边环境。创新创业基地项目完成房屋拆迁。改善校园交通秩序,推动湖溪河治理，绿化美化校园环境。优化存量资源，部分院系办公用房紧张状况得到缓解。加强安全生产，实施电力增容，升级改造校园消防安防监控系统。推进架空挂墙光缆入地。加强平安校园建设，校园治安案件显著下降。曙光养殖场土地征收形成初步解决方案。配合政府工程，东湖绿道二期喻家湖段建成开放。

2017 年 10 件民生实事稳步推进。游泳馆项目可行性研究报告已上报教育部，建设方案正进一步优化。校医院扩建备案申请已获教育部批复，规划设计方案正在报审。对家属区周边开展环境集中整治，合理规划停车区域，规范停车秩序。师生服务中心投入使用。升级改造校园路灯照明系统，安装 147 块交通标示牌。启动学生公寓社区功能化建设，完成三类功能房规划。完成 8 栋公共大楼卫生间改造。紫菘路及部分支路改造完工。师生学术交流中心项目建筑主体结构改造和外立面修复已完成。医学院实验教学楼统一安装门禁系统。

2017 年同济医学院举办了 110 周年院庆系列活动，充分展示了办院成绩，为推进医学教育改革、加快医科发展、培养一流医学人才凝聚了共识、汇聚了力量。

2017 年，我们的进步令人瞩目，成绩令人振奋。这是全校师生员工勠力同心、团结协作、拼搏奋斗的结果。在此，我代表学校，向所有为学校发展付出辛勤努力的老师们、同学们、朋友们表示衷心的感谢！

同时，我们也认识到学校的工作还存在一些不足。在立德树人方面，全方位协同育人机制需要进一步探索，优质教育资源还不能覆盖全体学生，教师教学工作的积极性有待进一步激发。在学科建设方面，学科布局和空间布局还不协调，学科发展还不平衡。在科学研究方面，服务国家重大战略需求的主动性有待进一步提高。在队伍建设方面，学科领军人才还不多。在管理服务方面，工作作风需要进一步转变，服务能力需要进一步提升。

二、新时代面临新挑战

党的十九大胜利召开，开启了党和国家事业发展的新征程，中国特色社会主义进入了新时代。新时代对高等教育的需要比以往任何时候都更加迫切，对科学知识和卓越人才的渴求比以往任何时候都更加强烈。高校承担的使命更加神圣、责任更加重大、任务更加艰巨。

（一）建设社会主义现代化强国需要高等教育支撑

强国必先强教。党的十九大提出全面建成社会主义现代化强国的宏伟目标，指出建设教育强国是中华民族伟大复兴的基础工程。这意味着高校必须加快世界一流大学建设，打造更多一流学科，培养更多优秀人才，实现内涵式发展。新时代我国社会主要矛盾已经转化为人民日益增长的美好生活需要和不平衡不充分的发展之间的矛盾，这一关系全局的历史性变化，对高等教育提出了许多新要求。高校要为破解新时代社会主要矛盾提供人才支撑、创新支撑和文化支撑，更好推动人的全面发展、社会全面进步。

（二）回归高校本位必须坚持立德树人

习近平总书记在全国高校思想政治工作会议上强调，高校立身之本在于立德树人；只有培养出一流人才的高校，才能够成为世界一流大学。“重业务轻政治、重科研轻教学、重智育轻德育”的问题在高校还不同程度地存在。我们要进一步贯彻落实全国高校思想政治工作会议精神，坚持把立德树人作为根本任务，把思想政治工作贯穿教育教学全过程，实现全程育人、全方位育人；要引导教师坚持“四个相统一”，站好三尺讲台，教育学生树立“四个正确认识”。

（三）“双一流”建设引发高校格局调整

国家在统筹推进“双一流”建设中，特别强调坚持一流标准、中国特色、内涵发展、标杆引领、动态实施。在“双一流”布局方面，既突出质量导向，又强调需求导向；在资源配置方面，不仅考量学校整体实力，更基于一流学科表现，强调学科优质率。众多地方政府投巨资支持当地入选“双一流”的高校和学科。各高校对接国家战略，主动深化综合改革、完善治理体系、优化学科结构、突出一流标准、强化特色发展。面对国家“双一流”建设的新格局，我们的各学科将面临更多更强的竞争对手，保持优势与特色的挑战更加严峻。

（四）新科技、新经济、新战略呼唤“新工科”

目前，我国高等工程教育规模世界第一，拥有最大的工科教育供给体系。这是支撑国民经济快速发展的重要保障。但随着新科技、新经济的发展，数字化、智能化向各行各业渗透，使得高等工程教育面临着新机遇、新挑战。我们面对的任务越来越复杂，学科交叉越来越频繁，产业变革越来越深刻。建设世界科技强国已经成为我们的国家战略。高等工程教育要针对世界级工程领军人才不足、大国工匠紧缺等问题，紧扣国家战略需求，面向新科技、新经济发展，积极建设“新工科”，不断提升自主创新能力，为经济发展注入新动能、创造新动力，真正实现科技强、产业强、经济强、国家强。

（五）新一轮医学教育改革聚焦医教协同

2017年7月全国医学教育改革发展工作会议召开，《关于深化医教协同进一步推进医学教育改革与发展的意见》同时发布。新一轮医学教育改革的核心是“医教协同”。一是深化院校医学教育改革，把思想政治教育和医德培养贯穿教育教学全过程，加强面向全体医学生的全科医学教育，提升医学生解决临床实际问题的能力，把附属医院教学建设纳入学校发展总体规划，依托附属医院建设一批国家临床教学培训示范中心，要求附属医院将医学人才培养作为重大使命，加强临床学科建设。二是强化医学教育质量评估，将人才培养工作纳入公立医院绩效考核、院长年度和任期目标责任考核。三是开展综合性大学医学教育管理体制改革试点。

三、新时代要有新作为

站在新的历史起点，我们要深入学习贯彻党的十九大精神，将习近平新时代中国特色社会主义思想作为我们办好中国特色社会主义大学的总依据、总遵循、总方针，坚持党的领导，坚持社会主义办学方向，坚持立德树人根本任务，坚持内涵式发展，扎根中国大地办世界一流大学。我们要坚持“敢于竞争、善于转化”的传统和“同舟共济”的精神，以更加自信的姿态、更加坚实的步伐，迈向新的征程。

根据安排，本次会议将对2018年学校工作要点广泛征求意见。在这里，我重点谈以下方面工作。

（一）对标“两个一百年”目标，再谋划、再部署、再出发

党的十九大报告对决胜全面建成小康社会、开启全面建设社会主义现代化国家新征程做出了鼓舞人心的新部署。第一个百年奋斗目标的要求更具体；第二个百年奋斗目标注入了新的内涵，时间更早、要求更高、内容更全。我们要切实增强使命感和责任感，主动对标“两个一百年”奋斗目标，将学校“十三五”发展目标和中长期规划统一到中央的部署上来。要通过召开第四次党代会，进一步凝聚共识，将师生员工的激情与活力汇聚到世界一流大学的建设中。当前，我校一些学科发展态势良好，相关指标已经超过原定计划，我们要及时调整学科建设目标，为建设世界一流大学打下更加坚实的基础。要积极争取各方支持，解决土地遗留问题，拓展办学空间，完善校园规划。要用好增量资源，优化调整学科空间布局。要拓宽资金来源渠道，有效增加收入，力争2018年学校总收入突破70亿元。要强化预算绩效管理和资金统筹，提高资金使用效益。进一步规范事业资产管理，推进所属企业体制改革，保证国有资产保值增值。优化采购流程，提高采购工作的安全性和便利性。

（二）落实立德树人根本任务，全面提高人才培养质量

在2016年学校组织的多个学科国际评估中，评估专家都非常关注人才培养情况。我们强烈地感受到，人才培养质量是高校的核心竞争力。我们要进一步落实立德树人根本任务，突出学生在学校教育中的主体地位，提高人才培养能力。要强化意识形态责任制，加强思政课建设，配强教师队伍，丰富教学方法，提升教学效果，帮助大学生坚定理想信念，培育和践行社会主义核心价值观。要针对国际评估指出的共性问题，优化专业课程体系，更新课堂教学内容。要将最新研究成果引入本科生课堂，向本科生开放更多的实验室，让每个学生都能享受到优质的教育资源。要面向国家重大战略需求和新兴产业需求，以卓越工程师教育培养计划2.0申报与实施为契机，推动传统工科专业升级，建好“集成电路”“工程科学”等一批新工科专业。要更新教育观

念，适应学生个性化、多样化需求，挖掘学生特长和潜能，为每个学生提供人生出彩机会。要加大对教学工作的激励力度，第一第二课堂联动，加强全方位协同育人。要深化医教协同，落实部委省共建，进一步理顺医学教育管理体制机制，培养一流医学人才。要加快创新创业基地建设，完善支撑体系，将创新创业教育贯穿人才培养全过程。

（三）加快“双一流”建设，全面提升学科整体实力

学校一流大学建设方案已经出台，我们将扎实推进方案落实。一是瞄准国家重大需求，组织推进学科交叉布局，拓展现有学科领域，发展新兴交叉学科。要加快建设国际医学中心，布局医学影像与健康大数据、生物医学工程等平台，发挥医工医理学科交叉平台作用，促进学科深度融合。二是继续谋划布局未来发展重大学科方向，瞄准学科前沿，按照分层分类建设安排，配好资源，规范管理，推动工医引领、理科卓越、人文社会科学争创一流。三是以第四轮学科评估结果公布为契机，进一步强化以评促建。与上一轮学科评估结果相比，我校学科整体呈上升态势，理科整体向好，但也有 12 个学科排名出现不同程度后退。学校将对第四轮评估结果进行深度分析，找到学科短板、找准努力方向，进一步优化学科结构。同时，继续组织好学科国际评估，结合评估意见，更有针对性地加强建设。

（四）夯实科技创新平台基础，切实增强创新能力

2017 年 10 月，科技部、发改委、财政部联合发布《“十三五”科技创新基地与条件保障能力建设专项规划》，全面推进以国家实验室为引领的国家科技创新基地建设。我们要抢抓机遇，进一步夯实科技创新平台基础，提升科技创新能力。要调动各方资源和力量，积极参与国家实验室建设。依据国家研究中心组建方案和专家论证意见，加强武汉光电国家研究中心建设。认真做好数字化设计与制造国家制造业创新中心申报工作，争取早日获批。整合优质医疗与研究资源，创建国家医学中心或国家区域医疗中心。加快哲学社会科学体系建设，加强中国特色新型智库建设。在国家重大科技基础设施建设方面，要发扬传统，巩固优势，提前谋划，抢占先机。一是发挥脉冲强磁场实验装置平台作用，提高磁场强度，培育重大成果，谋划二期建设；二是加快精密重力测量研究设施建设进度；三是积极落实省部共建支持，按照共建方案推进多模态跨尺度生物医学成像设施建设；四是做好前期论证和资源整合，提前布局磁阱型聚变中子源项目。

（五）加强培养与引进，为学校发展提供人才保障

“国以才立、业以才兴”。人才是支撑发展的第一资源。要加强教师思想政治工作和师德师风建设，坚持把政治标准放在首位，落实师德考核办法，努力培养造就“四有”好老师。要继续深化院系综合改革，积极稳妥推进教师岗位分类管理，完善教师考核和评聘机制，突出教育教学业绩，完善科研评价导向。要坚持年度考核与聘期考核相结合，完善基于岗位职责的聘期目标考核评价机制。要进一步健全人才评价体系，强化成果质量导向，激励稳定一批优秀人才。要加大教师培养培训支持力度，继续做好各类高层次人才申报工作，更大力度引进海内外优秀青年人才，努力实现教师队伍整体水平的快速提升，为学校发展提供有力的人才保障。

（六）坚持以人民为中心，让师生员工有更多获得感

师生员工是世界一流大学的建设者、奉献者、支持者。我们要努力为师生员工学习、工作、生活创造更好的条件，使他们在建设世界一流大学的过程中有更多的荣誉感、成就感、获得感。要依据相关政策，扩大增量，努力提高教职工待遇。要继续整治校园环境，改善服务设施，保障校园安全，让师生员工办事方便、生活舒心。要进一步建设好师生服务中心，持续开展好工作流程设计与再造活动，努力提高服务能力和水平。要特别关心教职工的住房问题，一是筹建青年教师周转房，二是争取政策改善教职工校内住房，三是全力推动康园教师小区早日开工。

2017 年，校工会继续在师生中开展“问需于民”工作，广泛征求 2018 年民生实事建议。经分类整理、研究论证，学校确定 2018 年重点做好师生关心的八件民生实事。

一是持续推进“厕所革命”，修缮改造公用卫生间硬件设施，加强管理和引导，提升校园文明程度；

二是选址新建停车场，进一步改善校园停车难问题；

三是继续改造校园道路，改善交通条件；

四是优化转诊和报销流程，更新报销药品目录，扩大报销范围，提高医疗保障待遇；

五是建设水上运动基地；

六是完善学生宿舍标识系统，更新学生宿舍楼栋标识标牌；

七是启动房改可售区家属楼安装天然气工作；

八是探索学校老年人居家社区养老服务工作机制，提供精准服务项目，提升服务水平。

各位代表、同志们，教代会是广大教职工参与学校管理的重要渠道，是学校民主决策、民主管理和民主监督的重要平台，在促进依法治校、维护教职工权益、服务教职工等方面发挥了重要作用。代表们围绕学校中心工作，积极出谋划策，思考有深度，建议有温度，提升了学校科学决策、民主决策、依法决策水平，促进了学校又好又快发展。在此，我代表学校向各位代表和广大教职工表示衷心的感谢！

新时代赋予新使命，新时代开启新征程，新时代呼唤新作为。我们要以习近平新时代中国特色社会主义思想为指导，不忘初心，牢记使命，继续团结带领全校师生员工，以时不我待、只争朝夕的精神，奋力走好建设中国特色世界一流大学的新征程，谱写新时代学校发展的辉煌篇章！

谢谢大家！

机构与人员

机　　构

院（系）、所机构

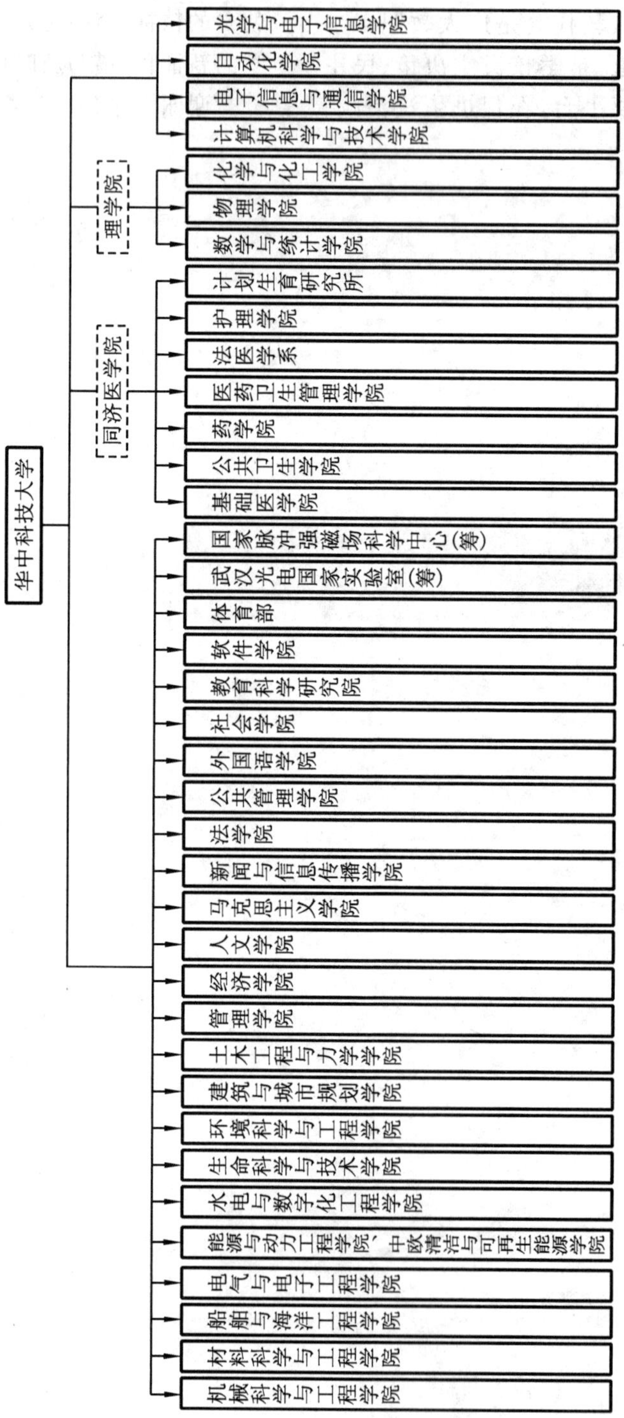

注：虚框表示非实体

学校党群机构

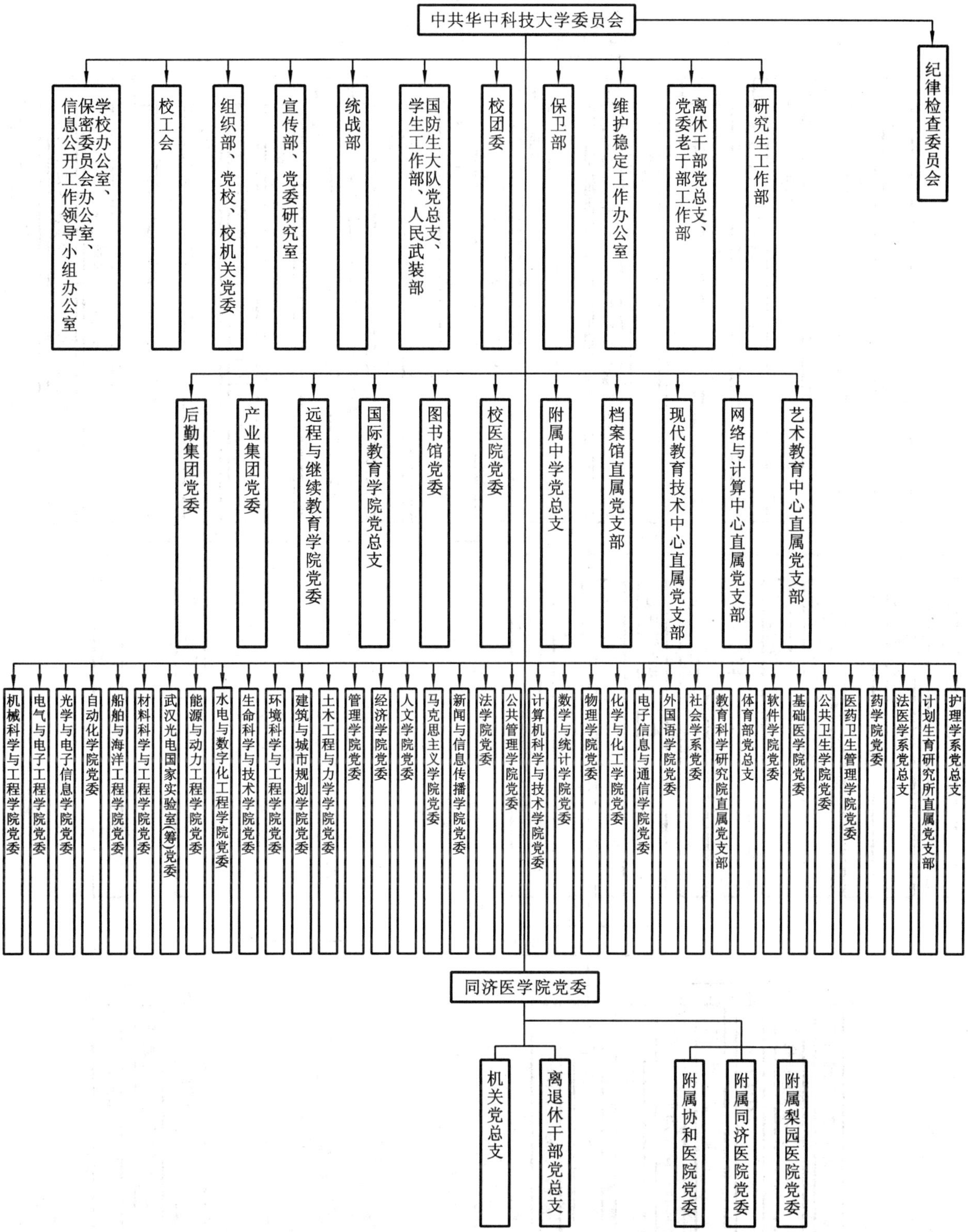
中共华中科技大学委员会
纪律检查委员会
学校办公室、保密委员会办公室、信息公开工作领导小组办公室
校工会
组织部、党校、校机关党委
宣传部、党委研究室
统战部
国防生大队党总支、学生工作部、人民武装部
校团委
保卫部
维护稳定工作办公室
离休干部党总支、党委老干部工作部
研究生工作部
后勤集团党委
产业集团党委
远程与继续教育学院党委
国际教育学院党总支
图书馆党委
校医院党委
附属中学党总支
档案馆直属党支部
现代教育技术中心直属党支部
网络与计算中心直属党支部
艺术教育中心直属党支部
机械科学与工程学院党委
电气与电子工程学院党委
光学与电子信息学院党委
自动化学院党委
船舶与海洋工程学院党委
材料科学与工程学院党委
武汉光电国家实验室(筹)党委
能源与动力工程学院党委
水电与数字化工程学院党委
生命科学与技术学院党委
环境科学与工程学院党委
建筑与城市规划学院党委
土木工程与力学学院党委
管理学院党委
经济学院党委
人文学院党委
马克思主义学院党委
新闻与信息传播学院党委
法学院党委
公共管理学院党委
计算机科学与技术学院党委
数学与统计学院党委
物理学院党委
化学与化工学院党委
电子信息与通信学院党委
外国语学院党委
社会学系党委
教育科学研究院直属党支部
体育部党总支
软件学院党委
基础医学院党委
公共卫生学院党委
医药卫生管理学院党委
药学院党委
法医学系党总支
计划生育研究所直属党支部
护理学系党总支
同济医学院党委
机关党总支
离退休干部党总支
附属协和医院党委
附属同济医院党委
附属梨园医院党委

学校行政机构

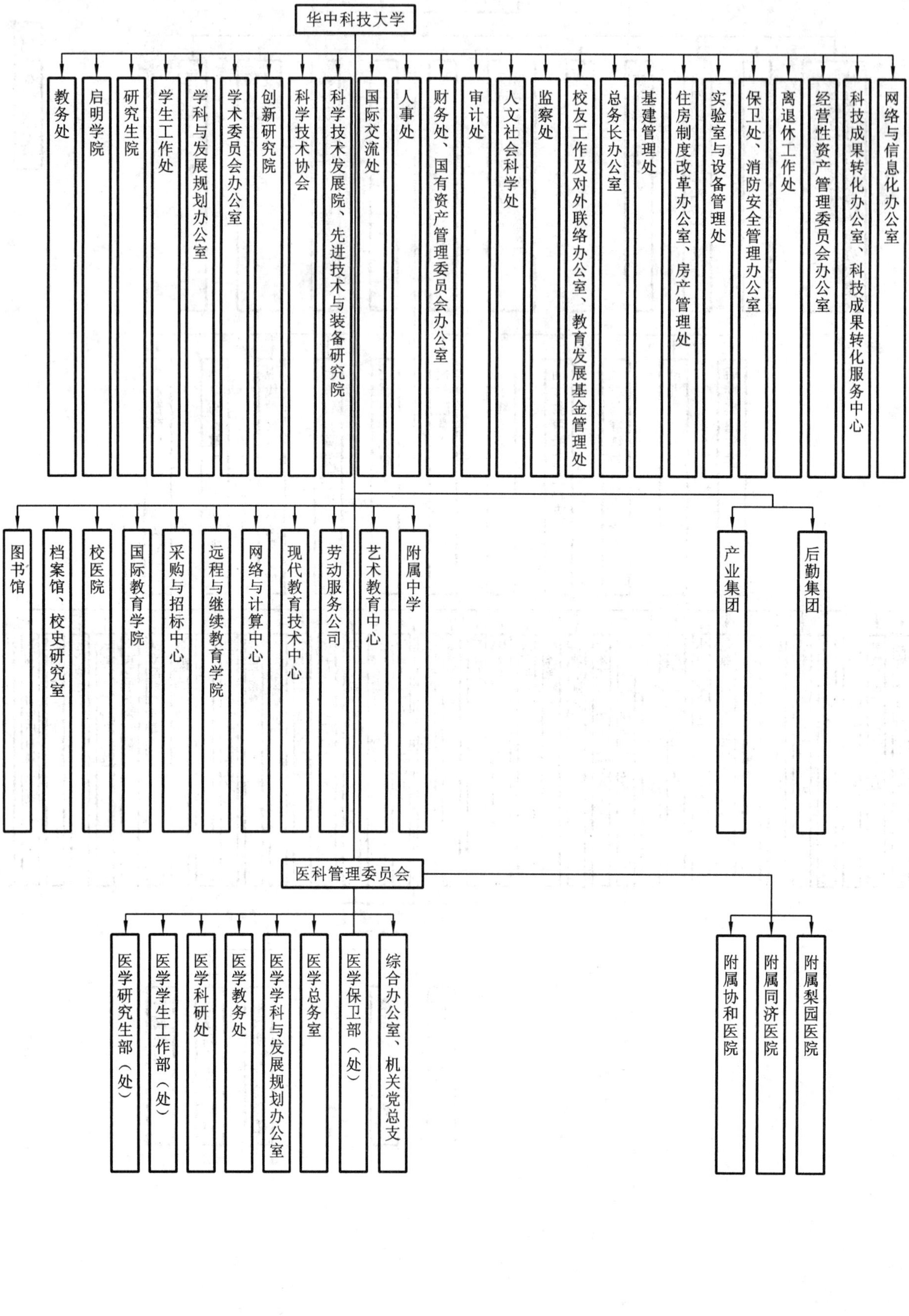
华中科技大学
教务处
启明学院
研究生院
学生工作处
学科与发展规划办公室
学术委员会办公室
创新研究院
科学技术协会
科学技术发展院、先进技术与装备研究院
国际交流处
人事处
财务处、国有资产管理委员会办公室
审计处
人文社会科学处
监察处
校友工作及对外联络办公室、教育发展基金管理处
总务长办公室
基建管理处
住房制度改革办公室、房产管理处
实验室与设备管理处
保卫处、消防安全管理办公室
离退休工作处
经营性资产管理委员会办公室
科技成果转化办公室、科技成果转化服务中心
网络与信息化办公室
图书馆
档案馆、校史研究室
校医院
国际教育学院
采购与招标中心
远程与继续教育学院
网络与计算中心
现代教育技术中心
劳动服务公司
艺术教育中心
附属中学
产业集团
后勤集团
医科管理委员会
医学研究生部（处）
医学学生工作部（处）
医学科研处
医学教务处
医学学科与发展规划办公室
医学总务室
医学保卫部（处）
综合办公室、机关党总支
附属协和医院
附属同济医院
附属梨园医院

干部名单

机关党群系统主要负责人名单

单　　位	姓　名	职　　务
党委办公室、党委研究室	顾远飞	副主任(主持工作)、副主任(主持工作)(兼)
党委保密委员会办公室 (挂靠党委办公室、校长办公室)	祝　欣	主任(兼)
维护稳定工作办公室 (挂靠党委办公室、校长办公室)	聂清斌	主任(—2017.6)
党委组织部、党校 校机关党委	于克训	部长、党校副校长
	艾一梅	校机关党委书记
党委宣传部	胡艳华	部长
党委统战部	杨　筱	部长
纪律检查委员会	谢正学	副书记
党委学生工作部、人民武装部	易元祥	部长兼国防生大队党总支政委、党总支书记
党委教师工作部	周莉萍	部长(2017.9—)
党委保卫部	何流清	部长
党委老干部工作部	姜燕兰	部长兼离休干部党总支书记
校工会	熊　滨	主席
校团委	王小月	书记
党委研究生工作部	解孝林	部长(2017.7—)

机关行政系统主要负责人名单

单　　位	姓　名	职　　务
校长办公室	祝　欣	主任、信息公开工作领导小组办公室主任(兼)
监察处	谢正学	处长
学生工作处	易元祥	处长
保卫处	何流清	处长兼消防安全管理办公室主任
离退休工作处	姜燕兰	处长
学科与发展规划办公室	赵仲宇	主任
人事处、人才工作办公室、机构编制委员会办公室	周莉萍	处长、主任
财务处、国有资产管理委员会办公室	周泽兵	处长、主任
经营性资产管理委员会办公室	夏向东	主任
审计处	赵彭龄	副处长(主持工作)
国际交流处	刘俊华	副处长(正处级)
教务处	郭兴蓬	处长(—2017.6)
	陈　刚	处长(2017.6—) 兼启明学院院长(2017.10—)
研究生院	解孝林	院长兼创新研究院院长
科学技术发展院、先进技术与装备研究院	朱宏平	院长
科学技术协会	曹　锋	常务副主席
人文社会科学处	刘久明	处长
科技成果转化办公室、科技成果转化服务中心	马　荣	主任
实验室与设备管理处	李震彪	处长
总务长办公室	顾国强	主任
基建管理处	李国成	处长
住房制度改革办公室、房产管理处	汪新军	主任、处长
校友工作及对外联络办公室、教育发展基金管理处	李志强	副主任、副处长(主持工作)
学术委员会办公室	肖　奕	主任
网络与信息化办公室	于俊清	主任

同济医学院、同济校区干部名单

单　　位	姓　名	职　　务
同济医学院	陈建国	党委书记（兼）、院长（兼）
	邓静萍	党委副书记兼同济医学院机关党总支书记
	胡华成	副院长
	覃仕莉	校纪委副书记、同济医学院党委副书记兼纪委书记
	彭义香	党委副书记
	刘继红	副院长
	安　锐	副院长
	鲁友明	副院长
	郛堂春	副院长
同济医学院综合办公室	柳会祥	主任
医学学科与发展规划办公室	黄　昆	副主任（主持工作）
医学教务处	厉　岩	副处长（主持工作）
医学科研处	周光勇	副处长（主持工作）
医学学生工作部（处）	熊享涛	部（处）长
医学研究生部（处）	任学梅	副部（处）长（主持工作）
医学总务处	关云鹏	处长
医学保卫部（处）	陈　健	部（处）长

直属、附属单位干部名单

单　　位	姓　名	职　　务
图书馆	王　敏	党委书记
	聂　鸣	馆长
档案馆	张传平	党总支书记(2017.8—)、馆长、校史研究室主任(兼)
	范智新	直属党支部书记(—2017.8)
校医院	李小红	党总支书记
	孟　浦	院长
附属中学	张　宏	党总支书记
远程与继续教育学院	周前进	党委书记
	文　锋	院长
国际教育学院	王恭南	党总支书记
	刘俊华	院长
采购与招标中心	宋象军	主任
劳动服务公司	黄伏生	总经理
产业集团	童　俊	党委书记、董事长
	朱松青	总经理
出版社党委	傅　蓉	党委副书记(主持工作)
后勤集团	甘世斌	党委书记
	张国安	总经理
艺术教育中心(挂靠学生工作部(处))	赵根成	直属党支部书记
	姜　芳	主任
网络与计算中心(挂靠网络与信息化办公室)	于俊清	党总支书记(2017.8—)、主任
	李战春	直属党支部书记(—2017.8)
现代教育技术中心(挂靠教务处)	陈小丽	直属党支部书记(2017.10—)
	张　振	主任(2017.12—)

教学科研单位干部名单

单　　位	姓　名	职　　务
物理学院	张　凯	党委书记
	陈相松	院长
数学与统计学院	刘　斌	党委书记
	吴　军	院长
化学与化工学院	李　涛	党委书记
	朱锦涛	院长
生命科学与技术学院	张　涛	党委书记
	王　擎	院长(—2017.1)
	汪　宁	院长(2017.3—)
机械科学与工程学院	史铁林	党委书记
	丁　汉	院长
材料科学与工程学院	史玉升	党委书记
	周华民	院长
电气与电子工程学院	陈　晋	党委书记
	文劲宇	党委书记
能源与动力工程学院	陈　刚	党委书记(—2017.6)
	姚　洪	院长(—2017.7)、党委书记(2017.7—)
	罗小兵	院长(2017.10—) 中欧清洁与可再生能源学院副院长(主持工作)(兼)(2016.2—2017.12)、中方院长(兼)(2017.12—)
水电与数字化工程学院	杨海斌	党委副书记(主持工作)
	周建中	院长
船舶与海洋工程学院	萧　莉	党委书记
	解　德	院长
电子信息与通信学院	郑小建	党委副书记(主持工作)
	黄晓庆	院长(2017.8—)
光学与电子信息学院	刘继文	党委书记
	张新亮	院长
计算机科学与技术学院	吴　涛	党委书记
	冯　丹	院长
软件学院	徐　进	党委书记
	陈传波	院长

续表

单　　位	姓　名	职　　务
自动化学院	张　耀	党委书记
	曹治国	院长
建筑与城市规划学院	陈　钢	党委书记
	黄亚平	院长
土木工程与力学学院	李　斌	党委书记
	李振环	院长
环境科学与工程学院	刘利剑	党委副书记(主持工作)
	杨家宽	院长
管理学院	金凌志	党委书记
	王宗军	院长
公共管理学院	马冬卉	党委书记
	许晓东	院长(兼)
经济学院	江洪洋	党委书记
	张建华	院长
新闻与信息传播学院	詹　健	党委书记
	张　昆	院长
人文学院	刘婵娟	党委副书记(主持工作)
	董尚文	院长
马克思主义学院	胡艳华	党委书记(兼)
	黄岭峻	院长
法学院	曹海晶	党委书记(—2017.5)
	聂清斌	党委书记(2017.6—)
	李　力	院长
社会学院	高顺文	党委书记
	丁建定	院长
教育科学研究院	董晓林	直属党支部书记
	张应强	院长
外国语学院	刘　芳	党委书记
	许明武	院长
体育部	井　玲	党总支书记
	孙竞波	主任
基础医学院	秦选斌	党委书记
	鲁友明	院长
公共卫生学院	陈秋生	党委书记
	邬堂春	院长
药学院	厉　岩	党委副书记(主持工作)
	张勇慧	院长

续表

单　　位	姓　名	职　　务
医药卫生管理学院	黄明芳	党委书记
	冯占春	院长
法医学系	任学梅	党总支副书记(主持工作)
	黄代新	主任
计划生育研究所	叶　波	直属党支部书记
	廖爱华	所长
护理学院	徐　晖	党总支书记
	毛　靖	院长
航空航天学院	严有为	筹建组组长
武汉光电国家实验室(筹)(2017.11获批组建武汉光电国家研究中心)	夏　松	党委书记
	骆清铭	常务副主任(兼)(—2017.11)、主任(兼)(2017.11—)
	张新亮	副主任(负责日常行政管理工作)(兼)
国家脉冲强磁场科学中心(筹)	李　亮	主任

附属医院干部名单

单　　位	姓　名	职　　务
附属协和医院	张　玉	党委书记
	王国斌	院长(—2017.9)
	胡　豫	副院长(—2017.9)、院长(2017.9—)
	夏家红	党委副书记
	汪宏波	党委副书记兼纪委书记
	彭义香	党委副书记
	安　锐	副院长
	张　强	副院长
	黄　恺	副院长
附属同济医院	吴　菁	党委书记
	徐永健	院长(—2017.9)
	王　伟	副院长(—2017.9)、院长(2017.9—)
	廖家智	党委副书记
	胡俊波	党委副书记兼纪委书记
	杜书伟	副院长
	吴　华	副院长
	刘继红	副院长
	吕家高	副院长
	朱文珍	副院长
附属梨园医院	熊枝繁	党委书记

人大政协

党外各级人大代表、政协委员、政府参事、文史馆员名单

序号	单位	姓名	性别	出生年月	民族	籍贯	政治安排	党派	党派、统战团体职务	党政职务	职称	备注
1	计算机学院	冯　丹	女	1970.5	汉族	湖北京山	全国人大代表	民盟	民盟中央委员、省委会常委	计算机学院院长、武汉光电国家实验室(筹)信息存储与光显示功能实验室主任	教授	
2	附属同济医院	田玉科	女	1953.7	土家族	湖北五峰	全国政协常委、省政协副主席	九三学社	九三学社中央常委	湖北省科协副主席	教授、主任医师	
3	管理学院	余　翔	男	1965.1	汉族	湖南保靖	省人大常委	民革	民革省委会副主委、校欧美同学会·留学人员联谊会副会长	湖北师范大学副校长	教授	
4	计生所	熊承良	男	1954.9	汉族	湖南岳阳	省人大常委	农工党	农工党中央委员	计生所原所长	教授	
5	物理学院	陆培祥	男	1965.12	汉族	浙江嘉兴	省政协常委	民进	民进省委会副主委	武汉工程大学副校长	教授	
6	经济学院	韩民春	男	1968.10	汉族	辽宁大连	省政协常委	民建	民建省委会副主委、民建学校委员会主委	武汉市商务局局长	教授	
7	管理学院	杨　超	男	1963.7	汉族	河南新县	省政协常委	民盟	民盟省委会副主委、民盟学校委员会主委		教授	

续表

序号	单位	姓名	性别	出生年月	民族	籍贯	政治安排	党派	党派、统战团体职务	党政职务	职称	备注
8	化学学院	谭必恩	男	1972.7	土家族	湖北恩施	省政协委员、洪山区政协常委	民革	民革省委会委员、民革学校委员会主委、校侨联副主席	化学学院副院长	教授	
9	附属同济医院	张存泰	男	1963.4	汉族	河南	省政协委员	民盟、中共	民盟省委会委员	干部医疗保健办公室主任	教授、主任医师	
10	医管院	张　亮	男	1961.4	汉族	河南洛阳	省政协委员	民建		医管院原院长	教授	
11	社会学院	孙秋云	男	1960.8	汉族	浙江上虞	省政协委员	民建		原社会学系副系主任	教授	
12	药学院	黄　昆	男	1974.3	汉族	湖南涟源	省政协委员	农工党	农工党省委会委员、学校委员会副主委	同济医学院医学学科与发展规划办公室副主任	教授	
13	公卫学院	缪小平	男	1977.4	汉族	浙江衢州	省政协委员	农工党	农工党省委会委员、农工党市委会副主委、农工党学校委员会副主委	公卫学院副院长	教授	
14	附属协和医院	师　洪	男	1955.1	汉族	山东东阿	省政协委员	农工党			副教授、副主任医师	
15	材料学院	李　箭	男	1961.2	汉族	湖北崇阳	省政协委员	九三学社	九三学社省委会委员、九三学社学校委员会副主委		教授	
16	电气学院	袁小明	男	1966.5	汉族	安徽庐江	省政协委员	无党派人士	省知联会副会长	电气学院原副院长	教授	

续表

序号	单位	姓名	性别	出生年月	民族	籍贯	政治安排	党派	党派、统战团体职务	党政职务	职称	备注
17	附属同济医院	马净植	女	1970.12	汉族	重庆	省政协委员	无党派人士			主任医师	
18	管理学院	邓世名	男	1972.3	汉族	北京	省政协委员	无党派人士			教授	
19	机械学院	陈　蓉	女	1978.8	汉族	湖北武汉	省政协委员	无党派人士			教授	
20	附属同济医院	易继林	男	1953.12	汉族	湖北公安	省政府参事	九三学社	九三学社省委会常委		教授、主任医师	
21	管理学院	龚　朴	男	1954.11	汉族	湖北武汉	省政府参事	无党派人士			教授	
22	法学院	张晓玲	女	1964.1	汉	湖北黄冈	市人大常委	民盟	民盟武汉市委会副主委	市人大常委会副秘书长	教授	2017年4月人事关系已转出
23	建规学院	谭刚毅	男	1972.9	汉族	湖北武汉	市人大常委	无党派人士		建规学院副院长	教授	
24	附属协和医院	侯晓华	男	1961.1	汉族	山西文水	市政协副主席	农工党民盟	农工党中央委员、农工党省委会副主委、农工党武汉市委会主委		教授、主任医师	
25	附属协和医院	舒晓刚	男	1971.5	汉族	湖北大冶	市政协常委	民盟	民盟省委会委员、民盟市委会副主委	副处级干部	教授、主任医师	
26	水电学院	康　玲	女	1965.12	汉族	湖北武汉	市政协常委	致公党	致公党市委会委员、致公党市委会副主委	网络与计算中心副主任	教授	
27	护理学院	毛　靖	女	1962.12	汉族	湖南长沙	市政协常委	九三学社	九三学社省委会常委、九三学社学校委员会主委	护理学院院长	教授、主任医师	

续表

序号	单位	姓名	性别	出生年月	民族	籍贯	政治安排	党派	党派、统战团体职务	党政职务	职称	备注
28	生命学院	刘剑峰	男	1971.3	汉族	湖南邵阳	市政协常委	无党派人士	市知联会副会长	生命学院副院长	教授	
29	管理学院	刘志学	男	1963.8	汉族	湖南武冈	市政协常委	无党派人士	市知联会常务理事		教授	
30	基础医学院	胡清华	男	1965.6	汉族	湖北咸宁	市政协常委	无党派人士			教授	
31	物理学院	兰鹏飞	男	1983.2	汉族	河南偃师	市政协委员	民进	民进市委会常委		教授	
32	附属协和医院	陈立波	男	1972.7	汉族	江苏泗洪	市政协委员、江汉区人大常委	农工党	农工党省委会常委、农工党市委会副主委、农工党学校委员会主委		教授、主任医师	
33	材料学院	李建军	男	1964.12	汉族	江西南昌	市政协委员	致公党	致公党市委会常委、致公党学校总支委员会副主委	材料成形与模具技术国家重点实验室主任	教授	
34	附属同济医院	陈素华	女	1961.5	汉族	山东宁津	市政协委员、硚口区政协常委	致公党	致公党省委会常委、市委会委员，致公党硚口区工委会主委、致公党学校总支委员会副主委		教授、主任医师	
35	基础医学院	史岸冰	男	1974.4	汉族	河北正定	市政协委员	九三学社	九三学社市委会常委	基础医学院副院长	教授	

续表

序号	单位	姓名	性别	出生年月	民族	籍贯	政治安排	党派	党派、统战团体职务	党政职务	职称	备注
36	附属同济医院	董凌莉	女	1974.5	汉族	湖北襄阳	市政协委员	九三学社	九三学社省委会委员		教授、主任医师	
37	附属协和医院	高　颖	女	1962.4	汉族	湖北武汉	市政协委员	无党派人士			主任医师	
38	附属协和医院	王　琳	女	1982.10	汉族	湖北武汉	市政协委员	无党派人士			教授	
39	建规学院	李保峰	男	1956.4	汉族	河北丰润	市政府参事	无党派人士		建规学院原院长	教授	
40	建规学院	周　卫	女	1962.12	汉族	湖南长沙	市文史研究馆馆员	无党派人士			教授	
41	环境学院	邬红娟	女	1960.1	汉族	浙江绍兴	市政府参事、洪山区政协常委	九三学社			教授	
42	生命学院	杨广笑	男	1963.7	汉族	天津	洪山区人大代表	民建	民建省委会委员、民建学校委员会副主委		教授	
43	社会学院	戴　洁	女	1980.11	汉族	湖南武冈	洪山区人大代表	民进			副教授	
44	化学学院	董　海	男	1971.3	汉族	河南辉县	洪山区政协委员	民革	民革洪山区工委会委员		教授	
45	机械学院	汤自荣	男	1968.9	汉族	湖北浠水	洪山区政协委员	民进			教授	
46	计算机学院	朱建新	男	1966.9	汉族	浙江临海	洪山区政协委员	致公党	致公党洪山区工委会委员、致公党学校总支委员会副主委		副教授	

续表

序号	单位	姓名	性别	出生年月	民族	籍贯	政治安排	党派	党派、统战团体职务	党政职务	职称	备注
47	校医院	李晓南	女	1966.11	汉族	湖北丹江口	洪山区政协委员	无党派人士			主任医师	2017年12月增补为洪山区政协委员
48	新闻学院	鲍立泉	男	1978.6	汉族	湖北武汉	洪山区政协委员	致公党	致公党学校总支委员会华科大一支部主委		副教授	
49	附属协和医院	张劲农	男	1961.10	汉族	河南温县	江汉区政协委员	九三学社	九三学社市委会委员、九三学社江汉区工委会副主委		教授、主任医师	
50	附属协和医院	陈向东	男	1969.11	汉族	湖北蕲春	江汉区政协委员	致公党			教授、主任医师	
51	附属协和医院	彭　雯	女	1967.10	汉族	湖北武汉	江汉区政协委员	民进			主任医师	
52	附属协和医院	林　洪	男	1963.9	汉族	重庆奉节	江汉区政协委员	致公党	致公党江汉区工委会副主委		主任医师	
53	附属协和医院	郑晓丹	女	1969.12	汉族	湖北武汉	江汉区政协委员	民建			副主任护师	
54	附属协和医院	黎维勇	男	1966.5	汉族	湖北武汉	江汉区政协委员	致公党			主任药师	
55	附属协和医院	宋玉娥	女	1965.4	汉族	湖北潜江	硚口区人大代表	民盟			副教授、主任医师	

续表

序号	单位	姓名	性别	出生年月	民族	籍贯	政治安排	党派	党派、统战团体职务	党政职务	职称	备注
56	附属协和医院	宋晓东	男	1967.10	汉族	山东高密	硚口区人大代表	致公党	致公党硚口区工委常委、致公党学校总支委员会委员		副教授、主任医师	
57	公卫学院	唐　非	男	1960.9	汉族	四川广安	硚口区政协常委	无党派人士	硚口区知联会副会长		教授	
58	公卫学院	杨年红	女	1966.5	土家族	湖南建始	硚口区政协委员	民建			教授	
59	附属协和医院	童巧霞	女	1962.3	汉族	辽宁大连	硚口区政协委员	致公党			主任医师	
60	附属同济医院	王学仁	男	1969.8	汉族	湖北麻城	硚口区政协委员	致公党	致公党硚口区工委委员		副教授、副主任医师	
61	附属同济医院	蔡斯斯	女	1982.11	汉族	湖北武汉	硚口区政协委员	民进			助理研究员	
62	图书馆(医学部)	邓爱丽	女	1970.8	高山族	中国台湾	硚口区政协委员	台盟	台盟市委会委员、市台联理事、台盟硚口支部副主委		馆员	
63	附属梨园医院	马　静	女	1971.1	回族	湖北武汉	武昌区政协委员	民革	民革学校委员会委员		副主任医师	
64	附属同济医院	熊慧华	女	1972.9	汉族	湖北鄂州	蔡甸区政协委员	九三学社			副教授、副主任医师	

学校民主党派主要负责人

序号	单位	姓名	性别	出生年月	民族	籍贯	党派	党派等职务	行政职务	职称
1	化学学院	谭必恩	男	1971.7	土家族	湖北恩施	民革	省政协委员、洪山区政协常委，民革省委会委员、学校委员会主委	化学学院副院长	教授
2	管理学院	杨　超	男	1963.7	汉族	河南新县	民盟	省政协委员，民盟省委会副主委、学校委员会主委		教授
3	经济学院	韩民春	男	1968.1	汉族	辽宁大连	民建	省政协常委，民建省委会副主委、学校委员会主委	武汉市商务局局长	教授
4	材料学院	周华民	男	1974.7	汉族	湖南永州	民进	民进省委会委员、学校委员会主委	材料学院院长	教授
5	附属协和医院	陈立波	男	1972.10	汉族	安徽当涂	农工党	市政协委员、江汉区人大常委，农工党省委会常委、市委会副主委、学校委员会主委		教授、主任医师
6	附属同济医院	陈素华	女	1961.5	汉族	山东	致公党	市政协委员、硚口区政协常委，致公党省委会常委、市委会委员、学校总支委员会副主委(主持工作)		教授、主任医师
7	护理学院	毛　靖	女	1962.12	汉族	湖南长沙	九三学社	市政协常委，九三学社省委会常委、学校委员会主委	护理学院院长	教授、主任医师

统战团体负责人名单

（一）校侨联主要负责人名单

单位	姓名	性别	出生年月	民族	籍贯	行政职务	党派	统战团体职务	职称	备注
学校办公室	邵新宇	男	1968.11	汉族	江苏靖江	华中科技大学党委书记	中共	校侨联主席、校欧美同学会·留学人员联谊会会长	教授	

（二）校欧美同学会·留学人员联谊会主要负责人名单

单位	姓名	性别	出生年月	民族	籍贯	行政职务	党派	统战团体职务	职称	备注
学校办公室	邵新宇	男	1968.11	汉族	江苏靖江	华中科技大学党委书记	中共	校侨联主席、校欧美同学会·留学人员联谊会会长	教授	

（三）校民族团结进步促进会主要负责人名单

单位	姓名	性别	出生年月	民族	籍贯	行政职务	党派	统战团体职务	职称	备注
教务处	熊　蕊	女	1956.12	回族	湖北武汉	教务处原常务副处长兼启明学院常务副院长	无党派	校民族团结进步促进会会长	教授	已退休
同济医学院	王小平	男	1952.8	回族	河南	华中科技大学同济校区原党工委书记兼同济校区机关及直属单位党总支书记	中共	校民族团结进步促进会会长	四级职员	已退休

学术机构

第三届学术委员会成员名单

主任委员： 樊明武

副主任委员： 程时杰 黄光英 刘献君 王建枝 熊有伦 叶朝辉 郑楚光 张金隆 邵新宇 骆清铭

名誉委员： 崔 崑 段正澄 潘 垣 杨叔子

委 员： 陈安民 邓晓芒 黄云辉 胡元太 金 海 李保峰 李 高 李 亮 李维嘉 缪向水 史铁林 王国斌 王红卫 王 擎 王少平 邹堂春 吴 毅 文志雄 徐晓林 解孝林 肖 奕 张 昆 张勇传 曾绍群 丁 汉 李培根 陈孝平 李德群

第三届学术道德监督委员会名单

主 任： 骆清铭

副主任： 刘献君 黄光英

委 员： 王红卫 程时杰 胡元太 史铁林 曾绍群 肖 奕 解孝林 李 高 李 亮 吴 毅 徐晓林 王国斌 陈安民 邹堂春

第三届教学指导委员会名单

主 任：

副主任： 王建枝 刘献君 张勇传 熊有伦

委 员： 丁 汉 于克训 马建辉 王红卫 王建枝 孔维佳 叶贤基 吕家高 刘劲松 刘 芳 刘海云 刘献君 余龙江 肖来元 吴昌林 李 高 李 箭 张诚坚 张勇传 张 亮 何志武 何锡章 邹堂春 陈传尧 金 海 邹雪城 姜嘉乐 徐晓林 黄亚平 黄树红 黄载禄 熊有伦 樊葳葳

校学术委员会各学科分委会委员组成单位及成员名单

经各单位民主推荐，学术委员会主任会议审核，华中科技大学第三届学术委员会学科分委员成员名单(按姓氏拼音顺序排列)如下：

<table>
<tr><td colspan="2">工科一</td></tr>
<tr><td>组成单位</td><td>材料科学与工程学院　船舶与海洋工程学院　电气与电子工程学院
环境科学与工程学院　机械科学与工程学院　建筑与城市规划学院
能源与动力工程学院　水电与数字化工程学院　土木工程与力学学院</td></tr>
<tr><td>委员名单
(30人)</td><td>陈锦富　程时杰　丁汉　段正澄　樊明武　郭照立　胡辉　胡元太
黄云辉　李亮　李保峰　李培根　李维嘉　刘华北　罗小兵　邵新宇
史铁林　唐跃进　陶涛　王赤忠　吴树森　熊蔡华　熊有伦　张秋文
张勇传　赵耀　郑楚光　周建中　朱宏平　李德群</td></tr>
<tr><td colspan="2">工科二</td></tr>
<tr><td>组成单位</td><td>电子与信息工程系　武汉光电国家实验室(筹)　光学与电子信息学院
计算机科学与技术学院　软件学院　生命科学与技术学院
网络与计算中心　自动化学院</td></tr>
<tr><td>委员名单
(18人)</td><td>曹治国　陈传波　丁明跃　龚辉　江涛　金海　李芝棠　刘德明
缪向水　宋恩民　王殊　王红卫　吴涛　叶朝辉　于俊清　曾绍群
曾志刚　邹雪城</td></tr>
<tr><td colspan="2">人文社科</td></tr>
<tr><td>组成单位</td><td>法学院　公共管理学院　管理学院　教育科学研究院　经济学院
马克思主义学院　人文学院　社会学系　体育部　外国语学院
新闻与信息传播学院</td></tr>
<tr><td>委员名单
(28人)</td><td>邓晓芒　丁建定　许明武　何锡章　洪明　井玲　柯佑祥　雷洪
刘献君　栾丽霞　罗家祥　马士华　谭渊　唐海江　王少平　王宗军
吴毅　吴廷俊　徐长生　徐顽强　徐晓林　曹海晶　张峰　张昆
张建华　张金隆　郑友德　钟书华</td></tr>
<tr><td colspan="2">理　科</td></tr>
<tr><td>组成单位</td><td>化学与化工学院　生命科学与技术学院　数学与统计学院　物理学院</td></tr>
<tr><td>委员名单
(8人)</td><td>陆培祥　汤燕斌　涂良成　王擎　文志雄　解孝林　肖奕　杨广笑</td></tr>
<tr><td colspan="2">医　科</td></tr>
<tr><td>组成单位</td><td>法医学系　公共卫生学院　护理学系　基础医学院　计划生育研究所
附属梨园医院　附属同济医院　附属协和医院　药学院　医药卫生管理学院</td></tr>
<tr><td>委员名单
(23人)</td><td>陈安民　陈建国　陈孝平　程龙献　侯晓华　黄恺　黄光英　李高
李和　刘良　卢祖洵　鲁友明　马丁　毛靖　王国斌　王建枝
邹堂春　熊承良　徐顺清　姚尚龙　张亮　张勇慧　周宜开</td></tr>
</table>

人才队伍

两院院士(16 人)

中国科学院院士　杨叔子

男,1933 年 9 月生于江西省湖口县,中国共产党党员,中共十五大与十六大代表,中国科学院院士,著名机械工程专家、教育家,中国科学院技术科学部副主任,国务院学位委员会学科评议组成员,国家博士后流动站评议组成员,国家科技奖励评议组成员,教育部高等学校文化素质教育指导委员会主任,中国高等教育学会副会长,中国机械工业教育协会副会长,教育部高等学校机械学科教学指导委员会主任,中华诗词学会名誉会长,中国机械工程学会特邀理事,湖北省人民政府咨询委员会主任委员,湖北省科协副主席,湖北省高级专家协会会长。

原华中理工大学校长,现任华中科技大学学术委员会主任,先后受聘为清华大学、浙江大学、南京大学、同济大学、上海交通大学、天津大学、重庆大学、国防科技大学、第四军医大学约 30 所高校兼职教授、名誉教授。荣获国家级有突出贡献专家、全国教育系统劳动模范、全国高校先进科技工作者、全国优秀教师等称号,全国五一劳动奖章获得者。

立足于机械工程领域,把机械工程同控制论、信息论、系统论紧密结合,致力于同微电子技术、计算机技术、信息技术、网络技术等新兴技术领域交叉的研究与教学,特别是在先进制造技术、设备诊断、信号处理、无损检测新技术、人工智能与神经网络的应用等方面取得一系列成果。荣获国家自然科学奖、国家发明奖、省部级科技奖 20 项,专利 5 项。在国内外发表学术论文 500 余篇,出版专著、教材 12 种,获国家级、省部级教学、图书重要奖励 13 项。指导的研究生中,已有百余人获博士学位,博士后已有 10 余人出站。

他倡导在全国理工科院校中开展加强大学生文化素质教育,在国内外产生了强烈的反响,应邀在清华大学、浙江大学、南京大学、上海交通大学、西安交通大学、四川大学、东南大学、华南理工大学、国防科技大学等国内约百余所院校举办人文讲座两百余场,吸引了近 20 万人次的听众。由他任编委会主任、汇集国内高校人文讲座精品的《中国大学人文启思录》一书,已发行数十万册。发表有关教育方面的论文 50 余篇。

中国科学院院士　熊有伦

男,1939 年生,湖北枣阳人,教授,博士生导师,中共党员。我校机械科学与工程学院工程信息和智能技术研究所名誉所长。1995 年当选中国科学院院士。

1962 年毕业于西安交通大学机械工程系,1966 年西安交通大学机械制造自动化专业研究生毕业,分配到我校机一系任教,1980 年至 1982 年英国 Sheffield 大学控制工程系访问学者,1986 年晋升教授,1988 年至 1989 年任英国 Salford 大学航空与机械工程系客座教授。

熊有伦长期致力于机械工程中机电控制与自动化及其有关理论和技术的研究。主要研究方向:先进制造技术、机器人学、制造自动化和精密测量。他在机器人、精密测量理论、智能制造和计算机几何方面做出突出贡献。

主要获奖成果有:“基于微机和机器人离线编程系统 HOLPS 及其应用”获国家科技进步三等奖;“点接触约束理论与机器人抓取的几何模型”获国家教委科技进步二等奖;“精密测量的评定和判别理论”获国家教委科技进步(甲类)一等奖。出版专著多部,发表学术论文 100 余篇。

中国科学院院士　程时杰

男,汉族,1945 年 7 月出生,湖北通山人。电力系统专家,教授,博士生导师,国务院学位委员会电气工程学科评议组成员。国家有突出贡献中青年专家，湖北省优秀科技工作者，湖北省科技精英，湖北省优秀教师。2007年当选为中国科学院院士。

1967年毕业于西安交通大学，1981年获得华中工学院硕士学位，1986年获得加拿大Calgary大学博士学位，1988年回华中理工大学工作。1991年晋升为教授，1993年获得博士生导师资格。现任华中科技大学学术委员会副主任，湖北省电力安全与高效重点实验室主任，IEEE高级会员，中国电机工程学会常务理事，中国电机工程学会电力系统专业委员会和自动化专业委员会委员，湖北省电机工程学会副理事长，曾先后工作于加拿大Calgary大学、德国慕尼黑工业大学和新加坡南洋理工大学等。

长期致力于电力系统及其自动化领域的研究，在电力系统适应控制、智能控制、次同步振荡等方面取得了众多研究成果。近年来，他积极倡导并努力实践了基于储能原理的电力系统稳定控制这一新的研究方向，在基于高温超导磁储能和旋转储能的电力系统稳定控制方面进行了创新性的研究。获国家科技进步二等奖1项，省自然科学一等奖1项，省科技进步一等奖1项、二等奖2项，国家教委科技进步三等奖1项。在国内外学术刊物和国际学术会议上共发表学术论文361篇，其中SCI检索38篇，EI检索168篇，译著1部，获国家发明专利2项，在电气工程领域非常突出。

中国科学院院士　罗俊

男，汉族，1956年11月出生，湖北仙桃人。引力物理专家，博士生导师，长江特聘教授。2009年当选为中国科学院院士。2010年7月任华中科技大学党委常委、副校长。2013年7月任华中科技大学党委常委、常务副校长。2015年1月任中山大学校长。

1982年毕业于华中工学院物理化学系获学士学位，1985年获硕士学位，1999年获中国科学院测量与地球物理研究所博士学位。

长期从事引力实验的精密测量物理研究，开展了牛顿万有引力常数G的精确测量，实验结果被国际科技数据委员会(CODATA)基本物理常数任务组收录；开展了光子静止质量的实验检验，实验结果被国际粒子物理数据组(PDG)收录；开展了亚毫米范围牛顿反平方定律的实验检验，实验结果得到国际同行认可；与他人合作开展了宏观旋转物体等效原理的实验检验等基础科学研究。

中国科学院院士　丁汉

男，1963年8月生，安徽枞阳人，教授，博士生导师，机械电子工程专家。现为我校机械科学与工程学院院长、数字制造装备与技术国家重点实验室主任。2013年当选中国科学院院士。

1982年毕业于西安公路学院(现长安大学)汽车制造专业，获学士学位，1985年硕士毕业于武汉工学院(现武汉理工大学)机械制造及自动化专业，1989年华中理工大学机械制造及自动化专业博士毕业后留校任教。1993年受德国洪堡基金会资助赴德国斯图加特大学进行客座研究，1997年获国家杰出青年基金资助，2001年受聘为教育部长江学者特聘教授，2005年和2011年两任973项目首席科学家。担任IEEE自动化科学和工程汇刊Associate Editor(2003—2007)、Editor(2011—)，IEEE/ASME机电一体化汇刊Technical Editor(2010—)。

长期从事数字制造理论与技术研究：建立了复杂曲面宽行加工理论，突破了多轴联动高效加工的关键技术；提出了高速加工稳定性分析的全离散法，保证了复杂工况下无颤振高效加工；提出了机器人操作规划的空间几何推理方法，研制了大叶片机器人“测量-操作-加工”一体化(3M)磨抛系统。研究成果在航天、能源和汽车领域得到应用。出版专著3部，发表SCI论文150余篇。获国家自然科学二等奖1项，国家科技进步二等奖2项、三等奖1项。

中国科学院院士　陈孝平

男，1953年6月出生，籍贯安徽阜南。1973年毕业于蚌埠医学院，1982年和1985年分别获得同济医科大学医学硕士和博士学位。现任华中科技大学同济医学院附属同济医院外科学系主任、肝胆胰外科研究所所长等职务。从事外科临床、教学和研究工作40余年，已施行和指导施行各种肝胆胰手术1万多例，含肝癌6千多例。在裘法祖、吴孟超和汤钊猷等前辈的工作基础上，他在肝癌外科治疗和肝移植方面做出了系统的创新性成果：提出新的肝癌分类；提出大肝癌可安全切除的理论；建立3项控制肝切除出血技术和1项肝移植术。这些理论和技术已应用到临床，效果显著；提出小范围肝切除（中肝切除）治疗肝门部胆管癌的理念，为在临床上成功实施这一理念，他专门创立了不缝合胆管前壁的肝肠吻合术（文献中称"陈氏胆肠吻合术"），取得了良好的效果。为减少胰腺癌行胰十二指肠切除术后胰漏发生，他创立用"U"形贯穿胰腺缝合技术实施胰肠吻合术，简化了手术操作，且明显减少了术后胰漏发生率，提高了手术成功率，文献中称此技术为"陈氏胰肠吻合术"。其成果得到国内外同行认同的高度评价，先后获国家科学与技术进步奖二等奖（2004）、教育部提名国家科技进步奖一等奖（2006）、中华医学科技奖一等奖（2002）和湖北省科技进步奖一等奖（2013）；2007年获何梁何利科学与技术进步奖；2008年获中国肝胆胰外科领域杰出成就金质奖章；2010年获教育部科学技术进步奖二等奖；2012年获中国抗癌协会科技奖一等奖；2013年获湖北省科技成果推广奖一等奖。英国爱丁堡皇家外科学院荣誉院士Renzo教授2014年在《Nature》发表署名文章，称"陈孝平是国际肝胆胰外科技术改进与创新的领导者"。

他注重自身医德修养及医学教育，被评为全国教学名师（2006），全国卫生单位先进个人（2007），卫计委有突出贡献的中青年专家（2008），全国五一劳动奖章（2011）；全国医德标兵（2013）；获国家级教学成果奖二等奖（2005）。主编全国高等医药院校教材7年制《外科学》，8年制及7年制临床医学等专业用规划教材《外科学》第1、2及第3版，五年制《外科学》第8版，以及配套教材、专著及参考书20余部。

中国工程院院士　崔崑

男，1925年生，山东济南人，教授，博士生导师，中共党员。现任我校学术委员会委员。曾荣获五一劳动奖章、全国优秀教育工作者等荣誉称号。1997年当选中国工程院院士。

1948年毕业于武汉大学机械系，1951年至1954年在哈尔滨工业大学研究生班就读，1958年赴苏联莫斯科钢铁学院进修，他先后任华中工学院机械工程二系金属材料教研室主任，机械工程二系主任，国家发明奖励评审委员会冶金评审组委员，国家自然科学基金委员会学科评审组成员等职。

他致力于高性能新型模具材料钢的合金化、夹杂物工程、高性能Ti(C,N)基金属陶瓷、激光熔覆基础理论等多方面的研究，先后承担国家攻关、国家技术开发、国家自然科学基金等省部级以上课题20多项。国家新颁布的合金钢钢号，有一半由他主持研制。

他创造性地研究和开发了一系列高性能新型模具钢，其性能达到了国际先进水平，创造经济效益超过2亿元，为发展我国新型钢种做出了巨大贡献。这些高性能模具钢已被列入国家科委"八五"、"九五"国家科技成果重点推广项目，其中有两种已列入国家工具钢标准GB1299-85。他的研究成果共获得省、部委级以上奖励15项，其中国家发明奖二、三、四等各一项（均为第一发明人），在国内外学术刊物上发表论文250余篇。

中国工程院院士　潘垣

男，1933年生于湖北宜昌，教授，博士生导师，中共党员。磁约束核聚变专家，高功率脉冲电磁技术专家，我国核聚变和大型脉冲电源技术的主要开拓者。主持和参与主持包括"中国环流器一号"在内的三套聚变装置的研制和一套聚变装置的升级改造；提出并参与了"脉冲强磁场国家科学中心"建设。

1955年毕业于华中工学院电力系。先后在武汉电管局中心试验所、二机部401所、585所和中国科学院等离子物理所工作。并赴欧洲联合托卡马克JET实验室和美国得克萨斯大学聚变研究中心工作。1998年至今任华中科技大学教授、电气与电子工程学院名誉院长，并兼"国际热核试验反应堆（ITER）"中国专家委员会科学顾问和国家重大专项"惯性约束核聚变"专家委员会委员等职。曾获国家科技进步一等奖1项，院部委一、二等奖多项。1997 年当选为中国工程院院士。

现主要研究方向有：磁约束核聚变科学与技术；脉冲强磁场技术；脉冲功率技术及应用；极端交、直流高压断路器技术；电磁发射；带电粒子“催化”人工降雨/雪科学与技术等。

中国工程院院士 张勇传

男，1935 年生，河南南阳人，教授，博士生导师，中共党员。1957 年毕业于我校水动专业，后留校工作至今。现任我校学术委员会副主任、水电与数字化工程学院名誉院长。1997 年当选中国工程院院士。

张勇传长期从事水资源、电力领域的教学科研工作。他在水库运行基础理论、规划决策与洪水风险管理、电力系统和水电站计算机仿真控制、电力系统工程随机决策领域不断取得重要突破。他主持和负责的“柘溪水电站优化调度”，使柘溪成为我国第一个实现优化调度大中型电站；他首先提出的凸动态规划和水调对策论开辟了新的研究领域；他首次提出的传递相关概念及相应的判别准则以及 RBSI 技术，解决了库群优化的“维灾”难题；他首次提出的随机决策模式、洪水分型和分型归纳演绎预报模式，为该领域研究开拓了新的途径。

张勇传将水库运行基础理论与优化理论、控制理论、系统工程等理论与技术进行综合交叉研究和应用，为现代水库运行理论的创立做出了突出贡献，并率先提出了数字流域的崭新概念。他的研究成果已成功地应用于生产实际，获得了八亿元以上的直接经济效益。他出版《水电站水库调度》等著作 10 多部，发表论文 130 余篇，获省部级二等奖以上的重要奖励 11 余项，其中包括国家科技进步一、二、三等奖。

中国工程院院士 周济

男，1946 年 8 月出生，上海市人。教授，博士生导师，中共党员，全国人大代表，1999 年当选为中国工程院院士。

周济 1970 年于清华大学毕业后，到新疆工作，1978 年考入华中工学院（现华中科技大学）就读研究生，1980－1984 年在美国纽约州立大学（布法罗）学习，获得硕士、博士学位。曾任华中科技大学校长，湖北省委常委兼省科技厅厅长，武汉市市长，教育部部长、党组书记。现任中国工程院院长、党组书记。

周济长期致力于优化设计、CAD、数控和 CIMS 技术的研究和工程应用，取得了创造性的成果，并有显著的应用成效。提出并组织实施适合国情的推广应用 CAD/CAM 的技术路线，提出并实现了单调性分析优化、数控加工直接插补等算法理论，主持开发出优化设计、机械 CAD 等一系列软件产品及华中 I 型数控系统，应用于 1000 余家工业企业，产品销售值达亿余元，取得了巨大的经济和社会效益。先后获国家科技进步三等奖 4 项，省部级科技进步奖 14 项，出版著作 11 本，发表论文 200 余篇。周济长期从事机械设计教学和研究生培养工作，为工程技术人员的继续教育和技术培训开展了大量工作。鉴于华中理工大学 CIMS 中心做出的杰出成绩，国际制造工程师协会经过严格的考核和筛选，将 1999 年“大学领先奖”颁发给华中理工大学。

中国工程院院士 樊明武

男，1943 年 7 月生，湖北沙市人，教授，博士生导师，中共十五大代表，我国著名的回旋加速器专家、磁铁理论与工程专家，国家级有突出贡献的中青年专家。1999 年当选中国工程院院士。

樊明武 1965 年毕业于华中工学院电机制造专业，同年分配到中国原子能科学研究院从事回旋加速器的研究。多次应邀工作于美、英、法等国著名研究所，从事粒子加速器和电物理设备有关技术研究。曾任中国原子能科学研究院院长。1996 年，被评选为中央国家机关党的优秀行政干部。1997 年，当选为中共十五大代表。2001 年初至 2005 年初任华中科技大学校长。

他在回旋加速器研制、改进工程中，发展了回旋加速器理论和主体技术。在 30MeV 强流质子回旋加速器研制中，解决了关键设备技术问题，使该加速器达到九十年代国际先进水平。磁场计算结果有偿转让国外。该加速器被两院院士投票评选为全国 1996 年十大科技事件之一，这一事件结束了我国不能用加速器批量生产中短寿命放射性同位素的局面，标志我国回旋加速器的研制能力达到一个新水平。获国家级科技进步奖 2 次，省部级科技进步奖 10 次，发表论文 70 余篇，专著 2 部。

1983 至今 先后担任如下有关学术组织职务：第八届、第九届国际电磁场计算会议国际指导委员会委员，国际电磁场计算学会理事，国际电磁场计算会议中国联络办公室主任、委员，中国电工技术学会理论电工专委会委员、副主任，计算机应用专委会委员，粒子加速器学会副理事长，正负粒子对撞机国家实验室学术委员会委员，兰州重粒子加速器国家实验室学术委员会委员，国防科工委专家咨询委员会委员，国务院学位委员会委员，湖北省科协主席等。

中国工程院院士　李培根

男，汉族，1948 年生，湖北人。教授，博士生导师。中共十七大代表，第十一届全国人大代表。2003 年 12 月当选为中国工程院院士。

1981 年在华中工学院（现华中科技大学）获得硕士学位，1983 年赴美留学，1987 年在威斯康辛-麦迪逊大学（University of Wisconsin-Madison）获得博士学位。

曾任华中科技大学机械学院院长，华中科技大学副校长、校长，国家 863/CIMS 主题、国家 863/机器人技术主题专家组成员，国家 863 先进制造及自动化领域专家委成员，现为中国机械工程学会副理事长，教育部机械工程教学指导委员会主任委员。

中国工程院院士　段正澄

男，1934 年生，江苏镇江人。1957 年毕业于华中工学院机械系，后留校工作至今。现为华中科技大学机械学院教授、博导。2009 年当选中国工程院院士。

段正澄 50 年来一直工作在一线，长期与生产紧密结合，致力于自动化、数字化加工技术与装备的应用基础研究和工程技术研发，在该领域我国发展的不同阶段，取得了一批重要的创新性成果。获 1978 年全国科学大会奖 2 项、国家科技进步二等奖 3 项、省部级一等奖 5 项、二等奖 4 项；授权专利 19 项；发表论文 200 余篇。先后被评为全国优秀教师、湖北省劳模、湖北省先进教育工作者和湖北省先进科技工作者。

中国工程院院士　李德群

男，1945 年 8 月生，江苏泰州人。1968 年毕业于清华大学冶金系，1981 年获华中工学院（现华中科技大学）塑性加工专业工学硕士学位，后留校工作至今。现为华中科技大学材料学院教授，博导，2015 年当选为中国工程院院士。

李德群长期从事塑料注射过程计算机模拟和模具 CAD/CAE/CAM 的教学和科研工作，承担国家重点攻关和国家自然科学基金项目多项，系统地开展了塑料注射成形模拟和智能型注射机的研究和开发，取得了许多重要成果，获 2002 年、2007 年国家科学进步二等奖、2010 年国家自然科学二等奖、省部级科技进步和教学成果一等奖多项，2010 年被评为全国优秀科技工作者。

中国工程院院士　丁烈云

丁烈云，1955 年 11 月 22 日出生，男，汉族，湖北省洪湖市人，土木与建筑工程管理专家，华中科技大学教授。中共党员。1982 年毕业于武汉理工大学，2002 年获同济大学博士学位。曾任华中师范大学党委书记、东北大学校长、华中科技大学校长。现兼任国务院学位委员会委员、中国建筑学会副理事长兼工程管理研究分会理事长、教育部科学技术委员会管理学部主任、湖北省科学技术协会第九届全省委员会副主席。第十二届全国政协委员。第十三届全国人大代表。

长期从事数字建造、工程安全理论与技术研究。提出工程安全风险“能量-耦合”理论，创建地铁工程安全风险“识、警、控”技术体系，研发数字轨道交通工程集成建设关键技术，构建工程质量精益控制模型、标准和平台。作为第一完成人获国家科技进步二等奖 2 项，多项省部级科技进步一等奖，获 2018 年“复旦管理学杰出贡献奖”，主编 1 项国家标准，获发明专利 9 项，出版 3 部著作和1部国家精品教材，发表论文百余篇。

2015年当选为中国工程院院士。

中国工程院院士　马丁

男，1957年4月25日出生，天津人。1983年毕业于武汉医学院（现同济医学院），1986年和1990年分别获得同济医科大学硕士、博士学位。现任华中科技大学附属同济医院妇产科学系主任，中华医学会妇科肿瘤学分会主任委员，国家妇产疾病临床医学研究中心主任，教育部肿瘤侵袭与转移重点实验室主任等职务。2017年当选为中国工程院院士。

马丁从事医疗教育工作35年，是我国妇产科学界首位国家杰出青年基金获得者（2000）和“973”项目首席科学家（2002）。他长期坚持医疗一线工作，具有坚实理论基础和丰富临床实践经验，擅长妇科肿瘤及妇科疾病的诊断和治疗，施行妇产科手术逾万台，精于妇科手术、腔镜及机器人手术。同时注重临床实践中重大难题的系统研究，在妇科恶性肿瘤防治和遏制肿瘤转移临床研究方面做出卓越贡献：（1）合理应用先期化疗并通过改进手术方式缩减对女性生育器官功能的损伤，使保留妇科恶性肿瘤年轻患者生育功能成为可能；（2）发现中国人宫颈癌易感高危基因和HPV致癌病毒整合位点，建立宫颈癌预警模型和早期预治新策略，提高我国宫颈癌防治水平；（3）发现和确定肿瘤转移特异性靶向分子和靶向肽，并适时将创新成果临床转化应用，肿瘤转移靶向标记肽TMTP1已用于临床诊断，ADV-TK拮抗肿瘤转移制剂（国家Ⅰ类新药）已进入临床Ⅲ期试验。其成果得到国内外同行认同和高度评价，先后获国家科学与技术进步奖二等奖（2010；2012）、中华医学科技奖一等奖（2007；2009）、教育部自然科学奖一等奖（2002）、湖北省成果推广一等奖（2015）和何梁何利科学与技术奖（2015）。

完成主编《常见妇科恶性肿瘤诊治指南》，主编国家医学生八年制规划教材《妇产科学》和英文版《妇产科学》。作为第一作者或者通讯作者发表论文486篇，其中在Nature Genetics、J Clin Invest、J Exp Med和J Nat Can Inst等SCI杂志发表论文163篇，总影响因子612.7分，总计被他人引用4262次，被Lancet等国际期刊他引2630次。带领附属同济医院妇产科两度获国家重点学科，2010年获卫计委国家临床重点专科，2014年获国家妇产疾病临床医学研究中心。

他医术精良、学风正派。获评卫计委有突出贡献中青年专家（2004），“全国优秀科技工作者”，获“吴阶平-保罗·杨森奖”（2010），获国家卫计委、健康报评选“生命英雄——科技之星”荣誉称号（2015）。获武汉市卫计委、武汉晚报评选“我心目中的好医生”荣誉称号（2016）。

国家“千人计划”入选者(37人)

创新人才(32人)

胡　斌　王　擎　李　亮　何际平　程一兵　沈　平　杨天若　李　洵　汪　宁
吴　跃　袁小明　曲荣海　李国民　郭　新　张明杰　虞清泉　叶培德　鲁友明
胡丙长　沈　康　黄国全　李少平　段金桥　贺　熹　闵革勇　王吉红　樊宽军
杨庆林　沈卫明　徐进林(企业)　李　成(企业)　李振瀚(企业)

创业千人(5人)

曹祥东　刘　胜　闫大鹏　宋恩民　蔡新元

国家“青年千人计划”入选者(103人)

第六批(3人):
卢　兴　陈　蓉　彭　广
第七批(6人):
王　帅　吴燕庆　陈　敏　万　谦　王　琳　唐　江
第八批(6人):
蒋　凯　胡　昱　许剑峰　舒学文　徐　鸣　翟天佑
第九批(5人):
夏　帆　王　艳　刘华北　牟阳灵　明　炬
第十批(19人):
付英双　陈学文　王得丽　周印华　国伟华　夏　天　吴志刚　常海欣　韩建涛
朱增伟　谢　佳　胡敬平　张珞颖　史岸冰　张　果　臧剑锋　陈　莉　杨想平
王　顺
第十一批(16人):
蔡建明　王　兵　甘　泉　徐　伟　潘　安　王　平　蒋　栋　罗　成　费　鹏
蒲诃夫　熊　博　黄胜友　罗　亮　韩芸耘　刘　智　张新军
第十二批(28人):
刘　焱　许志芳　夏宝玉　高尚邦　施　宓　王　敬　朱　斌　芮燕宁　刘合林
吴　旭　王成亮　王俊升　李芳芳　李　箐　罗志强　马修泉　吴　豪　杨　军
何毓辉　Nicola D'Ascenzo　游　龙　李德慧　伍冬睿　袁　烨　刘东方
黄　海　李　骥　刘　鑫

第十三批(20 人)：

吴钰周 李忠安 赵 强 王晨辉 张佩景 罗 映 刘富才 杨 辉 于海滨
徐 刚 熊 伟 张兆伟 徐 明 陶光明 柯勇刚 郭 峥 何西森 孙书国
武 宁 荣岳光

长江学者

特聘教授(55 人)

骆清铭 蒋向前 王 华 陈忠华 任佳刚 陆继东 徐 涛 刘新芝 丁 汉
罗 俊 吴 颖 邱建荣 王建枝 刘 胜 周治平 刘 文 徐明厚 卢新培
邵新宇 陆培祥 缪向水 曾绍群 李 亮 阮新波 陈建国 熊蔡华 陈学东
冯 丹 王 伟 戴会超 黄云辉 尹周平 金 海 岳 东 胡 豫 郇堂春
史铁林 朱宏平 王红卫 徐顺清 张国军 文劲宇 郑俊杰 黄 恺 刘剑峰
周华民 郭照立 张应强 贺雪峰 曾志刚 韩宏伟 江 涛 李志纯 张勇慧
方鹏骞

讲座教授(41 人)

魏庆义 艾春荣 顾佩华 王 煜 胡丙长 朱建刚 汪立宏 王 擎 段金桥
朱松纯 顾 敏 刘 波 吴鑫华 绿川克美(日) 邹伟平 蔡立慧 李少凡
蒋 进 贺 熹 陈 杰 黄晓东 李晓江 上官东恺 魏国基 虞清泉
谢智刚 段 勇 熊子祥 李书明 沈 康 叶克强 张 黔 王连平 陆永枫
Viswanathan Kumar(美) 许献忠 葛汉彬 李顺成 王 庆
Muhammad Suhail Zubairy Jean-Philippe PIN

长江学者青年项目(10 人)

胡家兵 廖小飞 马 聪 陶 波 周 军 黄永安 赵海波 张海涛 尚 游
王 健

百千万人才工程入选者(40 人)

罗 俊 陈清明 沈关心 欧阳康 任佳刚 陈孝平 周云飞 陆继东 骆清铭
吴 颖 孔维佳 段献忠 杨宗凯 陈吉红 史铁林 冯 丹 金 海 王红卫
徐 涛 周建中 王建枝 马 丁 邱建荣 肖 奕 吴 军 罗小平 胡 豫
黄云辉 郇堂春 解孝林 邵新宇 徐明厚 曾绍群 宁 琴 丁 汉 陈学东
徐顺清 陆培祥 尹周平 周华民

青年拔尖人才支持计划入选者(17 人)

廖小飞 缪小平 陶 波 马 聪 薛 宇 黄永安 胡家兵 赵海波 柯昌剑
刘方明 张海涛 王 健 周 军 孔东民 张明新 朱铃强 郭 欢

教育部优秀青年教师教学科研奖励计划入选者(9 人)

曹一家　王红卫　邬堂春　邱建荣　周怀春　段献忠　龚树生　李　和　郑　权

教育部跨世纪优秀人才培养计划入选者(16 人)

丁明跃　尹项根　王建枝　冯作化　刘德明　陆继东　赵元弟　袁松柳　肖　奕
杨祥良　何光源　邵新宇　徐明厚　周建中　陈清明　袁建伟

教育部新世纪优秀人才支持计划入选者(224 人)

冯　丹　孙军强　王　伟　徐明厚　徐顺清　陈立平　胡俊波　胡忠坤　黄志勇
江建军　姜胜林　康　勇　李振环　刘剑峰　刘烈刚　柳朝晖　柳　林　毛承雄
王国平　徐　钢　杨晓松　尹周平　张新亮　张应强　赵开弘　周华民　周剑峰
朱宏平　邹诗鹏　黄乘明　周泽兵　解孝林　桑　农　潘林强　王爱国　刘笔锋
陈晓钎　陈卫红　黄　恺　郭晓东　高中洪　田　青　熊蔡华　陈立亮　肖人彬
秦晓晴　张建华　陈　刚　迟　楠　刘世元　吕　斌　童强松　王芙蓉　文劲宇
杨君友　杨新华　余龙江　曾绍群　张国军　郑俊杰　周　可　周艳红　徐长生
杨　超　张廷国　陈立波　陈四海　段善旭　段亚琦　方鹏骞　郭照立　林福昌
林湘宁　刘　争　刘文琪　刘政林　吕文中　聂松林　谭术魁　王小川　王友洁
吴　松　向　军　闫云君　易继明　尤新革　喻　莉　张秋文　李鹏程　陈长清
王燕舞　付　玲　江　涛　廖小飞　黄　波　张智红　夏家红　姚　平　章小平
张勇慧　王　芳　项光亚　姚　洪　庄　革　何俊佳　高义华　彭芳瑜　高　亮
鲁耀斌　刘建平　俞　江　周光礼　周建新　李志纯　刘　谦　谭必恩　顾彦龙
蔡新元　杨家宽　李国徽　罗小兵　张海涛　赵海波　谢庆国　白　融　张　旻
陈相松　陶　娟　程　翔　单　斌　陈　蓉　周　军　朱锦涛　邓世名　缪小平
冯　胜　黄振立　许彤辉　王鸣魁　傅邱云　蒋洪波　李　曦　薛　宇　陶　波
张　博　欧阳钟文　刘　晶　李昆鹏　田　波　金　肆　朱铃强　张晓敏　胡　波
王新云　于敦喜　王　琳　徐新华　杨继生　徐　和　张　毅　谭　渊　涂　欣
栗茂腾　刘恭平　梅素容　何美安　黄　昆　杨　操　吴付科　陆泽晃　吴康兵
廖永贵　王　帅　董建绩　沈国震　王　健　马　泳　陈　敏　廖广兰　黄永安
杨美华　龚云贵　涂良成　郭　欢　汪秋泓　覃吉超　卿国良　郭安源　张贤钦
徐　丽　黄　剑　刘　欢　苏厚胜　白　翔　夏金松　吕志鹏　彭　涛　胡家兵
张小明　胡先罗　贺雪峰　姚　岚　陈廷柱　唐海江　王保伟　吴庆文　唐　明
刘文中　余　宇　邹德清　马　聪　史岸冰　董凌莉　邢毅飞　鲁　青　丁洪发
韩小涛　王得丽　李会巧　刘银水　廖敦明　李建斌　郭小平　胡　松

湖北省"百人计划"入选者(37人)

第一批(4人):

黄云辉　沈国震　单　斌　王从义

第二批(3人):

邓世名　卿国良　夏　勇

第三批(3人):

王　琳　夏　帆　冯　光

第四批(3人):

杨　华　史岸冰　吴孔明

第五批(5人):

蔡建明　王　兵　蒋　栋　覃刚健　Valeriy　Saveliev

第六批(12人):

兰鹏飞　潘明虎　李　伟　吴　豪　李会巧　闫春泽　王康丽　杨　军　曹　轩
崔新伍　王　征　Nicola D'Ascenzo

第七批(7人):

王兴晟　王发芽　吕新友　钟芳锐　熊　伟　张佩景　李　雄

全校二级专业技术人员名单(280人)

(截至2017.12.31在岗)

丁建定　于世英　于克训　马　聪　马士华　王　伟　王　殊　王　涛　王　琳
王少平　王从义　王永骥　王红卫　王国斌　王泽华　王宗军　王建枝　毛承雄
文劲宇　方　峰　方华京　方鹏骞　尹周平　尹项根　孔祥泉　孔维佳　邓　敏
邓晓芒　龙立荣　卢永昕　卢新海　卢新培　叶章群　田玉科　田德安　史玉升
史铁林　白祥军　冯　丹　冯作化　宁　琴　吕永曼　朱　晓　朱长虹　朱丽华
朱宏平　朱国力　朱锦涛　伍　钢　邬堂春　刘　伟　刘　胜　刘世元　刘劲松
刘剑峰　刘继红　刘静宇　刘德明　齐俊英　闫云君　关治洪　江建军　安　锐
许明武　阮新波　孙圣刚　孙家明　李　红　李　和　李　斌　李　黎　李　箭
李太平　李世其　李志纯　李宝仁　李建军　李保峰　李振环　李德群　杨　超
杨文玉　杨东亮　杨克敌　杨君友　杨述华　杨晓松　杨家宽　杨祥良　肖　奕
肖建中　吴　华　吴　军　吴　波　吴　颖　吴　毅　吴国安　吴河水　吴毅平
邱建荣　何光源　何岭松　何锡章　余龙江　邹　丽　邹雪城　汪　芳　汪培华
汪道文　沈　红　张　昆　张　亮　张天序　张汉东　张永学　张传汉　张兆国
张军营　张应强　张明昌　张诗海　张诚坚　张建华　张勇慧　张海鸥　张智红
张新亮　陆付耳　陆培祥　陈　刚　陈卫红　陈汉平　陈吉红　陈传波　陈安民
陈忠华　陈学东　陈建国　陈璐璐　邵新宇　邵增务　武新军　林湘宁　欧阳康
易继林　罗小平　罗玉中　罗爱林　岳　东　金　海　周云飞　周华民　周纯杰
周宜开　周建中　周剑峰　郑启昌　郑楚光　赵　耀　赵元弟　胡　斌　胡　蓓
胡　豫　胡忠坤　胡俊波　胡道予　柳　林　柳朝晖　钟　瑛　钟书华　段献忠
侯晓华　俞　江　施保昌　姜发纲　姚　洪　姚尚龙　姚凯伦　骆清铭　秦仁义
袁松柳　夏　帆　徐长生　徐可树　徐永健　徐明厚　徐顺清　徐硕强　徐晓林
高　伟　高　亮　高义华　郭照立　唐齐鸣　涂亚庭　陶凯雄　桑　农　黄　恺
黄　韬　黄士昂　黄云辉　黄其柏　黄荣华　黄晓琳　黄乘明　龚　朴　龚云贵
龚建平　龚荣洲　崔永华　康　勇　康宜华　董念国　韩　萍　韩东屏　喻　莉
程　翔　程文青　曾志刚　曾甫清　曾和松　曾绍群　曾秋棠　曾晓雁　谢长生(光电)
谢长生(材料)　谢明星　雷　洪　雷　霆　解孝林　蔡淑琴　管思明　廖玉华
廖建桥　熊承良　熊蔡华　缪向水　樊自田　樊葳葳　潘林强　朱文珍　张　虹
周建华　袁响林　徐　钢　陈莉莉　张　玉　冯爱平　胡　波　袁　莉　陈志坚
汤绍涛　文秀英　谭必恩　刘文予　刘应状　彭芳瑜　陈　蓉　王新云　熊永前
何俊佳　李红斌　张世红　向　军　周　可　唐　江　胡元太　田志龙　常亚平
徐贤浩　刘海云　柯佑祥　胡清华　卢祖洵　鲁文清　李　高　罗五金

学科建设

学科建设工作

2017年，学校围绕建设中国特色世界一流大学总体目标，科学编制世界一流大学建设方案，坚持目标导向，强化制度设计，优化资源配置，有序推进一流大学和一流学科建设；突出质量导向，开展学科国际评估，着力推动学科内涵发展，学科整体水平不断提升。

一、扎实推进“双一流”建设

2017年9月21日，教育部、财政部、国家发展改革委公布世界一流大学和一流学科建设高校及建设学科名单，我校入选一流大学建设高校（A类）名单，机械工程、光学工程、材料科学与工程、动力工程及工程热物理、电气工程、计算机科学与技术、基础医学、公共卫生与预防医学等8个学科入选一流学科建设名单。这是国家对我校办学成效的认可，也是我校建设世界一流大学和一流学科的新起点。

1. 科学编制建设方案

学校以十九大精神为指引，按照国家“双一流”建设总体方案要求，科学制订“双一流”建设方案，突出体现国家意志、对接国家战略、解决国家问题，引领经济社会发展。学校结合自身优势特色和发展实际，明晰“强基础、上水平、占高峰”“三步走”发展战略，提出“三个坚持”和“三个着力”建设方略，即：坚持人文教育与科学教育相融合，坚持科学研究与社会服务相结合，坚持大平台战略与创新驱动发展相结合；着力一流人才培养、着力创新引领，着力构建一流的制度体系。分层分类开展学科建设，突出质量和绩效导向，坚定不移走内涵式发展道路。2017年底，我校一流大学建设方案面向社会公开。

2. 全面推进项目建设

2017年学校获中央高校建设世界一流大学（学科）和特色发展引导专项资金支持3.82亿元，围绕建设世界一流大学目标，设置一流学科建设、一流队伍建设、拔尖创新人才培养、科研能力提升、国际交流合作推进、一流文科建设、公共教学科研平台建设等七大建设计划，遵循“依目标定任务，按任务配资源”模式，为国际一流、国际知名高水平、特色、骨干基础、战略性等各个层次的学科逐一明确目标任务，给予相应的支持，项目建设全面推进。

加强项目建设过程管理，不断完善项目管理与评价方式。组织开展2016—2017年度建设项目的自查总结和绩效评价，突出质量效益导向；研究制定“双一流”建设项目和资金管理办法，确保项目管理规范有序；推进“双一流”建设项目管理系统建设，力求早日上线，实现项目管理让信息多跑路，让师生少跑腿；完善项目建设绩效评价指标，探索核心指标、可选指标与自设指标相结合的分层分类绩效评价方法；建立顺畅的经费进度反馈预警机制与动态调整机制，促进项目建设高效推进。2017年“引导专项”国库经费额度于11月提前完成。

二、深入开展学科国际评估

经过两年多的精心准备，机械工程、化学、光学工程、电子科学与技术、公共卫生与预防医学、动力工程与工程热物理、生物医学工程、生物学等8个学科于2017年内完成现场评估，学校邀请了40余位世界一流大学的顶级专家来校进行现场评估，对学科发展进行诊断，为学科建设出谋划策。

1. 学校领导高度重视

学校领导高度重视国际评估工作，强调坚持以评促建，要求相关学科结合评估结果，进一步谋划发展，加快争创一流的步伐。评估工作推进过程中，学校主要领导和相关领导多次参加现场评估大会和意见反馈会议，听取学科评估报告和专家评议意见。2017 年暑期工作会，学校专门安排第一个开展国际评估的机械学院专题介绍国际评估经验。2017 年 9 月，学校召开国际评估推进专题会议，针对推进国际评估、落实以评促建相关工作，提出明确要求。

2. 多单位协调联动保质量

本次国际评估，系学校学科建设历史上首次规模化开展学科国际评估，为保证质量，学校按照边评估、边总结、边改进的模式组织推进工作，学科与发展规划办公室联合研究生院、国际交流处等相关部门组织参评学科开展现场评估，同时组织全校各学科观摩学习。工程实训中心、分析测试中心、大学物理教学中心等单位积极协助相关学科完成实地考察工作。

3. 以评促建取得积极成效

国际专家对学科发展水平评价的不同视角，以及对学科未来发展方向、人才培养模式及课程体系建设、学科资源配置等的建议，为学校推进学科建设提供了重要的启示和参考。相关学院落实学校“以评促建”的要求，将国际评估作为提升学院凝聚力、调动师生的积极性和创造性的契机，及时优化学科建设路径与措施。相关职能部门结合国际评估专家的意见和建议，研究提升学科建设质量、推动学科内涵发展的举措，如：学科与发展规划办公室全面梳理国际专家针对参评学科人才培养方面提出的意见和建议，协同教务处组织召开国际评估-人才培养专题座谈会，深入研讨进一步提升人才培养质量的对策措施。国际评估的开展让更多的国际专家深入了解学校学科发展状况，提升了学校及相关学科国际影响力，实现了“找差距、谋发展、促交叉、扩影响、创一流”的目的。

三、学科建设成效显著

2017 年，学校学科发展呈现良好态势，均衡性不断增强，综合优势进一步提升。

1. 部分学科达到或接近世界一流水平

在 2017 年 10 月公布的 US News 全球最佳大学学科排名中，工程学位列全球第 21 位，居全国高校第 5；计算机科学位列全球第 9 位，居全国高校第 2，进入世界一流大学学科前列。在 2017 年 6 月公布的上海软科世界一流大学学科排名中，上榜学科 28 个，并列国内高校第 7，其中排名全球前 10 的学科 1 个，排名全球前 50 的学科 10 个，展现出了强劲的学科整体实力。

2. 学科综合优势显现

2017 年 12 月，教育部学位与研究生发展中心公布第四轮学科评估结果，我校 44 个学科参评，参评率与上榜率均为 100%。其中，机械工程、光学工程、生物医学工程、公共卫生与预防医学等 4 个学科为 A＋；14 个学科列 A 类（前 10%），数量较第三轮学科评估增加 7 个，学科优秀率为 32%；B＋（前 20%）及以上学科 33 个，列全国高校第 5，数量较第三轮学科评估增加 17 个。学科优势特色更加鲜明，发展更加均衡，竞争力全面提升。

3. 学科国际影响力持续提升

2017 年 11 月，我校 ESI 全领域排名位于全球第 324 位，较上年同期前进 66 位；15 个学科领域保持全球前 1%，总数并列一流大学建设高校第 10；新增计算机科学、材料科学 2 个全球前 1‰学科领域，总数增至 3 个，并列一流大学建设高校第 8。

附

第四轮学科评估

第四轮学科评估简介

学科评估平均四年开展一次。第一轮评估于 2002—2004 年分三次进行（每次评估部分学科），共有 229 个单位的 1366 个学科参评。第二轮评估于 2006—2008 年分两次进行，共有 331 个单位的 2369 个学科参评。第三轮评估于 2012 年进行，共有 391 个单位的 4235 个学科参评。第四轮学科评估于 2016 年 4 月启动，在 95 个一级学科范围内开展（不含军事学门类等 16 个学科），共有 513 个单位的 7449 个学科参评(比第三轮增长 76%),全国高校具有博士学位授予权的学科有 94%申请参评。

学科评估重点关注成效和质量。评估指标体系保持“师资队伍与资源”“人才培养质量”“科学研究水平”“社会服务与学科声誉”四个一级指标框架基本不变,共设置人文、社科、理工、农学、医学、管理、艺术、建筑、体育等 9 套指标体系框架,每个一级学科设置不同的权重。

与前三轮学科评估不同的是,第四轮学科评估首次采用“分档”方式公布评估结果,不公布得分、不公布名次,不强调单位间精细分数差异和名次前后。根据“学科整体水平得分”的位次百分位,将前 70%的学科分为 ABC 三类九档公布:前 10%为 A 类,其中前 2%(或前 2 名)为 A+;前 40%为 B 类,其中前 10%~20%为 B+。评估结果相同的高校排序不分先后,按学校代码排列。

2017 年 12 月 28 日,教育部学位与研究生教育发展中心(简称学位中心)公布全国第四轮学科评估结果。我校 44 个一级学科全部参评,全部上榜,具体结果见下表。

华中科技大学第四轮学科评估结果统计表

序号	学科代码	学科名称	评估结果	位次百分位	位次区间	参评高校数	授权类型
1	0802	机械工程	A+	前2%或前2名	1—4	189	博士一级
2	0803	光学工程	A+	前2%或前2名	1—2	80	博士一级
3	0831	生物医学工程	A+	前2%或前2名	1—2	70	博士一级
4	1004	公共卫生与预防医学	A+	前2%或前2名	1—2	54	博士一级
5	0503	新闻传播学	A	2%～5%	3—4	81	博士一级
6	0808	电气工程	A	2%～5%	3—4	84	博士一级
7	0812	计算机科学与技术	A	2%～5%	5—11	238	博士一级
8	0702	物理学	A—	5%～10%	7—12	127	博士一级
9	0710	生物学	A—	5%～10%	9—16	161	博士一级
10	0807	动力工程及工程热物理	A—	5%～10%	5—8	84	博士一级
11	0811	控制科学与工程	A—	5%～10%	9—16	162	博士一级
12	1002	临床医学	A—	5%～10%	5—10	86	博士一级
13	1202	工商管理	A—	5%～10%	13—24	240	博士一级
14	1204	公共管理	A—	5%～10%	8—14	143	博士一级
15	0101	哲学	B+	10%～20%	9—16	84	博士一级
16	0201	理论经济学	B+	10%～20%	10—18	90	博士一级
17	0202	应用经济学	B+	10%～20%	16—31	155	博士一级
18	0303	社会学	B+	10%～20%	7—13	65	博士一级
19	0305	马克思主义理论	B+	10%～20%	24—46	231	博士一级
20	0401	教育学	B+	10%～20%	11—20	101	博士一级
21	0701	数学	B+	10%～20%	19—38	182	博士一级
22	0703	化学	B+	10%～20%	16—30	150	博士一级
23	0801	力学	B+	10%～20%	9—16	80	博士一级
24	0805	材料科学与工程	B+	10%～20%	18—34	172	博士一级
25	0809	电子科学与技术	B+	10%～20%	12—21	106	博士一级
26	0810	信息与通信工程	B+	10%～20%	14—27	137	博士一级
27	0813	建筑学	B+	10%～20%	6—10	54	博士一级
28	0814	土木工程	B+	10%～20%	14—26	134	博士一级
29	0830	环境科学与工程	B+	10%～20%	16—31	155	博士一级
30	0833	城乡规划学	B+	10%～20%	6—10	51	博士一级
31	1001	基础医学	B+	10%～20%	8—15	78	博士一级
32	1007	药学	B+	10%～20%	12—20	104	博士一级
33	1201	管理科学与工程	B+	10%～20%	19—37	187	博士一级
34	0502	外国语言文学	B	20%～30%	33—48	163	硕士一级
35	0714	统计学	B	20%～30%	25—36	120	博士一级
36	0815	水利工程	B	20%～30%	10—14	49	博士一级
37	1006	中西医结合	B	20%～30%	11—16	54	博士一级

续表

序号	学科代码	学科名称	评估结果	位次百分位	位次区间	参评高校数	授权类型
38	1011	护理学	B	20%～30%	12—17	59	博士一级
39	0301	法学	B—	30%～40%	44—57	144	硕士一级
40	0501	中国语言文学	B—	30%～40%	46—59	148	博士一级
41	0834	风景园林学	B—	30%～40%	17—23	56	硕士一级
42	1305	设计学	B—	30%～40%	29—37	94	硕士一级
43	0824	船舶与海洋工程	C+	40%～50%	8—9	18	博士一级
44	1003	口腔医学	C	50%～60%	20—23	39	硕士一级

（学科与发展规划办公室供稿）

重点学科

一级学科国家重点学科(7 个)

序号	学科代码	学科名称
1	0802	机械工程
2	0803	光学工程
3	0805	材料科学与工程
4	0807	动力工程及工程热物理
5	0808	电气工程
6	0811	控制科学与工程
7	0831	生物医学工程

二级学科国家重点学科(内科学、外科学按三级)(15 个)

序号	学科代码	学科名称
1	020104	西方经济学
2	040106	高等教育学
3	071011	生物物理学
4	080903	微电子学与固体电子学
5	081201	计算机系统结构
6	081504	水利水电工程
7	100104	病理学与病理生理学
8	100201	内科学(心血管病)
9	100201	内科学(血液病)
10	100201	内科学(呼吸系病)
11	100210	外科学(普外)
12	100210	外科学(泌尿外)
13	100211	妇产科学
14	100217	麻醉学
15	100402	劳动卫生与环境卫生学

国家重点(培育)学科(7个)

序号	学科代码	学科名称
1	081001	通信与信息系统
2	100201	内科学(传染病)
3	100207	影像医学与核医学
4	100404	儿少卫生与妇幼保健学
5	100601	中西医结合基础
6	100706	药理学
7	1201	管理科学与工程

湖北省重点学科(34个)

序号	学科代码	学科名称
1	0101	哲学
2	0201	理论经济学
3	0202	应用经济学
4	0301	法学
5	0303	社会学
6	0305	马克思主义理论
7	0401	教育学
8	0501	中国语言文学
9	0502	外国语言文学
10	0503	新闻传播学
11	0701	数学
12	0702	物理学
13	0703	化学
14	0710	生物学
15	0801	力学
16	0809	电子科学与技术
17	0810	信息与通信工程
18	0812	计算机科学与技术
19	0813	建筑学
20	0814	土木工程
21	0815	水利工程
22	0824	船舶与海洋工程

续表

序号	学科代码	学科名称
23	0830	环境科学与工程
24	0833	城乡规划学
25	0835	软件工程
26	1001	基础医学
27	1002	临床医学
28	1004	公共卫生与预防医学
29	1006	中西医结合
30	1007	药学
31	1201	管理科学与工程
32	1202	工商管理
33	1204	公共管理
34	1305	设计学

ESI 前 1%学科领域排名

序号	学科名称	排名	排名百分位	ESI 前 1%机构总数
1	工程学	28	2.12%	1319
2	计算机科学	35	8.73%	401
3	材料科学	74	9.24%	801
4	临床医学	445	10.83%	4108
5	化学	224	18.95%	1182
6	药理学与毒物学	201	24.54%	819
7	生物学与生物化学	416	42.75%	973
8	物理学	301	42.82%	703
9	神经科学与行为科学	438	53.35%	821
10	社会科学	882	64.66%	1364
11	分子生物与遗传学	517	70.63%	732
12	免疫学	518	74.32%	697
13	环境科学与生态学	729	84.67%	861
14	农业科学	673	85.73%	785
15	数学	224	91.43%	245
	全领域	324	5.77%	5620

注:ESI 数据每 2 个月更新一次,上表来自 2017 年 11 月发布的 ESI 数据。

学位授权学科、专业

学科门类代码、名称	一级学科代码、名称		二级学科代码、名称		学科点级别	招生单位
01 哲学	0101	哲学	010101	马克思主义哲学	博士	哲学系、马克思主义学院(硕)
			010102	中国哲学	博士	哲学系
			010103	外国哲学	博士	
			010105	伦理学	博士	
			010107	宗教学	博士	
			010108	科学技术哲学	博士	哲学系、马克思主义学院(硕)
02 经济学	0201	理论经济学	020101	政治经济学	硕士	马克思主义学院、经济学院
			020104	西方经济学	博士	经济学院
			020105	世界经济	博士	
			020106	人口、资源与环境经济学	博士	
	0202	应用经济学	020202	区域经济学	博士	
			020204	金融学(含:保险学)	博士	
			020205	产业经济学	博士	
			020206	国际贸易学	博士	
			020209	数量经济学	博士	
03 法学	0301	法学	030101	法学理论	硕士	法学院
			030102	法律史	硕士	
			030103	宪法学与行政法学	硕士	
			030104	刑法学	硕士	
			030105	民商法学(含:劳动法学、社会保障法学)	硕士	
			030107	经济法学	硕士	法学院、管理学院
			030108	环境与资源保护法学	硕士	法学院
			0301Z1	科技法与知识产权法	硕士	
	0303	社会学	030301	社会学	博士	社会学院
			030302	人口学	博士	
			030303	人类学	博士	
			0303Z1	社会工作	博士	
			0303Z2	法律社会学	博士	法学院
	0305	马克思主义理论	030501	马克思主义基本原理	博士	马克思主义学院
			030502	马克思主义发展史	博士	
			030503	马克思主义中国化研究	博士	
			030504	国外马克思主义研究	博士	
			030505	思想政治教育	博士	

续表

学科门类代码、名称	一级学科代码、名称		二级学科代码、名称		学科点级别	招生单位
04 教育学	0401	教育学	040101	教育学原理	博士	教科院
			040102	课程与教学论	硕士	
			040106	高等教育学	博士	
			0401Z1	教育心理学	硕士	
			0401Z2	体育教育与社会体育	硕士	体育部
05 文学	0501	中国语言文学	050101	文艺学	博士	中文系
			050102	语言学及应用语言学	博士	
			050103	汉语言文字学	博士	
			050105	中国古代文学	博士	
			050106	中国现当代文学	博士	
			050108	比较文学与世界文学	博士	
			0501Z1	国学	博士	历史所
			0501Z2	中外语言文化比较研究	博士	外国语学院
	0502	外国语言文学	050201	英语语言文学	硕士	
			050204	德语语言文学	硕士	
			050205	日语语言文学	硕士	
			050211	外国语言学及应用语言学	硕士	
	0503	新闻传播学	050301	新闻学	博士	新闻传播学院
			050302	传播学	博士	
			0503Z1	公共关系学	博士	
			0503Z2	广播电视与数字媒体	博士	
			0503Z3	广告与媒介经济	博士	
07 理学	0701	数学	070101	基础数学	博士	数学与统计学院
			070102	计算数学	博士	
			070103	概率论与数理统计	博士	
			070104	应用数学	博士	
			070105	运筹学与控制论	博士	
	0702	物理学	070201	理论物理	博士	物理学院
			070202	粒子物理与原子核物理	博士	
			070203	原子与分子物理	博士	
			070204	等离子体物理	博士	
			070205	凝聚态物理	博士	
			070207	光学	博士	
			070208	无线电物理	博士	
			0702Z1	精密测量物理	博士	
			0702Z2	固体地球物理	博士	

续表

<table>
<tr><th>学科门类代码、名称</th><th colspan="2">一级学科代码、名称</th><th colspan="2">二级学科代码、名称</th><th>学科点级别</th><th>招生单位</th></tr>
<tr><td rowspan="18">07 理学</td><td rowspan="8">0703</td><td rowspan="8">化学</td><td>070301</td><td>无机化学</td><td>博士</td><td rowspan="8">化学与化工学院</td></tr>
<tr><td>070302</td><td>分析化学</td><td>博士</td></tr>
<tr><td>070303</td><td>有机化学</td><td>博士</td></tr>
<tr><td>070304</td><td>物理化学</td><td>博士</td></tr>
<tr><td>070305</td><td>高分子化学与物理</td><td>博士</td></tr>
<tr><td>0703Z1</td><td>化学生物学</td><td>博士</td></tr>
<tr><td>0703Z2</td><td>材料化学</td><td>博士</td></tr>
<tr><td>0703Z3</td><td>工程化学</td><td>博士</td></tr>
<tr><td rowspan="9">0710</td><td rowspan="9">生物学</td><td>071001</td><td>植物学</td><td>博士</td><td>生命学院</td></tr>
<tr><td>071003</td><td>生理学</td><td>博士</td><td>基础医学院</td></tr>
<tr><td>071004</td><td>水生生物学</td><td>博士</td><td>生命学院</td></tr>
<tr><td>071005</td><td>微生物学</td><td>博士</td><td>生命学院</td></tr>
<tr><td>071006</td><td>神经生物学</td><td>博士</td><td>基础医学院</td></tr>
<tr><td>071007</td><td>遗传学</td><td>博士</td><td>生命学院、基础医学院(硕)</td></tr>
<tr><td>071009</td><td>细胞生物学</td><td>硕士</td><td>基础医学院</td></tr>
<tr><td>071010</td><td>生物化学与分子生物学</td><td>博士</td><td>生命学院、基础医学院、附属协和医学院、附属同济医院</td></tr>
<tr><td>071011</td><td>生物物理学</td><td>博士</td><td>生命学院</td></tr>
<tr><td>0714</td><td>统计学</td><td>071400</td><td>统计学</td><td>博士</td><td>数学学院、经济学院</td></tr>
<tr><td rowspan="11">08 工学</td><td rowspan="4">0801</td><td rowspan="4">力学</td><td>080101</td><td>一般力学与力学基础</td><td>博士</td><td rowspan="4">土木学院</td></tr>
<tr><td>080102</td><td>固体力学</td><td>博士</td></tr>
<tr><td>080103</td><td>流体力学</td><td>博士</td></tr>
<tr><td>080104</td><td>工程力学</td><td>博士</td></tr>
<tr><td rowspan="5">0802</td><td rowspan="5">机械工程</td><td>080201</td><td>机械制造及其自动化</td><td>博士</td><td rowspan="5">机械学院</td></tr>
<tr><td>080202</td><td>机械电子工程</td><td>博士</td></tr>
<tr><td>080203</td><td>机械设计及理论</td><td>博士</td></tr>
<tr><td>080204</td><td>车辆工程</td><td>博士</td></tr>
<tr><td>0802Z1</td><td>工业工程</td><td>博士</td></tr>
<tr><td rowspan="2">0803</td><td rowspan="2">光学工程</td><td>080300</td><td>光学工程</td><td>博士</td><td rowspan="2">光电学院、武汉光电国家研究中心</td></tr>
<tr><td>0803Z1</td><td>光电信息工程</td><td>博士</td></tr>
</table>

续表

学科门类代码、名称	一级学科代码、名称		二级学科代码、名称		学科点级别	招生单位
08 工学	0805	材料科学与工程	080501	材料物理与化学	博士	物理学院、化学学院、光电学院、材料学院
			080502	材料学	博士	材料学院
			080503	材料加工工程	博士	
			0805Z1	纳米科学与技术	博士	
			0805Z2	数字化材料成形	博士	
			0805Z3	电子封装	博士	
	0807	动力工程及工程热物理	080701	工程热物理	博士	能源学院
			080702	热能工程	博士	
			080703	动力机械及工程	博士	
			080704	流体机械及工程	博士	
			080705	制冷及低温工程	博士	
			080706	化工过程机械	博士	
			0807Z2	新能源科学与工程	博士	
	0808	电气工程	080800	电气工程	博士	电气学院
	0809	电子科学与技术	080901	物理电子学	博士	光电学院
			080902	电路与系统	博士	电信学院、光电学院
			080903	微电子学与固体电子学	博士	光电学院、武汉光电国家研究中心
			080904	电磁场与微波技术	博士	电信学院、光电学院
			0809Z1	电子信息材料与元器件	博士	光电学院
			0809Z2	半导体芯片系统设计与工艺	博士	
	0810	信息与通信工程	081000	信息与通信工程	博士	电信学院、武汉光电国家研究中心
	0811	控制科学与工程	081101	控制理论与控制工程	博士	自动化学院
			081102	检测技术与自动化装置	博士	
			081103	系统工程	博士	
			081104	模式识别与智能系统	博士	
			081105	导航、制导与控制	博士	
	0812	计算机科学与技术	081201	计算机系统结构	博士	计算机学院、武汉光电国家研究中心
			081202	计算机软件与理论	博士	计算机学院、数学学院
			081203	计算机应用技术	博士	计算机学院
			0812Z1	信息安全	博士	计算机学院、自动化学院

续表

学科门类代码、名称	一级学科代码、名称		二级学科代码、名称		学科点级别	招生单位
08 工学	0813	建筑学	081300	建筑学	博士	建规学院
			0813Z1	室内设计及其理论	博士	
	0814	土木工程	081401	岩土工程	博士	土木学院
			081402	结构工程	博士	
			081403	市政工程	博士	环境学院
			081404	供热、供燃气、通风及空调工程	博士	
			081405	防灾减灾工程及防护工程	博士	土木学院
			081406	桥梁与隧道工程	博士	
			0814Z1	土木工程建造与管理	博士	
			0814Z2	道路与交通工程	博士	
	0815	水利工程	081500	水利工程	博士	水电学院
	0824	船舶与海洋工程	082401	船舶与海洋结构物设计制造	博士	船海学院
			082402	轮机工程	博士	
	0830	环境科学与工程	083001	环境科学	博士	环境学院
			083002	环境工程	博士	
			0830Z1	环境规划与管理	博士	
	0831	生物医学工程	083100	生物医学工程	博士	生命学院、附属协和医院、武汉光电国家研究中心
			0831Z1	生物制药工程	博士	生命学院(武汉光电国家研究中心0831Z2)
			0831Z2	生物医学光子学	博士	
			0831Z3	生物信息技术	博士	
			0831Z4	生物材料与组织工程	博士	
	0833	城乡规划学	083300	城乡规划学	博士	建规学院
			0833Z1	风景园林规划与设计	博士	
	0834	风景园林学	083400	风景园林学	硕士	
	0839	网络空间安全	083900	网络空间安全	博士	计算机学院
09 农学	0901	作物学	090100	作物学	硕士	生命学院
10 医学	1001	基础医学	100101	人体解剖与组织胚胎学	博士	基础医学院
			100102	免疫学	博士	基础医学院、附属同济医院
			100103	病原生物学	博士	基础医学院、附属同济医院
			100104	病理学与病理生理学	博士	基础医学院、附属同济医院(硕)
			100105	法医学	博士	法医学系

续表

学科门类代码、名称	一级学科代码、名称		二级学科代码、名称		学科点级别	招生单位
10 医学	1002	临床医学	100201	内科学(含:心血管病、血液病、呼吸系病、消化系病、内分泌与代谢病、肾病、风湿病、传染病)	博士	附属协和医院、附属同济医院、附属梨园医院
10 医学	1002	临床医学	100202	儿科学	博士	附属同济医院、附属协和医院
10 医学	1002	临床医学	100203	老年医学	博士	附属同济医院、附属协和医院、附属梨园医院
10 医学	1002	临床医学	100204	神经病学	博士	附属同济医院、附属协和医院、附属梨园医院
10 医学	1002	临床医学	100205	精神病与精神卫生学	博士	附属同济医院(硕)
10 医学	1002	临床医学	100206	皮肤病与性病学	博士	附属协和医院、附属同济医院
10 医学	1002	临床医学	100207	影像医学与核医学	博士	附属协和医院、附属同济医院、附属梨园医院(硕)
10 医学	1002	临床医学	100208	临床检验诊断学	博士	附属协和医院、附属同济医院
10 医学	1002	临床医学	100210	外科学(含:普外、骨外、泌尿外、胸心外、神外、整形外、烧伤、野战外)	博士	附属同济医院、附属协和医院、附属梨园医院(硕)
10 医学	1002	临床医学	100211	妇产科学	博士	附属同济医院、附属协和医院、计生所
10 医学	1002	临床医学	100212	眼科学	博士	附属协和医院、附属同济医院
10 医学	1002	临床医学	100213	耳鼻咽喉科学	博士	附属协和医院、附属同济医院
10 医学	1002	临床医学	100214	肿瘤学	博士	附属协和医院、附属同济医院
10 医学	1002	临床医学	100215	康复医学与理疗学	博士	附属同济医院
10 医学	1002	临床医学	100216	运动医学	博士	附属同济医院、附属协和医院
10 医学	1002	临床医学	100217	麻醉学	博士	附属同济医院、附属协和医院

续表

学科门类代码、名称	一级学科代码、名称		二级学科代码、名称		学科点级别	招生单位
10 医学	1002	临床医学	100218	急诊医学	博士	附属同济医院、附属协和医院、附属梨园医院(硕)
			1002Z1	感染病学	博士	附属同济医院
			1002Z2	重症医学	博士	附属同济医院
			1002Z4	听力与言语病理学	博士	附属协和医院
10 医学	1003	口腔医学	100302	口腔临床医学	硕士	附属同济医院、附属协和医院
	1004	公共卫生与预防医学	100401	流行病与卫生统计学	博士	公共卫生学院
			100402	劳动卫生与环境卫生学	博士	
			100403	营养与食品卫生学	博士	
			100404	儿少卫生与妇幼保健学	博士	
			100405	卫生毒理学	博士	
			1004Z1	卫生检验与检疫	博士	
			1004Z2	食品安全与管理	博士	
	1006	中西医结合	100601	中西医结合基础	博士	基础医学院、附属同济医院
			100602	中西医结合临床	博士	附属同济医院、附属协和医院、附属梨园医院(硕)
			1006Z1	中西医结合药理	博士	基础医学院、附属同济医院
	1007	药学	100701	药物化学	博士	药学院
			100702	药剂学	博士	药学院、附属协和医院、(硕)附属同济医院(硕)
			100703	生药学	博士	药学院
			100704	药物分析学	博士	药学院、附属同济医院(硕)
			100705	微生物与生化药学	博士	药学院
			100706	药理学	博士	基础医学院、药学院、附属协和医院
			1007Z1	中药与天然药物学	博士	药学院
	1011	护理学	101100	护理学	博士	护理系、附属同济医院(硕)、附属协和医院(硕)、附属梨园医院(硕)

续表

<table>
<tr><th>学科门类代码、名称</th><th colspan="2">一级学科代码、名称</th><th colspan="2">二级学科代码、名称</th><th>学科点级别</th><th>招生单位</th></tr>
<tr><td rowspan="17">12 管理学</td><td rowspan="3">1201</td><td rowspan="3">管理科学与工程</td><td>120100</td><td>管理科学与工程</td><td>博士</td><td>管理学院、土木学院</td></tr>
<tr><td>1201Z1</td><td>工程管理</td><td>博士</td><td>土木学院</td></tr>
<tr><td>1201Z2</td><td>医药信息系统</td><td>硕士</td><td>医管院</td></tr>
<tr><td rowspan="4">1202</td><td rowspan="4">工商管理</td><td>120201</td><td>会计学</td><td>博士</td><td rowspan="4">管理学院</td></tr>
<tr><td>120202</td><td>企业管理(含：财务管理、市场营销、人力资源管理)</td><td>博士</td></tr>
<tr><td>120204</td><td>技术经济及管理</td><td>博士</td></tr>
<tr><td>1202Z1</td><td>知识产权管理</td><td>博士</td></tr>
<tr><td rowspan="10">1204</td><td rowspan="10">公共管理</td><td>120401</td><td>行政管理</td><td>博士</td><td>公共管理学院</td></tr>
<tr><td>120402</td><td>社会医学与卫生事业管理</td><td>博士</td><td>公卫学院、医管院、药学院(硕)</td></tr>
<tr><td>120403</td><td>教育经济与管理</td><td>博士</td><td>教育科学与技术学院</td></tr>
<tr><td>120404</td><td>社会保障</td><td>博士</td><td>社会学系</td></tr>
<tr><td>120405</td><td>土地资源管理</td><td>博士</td><td>公共管理学院</td></tr>
<tr><td>1204Z1</td><td>医院管理</td><td>硕士</td><td>医管院</td></tr>
<tr><td>1204Z2</td><td>非传统安全</td><td>博士</td><td rowspan="2">公共管理学院</td></tr>
<tr><td>1204Z3</td><td>电子政务</td><td>博士</td></tr>
<tr><td>1204Z4</td><td>卫生信息管理</td><td>博士</td><td>医管院</td></tr>
<tr><td>13 艺术学</td><td>1305</td><td>设计学</td><td>13500</td><td>设计学</td><td>硕士</td><td>建规学院
机械学院</td></tr>
</table>

博士后科研流动站

序号	博士后科研流动站名	设站时间及批准文号
1	电气工程	1985 年 11 月(85)国科发干字第 1187 号
2	机械工程	1991 年 6 月人专发[1991]11 号
3	动力工程与工程热物理	1991 年 6 月人专发[1991]11 号
4	电子科学与技术	1991 年 6 月人专发[1991]11 号
5	基础医学	1991 年 6 月人专发[1991]11 号
6	力学	1995 年 2 月人专发[1995]15 号
7	控制科学与工程	1995 年 2 月人专发[1995]15 号
8	船舶与海洋工程	1995 年 2 月人专发[1995]15 号
9	临床医学	1995 年 2 月人专发[1995]15 号
10	公共卫生与预防医学	1995 年 2 月人专发[1995]15 号
11	信息与通信工程	1999 年 2 月人发[1999]10 号
12	材料科学与工程	1999 年 2 月专发[1999]10 号
13	计算机科学与技术	1999 年 2 月专发[1999]10 号
14	数学	2001 年 3 月人发[2001]28 号
15	生物医学工程	2001 年 3 月人发[2001]28 号
16	管理科学与工程	2001 年 3 月人发[2001]28 号
17	生物学	2001 年 3 月人发[2001]28 号
18	物理学	2003 年 10 月国人部发[2003]38 号
19	理论经济学	2003 年 10 月国人部发[2003]38 号
20	中西医结合	2003 年 10 月国人部发[2003]38 号
21	药学	2003 年 10 月国人部发[2003]38 号
22	水利工程	2003 年 10 月国人部发[2003]38 号
23	哲学	2007 年 8 月国人部发[2007]110 号
24	教育学	2007 年 8 月国人部发[2007]110 号
25	新闻传播学	2007 年 8 月国人部发[2007]110 号
26	光学工程	2007 年 8 月国人部发[2007]110 号
27	土木工程	2007 年 8 月国人部发[2007]110 号
28	环境科学与工程	2007 年 8 月国人部发[2007]110 号
29	工商管理	2007 年 8 月国人部发[2007]110 号
30	建筑学	2009 年 9 月人社部发[2009]107 号
31	公共管理	2009 年 9 月人社部发[2009]107 号
32	软件工程	2012 年 8 月人社部发[2012]48 号
33	城乡规划学	2012 年 8 月人社部发[2012]48 号
34	应用经济学	2012 年 8 月人社部发[2012]48 号

续表

序号	博士后科研流动站名	设站时间及批准文号
35	中国语言文学	2012 年 8 月人社部发[2012]48 号
36	化学	2014 年 9 月人社部发[2014]60 号
37	仪器科学与技术	2014 年 9 月人社部发[2014]60 号
38	社会学	2014 年 9 月人社部发[2014]60 号
39	马克思主义理论	2014 年 9 月人社部发[2014]60 号

人才培养

本科教育

2017年，本科教育以巡视整改工作为抓手，进一步落实《关于加强和改进新形势下高校思想政治工作的意见》(中发〔2016〕31号)，落实立德树人，坚持"一流教学、一流本科"的建设目标，践行"以学生为中心的教育"理念，以课堂教学质量为核心，进一步健全教学制度，加强教学管理，提高教学质量，强化教学工作的中心地位，激励教师回归课堂。

一、对照笃行守底线

1. 制度约束教师上好每一堂课

为保证课堂中所有的教学活动都能很好地做到坚持社会主义办学方向、围绕立德树人的根本要求，2017年教务处修订了《华中科技大学教学事故认定及处理规定》(校教〔2017〕18号)、《华中科技大学本科教学督导团工作条例(试行)》(校教〔2017〕9号)、《教务处领导干部听课制度》(教务〔2017〕9号)。

为进一步突出师德师风和教学纪律要求，突出课堂教学的主渠道和主阵地作用，对原《华中科技大学本科教学工作基本规范》(校教〔2006〕24号)进行了修订。补充完善了原有的相关规定，增补了对部分教学环节的管理规范，较大地提高了《规范》的可操作性，提高了对教学工作的实际指导作用。

2017年发生7起教学事故，其中4起一般教学事故，3起严重教学事故，已处理7起。2016—2017学年度第二学期，共收到理论课听课记录1640份、学生调查表8366份；实验课听课记录294份、学生调查表2102份；公选课听课记录412份、学生调查表2361份；教务处领导听课84份。从2017—2018学年度第一学期开始，实施督导巡课制度。将巡课信息整理汇总，对发现的问题，及时与院系沟通。

2. 突出学生中心

围绕以学生为中心，教务处修订了《华中科技大学普通本科生学籍管理细则》(校教〔2017〕17号)，按照我校本科生学籍管理细则的有关要求，对全校在籍本科生的学分修读情况进行了清理，并对相应本科生给予了红、黄牌警示。为尊重学生成长过程的多样性，不使学生因为成绩原因失去受教育的机会，改变一刀切式的培养模式，尝试按照学生的学业基础差异、学习能力差异与个性需求差异，探索分流培养、分类成才的学籍管理机制，出台了《华中科技大学普通本科生转专科管理办法(试行)》(校教〔2017〕16号)。为进一步加强考试管理，修订了《华中科技大学本科生考试管理工作细则》。

本年度，因未达到培养计划学分最低要求受到红牌警示处理的境内普通本科生，退学17人，转专科3人。因学分偏低受到黄牌警示处理的境内普通本科生，2016级45名，2015级101名，2014级60名，2013级4名；国际学生(本科生)2016级22名，2015级13名，2014级6名。截止到12月8日，共处理本科生考试违纪35人次。

3. 加快信息化服务的建设与完善

推进HUB系统(本科教学管理信息系统)建设计划，升级完善本科教学管理信息化系统。大力推进慕课(MOOC)课程建设，择优引进部分国内高水平大学的优质MOOC课程。2017年，全面实现了学籍异动、国(境)外交流、换发毕业证等8项学籍管理业务及校内师生借用教室网上办理和审批。本科生出国成绩自助打印系统实现了学生身份识别、成绩查询、自助缴费、文件打印的成绩办理一站式服务。

从2017年6月试运行至今，已有1233名学生通过网上办事大厅成功办理了出国(境)交流或其他学籍异动手续等。有5598人使用了本科生出国成绩自助打印系统，打印成绩单 33213 张，打印本科生在校成绩单 5028 张。

二、转换机制促激励

1. 充分调动教师积极性和创造性

为了用好课堂教学这个主渠道，表彰在课堂教学中成绩突出、效果优异的我校在编在岗教师，充分调动广大教师投入课堂教学的积极性和创造性，促进教育质量不断提高，2017 年教务处制定发布了《华中科技大学课堂教学卓越奖、优质奖评选办法》(校教〔2017〕21 号)。基于学校出台的“华中学者计划”实施办法，配合人事处，补充制定《“华中学者计划”教学激励实施细则》。为充分调动我校广大教师建设本科生高水平教材及建设慕课的积极性和创造性，表彰教师在教材及慕课建设中做出的突出贡献，以及促进教育质量不断提高，教务处制定出台了《本科教材出版专项奖励办法》和《大规模在线开放课程(MOOC)上线与认定奖励办法》。

2. 教学名师队伍建设

根据《教育部办公厅中组部办公厅关于组织开展 2017 年国家“万人计划”教学名师遴选工作的通知》(教师厅函〔2017〕2 号)及《省教育厅办公室关于推荐 2017 年国家“万人计划”教学名师候选人的通知》(鄂教师办函〔2017〕3 号)精神，经过发文、组织校评审委员会进行评审，我校 2017 年向省教育厅推选的 3 名“万人计划”教学名师候选人中，有 2 名候选人已通过教育部初评。目前我校共有 3 名国家特支计划教学名师(即“万人计划”教学名师)。

目前我校共有 75 名校级教学名师，17 名“湖北名师”，5 名“湖北名师工作室”主持人、9 名“国家级教学名师”，3 名国家特支计划教学名师(即“万人计划”教学名师)。教学名师在教学改革、教学团队建设、课程建设、实验基地建设、人才培养和带动学校教学水平整体提高等方面具有重要作用。

3. 继续推进本科生国(境)外学习交流计划

2017 年修订了《华中科技大学本科生海外交流资助办法》，进一步加大对本科生国(境)外交流的资助力度。通过网上办事大厅项目，搭建了本科生国(境)外交流的网络信息平台，整合原来分散在全校诸多部门、院系的各种国(境)外交流项目，实现了本科生国(境)外交流的统一管理。根据平台数据统计，本年度，全校各院系本科生已赴国(境)外交流学习的学生共计 1381 人，超出 2016 年交流总人数的 50%。资助金额 1694 万元，超出 2016 年资助金额 400 万元。

4. 打造“双创”新名片

为推动创新创业教育融入人才培养体系，围绕立德树人的培养目标，将创新创业实践训练与精神塑造、知识传授有效结合，学校设立创新与创业管理辅修专业，并已从 2017 年秋季学期开始启动“创新与创业管理”辅修专业的建设计划。教务处制定了《华中科技大学普通本科生休学创业管理规定》，学生在休学创业期间，学校为其保留学籍，不迁移户口。休学创业后复学的学生，若创业成果特别突出的，可执行破格推免制度。初步建立起以“工程导论”为代表的创新创业课程群，持续推进本科生赴斯坦福、伯克利等海外名校开展双创课程学习。在 2017 年第三届全国“互联网＋”大学生创新创业大赛中获得 3 个金奖，金奖数位居全国第一。获批教育部“深化创新创业教育改革示范高校”和“国家双创示范基地”。在中国高等教育学会 2017 年 12 月发布的“2012—2016 年全国普通高校竞赛评估(本科)”结果中，我校排名全国第五名。

2017 年，我校学生积极参与 150 多个种类的国际性、全国性和省级(地区级)等竞赛，获奖 921 项。其中：国际性竞赛获奖 85 项(特等奖 3 项，一等奖 15 项，二等奖 25 项，三等奖 19 项，金奖 2 项，银奖 2 项，铜奖 2 项，其他 17 项)；全国性竞赛获奖 489 项(特等奖 11 项，一等奖 117 项，二等奖 152 项，三等奖 124 项，金奖 9 项，银奖 7，铜奖 6 项，其他 63 项)；省部级获奖 347 项(特等奖 10 项，一等奖 98 项，二等奖 94 项，三等奖 85 项，银奖 5 项，铜奖 1 项，其他 54 项)。

三、完善考评抓导向

1. 文化素质教育形式多样

紧紧围绕“让文化素质教育的旗帜更加鲜艳”主题，把握“学生受益”这个中心，依托各单位的大力配合，开展形式多样的文化素质教育活动，举办人文讲座、设置文化素质教育课程等，建成了素质教育通识课程体系，把文化素质、科学精神、批判性思维和创新创业意识融入人才培养全过程。通过课堂教学、课外活动、校园氛围三位一体方式，推进中华优秀传统文化艺术进校园：开展喻园戏曲节、森林艺术节等活动，培养师生对中华优秀传统文化的兴趣。截至12月中旬，全年已安排讲座64场。

2. “一课一科一院”建设

在马克思主义学院增设“思想政治教育（马克思主义理论）”辅修双学位专业。重点通过“一课一科一院”建设，构建实施“大思政”方案，集中全校学科优势等资源转化为思政资源，加强思政课实践教育环节，解决思政课教学改革不深入，“漫灌”多、“滴灌”少、效果差的问题。

3. 加强思政类理论课程建设，规范哲学社会科学课程教材选用流程和加大教材建设力度

讲好课程、建好队伍、编好教材，让思想政治理论课成为学生真心喜爱、终身受益的课程。学校成立了校教材建设与选用工作领导小组，党委书记和校长任组长，建立校院两级教材选用责任体系，加强对教材特别是哲学社会科学教材建设与选用的指导；增强院系主体责任意识，承担与意识形态关联强的教材和课程建设的9个院系，均已建立教材审查制度。

4. 提升教师教学能力

依托我校国家级教师教学发展中心，加强新进和在岗教师的教学咨询与培训工作，提高日常教学培训和专业咨询服务覆盖度。加强公开课、示范课的遴选和建设，提高优秀教师和优质课堂的辐射带动作用。教学质量综合评价后，有5%的教师必须参加教学培训，考核合格后再上讲台。积极推进“海外教学访学计划”，选送一批中青年教师到国外一流大学从事教学访学研修，提高教师国际化教育教学水平。2017年教师教学发展中心举办工作坊25期，讲座2期，沙龙1期，培训我校教师585人次，共464人。

5. 推行本科生个性化培养

全面推进按院系招生，实施“一生一方案”“一生一课表”，学生可通过院系、专业、课程及其他培养环节的自主选择，实现个性化发展。做好“一生一档案”，记录学生不同的求学经历和成长历程。发挥启明学院、国家级试点学院和国际示范学院的引领示范作用，推广因材施教的人才培养模式。

四、启明学院工作

2017年，启明学院按照《办学纲要》和“开放办学、创新机制、学科交叉、拔尖示范”的办学思路，贯彻落实学校《深化创新创业教育改革工作实施方案》，将培养学生创新精神、创业意识和创新创业能力融入人才培养全过程。充分发挥改革示范区的引领辐射作用，协调推进全校创新创业教育迈上新台阶。

（一）深化改革，把创新创业教育融入人才培养体系

1. 完善各类拔尖创新人才培养和管理

新增10类实验班纳入启明学院统筹管理，开展网上报名试点，顺利完成2017级实验班学生招生选拔工作。优化创新教育顶层设计，修订了2017级各类拔尖创新人才教育培养方案。实施实验班荣誉学生资格评定办法，2017届实验班共有363人获得荣誉学生资格证书，占实验班毕业生的95%。在各类实验班中实行学业警示和柔性退出机制，秋季实验班共退出49名学生、优补6名学生。在实验班和特优生培养中全面实施导师制，全年为590名2016级实验班学生、新评选出的256位特优生配备了导师，为特优生制订个性化培方案，并实施合格评价工作。

2. 推进创新与创业管理辅修专业建设

筹建并开办创新与创业管理辅修专业，推动创新创业教育融入人才培养体系，将创新创业实践训练与精神塑造、知识传授有效结合。完成了我校首届创新与创业管理辅修专业的招生选拔工作，共招收55人。该班采取“课程学习＋项目实践”的方式进行。教师团队由校内教师和业界专家共同组成，邀请企业家、投资人、创业者参与课程教学和实践指导；设立“院系＋企业”双班主任制度。

3. 完善创新创业教育课程体系建设

开展学科交叉课程创品牌建设工作，持续建设和完善学科交叉责任教授课程“工程导论”“科学思维与研究方法”（新生研讨课），完善“发明、创新与创业”国际在线课程，创新-创客-创业课程“设计思维”“创业基础”“实现创意与梦想（数字化个人制造）”以及其他改革课程等，继续推进基于问题、基于项目、基于工程技术（社会）实际的

教学模式和教学方法改革。新建跨学科创新教育课程“社会设计与创新实践”、创业课程“创业素养及能力提升”。

4. 开展创新创业教育改革研究

在2017年度校级教学研究项目中，设立“创新创业”专项，针对目前工作中存在的问题实施专项攻坚。启明学院、管理学院等启动相应的改革和持续改进研究与实践工作。

（二）搭建平台，提升学生创新创业能力

1. 完善华中大创客空间平台建设

改造完成启明学院地下工场2200平方米，为学生团队实践调试及加工提供良好环境和服务。引入奇虎360、洛可可设计、海智网聚等业界资源，开设了一系列培训课程，如“Arduino创客入门”“奇虎360Web前端”等；举办创客沙龙、联创夏令营等各类活动，为我校大学生了解行业、市场、技术等最新趋势前沿搭建平台，服务校内师生5000多人次。举办Unique Hack Day活动、硬件马拉松比赛、种子杯编程大赛、京东智慧供应链挑战赛（华中区）、联想创投高校AI精英挑战赛（华中区）等比赛，服务校内外师生2000余人次。

2. 推进学科交叉教学与实践平台建设

进一步建设利于学生个性发展的自主学习与实践平台；利用已建设的实习实践基地，协同不同院系，实施学科交叉认知实践（5个专业，必修）；推进基于调研问题的项目式跨学科联合实习和毕业设计。实施联合实习模式，开展基于企业问题的学科交叉联合组队实习，赴广东工业研究院-启明学院实习基地开展实习，实习效果好，企业和学生反响热烈。推进启德创新创业孵化项目，完成第4期启德创新创业孵化项目结题验收和2017年度“德迅奖学金”“德迅助学金”评选工作。

3. 组织参加第三届“互联网＋”大赛并取得优异成绩

认真做好“互联网＋”大学生创新创业大赛的组织与参赛工作，充分展示我校创新创业教育的成果，为推进我校创新创业教育改革，发挥重要的支撑和引领作用。组织我校271支队伍报名参赛，累计参赛学生1226人次。在湖北省省赛中获金奖4项，银奖5项，铜奖11项；在全国总决赛中，获得金奖3项（金奖获奖比例万分之一），银奖1项，继第二届获得全国高校金奖数第一后，再次金奖数量并列全国第一。因组织工作到位，获奖队伍多，故同时获得“先进集体奖”；为进一步推动我校双创工作，亮出华中大“创新创业教育新名片”，打好基石。

（三）整合资源，服务学生创新创业发展

1. 引入优质资源推进创新创业教育协同育人

与全国高校创新创业投资服务联盟签订“协同推动高校创新创业战略合作协议”，探索引入和整合各类投资、产业资源服务学校双创人才培养的新机制。与大学科技园合作共建华中科技大学众创空间，引入资金和专业化的管理服务，为学生创业交流、孵化提供平台。引入洪山区司法局法律咨询业务，建设大学生创新创业法律服务专线，促进我校师生规范、合理地将法律、法规应用于创新创业。

2. 加强创新创业师资队伍建设

组织开展了首批教育部全国万名优秀创新创业导师人才库推荐工作，我校共有25人入选。选拔和资助十余名教师和管理人员参加“中国高校创新创业教育联盟”组织的创新创业高等教育师资资格认证培训班的学习，逐步建立起双创教师培训的常态化机制，有效加强了我校双创师资队伍的建设。

3. 积极推进学生赴海外/境外开展双创学习实践

推进校际学生交流、暑期课程学习、暑期夏令营/科技夏令营、短期国外实习、参加国际大赛及会议等国际交流项目，继续与美国ROSE-HULMAN理工学院、美国密苏里科技大学（EMC实验室）和美国休斯顿大学等高校开展各种交流项目，继续推进美国斯坦福大学、美国加州大学伯克利分校暑期和冬季双创课程学习项目，英国曼彻斯特大学暑期课程学习项目以及台湾大同大学暑期课程学习项目，新增美国哈佛大学暑期双创课程学习项目。

2017年学院共组织、资助148名师生参与各类国际交流项目，其中派出学生和老师参加课程学习项目289人次、暑期夏令营16人次、项目实习33人、国际大赛及会议8人次，其他交流10人次。2017年海外/境外交流共涉及10个国家和地区，包括美国、英国、德国、法国、加拿大、澳大利亚、新加坡、日本以及中国香港和台湾。其中不乏世界一流名校，如美国哈佛大学、美国斯坦福大学、美国加州大学伯克利分校、英国剑桥大学等。接待海外高校与中学师生来访交流218人、海外部门来访1人，邀请国际知名专家做客讲座2人。

（四）拔尖示范，发挥创新创业教育引领作用

1. 组织成功申报国家级双创示范基地

根据《国务院办公厅关于建设大众创业万众创新示范基地的实施意见》(国办发〔2016〕35号)、《国家发展改革委员会办公厅关于编制双创示范基地工作方案有关工作的通知》(发改委高技〔2016〕1459号)以及教育部关于提供双创基地材料的有关要求，学院参与国家双创示范基地的申报工作并成功获批，牵头完成了基地《工作方案》的编制并向社会公布。

2. 申报并获批创新创业教育联盟副秘书长单位

按照《中国高校创新创业教育联盟关于设立副秘书长单位的通知》精神，学院组织了中国高校创新创业教育联盟副秘书长单位申报工作并成功获批。结合本地本校实际，推进本地区联盟成员单位共同研讨创新创业教育的理念、方法和体制机制，搭建校校、校企、校地创新创业教育交流合作平台，促进创新创业教育优质资源共享，构建创新创业教育良好生态，提升创新创业教育水平，推动创新创业人才培养跨越式发展，制定相关工作方案。

3. 加强创新创业教育宣传和文化建设

初步构建起多元化的创新创业教育宣传平台和渠道，包括："创新创业华中大"邮件简报、网页、公众号，"华中大创客空间"公众号，建立起学生运营为主、老师指导管理，常态化运营的宣传报道机制，为宣传创新创业教育新名片起到了积极推动作用。组织开展了2016—2017学年度启明之星评选及先进典型宣传工作，校园新闻网、校报等专题专栏报道了学生双创典型的先进事迹。继续推进"启明创新论坛""启明开放日""创十沙龙"等活动的品牌建设，为各类创新、创业项目搭建创新创业、学科交叉线下活动平台，向校内外师生全面展示启明学院创新创业成果。同时，有效促进不同学科师生间的交流与合作。制作完成启明学院第一部官方宣传片，重建学院官网至学校群平台，新开学院官方微信公众号。

4. 充分发挥创新创业平台集聚和示范效应

做好启明学院文化建设及各类设施设备的维护管理，加强消防及安全管理，确保亮胜楼全年安全稳定运行。全年共有29门课程在亮胜楼运行，创新创业教育各类课程、活动、研讨等使用教室1667间、84607人次。充分发挥平台示范效应。据不完全统计，截至12月18日，启明学院共接待海内外高校、上级部门及国内外企业与部门以及中学生，共达40批次3210余人参观调研。其中，接待中学生来访9批次共1443人次，接待港澳台各类交流5批次共267人次，接待海外高校与企业4批次共27人次，接待内地高校10批次共154人次，接待上级部门与企业及其他12批次共1319人次。作为创新创业教育示范区，示范与辐射效果显著。

（教务处、启明学院供稿）

本科专业目录

院系	专业代码	专业名称	学制	学位	备注
经济学院	020101	经济学	四年	经济学	
	020401	国际经济与贸易	四年	经济学	
	020301K	金融学	四年	经济学	
	020302	金融工程	四年	经济学	
	120205	国际商务	四年	管理学	
	020102	经济统计学	四年	经济学	
社会学院	030301	社会学	四年	法学	
	030302	社会工作	四年	法学	
人文学院	010101	哲学	四年	哲学	
	050101	汉语言文学	四年	文学	
	050103	汉语国际教育	四年	文学	
法学院	030101K	法学	四年	法学	
公共管理学院	030201	政治学与行政学	四年	法学	
	120401	公共事业管理	四年	管理学	
外国语学院	050201	英语	四年	文学	
	050203	德语	四年	文学	
	050204	法语	四年	文学	
	050207	日语	四年	文学	
	050261	翻译	四年	文学	
新闻与信息传播学院	050301	新闻学	四年	文学	
	050302	广播电视学	四年	文学	
	050303	广告学	四年	文学	
	050304	传播学	四年	文学	
	130309	播音与主持艺术	四年	艺术学	
数学与统计学院	070101	数学与应用数学	四年	理学	
	070102	信息与计算科学	四年	理学	
	071201	统计学	四年	理学	
物理学院	070201	物理学	四年	理学	
	070202	应用物理学	四年	理学	
化学与化工学院	070302	应用化学	四年	理学	
	081301	化学工程与工艺	四年	工学	停止招生
	070301	化学	四年	理学	

续表

院系	专业代码	专业名称	学制	学位	备注
生命科学与技术学院	071001	生物科学	四年	理学	
	071002	生物技术	四年	理学	
	071003	生物信息学	四年	工学	
	082601	生物医学工程	四年	工学	
	083002T	生物制药	四年	工学	
机械科学与工程学院	080202	机械设计制造及其自动化	四年	工学	
	080301	测控技术与仪器	四年	工学	
	120701	工业工程	四年	工学	
	130504	产品设计	四年	艺术学	
材料科学与工程学院	080203	材料成型及控制工程	四年	工学	
	080401	材料科学与工程	四年	工学	
	080412T	功能材料	四年	工学	
	080709T	电子封装技术	四年	工学	
能源与动力工程学院	080501	能源与动力工程	四年	工学	
	080503T	新能源科学与工程	四年	工学	
	082201	核工程与核技术	四年	工学	
航空航天学院	082002	飞行器设计与工程	四年	工学	
电气与电子工程学院	080601	电气工程及其自动化	四年	工学	
水电与数字化工程学院	081101	水利水电工程	四年	工学	
计算机科学与技术学院	080901	计算机科学与技术	四年	工学	
	080904K	信息安全	四年	工学	
	080905	物联网工程	四年	工学	
光学与电子信息学院	080702	电子科学与技术	四年	工学	
	080705	光电信息科学与工程	四年	工学	
	080710T	集成电路设计与集成系统	四年	工学	
	080704	微电子科学与工程	四年	工学	
自动化学院	080801	自动化	四年	工学	
	080301	测控技术与仪器	四年	工学	
	120601	物流管理	四年	管理学	
电子信息与通信学院	080701	电子信息工程	四年	工学	
	080703	通信工程	四年	工学	
	080712T	电磁场与无线技术	四年	工学	
软件学院	080902	软件工程	四年	工学	
	080906	数字媒体技术	四年	工学	停止招生

续表

院系	专业代码	专业名称	学制	学位	备注
建筑与城市规划学院	082801	建筑学	五年	建筑学	
	082802	城乡规划	五年	工学	
	082803	风景园林	五年	工学	
	130503	环境设计	四年	艺术学	
	130508	数字媒体艺术	四年	艺术学	
环境科学与工程学院	081003	给排水科学与工程	四年	工学	
	082502	环境工程	四年	工学	
	081002	建筑环境与能源应用工程	四年	工学	
土木科学与工程学院	080102	工程力学	四年	工学	
	081001	土木工程	四年	工学	
	081802	交通工程	四年	工学	
	120103	工程管理	四年	工学	
	081006T	道路桥梁与渡河工程	四年	工学	停止招生
	081801	交通运输	四年	工学	停止招生
船舶与海洋工程学院	081804K	轮机工程	四年	工学	
	081901	船舶与海洋工程	四年	工学	
管理学院	020201K	财政学	四年	经济学	
	120102	信息管理与信息系统	四年	管理学	
	120201K	工商管理	四年	管理学	
	120202	市场营销	四年	管理学	
	120203K	会计学	四年	管理学	
	120204	财务管理	四年	管理学	
	120601	物流管理	四年	管理学	
公共卫生学院	100401K	预防医学	五年	医学	
临床学院	100201K	临床医学	七年	医学	
	100201K	临床医学	五年	医学	
	100201K	临床医学	八年	医学	
	100201K	临床医学	六年	医学	
	100203TK	医学影像学	五年	医学	
	100301K	口腔医学	五年	医学	
	100601K	中西医临床医学	五年	医学	
	101001	医学检验技术	四年	理学	
基础医学院	101002	医学实验技术	四年	理学	
法医学系	100901K	法医学	五年	医学	
护理学院	101101	护理学	四年或五年	理学	
药学院	100701	药学	四年	理学	
	100801	中药学	四年	理学	停止招生
医药卫生管理学院	120102	信息管理与信息系统	四年	管理学	
	120401	公共事业管理	四年	管理学	

教学成果一览

2017年国家精品在线开放课程统计汇总

课程名称	负责人	院系	类别	级别
网络与新媒体应用模式	李卫东	新闻	国家精品在线开放课程	国家级
工程力学	王元勋	土木	国家精品在线开放课程	国家级
模拟电子技术基础	张　林	电信	国家精品在线开放课程	国家级
自动控制原理	王永骥	自动化	国家精品在线开放课程	国家级

2017年华中科技大学立项慕课课程上线情况

序号	课程名称	单　位	负责人	第一次开课时间
1	自动控制原理(二)	自动化学院	樊慧津	2017.3.30
2	软件质量与测试	软件学院	武剑洁	2017.4.3
3	复变函数与积分变换	数学学院	李　红	2017.3.27
4	VB.NET程序设计	网络与计算中心	张晓芳	2017.3.1
5	数字电子技术基础	电信学院	罗　杰	2017.4.11
6	电子线路设计、测试与实验	电信学院	汪小燕	2017.3.16
7	数据结构	计算机学院	李国徽	2017.9.5
8	3D工程图学	机械学院	阮春红	2017.7.3
9	有机化学	化学学院	龚跃法	2017.6.6
10	寄生虫病学与食品安全	基础医学院	刘文琪	2017.8.28
11	护理科研	第一临床学院	颜巧元	2017.12.1
12	内科护理学	护理学系	罗　健	2017.9.11

华中科技大学2017年度校级立项教材名单

序号	单位名称	教材名称	主编姓名
1	机械科学与工程学院	数字时代的产品设计	季　茜
2	机械科学与工程学院	设计素描——空间、尺度、形态	袁华祥
3	机械科学与工程学院	《3D工程制图》新形态教学	阮春红
4	机械科学与工程学院	《画法几何与土木工程制图》学习包	宋　玲
5	机械科学与工程学院	基于Creo的三维设计与制造	李喜秋 刘世平 赵　轶
6	材料科学与工程学院	材料成形原理(第3版)	吴树森 柳玉起
7	材料科学与工程学院	3D打印材料	闫春泽
8	材料科学与工程学院	工程素质认知简明教材	董选普

续表

序号	单位名称	教材名称	主编姓名
9	能源与动力工程学院	能源与动力工程测试技术	张师帅
10	工程实训中心	印制电路板设计与制作实践	陈　赜
11	电子信息与通信学院	LabVIEW 编程与虚拟仪器设计	陈　林
12	电子信息与通信学院	信号与系统学习与考研指导	宋　琪
13	电子信息与通信学院	C 编程基础	刘　威
14	自动化学院	信号分析	郑　英
15	自动化学院	工业控制网络技术	秦元庆
16	计算机科学与技术学院	密码学原理	骆　婷
17	计算机科学与技术学院	信息安全数学基础	汤学明
18	计算机科学与技术学院	计算机系统能力培养综合实践	胡迪青
19	光学与电子信息学院	激光原理与技术实验	夏　珉
20	光学与电子信息学院	光辐射探测器件与系统	赵　茗
21	工程科学学院	定量生理学(Quantitative Physiology)	陈尚宾
22	电气与电子工程学院	电机学学习指导与习题解答	熊永前
23	电气与电子工程学院	电机学(第四版)	辜承林
24	电气与电子工程学院	《电路理论》(基础篇、高级篇)	颜秋容
25	电气与电子工程学院	电磁装置设计原理	孙剑波
26	电气与电子工程学院	电磁场教程	叶齐政
27	环境科学与工程学院	建筑环境与能源应用工程专业毕业设计手册	徐新华
28	环境科学与工程学院	生态环境保护与可持续发展	胡智泉
29	土木工程与力学学院	工程力学	陈传尧 王元勋
30	土木工程与力学学院	理论力学	郑慧明
31	数学与统计学院	高等数学	刘早清
32	数学与统计学院	微积分学	吴　洁
33	化学与化工学院	分析化学学习指导与习题集	赵云斌
34	生命科学与技术学院	纳米药物制剂	杨祥良
35	生命科学与技术学院	生命科学实验室安全与操作规范	苏　莉
36	软件学院	软件文档写作与管理	陈长清
37	体育部	户外运动教程	赵技文
38	网络与计算中心	数据库技术及应用	张建国
39	第一临床学院	心脏超声诊断学	谢明星
40	第一临床学院	中西医结合儿科学	沈　霖
41	第一临床学院	Basic Principles and Techniques for Surgical Practice	郭　科 孙家明
42	第一临床学院	本科护理实习教学标准化病人应用案例教材	罗　健
43	第一临床学院	儿科护理案例与实践	吴丽芬

续表

序号	单位名称	教材名称	主编姓名
44	第一临床学院	手术体位护理学	高兴莲
45	第一临床学院	患者安全学	颜巧元
46	第二临床学院	内科学第9版	徐永健
47	第二临床学院	康复医学第6版	黄晓琳
48	第二临床学院	妇产科学	马　丁
49	基础医学院	微生物学与免疫学	沈关心
50	基础医学院	医学免疫学	沈关心
51	基础医学院	The Handouts of Functional Physiological Experiments	席姣娅 牟阳灵
52	基础医学院	呼吸系统(器官-系统整合教材)	王小川
53	医药卫生管理学院	卫生保健信息学	刘智勇
54	医药卫生管理学院	科技写作	陈　晶
55	药学院	生物药剂学与药物动力学实验	黄建耿
56	外国语学院	日本文化论	陈　玲
57	外国语学院	法语分级图解词汇教程	陈新丽
58	管理学院	供应链管理	王海军
59	军事理论教研室	大学军事教育教材	易元祥 胡家国
60	人文学院	人本伦理学	韩东屏
61	人文学院	资治通鉴导读	李传印
62	新闻与信息传播学院	视听新媒体导论(修订)	郭小平
63	新闻与信息传播学院	互联网+:融合新闻语境下的内容创意生产	徐明华

(虚拟仿真)实验教学示范中心

序号	中心名称	立项负责人	年份	备注
1	电工电子实验教学中心	严国萍	2005	实验示范
2	机械实验教学中心	吴昌林	2006	实验示范
3	基础医学实验教学中心	李　和	2007	实验示范
4	临床技能实验教学中心	冯友梅	2008	实验示范
5	物理实验教学中心	熊永红	2008	实验示范
6	预防医学实验教学中心	杨克敌	2009	实验示范
7	材料科学与工程实验教学示范中心	黄云辉	2012	实验示范
8	生命科学与技术虚拟仿真实验教学中心	余龙江	2014	虚拟仿真
9	机械学科虚拟仿真实验教学中心	何岭松	2015	虚拟仿真

注:截至 2017 年,我校共计有 7 个国家级实验教学示范中心,2 个国家级虚拟仿真实验教学示范中心。

国家级工程实践教育中心

序号	签约院系	国家级工程实践教育中心
1	材料学院	广西玉柴机器股份有限公司
2		江苏太平洋精锻科技股份有限公司
3		中国一拖集团有限公司
4	电气学院	金盘电气集团(上海)有限公司
5		上海电机厂有限公司
6		中国西电集团公司
7		中元华电科技股份有限公司
8	电信学院	微软亚太研发集团
9	光电学院	华工科技产业股份有限公司
10		珈伟太阳能(武汉)有限公司
11		武汉华灿光电有限公司
12	机械学院	武汉华中数控股份有限公司
13		武汉重型机床集团有限公司
14	计算机学院	中国软件与技术服务股份有限公司
15	能源学院	东方电气集团东方电机有限公司
16		广东省粤电集团有限公司沙角C电厂
17		哈尔滨电机厂有限责任公司
18		康明斯东亚研发有限公司
19		沈阳鼓风机集团股份有限公司
20		四川空分设备(集团)有限责任公司
21		西安陕鼓动力股份有限公司
22		珠海格力电器股份有限公司
23	能源/材料学院	武汉锅炉股份有限公司
24	生命学院	深圳华大基因研究院
25	土木学院	武汉市市政建设集团有限公司
26		中国建筑第三工程局有限公司
27		中国一冶集团有限公司
28		中铁大桥勘测设计院有限公司

注:截至2017年,我校共获批28个国家级工程实践教育中心。

国家级校外实践教育基地

序号	院系	基地名称	年份
1	材料科学与工程学院	华中科技大学-广西玉柴机器股份有限公司工程实践教育中心	2011
2	电气与电子工程学院	华中科技大学-中国西电集团公司工程实践教育中心	2011
3	机械科学与工程学院	华中科技大学-武汉华中数控股份有限公司工程实践教育中心	2011
4	第一、二临床学院	临床技能培训中心	2011
5	能源与动力工程学院	华中科技大学-武汉锅炉股份有限公司工程实践教育中心	2012
6	光学与电子信息学院	华中科技大学-武汉华灿光电有限公司工程实践教育中心	2013
7	新闻与信息传播学院	华中科技大学-湖北广播电视台新闻传播学类文科实践教育基地	2013
8	第一临床学院	华中科技大学附属协和医院临床技能综合培训中心	2013

注:截至2017年,我校共有8个国家级校外实践教育基地获得教育部拨款。

湖北名师工作室主持人

2017年新增湖北名师工作室主持人1人:张林(电子信息与通信学院)

国家级教学团队

1	机械基础系列课程教学团队	吴昌林	机械科学与工程学院	2007.12.28(第一届)
2	外科学教学团队	陈孝平	第二临床学院	2007.12.28(第一届)
3	电工电子教学团队	严国萍	电信系/电气学院	2007.12.28(第一届)
4	工程力学教学团队	陈传尧	土木工程与力学学院	2008.10.16(第二届)
5	医学免疫学教学团队	沈关心	基础医学院	2008.10.16(第二届)
6	计算机系列课程教学创新团队	欧阳星明	计算机科学与技术学院	2008.10.16(第二届)
7	机械学科测控课程群教学团队	杨叔子	机械科学与工程学院	2009.8.26(第三届)
8	材料加工工程教学团队	李德群	材料科学与工程学院	2009.8.26(第三届)
9	病理生理学教学团队	王建枝	基础医学院	2009.8.26(第三届)
10	基础物理课程教学团队	熊永红	物理学院	2010.7.14(第四届)
11	电机系列课程教学团队	陈乔夫	电气与电子工程学院	2010.7.14(第四届)
12	生物技术特色专业教学团队	余龙江	生命科学与技术学院	2010.7.14(第四届)

研究生教育

2017年，研究生教育紧密围绕学校的整体规划，坚持立德树人根本任务，坚持服务学校“双一流”建设，创新发展思路，开辟了工作新局面。

一、加强立德树人和意识形态工作

“践行四个意识，做立德树人先锋”微党课获得学校微党课竞赛第一名，并被学校推荐参加全国高校“两学一做”支部风采展示活动。

出台《华中科技大学关于进一步加强导师责任制的意见》，修订了《华中科技大学研究生课程教学管理办法》，强调“课堂教学必须贯彻党的教育方针，弘扬正气，倡导社会主义核心价值观，坚持教育与宗教相分离原则，不得在课堂上进行宗教活动。杜绝将个人不良情绪带入课堂”。

为加强研究生实践和双创工作，正确引导研究生“四个正确认识”，通过征求院系和相关部门的意见，制定了《华中科技大学研究生实践育人实施方案》和《华中科技大学研究生实践与创新创业学分认定办法（试行）》，积极推进实践育人工作。

与财务处、监察处等部门协同，制定了《华中科技大学研究生学业助学金监督管理办法》，杜绝“教师以给学生发放劳务费、科研补贴等名义套取科研经费”问题的发生。

二、完成EMBA自查自纠与整改

根据《教育部办公厅关于开展高级管理人员工商管理硕士及其他专业学位研究生教育自查自纠工作的通知》（教研厅函〔2017〕4号），迅速成立以学校党委书记和校长为组长的自查自纠工作组，通过院系自查、工作组现场检查等方式，对EMBA及其他专业学位研究生教育办学以来的招生、培养、学位授予等环节开展了认真细致的自查自纠工作，对发现的问题，督促相关学院及时整改，并配合学校纪检监察等部门，对有关责任人进行了处理。

三、不断深化研究生招生改革

1. 科学编制2018年研究生招生计划

根据我校近年来学科建设、科学研究、引进人才及研究生招生计划执行情况，向教育部提交《华中科技大学关于申请增加2018年研究生招生计划的请示》（校研〔2017〕21号），申报2018年博士生总招生计划为2000名（申请增加博士生招生计划465名）；在上年硕士生总招生计划8529名不变的前提下，申报2018年硕士生招生计划类别调整，其中全日制学术学位招生计划为4000名，全日制专业学位招生计划为2210名，非全日制专业学位招生计划按上年2319名不变。此项工作受到了教育部的重视，正在积极推进之中。

2. 牵头撰写了教育部科技委战略研究报告

受教育部科技委数理学部委托，撰写了《优化博士生招生体制，服务社会主义现代化强国建设》的战略研究报告，提出了“立足国内培养，实现博士生由‘国外培养’到‘国内培养’的转变。按照10%的年增幅扩大博士生招生计划，2020年博士生招生控制数达10万人，2035年博士生招生人数逐步扩大到40万人”的建议，报告受到教育部科技委、科技司和发规司领导的肯定，并呈报国家领导人。

3. 非全日制硕士研究生招生改革平稳过渡

按照教育部文件规定，在2017年3月硕士复试录取工作中，妥善处理全日制与非全日制硕士研究生调剂工作，落实招生简章诸项改革，制定非全日制硕士生录取协议，修订入学须知，要求院系向考生说明修业年限、学费标准、档案等情况，保证了非全日制招生改革平稳进行。

4. 完善推免生接收工作，生源质量持续向好

提前部署推免生工作，要求推免生比例不足50%的院系增量5%。实际接收2018级硕士推免生2804人、直博生313人，较上年大幅增加，多接收351人。接收推免生（不含直博生）占硕士招生数比例从上年的40%提高到2017年的45%。硕士推免生211本科人数占总招生数的比例为37.5%。

5. 深化博士生申请考核制改革,放权与监督并重

经过两轮专家评审,最终确定新增8个试点院系,全校共有16个试点院系发布博士生申请考核制招生简章。博士申请考核制报名355人,录取248人,占博士招生总数的16.2%。

6. 扩大研招微信公众号影响,优化宣传咨询模式

研招微信公众号影响力持续增长,订阅人数超过5万,影响力稳居全校所有微信公众号前五,在学校机关职能部门中居第一,在南方周末公众号的"校务机构"排名周榜保持在前10名以内。据统计,研招微信公众号2017年共发布图文350余篇,图文平均阅读量为4000多。

四、以双一流建设为牵引,持续推进拔尖创新人才培养

1. 创新研究院建设取得新进展

HCP"登峰计划"建设成果显著。"双一流""学科交叉博士生培养创新团队"建设项目截至2017年10月9日共发表《华中科技大学学术导向性期刊目录》期刊论文19篇,其中影响因子大于10的4篇,《Nature Communications》2篇。2个团队通过2017年度国家自然科学奖初评,1个团队的研究成果被中央政治局常委批示。

博士生培养质量进一步提高。2017年毕业的30名博士生,以第一作者或通讯作者身份发表SCI论文83篇,人均2.76篇。其中T类12篇,占发表论文总数的14.46%,A类期刊62篇,占比74.70%。

个性化培养方案进一步完善。"双一流""交叉学科研究生高水平课程"建设项目为创新研究院博士生提供个性化培养方案,参加交叉课程学习的研究生总人数达463人,全部课程的教学评分均高于90分。

2. 研究生课程与教材建设进一步加强

落实意识形态工作管理主体责任。依托研究生教育顾问组和研究生院中层干部听课制度,加强对课堂教学的监控和管理;修订《华中科技大学研究生课程教学管理办法》,强调课堂教学必须遵守的价值观等规约。落实思想政治理论课的重点建设地位,已有60%的思想政治理论课教师为研究生课程责任教授。

高水平实验课程初步建成。作为学校"双一流"拔尖创新人才培养项目的重要组成部分,"高水平专业学位研究生实验课程"项目经过两年建设,已在全国率先培育和建设33门高水平专业研究生实验课程,为专业学位研究生的分类培养做出有益探索。在第九届全国工科研究生教育研讨会上,我校受邀做《专业学位研究生实验课程及教材建设的探索与实践》大会报告。

推进校企合作产学研课程建设。根据教育部科教司关于有关企业支持的第二批校企合作协同育人项目指南,组织相关院系进行对口产学研协同育人研究生课程申报。共有光电学院、计算机学院及自动化学院的三门课程实现了与意向企业的对接。

试点开设"工程伦理"课程。围绕全国工程教指委提出的"思想政治正确,社会责任合格,理论方法扎实,技术应用过硬"的全面育人观,选派青年教师参加全国课程培训。率先在材料学院开设"工程伦理"课程试点。

教材建设填补空白。组织编写了专业学位研究生实验教材,填补了国内研究生实验课程教材的空白。教材分为"工科篇""医科篇""荟萃篇"三本,240万字,覆盖了工程、临床医学、口腔、护理、公共卫生、建筑、规划、风景园林、经济、统计、新闻、教育、法律、社会工作等类别的专业学位。

3. 教学研究持续开展,成果丰硕

组织完成湖北省第八届高等学校教学成果奖的申报工作。我校共获一等奖1项,三等奖2项。研究生院申报的"研究生高水平国际化理论与实验课程建设探索与实践"获得一等奖。

完成了2015年中国学位与研究生教育学会"一种新型学术学位研究生硕博贯通培养模式的探索及其运行机制研究""基于研究生高水平国际化课程建设的质量影响因素及评价体系研究"及2016年研究生院院长联席会课题"研究生高水平课程建设质量保障机制创新研究"的结题。

申报教改项目"专业学位研究生高水平实验课程建设路径与质量标准"获得湖北省高校省级教学改革研究项目立项。申报了2017年中国学

位与研究生教育学会课题“专业学位研究生高水平实验课程建设路径及质量标准研究”“硕博贯通博士研究生培养模式运行机制优化及效果研究”两个项目。

根据《华中科技大学高水平教学成果奖励办法》，组织完成2016年度研究生高水平教学成果奖的申报与认定工作。有9项研究生高水平教学成果获奖。

4. 落实教育部41号令，学籍管理进一步加强

修订《华中科技大学研究生学籍管理细则》，制定《华中科技大学研究生转学办法》等，进一步规范研究生转学、退学、转专业等工作。明确直接攻博生或硕博连读生在规定年限内因故无法完成博士学业的，可以取得或恢复硕士学籍，畅通博士生分流淘汰渠道。

5. 研究生国际交流服务工作圆满完成

继续开展国家留学基金委项目、校级短期研修项目及其他国际交流与合作项目的组织工作。完成国家公派研究生项目20余项。国家建设高水平大学项目获批联合培养博士生96人；申请攻读博士学位23人，国家公派硕士研究生项目3人，联合培养硕士生3人。完成中美富布莱特、中法“蔡元培”交流合作等10余个国家公派专项的申报和审批。向院系拨付经费近700万元，支持院系开展研究生国际交流。全年有485名研究生申请，409人获批。

6. 研究生培养制度建设进一步完善，教学检查与评估持续加强

修订《华中科技大学博士研究生培养工作条例》《华中科技大学硕士研究生培养工作条例》《华中科技大学研究生课程教学管理办法》《华中科技大学研究生课程考核及成绩管理办法》。对1073门研究生课程进行了期中教学检查，抽查研究生课程339门。对339门研究生课程进行了质量评估。探索非全日制研究生培养新模式。制定《华中科技大学非全日制专业学位硕士研究生课程教学暂行规定》。

7. 专业学位校内实践基地建设顺利收官

数学与统计学院等32个院系的校内实习实践基地建设项目顺利结题，测评结果均为“合格”。经过三年的建设（2014—2016），投入近3000万元经费，全校52个专业学位点实现了校内实践基地（平台）建设全覆盖。

五、以评促建，学位点建设与学位授予质量常抓不懈

1. 学位授权自主审核单位申报艰难推进

根据《国务院学位委员会关于开展2017年博士硕士学位授权审核工作的通知》，启动我校自主审核单位的申报工作，历时4个月完成了相关申请材料的撰写工作。因我校高基表中专任教师数和临床教师数等数据问题，未能通过教育部的资格初审，为此，研究生院多次撰写报告并赴京汇报工作，与教育部、湖北省学位办等上级部门沟通情况。目前，相关工作仍在推进中。

2. 新增学位点申报严格把关

法学、外国语言文学、口腔医学、设计学、风景园林学等5个学位点提出新增一级学科博士学位授权的申请，附属协和医院提出新增医学技术一级学科硕士点的申请。经组织相关院系填报材料、审核材料、专家论证、分委员会讨论，最终认定上述6个学位点的材料不符合申报要求，确定我校2017年不申请新增一级学科博士/硕士学位授权。通过严格把关，提高了相关院系对学位点申报、建设的重视程度，强化了学位点建设的质量意识。

3. 学位授权点合格评估工作持续推进

指导院系开展学术学位、专业学位授权点合格评估。理论经济学等17个一级学科博士/硕士学位授权点完成了国内评估。电子与通信工程等7个专业学位授权点完成自我评估。

4. 导师培训反响热烈

在导师培训中增加诚信教育内容及科研经费使用方面的规范性要求等内容，帮助导师规范科研行为。全年累计800余人接受了导师培训。

5. 学位论文质量监控持续不松懈

博士学位论文盲审结果优秀率提升。对1392名博士生的博士学位论文进行盲审。与2016年相比，盲审结果为“优秀”的比例上升到54.1%，增加了0.5个百分点；盲审结果为“不同意答辩”的比例下降为0.88%，降低了0.49个百分点。博士学位论文狠抓重点审核。通过重点审核，对2位申请人的博士学位论文提出了修改意见，责成申请人继续修改论文。

硕士学位论文盲审覆盖范围扩大。在材料

学院等11个院系开展了硕士学位论文盲审，提高了院系培养研究生的质量意识。

通过论文检测防范学术不端。共检测学位论文10094篇次，检测结果中总文字复制比高于50%的硕士学位论文为3篇，经学位评定分委员会组织专家鉴定，认定1篇学位论文为抄袭，2篇学位论文为引文不规范。对论文作者及指导教师均依据相关规定进行了处理。

6. 学术诚信教育与惩戒永远在路上

开展宣讲活动。为引导研究生遵守学术规范、坚守学术诚信、完善学术人格、维护学术尊严，摒弃学术不端行为，按照“全覆盖、制度化、重实效”的要求，根据学校总体部署，积极推进科学道德和学风建设宣讲活动，组织了4场全校性的大型宣讲活动。

六、医教协同研究生教育改革持续推进，成果丰硕

1. 改革取得阶段性成果

医学研究生教育积极探索改革，医教协同人才培养机制不断完善，形成了较为成熟的临床医学专业学位研究生培养质量保障体系。4项教育改革成果获2017年中国学位与研究生教育学会“医药学研究生教育成果奖”等奖项，我校成为全国医学院校年度获奖数目最多的学校，改革成果和经验在全国医教协同教育改革研讨会上做主题报告。

申请的“临床医学专业学位研究生学位论文质量监测与评价体系研究”研究项目获中国学位与研究生教育学会立项资助。

2. 加强评估和检查，以查促改

开展了“临床医学专业学位博士授权点”水平评估，“卓越医生教育培养计划”研究生教育改革试点工作中期检查，公共卫生学院MPH招生与培养工作检查，研究生课堂教学检查，临床轮转教学检查，临床教学工作评估等。

3. 精心组织临床能力毕业考核，以考促培

组织完成35个专业的笔试科目试卷71套、临床病例模拟剧本题140套、临床技能考核项目18个。组织安排近180位临床教授和300多名研究生参加了现场考核和补考工作。

为了达到“以考促培”的目的，及时举办考核情况分析通报会，将考核反映的培养问题反馈给医院、科室、导师和学生。国家执业医师考核和住培结业考核通过率均达99.5%。

七、研究生工作开辟新局面

1. 加强思想引领，完善党建平台，党旗领航成效明显

成立研究生党务中心，开展研究生党建工作理论探索、党建实践、党员骨干培训等工作。成立“学习十九大精神领导小组”，制定“学习十九大实施方案”，推进十九大精神的学习宣传贯彻工作。举办青年马克思主义培训班，招收学员25名，着力塑造一批有理想、有本领、有担当的青年马克思主义者。开展红色领航员培训，培训研究生党员骨干300余名，组织红色中国行实践，组建研究生红色理论学讲团，深入实施“党旗领航”。其中红色理论学讲团已深入近30个院系，开展160余次微党课交流。开展“新生干训班”，培训新生骨干70余名；培训德育助理200余名；开展“喻英启航”研究生干部骨干培训，培训研究生干部500余人次等，培训人次比上年增长近40%。

2. 建设网上思政平台，牢牢把握意识形态领域阵地

建设和完善“两微一端”平台，加强思想引领，掌握意识形态话语权。搭建研工部官方网站，建立“HUST研工在线”、华研传媒、华中大研究生、华中大博士生等多个官方微信公众号，实现研究生群体全覆盖。其中，华中大研究生微信号总阅读量已达90万余次，拥有“粉丝”近4万人，曾获全国高校WCI指数第一名。

成立研究生新闻中心，进一步健全完善研究生工作的宣传平台。成立新时代青年网络文化中心，打造意识形态工作抓手。

3. 丰富育人平台，实践育人全面提升

立体化推动社会实践。校级层面，投入资金20余万元，资助10余支实践队伍深入社会一线调研；院系层面，以评促建，院系共有37支队伍230余名研究生前往10多个省市社会实践；学生层面，投入资金12.5万元，资助20支队伍自主开展实践活动。

设立研究生创新创业基金。投入129万元，

资助研究生创新创业项目 75 个；投入资金 20 余万元资助研究生参与九大创新赛事。

参加社会实践共 1035 人次，比上年增长了 7 倍。同济医院脊柱畸形医疗救助团队获评省级优秀实践队，实现研究生在社会实践评优中零的突破。创新九大赛事参与人数持续增长，其中，智慧城市大赛和飞行器大赛参与人数相比 2016 年分别增长 291％和 375％；中国研究生电子设计大赛斩获特等奖、一等奖、二等奖各 1 项，为历年最佳成绩。

开展“研究生品德模范”、红色楷模、三好研究生标兵、国家奖学金等评选工作，通过典型示范、舆论引导，促进学子成长成才。

依托学术文化节、健康文化节、宿舍文化节等平台，开展研究生才艺十佳、传统文化活动月、研究生运动会、足球联赛、篮球联赛等学术、文体活动，促进研究生健康成长。成立博士生社区管理委员会，发挥博士生主观能动性，促进社区文化建设。

举办科学精神与实践讲座 12 期、弘德讲坛 3 期及第九届未来企业家训练营等活动，不断加强研究生的科学精神、学术道德和创新精神教育。

4. 完善资助育人平台，推行精准资助

升级研究生资助管理系统，实现资助工作全部业务线上办公。全年发放国家助学金 15748.85 万元、国家奖学金 1323 万元、学业奖学金 16182.8 万元、知行奖学金 305 万元；国家助学贷款覆盖 1900 人次，贷款金额 1697.75 万元。

举办线上线下诚信教育活动 6 场次；完善以三助岗位为载体的能力提升平台，突出岗位的实践育人功效，实现助人与育人双重功效。制定《华中科技大学研究生学业助学金监督管理办法》，进一步规范学业助学金的管理，防止经费违规发放和使用。

5. 完善职业发展平台，就业工作成效显著

建立信息化就业服务平台，实行网上签约，提升就业服务质量和效率。建设就业信息网、微信公众号、微信客户端、短信平台、微校园“五位一体”的精准化服务体系；定期分析统计就业数据，形成分月度、季度和年度的就业分析报告，实现就业指导服务的数据化、精细化和精准化。

建设专兼职就业指导教师及咨询师、校外导师、学生骨干三支队伍，实现就业指导服务全员化和全面化。依托研究生职业发展研究会，精心打造“职场纵横”“职引人生”“职言直语”“职同道合”等四大品牌活动，促进研究生职业发展。

奖励到西部地区、基层和国家重点单位就业的优秀毕业生，不断深化就业引导。举办“扬帆基层”选调生公务员模拟训练营、国考备考公益讲座，培养基层工作信念。依托“选调生发展研究会”开展 20 余期品牌活动，培训千余人次。

推进国际组织实习任职。成立研究生国际化发展研究会，加强研究生国际化能力培养工作。设立专项，资助 25 名研究生参与国际能力培训，促进提升研究生的国际化能力水平。

2018 年度 QS 全球毕业生就业竞争力排名，我校在世界高校排名中保持前 200 名的位置，在国内高校中排第六名。向国家“十三五”规划的新一代信息技术产业、生物产业、高端装备与新材料产业、数字创意产业、绿色低碳产业五大领域输送毕业生人数占比高达 56％。选择赴基层选调的毕业生人数也逐年增长，共有广西、湖南、陕西、四川和湖北等 10 余个省（区）定向我校开展选调生招录工作，定向选调招录的硕博研究生人数同比 2016 年翻一番。为企业创新输送了生力军，在新浪教育的“百强企业最爱去”的大学排名中，我校位列第一，同时也是“互联网企业最爱校招”的大学 top1。

6. 加强互动注重预防，安全工作更加规范

联合保卫处、后勤集团、院系深入开展研究生宿舍消防安全检查；重视网络舆情工作，及时应对处置，编写网络舆情简报 22 期；参与并妥善处置机械学院、能源学院、法学院等多起涉及研究生的安全稳定事件；深入开展谈心工作，全方位关心少数民族研究生。

构建研工部、院系、研究生辅导员、德育助理和研究生骨干的联动机制，制定《华中科技大学研究生防灾减灾与应急预案》，推动网格化管理，避免管理盲区，共同做好研究生安全教育工作。

7. 认真开展调查研究，促进工作落到实处

撰写《研究生学生工作总体报告》和《院系工作诊断报告》，形成《2017 年研究生思想政治状况调查报告》，开展就业意愿调查、就业数据统计分析等。

投入 17.5 万元，资助 25 项思政课题，专题开展研究生思想政治工作研究；资助微课题 20 项，促进研工部工作落细落小。

8. 完善队伍建设,层层落实责任制

推动设立研究生专职辅导员岗位76名,完成招聘33名。通过专、兼职辅导员搭配,实现1:200的配置比例。修订《华中科技大学研究生德育助理管理办法》,增加投入220余万元。参与制定《华中科技大学关于进一步加强研究生导师责任制的实施意见》,进一步明确导师责任制内涵,为充分发挥导师的教育作用奠定基础。从导师、辅导员、德育助理三个层面增强研究生思政队伍力量。

九、信息化建设全面推进,研究生教育质量分析与研究持续开展

研究生综合管理信息系统上线运行。梳理并优化面向师生办事流程53项,其中10项线下流程进入师生服务中心,另43项线上流程已有部分进入学校网上办事大厅。开发了研究生工作部OA系统,实现研工、院系办公流程一体化。撰写了《华中科技大学研究生教育质量年度报告(2016年)》《"三助"对研究生学习影响的调查分析报告》《硕士研究生课程学习及导师指导职责调查分析报告》,并向社会公布《华中科技大学2017年研究生就业质量年度报告》。

十、对口支援西部高校工作圆满完成

继续支持石河子大学临床技能培训工作,举办"临床技能师资专项培训班",接受重庆医科大学170名临床医学专业("5+3"一体化)学生和10名石河子大学本科生来校联合培养。录取13名教师来校攻读博士学位。选派4名高水平教师赴受援高校支教,选聘11名石河子大学教师为我校兼职教授和兼职博士生导师。促进科研合作及学术交流。联合申报科技部国家重大专项1项。邀请6位专家到石河子大学举办讲座6场,并通过座谈会、现场指导、教学查房等形式开展学术交流活动。

(研究生院供稿)

湖北省第十八批优秀博士学位论文名单

作者	论文题目	指导教师	培养单位
李　洋	阿秒脉冲及分子结构探测研究	陆培祥	物理学院
秦梅艳	不同结构的排列分子高次谐波的产生特性研究	陆培祥	物理学院
邓仁华	两嵌段共聚物三维受限自组装与解组装	朱锦涛	化学与化工学院
刘楠楠	智能纳米孔道的构筑及其在生物传感方面的应用	夏　帆	化学与化工学院
吴德发	大深度潜器超高压海水泵关键技术研究	刘银水	机械科学与工程学院
李　立	阻尼系统谱展开理论与动响应求解方法研究	胡于进	机械科学与工程学院
杨吉祥	五轴数控机床的运动控制建模及精度提高方法研究	陈幼平	机械科学与工程学院
刘尊旭	超薄芯片无损剥离的机理研究与工艺优化	尹周平	机械科学与工程学院
李　真	碳/硫和碳/硒复合正极材料的制备与储锂性能研究	黄云辉	材料科学与工程学院
梁　宏	复杂微通道内多相流体流动的格子 Boltzmann 方法研究	施保昌	能源与动力工程学院
胡　润	LED 封装中荧光粉光热耦合研究及工艺应用	罗小兵	能源与动力工程学院
刘　洋	基于金属有机骨架材料的 CO_2 低压捕获性能的实验和模拟研究	刘　晶	能源与动力工程学院
李大伟	磁场调制永磁电机研究	曲荣海	电气与电子工程学院
王　程	特发性基底节钙化致病基因的定位克隆与功能研究	刘静宇	生命科学与技术学院
薛　礼	GPCR 二聚体跨膜结构域界面在激活过程中的构象变化研究	刘剑峰	生命科学与技术学院
张红梅	动物转录因子数据库构建及 K562 微泡致癌机理的调控网络研究	郭安源	生命科学与技术学院
潘　登	一种活细胞超分辨成像有机荧光探针构建新策略	张玉慧	生命科学与技术学院
王兴刚	物体识别中的形状建模和弱监督学习	刘文予	电子信息与通信学院
李　冲	二芳基乙烯类荧光分子开关的合成、性质及应用	朱明强	光学与电子信息学院
张国峰	聚集态荧光增强化合物的合成及其应用研究	朱明强	光学与电子信息学院
张　亮	基于游标效应和光程差放大的光纤传感增敏机理研究	刘德明	光学与电子信息学院

续表

作者	论文题目	指导教师	培养单位
李　超	超大容量光纤传输实验与OFDM关键技术研究	余少华	光学与电子信息学院
王显福	高性能电化学能源存储器件的设计、集成及其柔韧特性的研究	沈国震	光学与电子信息学院
刘　哲	基于一维半导体微纳结构的柔性光电子器件研究	陈　娣	光学与电子信息学院
范铭灿	多智能体系统的一致性及编队控制研究	张海涛	自动化学院
许春燕	基于黎曼流形的图像分类算法研究	王天江	计算机科学与技术学院
代炜琦	云计算执行环境可信构建关键技术研究	金　海	计算机科学与技术学院
张　波	微尺度功能梯度结构的应变梯度弹性理论模型及数值研究	何玉明	土木工程与力学学院
瞿　慧	基于联合补货策略的供应链纵向集成优化模型研究	王　林	管理学院
牛长伟	汉语疑问词的语义解读及其应用	程邦雄	中国语言文学系
曹文成	孕晚期饮水消毒副产物暴露生物标志与妊娠结局的关系	鲁文清	公共卫生学院
陈春梅	球毛壳霉和黄柄曲霉次生代谢产物化学成分及其生物活性研究	张勇慧	药学院
钱　坤	聚异丙基丙烯酰胺微凝胶新型血管栓塞剂的实验研究	郑传胜	附属协和医院
张　波	肿瘤凝血相关分子为治疗靶点的纳米递药研究	胡　豫	附属协和医院
魏文洁	少突胶质细胞功能障碍在亨廷顿病发病机制中的作用	王　伟	附属同济医院
廖　波	TSLP,IL-33及其受体在嗜酸粒细胞性伴有鼻息肉的慢性鼻-鼻窦炎上皮细胞中的相互作用	刘　争	附属同济医院

湖北省第十四批优秀硕士学位论文名单

作者	论文题目	指导教师	培养单位
马进勇	光力学中混沌及透明相关效应的研究	吕新友	物理学院
张　康	考虑提离影响的电磁超声表面缺陷检测与表征	易朋兴	机械科学与工程学院
肖金华	Cu掺杂$MnCo_2O_4$涂层对SOFC金属连接体表面改性的研究	李　箭	材料科学与工程学院
陈　雄	掺水乳化柴油喷雾燃烧特性的定容弹可视化研究	王兆文	能源与动力工程学院
张永亮	铜基氧载体吸释氧微观机理及组分间互相作用机制研究	赵海波	能源与动力工程学院
常进展	低起振温差的热声热机特性研究	张晓青	能源与动力工程学院
王　坤	铜矿石氧载体的化学链氧解耦燃烧研究	赵海波	能源与动力工程学院
余静文	蒲公英状钴镍硫化物的制备及赝电容特性研究	江建军	中欧清洁与可再生能源学院
马颖颖	温敏聚合物/金纳米粒复合材料的制备、表征及其肝癌介入诊断与治疗的研究	赵彦兵	生命科学与技术学院
秦梦瑶	基于硫化银量子点的荧光-CT纳米探针的制备及其靶向在体成像	赵元弟	生命科学与技术学院
舒　思	IS-LDPC码的结构化构造及在OFDM系统中的应用	屈代明	电子信息与通信学院
曹贺峰	按硫化铅胶体量子点太阳能电池的低温制备及其性能研究	刘　欢	光学与电子信息学院
贾　贵	带输入约束的多自主体系统包含控制研究	苏厚胜	自动化学院
廖祥俐	基于显著性分析及扩散模型的图像分割算法研究	陶文兵	自动化学院
成照萌	多智能体系统的模型预测控制	张海涛	自动化学院
郑儆凌	基于硅基集成器件的光学时域微分器的研究	董建绩	武汉光电国家实验室(筹)
王云飞	基于隐含语义哈希算法的相似性搜索研究	邹复好	计算机科学与技术学院
柳　俊	面向微博实时搜索的自适应索引方法研究	赵　峰	计算机科学与技术学院
周湾湾	基于频繁项集挖掘的搜索引擎交集缓存策略研究	李瑞轩	计算机科学与技术学院
谢振江	云平台下基于动态时间片的并行应用加速系统	吴　松	计算机科学与技术学院

续表

作者	论文题目	指导教师	培养单位
林海铭	云环境下的大规模数值计算并行算法研究	刘小虎	土木工程与力学学院
相　伟	基于应变统计矩和特征正交振型的结构损伤识别	王丹生	土木工程与力学学院
丁小玲	区域电网梯级水电站群联合发电调度研究	张勇传	水电与数字化工程学院
邹凤明	资源错配对中国制造业行业全要素生产率的影响研究	张建华	经济学院
谈绪军	论紧急避险中的利益衡量	贾济东	法学院
何大杰	工资差距：劳动力市场、人力资本和户籍的影响——基于CGSS2010的数据分析	雷　洪	社会学院
陈　盈	小组工作介入流动儿童情绪管理的研究——基于武汉T小学的服务实践	石人炳	社会学院
杜明利	哈贝马斯普遍语用学视域下政治认同建构的研究	洪　明	马克思主义学院
刘寒月	我国小学生学习与发展中的参与度调查问卷研制	朱新卓	教育科学研究院
刘　敏	环境风险类型与风险感知的相关性研究——以武汉市大学生为例	余　红	新闻与信息传播学院
李晓亮	体质指数与焦炉工染色体损伤和肺癌发病风险的关联研究	郭　欢	公共卫生学院
张小鹏	用药信息公开促进合理用药的类实验研究	张新平	医药卫生管理学院
李凤芝	Calpain在博莱霉素导致的肺纤维化中的作用及其机制研究	马万里	附属协和医院
张　健	柯里拉京对放射线脑损伤保护作用的体内机制研究	董晓荣	附属协和医院

国际教育

2017 年，国际教育工作按照“积极开拓、有序推进、规范管理、提高质量”的工作思路，扎实推进各项工作，经过全院师生员工共同努力，各项工作均取得较好成绩。

全年实现收入 14022.63 万元。国际学生规模稳步扩大，质量不断提高，制度进一步完善，趋同化管理深入开展；在校生出国留学交流扎实推进，校际交流项目管理进一步规范；孔子学院汉语教学和文化推广成绩显著，人文交流不断加强。我校高质量通过教育部组织的第二批高等学校来华留学质量认证，首次成功举办华中科技大学出国(境)留学交流项目咨询会，新西兰坎特伯雷大学孔子学院获评“全球先进孔子学院”，取得了良好的经济效益和社会效益。

一、来华留学工作

2017 年，共招收来自全球 126 个国家的 1650 名国际学生(含短期生)，我校国际学生年度总人数达到 4049 人，较上年增长 319 人，国际学生总数居湖北省首位。我校高质量通过教育部组织的第二批高等学校来华留学质量认证。我校学生在“首届全国来华留学生临床思维与技能竞赛”中斩获最高奖“优异团队奖”。

1. 加强招生工作

加大招生宣传力度，实施国别招生战略，拓展对外合作渠道，加强与外国大学、国内政府和企业的合作，进一步拓展市场合作伙伴，招生人数持续增长。

2. 加强教育管理

加强新生入学教育。“国际学生新生导入课”纳入新生必修课。修订完善国际学生手册(2017 版)。

推进趋同化管理。先后出台《华中科技大学国际学生工作管理规定》《华中科技大学国际学生(研究生)管理办法》等管理文件，从顶层设计上保障国际学生趋同化管理。国际学生首次随院系组队参加学校运动会。配合部门和院系完成首批 6 名国际学生专职辅导员的招聘。

完善学生奖励制度。印发《华中科技大学优秀国际学生校长奖学金实施办法》，完善我校国际学生奖学金制度。评选表彰了 89 名先进个人和 50 名优秀留华毕业生。

3. 提高服务质量

进一步优化服务方式与流程，6 项国际学生办事流程入驻师生服务中心。出台《华中科技大学学生国际交流协会(SICA)章程》，中外学生交流管理更加规范。

4. 组织开展多项活动

开展“感知中国”体验活动，我校承办的“百名外国博士进光谷”活动引起广泛关注；着力打造“发现中国”品牌，举办人文讲座 6 场，举行中华才艺研习 80 余场；组织国际学生参加“楚才作文竞赛”，48 人获奖，其中一等奖 7 名，二等奖 15 名，三等奖 26 名，获奖人数创历年之最；我校国际学生在“首届全国来华留学生临床思维与技能竞赛”中斩获最高奖“优异团队奖”，同时获得“最佳团队奖”和“内科个人单项奖”；举办“同济情 · 中国梦”医科国际学生文艺晚会和“SICA Night-2018 国际学生新年晚会”。

5. 国际学生校友工作取得佳绩

做好来访校友的接待工作；斯里兰卡、泰国、孟加拉国、蒙古等国家校友工作持续深入开展，蒙古校友会筹备工作基本完成；我院获评学校校友工作先进集体。

二、出国留学与交流工作

2017 年，通过国际教育学院派出留学和交流人数共 806 人，在校生赴海外/境外留学交流人数较上年大幅增长。2016 级校际交流班录取 276 人(含中法班 32 人)，招录人数较上年亦有较大增长。首次成功举办华中科技大学出国留学交流项目咨询会。

1. 在校生出国(境)留学交流大幅增长

通过校际交流“3＋2”“2＋3”等项目派出 91 人；通过“优秀本科生出国研修项目”派出 72 人，通过布朗大学暑期研习项目派出 28 人。由出国留学办公室协助管理，通过对口留学服务中心短期项目派出615人。

2. 校际交流项目开拓成绩显著

新增布朗大学暑期项目。与美国布朗大学合作取得实质进展，2017年暑假首次组织28名医科在校生赴布朗大学研习，效果良好，双方达成进一步扩大合作的共识。

新增校际交流留学项目。新开发瑞典皇家理工“3＋2”、美国戴顿大学“3＋2”和加拿大卡尔加里大学“3＋2”项目，并成功招生赴合作学校学习。

3. 校际交流班招生大幅增长

重视项目咨询推介。首次成功举行“华中科技大学出国留学交流项目咨询会（国际交流日）”，学生现场咨询十分踊跃，效果良好；举办多场出国留学项目宣讲会，分享出国留学心得。

2016级校际交流班录取报名和录取人数较上年均有较大增长。

4. 国际班教学管理更加规范

提前做好培训方案。与外国语学院沟通制定校际交流班的英语培训计划，完成校际交流班相关课程的排课、教室安排和成绩录入等工作。

加强教学质量检查。坚持每学期对校际交流班的外教课堂和大学英语课堂进行开学期初和期中教学检查，并将《校际交流班教学检查通报》反馈给相关院系。

5. 出国留学服务细致周到

细致办理出国前手续。内容包括各项目如期招生、咨询、报名、与国外合作学校沟通协调、发放录取通知书、办理签证、安排宿舍和接机等。

认真办理回国后手续。做好学生回国后学分互认审核，完成出国学生学历上网图像和信息采集，为学成回国校际交流应届毕业生就业派遣提前备案等。

三、孔子学院工作

我校共合作建设有三所孔子学院，分别是美国韦恩州立大学孔子学院、新西兰坎特伯雷大学孔子学院和巴西米纳斯吉拉斯联邦大学孔子学院。目前共有11名教师、57名汉语教师志愿者在美国、新西兰、巴西、泰国、柬埔寨、韩国、法国、保加利亚、澳大利亚等地任教。2017年我校新招孔子学院专项奖学金生34人，其中普通进修生22人，硕士生12人。

1. 孔院建设成效显著，坎大孔院被评为“全球先进孔子学院”

新西兰坎特伯雷大学孔子学院下设8个孔子课堂和5个孔子学院资源中心，拥有40余名志愿者，开设汉语课的学校增加到128所，学习汉语人数也增加到14000余人。2017年，坎大孔院获评“全球先进孔子学院”。

美国韦恩州立大学孔子学院设有5个孔子课堂，汉语教学学生人数达到6400人。牵头成立密歇根州中文协会，大力推动中文教育进社区、进中小学；研发的“两分钟趣味学汉语短语”系列教学视频在美中两国共有近9万点击量，2017年，该系列视频跻身全美十大免费中文学习视频。

巴西米纳斯吉拉斯联邦大学孔子学院现有在岗汉语教师3名，志愿者1名，注册学生229人。

2. 圆满完成巴西孔子学院巡演巡展任务

我校艺术团于10月16—27日以“印象中国”为主题赴巴西孔子学院进行了6场文艺巡演和教育巡展。中国驻圣保罗总领馆、孔子学院总部和巴西多家媒体对本次巡演巡展进行了报道，并给予了高度评价。

3. 扎实推进校际交流，不断增进青少年交往和友谊

继续举办校长团和学生夏令营活动。3月，邀请12名新西兰南岛中小学校长来华考察基础教育；4月，组织47名新西兰中学师生参加中国文化体验营；7月，组织22名美国韦恩孔院和27名巴西米大孔院大中学生来华参加中国文化体验营。

4. 高度重视孔子学院理事会建设，坚持年度理事会制度

11月，米大孔院和韦恩孔院年度理事会分别在巴西和美国召开，湛毅青同志率团参加；12月，新西兰坎大孔院第八届理事会在我校举行，陈建国同志出席会议。

四、港澳台侨学生工作

2017年，我校共录取港澳台地区学生18人。

截至2017年12月，共有238名港澳台侨学生在校学习，其中香港学生84人，澳门学生72人，台湾学生81人，华侨学生1人。

1. 推进趋同化管理

按照“保证质量、一视同仁、适当照顾”原则，加强与相关部门的协调，推进出台《华中科技大学港澳台学生管理办法》，港澳台学生管理步入正轨；秉持“公开、公平、公正”原则，落实奖学金政策，78人获评教育部港澳台侨学生奖学金，4人获得宝钢教育基金优秀学生奖。

2. 开展系列国情体验活动

组织台湾学生参加“湖北体验日”活动，参观恩施、黄陂等地；组织澳门学生参加“内地高校优秀澳门学生访问团”，参观雄安新区规划建设；组织港澳学生骨干参加“港澳青年领导力拓展”工作坊，深入遵义山区，实地探寻西部地区新农村建设和国家大数据中心，见证国家西部大开发的成果。组织部分医科专业台湾生参加黄冈市义诊活动。

五、学院办公室工作

1. 规范管理工作

完善规章制度。出台或修订了《国际教育学院党总支委员会会议议事规则》《国际教育学院党政联席会议议事规则》《国际教育学院关于执行“三重一大”决策制度的实施办法》等10余种规范性管理文件。

规范其他管理。做好党总支委员会议和党政联席会议记录和纪要撰写，进一步规范印章使用管理和公务接待审批程序。

2. 资产管理与房屋修缮

做好固定资产管理。新配置家具2341件、设备431台件，并实现在线建账；报废家具297件、设备39台件。

做好学生公寓修缮。接收虹景国际学生公寓，并对虹景公寓和柏景阁11—18楼整体进行了精准维修；对200多间国际学生宿舍进行暑期集中修缮。

完善基础设施建设。对友谊公寓楼前广场进行了修缮，建设了公共晒衣架；主校区国际学生公寓新建改建4个非机动车停车棚；主校区所有国际学生公寓实现校园无线网全覆盖；在校区间安装视频会议系统。

3. 日常行政管理

做好27名院聘工作人员的管理与服务工作；办理学院呈文60份，处理外来文14份、学校发文22份；办理报账手续160余次；做好宣传、网络与信息化管理工作，协助在学校平台发布通知24则，在院外发新闻10篇，在学院网站发新闻16篇。学院网站改版工作即将完成。

六、工会工作

做好教代会提案回复工作。在校工会的指导下，与提案人坦诚有效沟通，顺利完成了四届一次教代会代表题为“严格选拔和管理国际学生，树立国际一流形象”提案的回复工作。

七、安全维稳工作

1. 加强安全管理制度建设

修订了《国际教育学院消防安全管理实施细则》，新出台《国际教育学院关于工作人员入住学生公寓的管理办法》《华中科技大学国际学生公寓住宿管理规定》等一系列管理规定。

2. 加强学生公寓安全防范

坚持国际学生公寓24小时值班制度；开展安全隐患排查，更新消防器材；学生公寓加装通道门禁系统、视频监控系统、窗户防护栏，在非机动车停车棚加装视频监控系统；定期核实居住信息，及时掌握学生去向。

3. 加强安全宣传教育

来华留学办为新生开设“国际学生新生导入课”，内容涵盖各类安全知识；组织工作人员开展消防安全知识讲座，组织国际学生参加消防逃生灭火演习；制作消防安全知识宣传展板，更新办公场所消防安全责任提示牌。

4. 妥善处置突发安全维稳事件

处理国际学生扰民、交通事故、公共卫生等突发事件10余起，包括处理1起国际学生非正常死亡事件。

2017 年留学生基本数据统计

序号	一级学科	长期生							长期生小计	短期生	合计
		预科生	汉进	普进	高进	本科	硕研	博研			
1	医学	59	0	4	10	740	270	107	1190	1	1191
2	工学	0	0	61	12	241	254	250	818	6	824
3	教育学	0	0	0	0	0	10	13	23	0	23
4	文学	0	345	7	0	41	36	37	466	696	1162
5	法学	0	0	0	0	3	11	2	16	0	16
6	理学	0	0	4	4	4	32	81	125	3	128
7	管理学	0	0	28	16	6	248	195	493	0	493
8	经济学	0	0	5	1	32	87	59	184	0	184
9	艺术学	0	0	0	0	1	1	0	2	0	2
合计		59	345	109	43	1068	949	744	3317	706	4023

授予学位数

类别	授予学位数
本　科	155
硕士研究生	190
博士研究生	91

2017 年华中科技大学校际交流本科生出国人数表

年份 学生类别	2017	备　注
中英班	18	2014、2015 级
中美项目	51	2014 级
中国-瑞典项目	5	2014 级

续表

学生类别＼年份	2017	备　注
中澳项目	2	2014 级
中加项目	3	2015 级
中法班	29	2014 级
合计/人	108	

2017 年华中科技大学其他形式出国人数表

项目类别＼年份	2017
校际交换本科生	107
校际交换研究生	
社会实践及暑期课程	
优秀本科生项目	72
新加坡奖学金项目	
合计/人	179

2017 年校际交流项目表

序号	合作学校名称	合作形式	开设专业	国外学习期限	经费负担	学分认可	校内选拔对象	校内选拔时间
1	英国伯明翰大学	“3＋1”“2＋2”校际交流	通信工程、电子与信息工程、电气工程与自动化、电子科学与技术	1 或 2 学年	学生自费	双方学校互认学分，颁发两校学士学位	全校一年级理工科普通全日制本科学生	每年 10 月左右
2	英国伯明翰大学	“2＋2”校际交流	热能与动力工程、新能源科学与工程、核工程与核技术、机械设计制造及其自动化、经济学、化学、自动化、计算机	2 学年	学生自费	双方学校互认学分，颁发两校学士学位	全校一年级理工科普通全日制本科学生；全校二年级经济学及化学专业全日制本科学生	每年 10 月左右

续表

序号	合作学校名称	合作形式	开设专业	国外学习期限	经费负担	学分认可	校内选拔对象	校内选拔时间
3	美国加州大学河滨分校	“3+2”校际交流	各理工科院系、商科等专业	2学年	学生自费	双方互认学分，颁发我校学士学位和对方硕士学位	全校三年级各工科专业，经济学院、管理学院、外国语学院、数学和统计学院、公共管理学院、社会学院各专业学生	每年10月左右
4	美国底特律大学	“3+2”校际交流	化学与化工学院、机械科学与工程学院、能源与动力工程学院、电气与电子工程学院、电子与信息工程系、建筑与城市规划学院、自动化学院、计算机科学与技术学院、软件学院、土木工程与力学学院、环境科学与工程学院、管理学院、经济学院、外国语学院各专业	2学年	学生自费	双方互认学分，颁发我校学士学位和对方硕士学位	全校三年级各理工科专业、文科专业，校经济学院、管理学院、建筑学院各专业学生	每年10月左右
5	美国亚利桑那州立大学	“3+2”校际交流	化学工程与工艺、生物医学工程、生物信息技术、热能与动力工程、电气工程及其自动化、水利水电工程、软件工程，环境科学与工程学院、土木工程与力学学院、机械科学与工程学院、材料科学与工程学院、信息学院、建筑与城市规划学院所有专业(环艺除外)	2～3学年	学生自费	双方互认学分，颁发我校学士学位和对方硕士学位	全校三年级化学工程与工艺专业、生物医学工程专业、生物信息技术专业，机械科学与工程学院所有专业(工业设计除外)、材料科学与工程学院所有专业、热能与动力工程专业，电气工程及其自动化专业、水利水电工程专业，信息学院所有专业，软件工程专业，环境科学与工程学院所有专业，土木工程与力学学院、建筑与城市规划学院所有专业(环艺除外)学生	每年10月左右

续表

序号	合作学校名称	合作形式	开设专业	国外学习期限	经费负担	学分认可	校内选拔对象	校内选拔时间
6	美国密苏里大学	“3+2”校际交流	计算机科学与技术学院、软件学院、电子科学与技术系、电气与电子工程学院、电子与信息工程系、化学与化工学院、材料科学与工程学院、机械科学与工程学院、生命科学与技术学院、环境科学与工程学院、土木工程与力学学院各专业	2.5学年	学生自费	双方互认学分，颁发我校学士学位和对方硕士学位	计算机科学与技术学院、软件学院、电子科学与技术系、电气与电子工程学院、电子与信息工程系、化学与化工学院、材料科学与工程学院、机械科学与工程学院、生命科学与技术学院、环境科学与工程学院、土木工程与力学学院三年级本科学生	每年10月左右
7	美国密苏里大学	“2+2”校际交流	电气工程及其自动化、机械设计制造及其自动化、电子与信息工程、通信工程、热能与动力工程	2学年	学生自费	双方学校互认学分，颁发两校学士学位	全校一年级理工科普通全日制本科学生	每年10月左右
8	美国韦恩州立大学	“3+2”校际交流	各工科专业	2学年	学生自费	双方互认学分，颁发我校学士学位和对方硕士学位	我校各工科专业在校三年级本科生	每年10月左右
9	美国密歇根大学迪尔伯恩分校	“3+2”校际交流	工科	2学年	学生自费	双方互认学分，颁发我校学士学位和对方硕士学位	我校各工科专业、商科专业学生	每年10月左右

续表

序号	合作学校名称	合作形式	开设专业	国外学习期限	经费负担	学分认可	校内选拔对象	校内选拔时间
10	澳大利亚昆士兰大学	“3+2”校际交流	机械科学与工程学院、材料科学与工程学院各专业	2学年	学生自费	双方互认学分，颁发我校学士学位和对方硕士学位	全校机械学院、材料学院在校三年级本科生	每年10月左右
11	美国东北大学	“3+2”校际交流	光学与电子信息学院各专业	2	学生自费	双方互认学分，颁发我校学士学位和对方硕士学位	光学与电子信息学院各专业三年级学生	每年10月左右
12	美国戴顿大学	“3+2”校际交流	光学与电子信息学院各专业	2	学生自费	双方互认学分，颁发我校学士学位和对方硕士学位	光学与电子信息学院各专业三年级学生	每年10月左右
13	瑞典皇家理工学院	“3+2”校际交流	计算机科学与技术学院、光学与电子信息学院、土木工程与力学学院、生命科学与技术学院各专业	3+2	优秀学生有奖学金	双方互认学分，颁发我校学士学位和对方硕士学位	计算机科学与技术学院、光学与电子信息学院、土木工程与力学学院、生命科学与技术学院的三年级学生	每年10月左右

续表

序号	合作学校名称	合作形式	开设专业	国外学习期限	经费负担	学分认可	校内选拔对象	校内选拔时间
14	巴黎南11大学、巴黎第六大学、斯塔拉斯堡大学、里昂一大	“3＋X”校际交流	光信息科学与技术	3学年	学生自费	双方学校互认学分，颁发我校学士学位和对方工程师证书或硕士学位证书	全校一年级理工科普通全日制本科学生	每年10月左右
15	加拿大滑铁卢大学	“2＋2”校际交流	生命科学与技术学院、化学与化工学院、环境科学与工程及物理学院各专业	2学年	学生自费	双方学校互认学分，颁发两校学士学位	全校二年级生物学、生物化学、生物医学、化学、环境科学，物理学，数理物理学等专业的本科学生	每年10月左右
16	加拿大卡尔加里大学	“3＋2”校际交流	工科	2学年	学生自费	双方互认学分，颁发我校学士学位和对方硕士学位	我校各工科专业	每年10月左右

华中科技大学2017年孔子学院在岗教师信息表(截至2017年12月)

序号	姓　名	性别	校内单位	国外服务单位	职　务	服务期限
1	江　静	女	外国语学院	新西兰坎特伯雷大学孔子学院	中方院长	2016.4—2018.4
2	周　艳	女	教育科学研究院	新西兰坎特伯雷大学孔子学院	汉语教师	2014.2—2018.1
3	李　佼	女	外国语学院	新西兰坎特伯雷大学孔子学院	汉语教师	2014.12—2017.12
4	王宇红	女	外国语学院	新西兰坎特伯雷大学孔子学院	汉语教师	2015.9—2017.8
5	董　卫	女	外国语学院	新西兰坎特伯雷大学孔子学院	汉语教师	2015.10—2017.9
6	程　曦	女	国际教育学院	新西兰坎特伯雷大学孔子学院	汉语教师	2017.7—2019.7
7	余千华	女	外国语学院	巴西米纳斯吉拉斯联邦大学孔子学院	中方院长	2013.7—2017.11
8	邱海林	女	外国语学院	巴西米纳斯吉拉斯联邦大学孔子学院	汉语教师	2013.9—2017.9
9	汪佩伟	男	人文学院	南非斯坦陵布什大学孔子学院	汉语教师	2011.1—2017.1
10	张英杰	女	国际教育学院	美国中田纳西州立大学孔子学院	汉语教师	2016.1—2018.1
11	范杏丽	女	外国语学院	美国韦恩州立大学孔子学院	中方院长	2016.10—2018.10
12	黄更新	女	图书馆	美国圣地亚哥州立大学孔子学院	汉语教师	2016.8—2018.8
13	程　进	女	外国语学院	巴西米纳斯吉拉斯联邦大学孔子学院	汉语教师	2016.10—2018.10
14	姚霖霜	女	外国语学院	巴西米纳斯吉拉斯联邦大学孔子学院	中方院长	2017.11—2019.11
15	廖　衡	女	国际教育学院	巴西米纳斯吉拉斯联邦大学孔子学院	汉语教师	2017.8—2019.8

远程与继续教育

远程与继续教育工作采取管办合一的方式开展继续教育工作，是学校面向社会开展人才培养服务的重要机构，是全校远程教育、成人教育、自学考试、高等职业教育等学历教育统一管理、统筹协调的部门，是学校各类非学历教育的归口管理部门，学院具有行政和教学管理双重职能。我校继续教育工作主要是：一是代表学校归口管理并主办专本科学历继续教育；二是代表学校归口管理教育培训工作并主办教育培训等非学历继续教育。

学历继续教育包括成人高等教育、现代远程教育(也称网络教育)、自学考试等。2017年起，专科层次上，全面停止了成人教育的招生，网络教育开设12个专业；优化调整了专升本层次的招生专业，保留学校特色专业及人才培养和社会需求较大的13个本科专业，其中包括8个成人教育的专业。2017年，成人教育实际录取1911人，较上年度录取2047人减少7%；网络教育实际录取19694人，较2016年录取14177人增长39%。自学考试助学班，两个合作学校3个专业招生365人，较2016年招生226人有所提高。2017年，学院加强校外站点的优化布局，以经济发达地区为重点，在有发展空间的办学区域，遴选确保办学安全的合作伙伴，在充分酝酿、考察的基础上，全年新备案登记学习中心7个，撤销8个学习中心和5个成人函授站。其中新建的两个学习中心2017年网络教育招生已突破千人。

一方面，负责全校培训项目的立项审批、培训项目收费标准报备、培训项目结算审批、培训项目实施的监督与管理；另一方面，面向社会主办教育培训、数字化学习资源支持服务、考点考务服务等非学历继续教育项目，代表学校建设国家、省、部级继续教育基地或培训基地。2017年，我院企业培训部共举办培训项目26个(其中续办13个，新开发13个)，培训人数1635人。相比2016年，企业培训部总培训经费收入增长了20.3%。我院事业培训部2017年共举办培训班14个，参训人数992人次。2017年，企业大学和职业教育集团的快速发展对我院非学历教育的生存空间形成挤压态势，但我们迎难而上，实现逆袭。2017年在出国留学培训方面也有历史性突破，实现收入125.2万元。2016年7月，我校与教育部留学服务中心签署战略合作协议，开展“创新创业出国留学培训”项目，12月初还与英国赫德福德大学签约，实施“2+2”学习模式，开通赴英留学直通车，深受学员的欢迎。全年共完成25个主办单位提交的培训项目立项审批120项，协议审批105项，审批55项。

新时代要有新气象，更要有新作为。我院以习近平新时代中国特色社会主义思想为指导，坚持终身教育理念，办好继续教育，为建设学习型社会和学校“双一流”建设贡献力量。一要以加强质量保障为前提，稳步发展学历继续教育。要充分发挥高等教育资源优势，深化体制改革，坚持育人为本，立德树人，坚持规范办学，质量第一，更好地满足人民群众对高质量学历继续教育的多样化需求。二要以提升职业能力为导向，大力发展非学历继续教育，充分发挥各类教育资源优势，大规模开展职业技能培训，为培养知识型、技能型、创新型劳动者，推动企业转型升级，提质增效，走向世界，促进大众创业、万众创新发挥积极作用。三要以建设和谐社会为宗旨，全面推进城乡社区教育。四要以丰富精神文化生活为重点，加快发展老年教育。

2017年度远程与继续教育学院学历教育办学情况统计表

单位:人

<table>
<tr><th>类别</th><th colspan="2">依托机构</th><th colspan="2">2017年学历教育办学情况</th></tr>
<tr><td rowspan="3">高职</td><td rowspan="3" colspan="2">本部</td><td>招生数</td><td>0</td></tr>
<tr><td>在读生数</td><td>107</td></tr>
<tr><td>毕业生数</td><td>409</td></tr>
<tr><td rowspan="6">成人教育</td><td rowspan="6">函授站</td><td rowspan="3">专科</td><td>招生数</td><td>0</td></tr>
<tr><td>在读生数</td><td>1191</td></tr>
<tr><td>毕业生数</td><td>1005</td></tr>
<tr><td rowspan="3">本科</td><td>招生数</td><td>1911</td></tr>
<tr><td>在读生数</td><td>3380</td></tr>
<tr><td>毕业生数</td><td>2034</td></tr>
<tr><td rowspan="6">自考助学</td><td rowspan="6">助学单位</td><td rowspan="3">专科</td><td>招生数</td><td>0</td></tr>
<tr><td>在读生数</td><td>0</td></tr>
<tr><td>毕业生数</td><td>10</td></tr>
<tr><td rowspan="3">本科</td><td>招生数</td><td>355</td></tr>
<tr><td>在读生数</td><td>1926</td></tr>
<tr><td>毕业生数</td><td>76</td></tr>
<tr><td rowspan="6">网络教育</td><td rowspan="6">校外学习中心</td><td rowspan="3">专科</td><td>招生数</td><td>13666</td></tr>
<tr><td>在读生数</td><td>26397</td></tr>
<tr><td>毕业生数</td><td>9119</td></tr>
<tr><td rowspan="3">本科</td><td>招生数</td><td>6027</td></tr>
<tr><td>在读生数</td><td>13462</td></tr>
<tr><td>毕业生数</td><td>5318</td></tr>
</table>

（远程与继续教育学院供稿）

科技工作

概况

2017年在党的十九大精神指引下，学校科技工作经过全校师生的锐意进取和不懈努力，在国家级大平台、国家级大项目、国家级大团队和重要影响论文等方面均取得了好成绩，科研经费大幅增长，大项目数继续攀升，圆满完成了年度工作任务，为加快建设创新型国家做出了积极贡献。

一、基地和人才工作取得重大进展

武汉光电国家研究中心获批组建，是首批6个国家研究中心之一。脉冲强磁场实验装置对社会开放共享工作通过中改办和科技部的督查。精密重力测量研究设施项目初步设计获教育部批复。生物医学成像设施项目拟按省部共建争取，取得重要进展。数字化设计与制造国家制造业创新中心已完成公司组建。湖北实验室主要建设“4＋2”重大设施平台体系，编制湖北实验室建设方案。

重视人才团队培育工作。4人入选科技部中青年科技创新领军人才，1个团队入选科技部重点领域创新团队；3个团队获2017年教育部创新团队发展计划滚动支持；马丁院士和邵新宇教授获“全国创新争先奖”殊荣。

二、国家重大科技专项工作重点跟进

抢抓国家深入实施创新驱动发展战略和科技体制机制改革机遇，积极面向国家2030年重大科技战略任务（“6＋9＋1”），结合学科优势，整合校内相关资源，在智能制造、人工智能、智能电网、大数据、健康保障、信息网络、煤炭清洁、重点新材料、脑科学、网络安全等领域，进行重点策划和布局。积极组织数控、宽带通信、IC装备、新药创制、传染病等重大专项项目申报，共申报国家科技重大专项52项，获批课题28项，经费1.2亿元。

三、国家重点研发计划全面布局

大力推进“太赫兹”“人工智能”“太空建造”等新兴交叉领域的部署我校新增7名重点专项项目首席科学家，总经费2.43亿元；2017年牵头课题36个，总经费2.91亿元。完成2017年度“智能机器人”“中医药现代化研究”“变革性技术”新增重点专项及2018年度“新能源汽车”“干细胞”等专项的申报工作。

四、国家自然科学基金立项数和经费数再创历史新高

2017年度我校获批国家自然科学基金项目749项，比2016年增加129项（增幅20.81％），首次突破700项大关。获批项目直接经费46545.70万元，比2016年增加10782.29万元（增幅30.15％），再创历史新高，位居全国第七。面上项目及青年科学基金增长显著，立项数分别位居全国第五与第三。重点重大类项目、人才项目保持稳中有升的趋势；获批杰出青年科学基金4项，全国排名第七，优秀青年科学基金项目8项，全国排名第九；我校还新获批国家自然科学基金创新研究群体项目2项，取得了我校在医学科学部和生命科学部基金委创新研究群体零的突破，另有2个创新研究群体项目获得延续资助。

五、国际科技合作影响力进一步提升

响应“一带一路”倡议，获批3项战略性国际科技创新合作重点专项，3项政府间国际科技创新合作重点专项，中美政府间合作项目2项，立项数并列全国高校第一。积极参与国际大科学计划，获批磁约束核聚变能发展研究2017年度第一批项目（ITER计划）专项经费1700万元。参与美国脑计划，首次获批美国国立卫生研究院项目资助，获批总经费245.7万美元。

感知生物技术国际联合研究中心获科技部认定，我校国家级国际联合研究中心增加至5家，科技部国际科技合作基地增加至6家。

六、横向科技合作拓展新模式、其他部委及省市科技计划项目获批数继续增多

2017年获批湖北省科技计划项目205项，经费4962万元；获批武汉市科技项目34项，经费430万元；获批其他部委项目27项，经费734.44万元。

组织了武汉市第三批科技成果转化集中签约活动华中科技大学专场，现场共签约项目62项，金额超66.62亿元。与湖北技术交易所共同承办了华中科技大学服务湖北企业技术需求对接会，首次以“人才招聘会”的形式开展产学研对接。以大企业为抓手，与特变电工、东风汽车、海尔集团、美的集团、武汉城投等企业签订协议，截至12月8日，已与企业共建技术中心（实验室）22所，合同经费9272万元。

七、国防科技工作取得好成绩

获批“民机专项”基础研究1项，国防科工局“十三五”军品配套规划1项，装备发展部预研（牵头）24项，项目数位居教育部高校第4；瞄准军委科技委主题需求，组织策划提交各类建议书，已签12项，合同经费1475万元；获批国防“973”子课题4项，与兵器工业集团202所合同经费3893万元，与汉中飞机分公司合同经费3160万元。

组织完成多谱国防科技重点实验室通过国防科工局和装备发展部试运行评估；组织完成脉冲、电力电子两个教育部重点实验室（B类）通过教育部验收，组织完成功能材料教育部重点实验室（B类）通过教育部评估；组织申报教育部强电磁军民融合协同创新中心培育，已立项；新增电磁理论与新技术国防特色学科获批。

通过装发部对我校武器装备质量体系综合评议和扩项审核，通过国防科工局对我校的科研生产许可延续现场审查，通过航天系统部联合航天东方红卫星有限公司对我校质保能力的现场审核。

八、科技论文质量持续提高

2016年，我校为第一作者及第一单位的SCI收录论文共4310篇，比2015年增加403篇，增长10%，全国高校排名升至第五，较2015年上升2位。EI收录我校论文共2984篇，比2015年增加272篇，增长10%，全国高校排名第七，上升2位。CPCI-S收录我校论文共978篇，比2015年增加488篇，翻了一番，全国高校排名第十。我校进入SCI学科影响因子前1/10的期刊论文766篇，比2015年翻了一番，从全国高校第九升至第五；我校科技工作者作为第一作者与国际合作产生的论文共计964篇，比上年增加102篇，位居全国高校第五，名次上升1位。

九、科研水平提升计划有序推进

第二批“登峰计划”遴选工作完成，经过多轮筛选，8个团队进入交流讨论会。编报了《面向未来的前沿学术方向和团队遴选总体方案》，并出台了新的《学术前沿青年团队计划管理实施办法》。学校学科交叉重点团队计划继续推进。

十、科研管理与服务水平又上新台阶

制定出台了《华中科技大学驻外研究院管理

办法》《华中科技大学学科创新引智计划项目管理办法》和《华中科技大学自主创新研究基金管理办法》等文件。

横向科技合同管理流程在参加学校流程再造竞赛中获优秀工作流程奖。推出“华中大产学研”微信公众号，搭建了校地校企产学研合作平台。加快推进学校科研信息管理系统二期建设，目前正协同财务处抓紧建设科研管理与财务管理系统对接工作。

十一、科协工作继续助力学校中心工作

积极开展学术交流活动，努力加强学术团体管理，主动服务各类学术期刊，促进在校青年学生成长，认真落实年度优秀论文奖励，强化科技普及、科技咨询与科技合作，积极举荐优秀科技人才，积极申报科协系统项目、加强科协自身建设等，各项工作取得一定成绩，圆满完成了全年工作计划任务。协助推荐申报青年人才托举工程，我校 3 人入选，入选人数位列全国高校第七位。4 人获“中国科协 2017 年度研究生科普能力提升项目”资助，6 人入选 2017 年度湖北省青年科技晨光计划，3 人入选 2017 年武汉市青年科技朝阳计划。我校科协获“全国科协系统先进集体标兵”称号，全国科协系统仅 32 家单位获此殊荣，是教育部系统唯一获此称号的单位。

科研机构

包括：国家级科研机构，部省级科研机构，与地方政府、企业共建科研机构，国际合作科研机构。

国家级科研机构

序号	名　称	管理部门	批准年份	主要负责人	行政职务	牵头单位
国家实验室(1)						
1	武汉光电国家研究中心	科技部	2017	骆清明	主任	
国家重大科技基础设施(2)						
1	国家脉冲强磁场科学中心(筹)	国家发改委	2007	李　亮	总工程师	电气学院
2	精密重力测量研究设施	国家发改委	2015	胡忠坤	工程总经理	物理学院
国家重点实验室(4)						
	激光技术国家重点实验室 (已并入武汉光电国家研究中心)	科技部	1986	陆培祥	主任	光电学院
1	煤燃烧国家重点实验室	科技部	1988	姚　洪	主任	能源学院
2	材料成形与模具技术 国家重点实验室	科技部	1991	李建军	主任	材料学院
3	数字制造装备与技术 国家重点实验室	科技部	2006	丁　汉	主任	机械学院
4	强电磁工程与新技术 国家重点实验室	科技部	2011	段献忠	主任	电气学院
国家工程(技术)研究中心(6)						
1	激光加工国家工程研究中心	国家发改委	1995	朱　晓	主任	光电学院
2	制造装备数字化 国家工程研究中心	国家发改委	2005	邵新宇	主任	机械学院
3	国家企业信息化(CAD)应用 支撑软件工程技术研究中心(武汉)	科技部	1997	陈立平	主任	机械学院
4	国家数控系统工程技术研究中心	科技部	1999	陈吉红	主任	机械学院

续表

序号	名称	管理部门	批准年份	主要负责人	行政职务	牵头单位
5	国家防伪工程技术研究中心	科技部	2004	尤新革	主任	电信学院
6	国家纳米药物工程技术研究中心	科技部	2009	杨祥良	主任	生命学院
国家工程实验室(1)						
1	下一代互联网接入系统国家工程实验室	国家发改委	2008	刘德明	主任	光电学院
国家专业实验室(2)						
1	新型电机国家专业实验室	国家发改委	1989	/	/	电气学院
2	外存储系统国家专业实验室	国家发改委	1989	/	/	计算机学院
国防科技重点实验室(1)						
1	多谱信息处理技术国防科技重点实验室	国家国防科工局	2005	曹治国	主任	自动化学院
国家其他类别研究机构(7)						
1	武汉引力与固体潮国家野外科学观测研究站	国家发改委	2007	罗　俊	主任	物理学院
2	武汉国家生物产业基地生物医药技术服务平台	国家发改委	2008	杨祥良	主任	生命学院
3	武汉综合性新药研究开发技术大平台	国家科技重大专项办公室科技部卫计委	2009	陈建国	负责人	基础医学院
4	J-TEXT托马克核聚变装置(中美联合核聚变实验室)	教育部	2009	庄　革	主任	电气学院
5	国家能源煤炭清洁低碳发电技术研发(实验)中心	国家能源局	2010	柳朝晖	主任	能源学院
6	生物燃气高效制备及综合利用技术研发(实验)中心	国家能源局	2014	陈汉平	主任	能源学院
7	国家妇产疾病临床医学研究中心	科技部	2014	马　丁	主任	附属同济医院

省部级科研机构

序号	名　　称	管理部门	批准时间	主要负责人	行政职务	牵头单位
省部共建(国家地方联合)科研基地(4)						
1	湖北省环境卫生学重点实验室——省部共建国家重点实验室培育基地	科技部、湖北省科技厅	2010	邬堂春	主任	公共卫生学院
2	新型电机技术国家地方联合工程研究中心	国家发改委、湖北省发改委	2013	曲荣海	主任	电气学院
3	避孕节育新技术国家地方联合工程实验室(湖北)	国家发改委、湖北省发改委	2015	廖爱华	主任	计生所
4	数字化材料加工技术与装备国家地方联合工程实验室(湖北)	国家发改委、湖北省发改委	2016	史玉升	主任	材料学院
教育部重点实验室(12)						
1	图像信息处理与智能控制教育部重点实验室	教育部	1999	曾志刚	主任	自动化学院
2	信息存储系统教育部重点实验室	教育部	2000	冯丹	主任	武汉光电国家实验室(筹)
3	生物医学光子学教育部重点实验室	教育部	2000	骆清铭	主任	生命学院
4	基本物理量测量教育部重点实验室	教育部	2002	胡忠坤	主任	物理学院
5	器官移植教育部重点实验室	教育部	2002	陈孝平	主任	附属同济医院
6	环境与健康教育部重点实验室	教育部	2002	邬堂春	主任	公卫学院
7	服务计算技术与系统教育部重点实验室	教育部	2005	金　海	主任	计算机学院
8	分子生物物理教育部重点实验室	教育部	2007	王　擎	主任	生命学院
9	神经系统重大疾病教育部重点实验室	教育部	2007	王建枝	主任	基础医学院
10	生物靶向治疗教育部重点实验室	教育部	2008	廖玉华	主任	附属协和医院

续表

序号	名　　称	管理部门	批准时间	主要负责人	行政职务	牵头单位
11	肿瘤侵袭转移教育部重点实验室	教育部	2008	马　丁	主任	附属同济医院
12	能量转换与存储材料化学教育部重点实验室	教育部	2011	解孝林	主任	化学学院
教育部重点实验室(B类)(4)						
1	电子信息功能材料教育部重点实验室	教育部	2008	吕文中	主任	光电学院
2	重力导航教育部重点实验室	教育部	2008	周泽兵	主任	物理学院
3	舰船电力电子与能量管理教育部重点实验室	教育部	2008	康　勇	主任	电气学院
4	脉冲功率技术教育部重点实验室	教育部	2009	林福昌	主任	电气学院
其他部委重点实验室(4)						
1	建设部给水排水重点实验室	建设部	2001	范跃华	主任	环境学院
2	卫计委器官移植重点实验室	卫计委	1986	陈孝平	主任	附属同济医院
3	卫计委呼吸系统疾病重点实验室	卫计委	1991	徐永健	主任	附属同济医院
4	国家环境保护环境与健康重点实验室(武汉)	环境保护部	2002	徐顺清	主任	公卫学院
教育部工程研究中心(5)						
1	敏感陶瓷教育部工程研究中心	教育部	2001	周东祥	主任	光电学院
2	数据存储系统与技术教育部工程研究中心	教育部	2006	冯　丹	主任	计算机学院
3	电力安全与高效利用教育部工程研究中心	教育部	2006	杨德先	主任	电气学院
4	新型电机与特种电磁装备教育部工程研究中心	教育部	2007	辜承林	主任	电气学院
5	能源动力装置节能减排教育部工程研究中心	教育部	2009	罗小兵	主任	能源学院
教育部研究中心(2)						
1	教育部制造技术国际标准研究中心	教育部	2005	蒋向前	主任	机械学院

续表

序号	名　　称	管理部门	批准时间	主要负责人	行政职务	牵头单位
2	磁约束核聚变教育部研究中心	教育部	2008	潘　垣	主任	电气学院
教育部网上合作研究中心(3)						
1	机械设计与制造教育部网上合作研究中心	教育部	2001	李培根	主任	机械学院
2	生物医学光子学教育部网上合作研究中心	教育部	2001	骆清铭	主任	生命学院
3	煤燃烧教育部网上合作研究中心	教育部	2001	郑楚光	主任	能源学院
部级研究中心(所)(2)						
1	中国教育科研计算机网华中地区网络中心	教育部	1996	于俊清	主任	网络中心
2	计划生育研究所	卫计委	1979	熊承良	主任	计生所
湖北省重点实验室(20)						
1	引力与量子物理湖北省重点实验室	湖北省科技厅	2001	罗　俊	主任	物理学院
2	集群与网格计算湖北省重点实验室	湖北省科技厅	2003	金　海	主任	计算机学院
3	智能互联网技术湖北省重点实验室	湖北省科技厅	2003	王　殊	主任	电信学院
4	数字流域科学与技术湖北省重点实验室	湖北省科技厅	2003	周建中	主任	水电学院
5	肿瘤侵袭转移湖北省重点实验室	湖北省科技厅	2004	马　丁	主任	附属同济医院
6	电力安全与高效湖北省重点实验室	湖北省科技厅	2004	程时杰	主任	电气学院
7	生物信息与分子成像湖北省重点实验室	湖北省科技厅	2004	周艳红	主任	生命学院
8	神经系统重大疾病湖北省重点实验室	湖北省科技厅	2004	王建枝	主任	基础医学院
9	生物靶向治疗研究湖北省重点实验室	湖北省科技厅	2004	黄士昂	主任	附属协和医院
10	生物无机化学与药物湖北省重点实验室	湖北省科技厅	2004	刘红梅	主任	化学学院

续表

序号	名　　称	管理部门	批准时间	主要负责人	行政职务	牵头单位
11	材料化学与服役失效湖北省重点实验室	湖北省科技厅	2006	谭必恩	主任	化学学院
12	分子影像湖北省重点实验室	湖北省科技厅	2006	张永学	主任	附属协和医院
13	控制结构湖北省重点实验室	湖北省科技厅	2006	朱宏平	主任	土木学院
14	天然药物化学与资源评价湖北省重点实验室	湖北省科技厅	2008	张勇慧	主任	药学院
15	船舶和海洋水动力学湖北省重点实验室	湖北省科技厅	2008	赵　耀	主任	船海学院
16	工程结构分析与安全评定湖北省重点实验室	湖北省科技厅	2008	李振环	主任	土木学院
17	药物靶点研究与药效学评价湖北省重点实验室	湖北省科技厅	2011	陈建国	主任	基础医学院
18	食品营养与安全湖北省重点实验室	湖北省科技厅	2011	刘烈刚	主任	公共卫生学院
19	心血管病遗传与分子机制湖北省重点实验室	湖北省科技厅	2016	汪道文	主任	附属同济医院
20	工程建模与科学计算湖北省重点实验室	湖北省科技厅	2016	张诚坚	主任	数学学院
湖北省工程实验室(6)						
1	避孕节育湖北省工程实验室	湖北省发改委	2010	熊承良	主任	计生所
2	湖北省先进成形技术与装备工程实验室	湖北省发改委	2012	史玉升	主任	材料学院
3	大数据技术与系统湖北省工程实验室	湖北省发改委	2015	金　海	主任	计算机学院
4	烟气多污染物控制技术与装备湖北省工程实验室	湖北省发改委	2016	徐明厚	主任	能源学院
5	固废处理处置与资源化技术湖北省工程实验室	湖北省发改委	2017	杨家宽	主任	环境学院
6	天地一体化信息网络湖北省工程实验室	湖北省发改委	2017	江　涛	主任	电信学院
湖北省工程研究中心(1)						
1	新型电机湖北省工程研究中心	湖北省发改委	2010	周理兵	主任	电气学院

续表

序号	名　　称	管理部门	批准时间	主要负责人	行政职务	牵头单位
湖北省其他类别基地(2)						
1	华中科技大学工业设计创新研究中心	湖北省经济和信息化委员会	2015	黄朝晖	主任	机械学院
2	湖北省数字化设计与制造创新中心	湖北省经信委	2016	丁　汉	负责人	机械学院
湖北省工程技术研究中心(11)						
1	湖北省纳米药物工程技术研究中心	湖北省科技厅	2003	杨祥良	主任	生命学院
2	湖北省先进成形技术与装备工程技术研究中心	湖北省科技厅	2004	莫健华	主任	材料学院
3	湖北省数据库工程技术研究中心	湖北省科技厅	2005	冯玉才	主任	计算机学院
4	湖北省电子制造装备工程技术研究中心	湖北省科技厅	2008	尹周平	主任	机械学院
5	湖北省数字 PET 工程技术研究中心	湖北省科技厅	2014	谢庆国	主任	生命学院
6	湖北省数字建造与安全工程技术研究中心	湖北省科技厅	2014	骆汉宾	主任	土木学院
7	湖北省城镇化工程技术研究中心	湖北省科技厅	2016	黄亚平	主任	建规学院
8	湖北省水质安全与水污染控制工程技术研究中心	湖北省科技厅	2016	王宗平	主任	环境学院
9	湖北省大数据安全工程技术研究中心	湖北省科技厅	2017	邹德清	主任	计算机学院
10	湖北省粒子加速器与应用工程技术研究中心	湖北省科技厅	2017	樊宽军	主任	电气学院
11	湖北省食药两用资源工程技术研究中心	湖北省科技厅	2017	余龙江	主任	生命学院
湖北省科技基础条件平台(1)						
1	湖北省光电测试技术服务中心	湖北省科技厅	2007	刘笔锋	主任	武汉光电国家研究中心
湖北省产业技术创新基地(2)						
1	电子信息产业智能网络信息融合技术创新基地	湖北省科技厅	2010	王　殊	主任	电信学院
2	生物医药产业中药新药关键技术创新基地	湖北省科技厅	2010	陈家春	主任	药学院

2017年与地方政府签订全面合作协议

序号	单位名称	签订日期
1	学校与武汉铁路局签署战略合作协议	2017.2.24
2	学校与日立电梯电机(广州)有限公司签署技术战略合作框架协议	2017.3.14
3	学校与全球能源互联网研究院签署战略合作框架协议	2017.6.14
4	学校与武汉市城市建设投资开发集团有限公司签订科技创新合作框架协议	2017.6.15
5	学校与浙江吉利控股集团有限公司签订新能源汽车智能制造战略合作框架协议	2017.9.12

2017年校企共建中心、实验室一览表

序号	名　　称	委托单位	负责人	单位
1	共建华中科技大学车载光学技术中心合同	江西宣科碳动力有限公司	马冬林	光电学院
2	共建华中科技大学数字建造工程技术中心	北京汇智康成教育科技有限公司	骆汉宾	土木学院
3	共建华中科技大学电力电子技术中心	武汉华海通用电气有限公司	刘新民	电气学院
4	共建"NGIA能源互联网研究中心"	武汉新能源研究院有限公司	刘　陈	光电学院
5	共建"华中科技大学-广东志成冠军电源技术中心"(续签)	广东志成冠军集团有限公司	张　宇	电气学院
6	美的集团-华中科技大学"机器人与智能制造联合实验室"合作合同	美的集团	徐剑锋	机械学院
7	共建华中科技大学绿色安全智慧物联网关键技术联合中心	武汉丰天鼎业信息网络有限公司	尤新革	电信学院
8	共建华中科技大学储能变换与系统集成技术中心	深圳市首航新能源有限公司	段善旭	电气学院
9	共建华中科技大学常熟瑞特电气特种材料联合研究中心	常熟瑞特电气股份有限公司	龚荣洲	光电学院

续表

序号	名　　称	委托单位	负责人	单位
10	共建华中科技大学 醇氢动力研究技术中心	武汉东龙电子 科技有限公司	蒋炎坤	能源学院
11	共建华中科技大学-腾讯公司 智能云存储技术联合研究中心	深圳市腾讯计算机 系统有限公司	周　可	武汉光电 国家实验 室(筹)
12	共建华中科技大学-地平线 计算机视觉技术研究中心	北京地平线信息 技术有限公司	王兴刚	电信学院
13	湖北华中电力科技开发有限 责任公司与华中科技大学共建联合实验室	湖北华中电力科技 开发有限责任公司	莫益军	计算机学院
14	共建华中科技大学人工智能技术中心	福建省华智人工 智能创新研究中心	涂　刚	计算机学院
15	共建华中科技大学-西安合力- 陕西方直智能绿色铸造技术联合实验室	陕西方直 贸易有限公司	廖敦明	材料学院
16	共建华中科技大学电机技术中心	德和泰集团 有限公司	王雪帆	电气学院
17	共建汽车零部件联合工程研究中心	东风汽车零部件 (集团)有限公司	曲荣海	电气学院
18	容联华中科技大学 计算机学院联合实验室	北京容联易通 信息技术有限公司	魏　巍	计算机学院
19	共建华中科技大学 云计算与电力物联网技术中心	武汉特试特科技 股份有限公司	李国徽	计算机学院
20	联合建立天地一体化 信息网络研究中心	中国电子科学研究院	江　涛	电信学院
21	共建“人工智能+智慧城市” 联合实验中心合作协议	中建三局智能 技术有限公司	王天江	计算机学院
22	共建华中科技大学帆声图像 智能检测与自动化仿真技术中心	上海帆声图像 科技有限公司	王元勋	土木学院
23	共建华中科技大学-天门市 产业联合研发中心	天门市人民政府	黄云辉	材料学院
24	华中大-仪综所功能安全和 网络安全联合研究中心	机械工业仪器仪表 综合技术经济研究所	桑　农	自动化学院
25	共建华中科技大学-同济大学 车用新能源联合实验室	同济大学	黄云辉	材料学院

国际科技合作基地

(一)教育部国际合作联合实验室

序号	名　　称	批准年份	负责人	牵头单位
1	武汉光电国际合作联合实验室	2015	周　军	武汉光电国家研究中心
2	磁约束聚变与等离子体国际合作联合实验室	2016	梁云峰	电气学院

(二)科技部国家国际科技合作基地

序号	名　　称	批准年份	负责人	牵头单位
国际联合研究中心(5)				
1	新型大功率激光器国家级国际联合研究中心	2007	朱　晓	光电学院
2	煤清洁利用国际联合研究中心	2012	徐明厚	能源学院
3	绿色通信与网络国际联合研究中心	2015	葛晓虎	电信学院
4	光电转换与探测国际联合研究中心	2016	周　军	武汉光电国家研究中心
5	感知生物技术国际联合研究中心	2017	刘剑峰	生命学院
示范性国际科技合作基地(1)				
1	中英 HUST-RRes 基因工程和基因组学联合实验室	2008	何光源	生命学院

注:根据2011年7月29日科技部《关于印发〈国家国际科技合作基地管理办法〉的通知》(国科发外〔2011〕316号),国际科技合作基地包括国际创新园、国际联合研究中心、国际技术转移中心和示范型国际科技合作基地等不同类型。其中,国际联合研究中心由科技部认定,示范型国际科技合作基地由科技部国际合作司认定。

(三)湖北省国际科技合作基地

序号	名　　称	批准年份	负责人	牵头单位
1	湖北省智能制造技术国际科技合作基地	2014	丁　汉	机械学院
2	湖北省聚变与等离子体国际科技合作基地	2014	庄　革	电气学院
3	湖北省环境相关疾病防控国际科技合作基地	2014	邬堂春	公卫学院
4	湖北省中美神经系统疾病国际科技合作基地	2014	王建枝	基础医学院
5	湖北省图像/视频处理与智能控制国际科技合作基地	2016	刘文中	自动化学院

高等学校学科创新引智基地

序号	基地名称	负责人	所在单位	批准年份
1	煤燃烧学科创新引智基地	徐明厚	能源学院	2006
2	光电科学与技术学科创新引智基地	周　军	武汉光电国家研究中心	2007
3	分子生物物理学科创新引智基地	刘剑峰	生命学院	2008
4	重大慢性非传染性疾病的预防对策研究学科创新引智基地	邬堂春	公共卫生学院	2011
5	脉冲强磁场科学与技术学科创新引智基地	李　亮	电气学院	2012
6	精密测量物理学科创新引智基地	罗　俊	物理学院	2013
7	智能制造学科创新引智基地	丁　汉	机械学院	2015
8	计算智能与智能控制学科创新引智基地	曾志刚	自动化学院	2017

注：高等学校学科创新引智计划（简称"111 计划"）于 2005 年开始由教育部、国家外国专家局联合实施。"111 计划"以建设学科创新引智基地为手段，加大成建制引进海外人才的力度，进一步提升高等学校引进国外智力的层次，促进引进海外人才与国内科研骨干的融合，开展高水平的合作研究和学术交流，共同培养博士研究生，在高等学校汇聚一批世界一流人才，率先建立起一批具有原始性创新能力的学科创新引智基地，全面提升高等学校科技创新能力和综合竞争实力。

与国外科研机构合作基地

序号	基地名称	合作机构	设立年份	负责人	所在单位
1	中德干细胞中心	德国科隆大学神经生理研究所	1998	牟阳灵	基础医学院
2	中美老年性痴呆研究中心	纽约基础研究院（New York State Institute for Basic Research in Developmental Disabilities）	2001	王建枝	基础医学院
3	中德马普生物物理与生物化学合作实验室	德国马克思-普朗克生物物理化学研究所	2002	吴政星	生命学院
4	中法联合药物研发和筛选中心	法国国家科研中心（CNRS）蒙比利埃功能基因研究所	2004	刘剑峰	生命学院
5	中英先进材料及成形技术联合实验室	英国伯明翰大学、斯旺西大学、南安普顿大学	2006	史玉升	材料学院
6	中韩生物材料与纳米生物技术研究中心	韩国延世大学（Yonsei University）	2007	张胜民	生命学院

续表

序号	基地名称	合作机构	设立年份	负责人	所在单位
7	中欧能源学院	欧盟相关科研单位	2010	姚　洪	能源学院
8	中瑞离子通道与突触可塑性联合实验室	瑞典卡罗林斯卡学院	2011	陈建国	基础医学院
9	中澳信息物理鉴伪技术联合中心	澳大利亚悉尼科技大学	2012	尤新革	电信学院
10	华中科技大学—悉尼科技大学移动通信联合研究中心	澳大利亚悉尼科技大学	2014	葛晓虎	电信学院
11	中英纳米能源材料研究中心	英国利物浦大学	2016	谭必恩	化学院
12	中德天然药物国际合作联合实验室	德国马尔堡大学	2016	张勇慧	药学院
13	中英数字设计与建造联合实验室	英国诺丁汉特伦特大学	2016	骆汉宾	土木学院
14	华中科技大学-马里兰大学智慧轨道研究所	美国马里兰大学	2016	骆汉宾	土木学院
15	感染与免疫联合实验室	德国杜伊斯堡-埃森大学	2017	杨东亮	附属协和医院
16	国际水安全联合研究中心	美国佐治亚理工大学水资源研究所	2017	康　玲	水电学院
17	中英先进光子技术联合实验室	英国阿斯顿大学光子技术研究所		舒学文	武汉光电国家研究中心

与跨国公司联合共建科技合作机构

序号	基地名称	合作机构	设立年份	负责人	所在单位
1	华中科技大学—IBM技术中心	IBM国际商业机器公司	1995	黄晓涛	网络中心
2	中德FESTO气动技术中心	德国FESTO公司	1996	李宝仁	机械学院
3	中美虚拟仪器技术(VI)联合实验室	美国国家仪器(NI)公司	2003	江建军	光电信息学院

续表

序号	基地名称	合作机构	设立年份	负责人	所在单位
4	中日 RENESAS 嵌入式微控制器实验室	日本瑞萨(RENESAS)科技有限公司	2004	何顶新	自动化学院
5	武汉光电国家实验室(筹)、武汉光电工业研究院与法国标致雪铁龙集团联合实验室	法国标致雪铁龙集团	2015	屠国力	武汉光电国家研究中心

科研课题

2017 年自然科学研究课题分类统计

单位:项

	项　　目	项　　数
合　计		5134
按研究性质分类	基础研究	1148
	应用研究	1734
	实验发展	1178
	R&D 成果应用	215
	科技服务	859
按来源分类	国家"973"项目	68
	国家科技攻关项目	29
	国家"863"项目	47
	科技部重大专项	32
	国家重点研发计划	174
	国家自然科学基金项目	1650
	主管部门科技项目	672
	国家部委其他科技项目	328
	省、市自治区项目	308
	企事业单位委托科技项目	1784
	国际合作项目	30
	自选项目	12

科研经费

2017年科技经费来源分类统计(自然科学)

单位:千元

经费名称	金额
合计	3329409
科研事业费	139369
主管部门专项费	416800
国家发改委、科技部专项费	733795
国家自然科学基金项目费	486456
国务院其他部门专项费	127868
省、市、自治区专项费	107174
企、事业单位委托经费	1257253
各种收入中转为当年科技活动经费	53200
国外资金	7494

注:以上是2017科技年报数据。

学术论文

包括:各单位 2016 年三大检索收录论文统计和各单位 2016 年学术论文统计。

华中科技大学各单位 2016 年度三大检索表

序号	单位	SCI	SSCI	表现不俗	EI	CPCI_S	国际论文	国内论文	专著
1	数学学院	65	0	0	38	1	98	14	0
2	物理学院	138	0	0	97	5	197	4	0
3	化学学院	165	0	0	110	2	192	9	2
4	机械学院	260	4	0	280	101	327	133	3
5	武汉光电国家实验室(筹)	379	0	0	375	83	471	12	4
6	光电信息学院	175	0	0	169	69	234	10	2
7	电信系	125	4	48	105	59	158	18	5
8	自动化学院	193	6	0	212	83	265	32	0
9	材料学院	263	2	188	260	20	66	8	0
10	能源学院	283	3	0	429	44	304	82	2
11	电气学院	237	0	73	310	186	394	202	0
12	计算机学院	109	1	0	122	98	234	25	0
13	水电学院	30	0	0	38	18	70	24	0
14	土木学院	110	9	0	114	21	172	85	3
15	生命学院	128	0	0	38	9	153	32	6
16	环境学院	64	1	0	38	3	42	47	0
17	船海学院	21	0	12	36	23	56	38	1
18	建规学院	2	0	0	2	1	14	1	0
19	计生所	0	0	0	1	0	0	0	0
20	护理学院	4	1	0	2	5	26	93	5
21	公卫学院	20	3	0	0	1	28	59	0
22	法医学系	3	0	0	0	0	11	12	4
23	医管院	145	17	84	26	0	177	80	22
24	药学院	19	2	7	0	0	18	16	2
25	基础医学院	39	20	0	1	3	44	158	7
26	附属同济医院	74	0	0	24	0	114	32	0

续表

序号	单　　位	SCI	SSCI	表现不俗	EI	CPCI_S	国际论文	国内论文	专著
27	附属协和医院	112	0	0	3	1	123	5	2
28	附属梨园医院	599	9	0	14	30	979	1465	11
29	新闻学院	526	9	0	29	34	342	458	56
30	外语学院	9	0	0	0	0	8	111	0
31	管理学院	0	0	0	0	0	0	68	12
32	经济学院	3	14	0	2	0	42	63	5
33	法学院	38	42	15	41	7	53	60	7
34	哲学系	3	6	0	1	0	33	88	2
35	马克思主义学院	0	0	0	0	0	0	47	2
36	中文系	0	1	0	0	0	1	37	4
37	教科院	0	0	0	0	0	22	170	24
38	公管学院	1	5	0	0	0	7	71	3
39	社会学系	5	4	1	3	1	15	16	5
40	历史所	0	1	0	0	0	8	9	2
41	网络中心	0	0	0	1	0	6	5	0
42	软件学院	4	0	0	4	3	0	0	0
43	体育部	0	0	0	0	0	2	18	2
44	图书馆	0	0	0	0	0	0	0	0
45	刘克明	0	0	0	0	0	1	6	0
46	校科协	0	0	0	0	0	0	0	0
47	其他	136	16	0	59	67	0	0	0
48	合　　计	4487	180	428	2984	978	5507	3923	205

科技成果

国家奖、湖北省、教育部获奖

（一）国家科学技术奖配套奖

序号	研究成果	获奖类型	获奖等级	完成人及所在单位
1	胶质细胞-神经元功能耦合与缺血脑保护	自然科学奖	二等奖	王伟等 附属同济医院
2	高性能数控系统关键技术及产业化	科技进步奖	二等奖	陈吉红等 机械科学与工程学院
3	强电磁环境下复杂电信号的光电式测量装备及产业化	科技进步奖	二等奖	李红斌等 电气与电子工程学院
4	药剂高效分装成套装备及产业化（第二单位）	科技进步奖	二等奖	陶波等 机械科学与工程学院
5	大规模风电联网高效规划与脱网防御关键技术及应用(第三单位)	科技进步奖	二等奖	艾小猛等 电气与电子工程学院

（二）高等学校科学研究优秀成果奖(科学技术)配套奖

序号	研究成果	获奖类型	获奖等级	完成人
1	大型水电机组动力学建模、故障诊断与优化控制	自然科学奖	一等奖	周建中等 水电与数字化工程学院
2	专用项目	科技进步奖	一等奖	于克训等 电气与电子工程学院
3	专用项目	科技进步奖	一等奖	张天序等 自动化学院

（三）湖北省科技奖配套奖

序号	研究成果	获奖类型	获奖等级	完成人
1	柔性微纳结构电流体喷印机理与性能调控	自然科学奖	一等奖	尹周平等 机械科学与工程学院
2	水典型污染物毒性、健康风险及评价技术体系	科技进步奖	一等奖	鲁文清等 公共卫生学院
3	磁场调制永磁同步交流伺服电机关键技术及应用	科技进步奖	一等奖	曲荣海等 电气与电子工程学院
4	大型高参数压力容器制造成套装备及其关键技术的研发与应用	科技进步奖	一等奖	黄禹等 机械科学与工程学院

续表

序号	研究成果	获奖类型	获奖等级	完成人
5	辐照加速器电子束磁位形控制扩散技术与装置	发明奖	一等奖	黄江等 电气与电子工程学院
6	复杂铸件工艺优化与精密制造关键技术	科技进步奖	一等奖	周建新等 材料科学与工程学院
7	绿色高效健壮嵌入式软件开发平台关键技术及应用	科技进步奖	一等奖	李国徽等 计算机科学与技术学院
8	胆胰肿瘤外科治疗体系及靶向治疗的创新	科技进步奖	一等奖	秦仁义等 附属同济医院
9	公民逝世后器官捐献体系的建立及临床肝肾移植	科技进步奖	一等奖	陈知水等 附属同济医院
10	骨性下颌后缩的修复机制和矫治新策略	科技进步奖	一等奖	陈莉莉等 附属协和医院
11	敏感环境约束下软弱岩(土)层隧道设计理论与安全防控技术	科技进步奖	一等奖	郑俊杰等 土木工程与力学学院
12	先天性心脏病外科治疗关键技术突破与创新	科技进步奖	一等奖	董念国等 附属协和医院
13	新型丝胶生物材料的创新研发及其在创伤修复中的应用	科技进步奖	一等奖	王琳等 附属协和医院
14	血栓性疾病的早期诊断和靶向治疗	成果推广奖	一等奖	胡豫等 附属协和医院
15	胰腺重大疾病多学科诊疗体系的建立及关键治疗措施的创新和应用	科技进步奖	一等奖	王春友等 附属协和医院

（四）社会力量设立的科学技术奖配套奖

序号	研究成果	获奖类型	获奖等级	完成人
1	中高温下固体氧化物基高精度快速氧测量关键技术及应用	中国商业联合会科学技术奖科技进步奖	特等奖	李曦等 自动化学院
2	高性能复杂铸件形性调控关键技术及应用	中国机械工业科学技术奖	一等奖	周建新等 材料科学与工程学院
3	逼近香农限的OFDM信号处理理论与方法	中国电子学会科学技术奖自然科学奖	一等奖	江涛等 电子信息与通信学院

（科学技术发展院供稿）

科技成果转化及服务工作

2017 年，科技成果转化及服务工作以服务“双一流”建设为主线，切实落实学校 2017 年的总体工作部署，紧密围绕学校知识产权战略开展工作，尽职履责，取得了一定成绩。

一、科技成果奖励工作

根据各级科技奖励推荐工作的要求，按照公开征集、专家评审、结果公示的程序，认真组织奖励申报的推荐工作。积极与各类科技奖励主管机构沟通协商，争取为学校的申报项目获取推荐指标，确保每一个报奖的科研团队都能获得指标推荐。通过团结协作，发扬奋力拼搏精神，实现了国家奖、省部级奖和社会力量设奖的全面丰收。

1. 国家级奖获奖数量居高校前列

我校以第一完成人/第一完成单位获得国家科技奖通用项目二等奖 3 项，居全国高校第八名。以参与单位获得国家科技奖通用项目 2 项。

2. 省部级奖获奖数量稳步增长

2017 年，作为第一完成单位我校共有 31 项科技成果获得湖北省科技奖励，其中一等奖 15 项；二等奖 9 项；三等奖 7 项。一等奖获奖数和获奖总数均居全省榜首。

作为第一完成单位，4 项科技成果获得教育部高等学校科学研究优秀成果奖，其中一等奖 3 项(含 2 项专用项目)，全国高校排名第八，二等奖 1 项。

社会力量设奖也是科技奖励的重要组成部分，并且能够拓宽国家科技奖的申报途径。2017 年，我校相关成果分获中国机械工业科技奖、中国商业联合会科技奖、中国电子学会科技奖、中国发明协会科技奖、中国产学研合作促进会科技奖和中华医学会科技奖。获得这些具备国家级奖提名资格的社会力量设奖，为成果提名申报国家科技奖奠定了基础。

3. 开展科技奖励政策专题介绍，服务项目申报

2017 年，国家科学技术奖励办公室根据《关于深化科技奖励制度改革的方案》(国办函〔2017〕55 号)的精神，依据《国家科学技术奖励条例》及其实施细则的有关规定，制定了《国家科学技术奖提名制实施办法(试行)》。国家科技奖由推荐制改为提名制并于 2018 年开始试行。对政策的变化，积极主动参加学习，并根据新的政策文件及国家科技奖励工作大会的精神，结合 2018 年的工作手册，制作专题 PPT，深入院系开展宣讲介绍；并就项目提名书的相关内容进行交流、辅导，从项目提名阶段入手，积极开展服务工作，为明年国家奖励的申报做好铺垫工作，2018 年我校 18 项科技成果拟提名国家科技奖。

推荐申报教育部科技奖励前期，组织召开教育部科技奖励项目申报工作会议，就教育部科技奖励申报及评审流程，奖励项目推荐条件、具体要求及注意事项等，向参会人员做了详细介绍，积极主动服务科研团队报奖。

二、知识产权工作

2017 年，围绕知识产权创造、管理、运用和保护等方面积极开展各方面工作，创新引领发展的趋势更加明显，知识产权服务和管理水平不断提高，取得了明显成效。全校知识产权工作有了大幅度提升，教职工知识产权意识逐步提高，知识产权产出显著。

(一) 知识产权总体情况

从加强自主创新、促进科技成果转化、共建双一流这一高度来提高教师及科研人员对知识产权保护重要性和自觉性的认识，激励教师和科研人员对知识产权成果创造和保护的积极性，我校发明专利的申报数及授权数逐年大幅度增加，同时专利申请的质量也可圈可点。

1. 知识产权申请及授权

我校专利申请 2331 件，其中，普通发明申请 1852 件，实用新型申请 401 件，外观设计 1 件，国防发明申请 14 件；PCT 申请 32 件，进入国外申请 31 件。专利授权 1552 件，其中，普通发明授权 1124 件，实用新型授权 335 件，外观设计授权 3

件，国防发明授权20件，国外专利授权40件。软件著作权登记158件。

有效维持专利管理5122件，对专利申请前、申请中、授权后、维持中等进行全过程管理及归档保存。

2. 知识产权获奖

机械科学与工程学院刘银水教授团队的发明专利“一种全深度浮力调节海水泵”先后荣获第九届湖北省专利金奖及第十九届中国专利优秀奖。电气与电子工程学院樊明武教授团队的发明专利“一种用于辐射加工的电子束扩散装置”和李银红教授团队的发明专利“一种直流输电继电保护整定预备量的获取方法”分别荣获第十九届中国专利优秀奖。

本部门下属的专利中心被评为中国专利代理行业三星级专利代理机构、湖北省代理人培训实习基地。

（二）全校知识产权服务和管理工作

1. 开展知识产权咨询、培训和服务工作

帮助教师和科研人员了解知识产权基本知识，掌握知识产权保护基本技能，提升知识产权保护意识，积极开展知识产权创造和保护工作。面向院系或科研项目团队，组织安排10多次专题讲座、培训和咨询。

2. 高效完成校内专利申请资助和奖励工作

我校设立的专利基金，极大地激发了广大教师的发明创造积极性，解决科研人员申报专利的经费问题。但每年专利申请基金的资助涉及面广，资金量大，为做好该项工作，成果转化办公室采用申请备案和主动查询两种方式为老师做好服务。申请备案是指教师及科研人员持专利申请表和受理通知书到科技成果转化服务中心备案。主动查询是通过国家知识产权网主动检索我校专利申请和授权信息。以此来保证专利申请资助信息全面和准确，简化了流程，方便了各院系的统计工作。发放后，还通过邮件推送发放进展，达到及时高效和零错误率，得到了教师和科研工作者的肯定和好评。

3. 积极申报政府对我校发明专利的奖励资助

已申报市科技局发明专利授权奖励资助46万元，区科技局发明专利授权奖励资助20万元，武汉市文化局软件著作权资助2.1336万元。

4. 积极组织专利奖申报工作

及时跟踪2016年第九届湖北省专利奖答辩事宜，对发明人撰写答辩重点内容进行指导。组织各院系申报2017年第十届湖北省专利奖共计12项，已通知进入答辩环节2项。

5. 知识产权相关事项的调查工作

对我校知识产权相关事务进行调查，包括委托校外专利申请代理的机构合法性调查、专利著录事项变更合法合规性调查、知识产权合同合法合规性调查，以及其他知识产权相关事项申请学校用章的情况调查，共计150余次。

（三）积极配合相关部门完成数据统计填报工作

完成2016—2017学年高等学校实验室信息中的专利数据填报工作、2016年高校年报中的专利数据填报工作、华中科技大学院系发展指标体系中的专利数据填报工作、2016年科技基础条件资源调查工作中的专利数据填报工作、2016年教师学生专利(著作权)数据采集工作、2016年国有资产中的无形资产清查工作。

（四）社会公益工作

协助省知识产权局关于开展历届湖北省专利奖获奖项目情况调查；担任湖北省知识产权局组办的“基于云环境的知识产权全生命周期服务及产业化”项目、“湖北省知识产权综合服务平台运营”项目，以及武汉市科技局组办的“武汉市三大关键领域(智能制造、光通信、生命健康)产业专利布局与预警分析”项目的评审专家。

三、科技成果转化工作

2017年，围绕加快步伐、提升效率，以尽职履责为抓手，进一步完善科技成果转化流程，更加主动地服务成果转化，努力提升社会服务能力，促进学校科技成果服务地方经济社会发展。

(1) 实行转化申请一张表。通过认真梳理，将科技成果转化申请所涉及的各项材料归集为一张表，配合办事指南公布在部门网站上，使申请材料的填写清晰明了，便于成果完成团队进行转化申请。

(2) 对学校多年来以专利为载体的科技成果进行了清理分类，整理汇编成册，做成pdf专利成果清单公布在部门网站上，方便需求企业查询使用,也是主动推进成果转化的重要一步。

(3) 上半年,教育部和广东省政府联合主办首届中国高校科技成果交易会,我校作为十家协办高校之一,承担了大量的会议组织工作。同时,我校也提供了60余个项目参加网上展示,并组织了10余个项目现场参展。通过项目评选,我校获得成果创新奖1项,优秀项目展示奖1项,优秀组织奖1项,先进个人奖1项。

(4) 积极响应武汉市"四大资智聚汉"工程,在下半年武汉市委市政府举办的第三批科技成果转化签约大会华中科技大学专场活动中,我校积极组织参会项目,共签约项目62项,金额超66.62亿元。其中科技成果转化项目49个,签约金额23亿多元;基金项目6个,金额为28亿元;科技成果转化平台建设项目5个,签约金额15亿多元。借与地方政府合作的契机,对服务武汉、可实现本地转化的项目进行了梳理,整理汇编了300多项科技成果,并制作成电子手册,便于以后进行成果推广。

(5) 科技成果转化过程中,资产评估是一个重要的环节,对成果转化的价格起到参考作用。按照教育部财政部最新的资产评估备案要求,进一步规范了资产评估行为,通过招标遴选,确定了5家机构对学校科技成果转化过程中所涉及的无形资产提供评估服务。

2017年,学校完成审批、签订合同的各类科技成果转化项目20项,合同金额9747.75万元,其中以许可和转让形成现金收入的项目合同金额3277.38万元。当年到账实施分配的科技成果转化收益3437.1757万元,超额32%完成预算收入2600万元的年度目标。正在进行的转化项目10余项。学校成果转化的星星之火已经点起,正成燎原之势。

2017年我校获国家级、省部级科技奖励项目

国家级奖

序号	获奖项目名称	所在单位	第一完成人	奖励类别	等级
1	胶质细胞-神经元功能耦合与缺血脑保护	附属同济医院	王　伟	自然科学奖	二等奖
2	高性能数控系统关键技术及产业化	机械学院	陈吉红	科技进步奖	二等奖
3	强电磁环境下复杂电信号的光电式测量装备及产业化	电气学院	李红斌	科技进步奖	二等奖
4	药剂高效分装成套装备及产业化②	机械学院	陶　波	科技进步奖	二等奖
5	大规模风电联网高效规划与脱网防御关键技术及应用③	电气学院	艾小猛	科技进步奖	二等奖

注:②③表示我校为参与单位的排名。

湖北省奖

序号	获奖项目名称	所在单位	第一完成人	获奖类别	等级
1	柔性微纳结构电流体喷印机理与性能调控	机械学院	尹周平	自然科学奖	一等奖
2	受限量子体系的非线性光学特性及其应用的研究	物理学院	李家华	自然科学奖	二等奖
3	形状特征提取及相似性度量方法研究	电信学院	白　翔	自然科学奖	二等奖
4	基因-环境交互作用与消化系统恶性肿瘤易感性	公卫学院	缪小平	自然科学奖	二等奖
5	辐照加速器电子束磁位形控制扩散技术与装置	电气学院	黄　江	技术发明奖	一等奖
6	复杂铸件工艺优化与精密制造关键技术	材料学院	周建新	科技进步奖	一等奖
7	大型高参数压力容器制造成套装备及其关键技术的研发与应用	机械学院	黄　禹	科技进步奖	一等奖
8	磁场调制永磁同步交流伺服电机关键技术及应用	电气学院	曲荣海	科技进步奖	一等奖
9	绿色高效健壮嵌入式软件开发平台关键技术及应用	计算机学院	李国徽	科技进步奖	一等奖
10	敏感环境约束下软弱岩(土)层隧道设计理论与安全防控技术	土木学院	郑俊杰	科技进步奖	一等奖
11	先天性心脏病外科治疗关键技术突破与创新	附属协和学院	董念国	科技进步奖	一等奖
12	胆胰肿瘤外科治疗体系及靶向治疗的创新	附属同济医院	秦仁义	科技进步奖	一等奖
13	公民逝世后器官捐献体系的建立及临床肝肾移植	附属同济医院	陈知水	科技进步奖	一等奖

续表

序号	获奖项目名称	所在单位	第一完成人	获奖类别	等级
14	胰腺重大疾病多学科诊疗体系的建立及关键治疗措施的创新和应用	附属协和医院	王春友	科技进步奖	一等奖
15	新型丝胶生物材料的创新研发及其在创伤修复中的应用	附属协和医院	王　琳	科技进步奖	一等奖
16	水典型污染物毒性、健康风险及评价技术体系	公卫学院	鲁文清	科技进步奖	一等奖
17	骨性下颌后缩的修复机制和矫治新策略	附属协和医院	陈莉莉	科技进步奖	一等奖
18	帕金森病发病机制及其干预的探索应用	附属协和医院	王　涛	科技进步奖	二等奖
19	麻醉药物调控神经系统机制研究及应用	附属协和医院	陈向东	科技进步奖	二等奖
20	儿童急性白血病精准诊治的基础及临床研究	附属协和医院	金润铭	科技进步奖	二等奖
21	基于合理用药评价指标的精准药学服务模式	附属同济医院	丁玉峰	科技进步奖	二等奖
22	骨质疏松症相关细胞信号通路转导机制的系列研究及中药的治疗作用	附属协和医院	沈　霖	科技进步奖	二等奖
23	临床循证护理模式评价	附属同济医院	曾铁英	科技进步奖	二等奖
24	“零X射线”三维计算机导航导管消融治疗心律失常	附属同济医院	王　炎	科技进步奖	三等奖
25	微米复方黄连制剂及其单体成分黄芩苷、栀子苷抗动脉粥样硬化作用的相关	附属协和医院	管思明	科技进步奖	三等奖
26	造血基质细胞生物学特征及临床转化研究	附属同济医院	孙汉英	科技进步奖	三等奖
27	阻塞性睡眠呼吸暂停靶器官损害病理生理机制及诊断、治疗	附属同济医院	刘辉国	科技进步奖	三等奖
28	辅助生殖技术转化应用研究	附属同济医院	章汉旺	科技进步奖	三等奖
29	农村公共卫生绩效评价指标及方法	医药卫生管理学院	冯占春	科技进步奖	三等奖
30	基于心肌病的磁共振成像技术创新与临床应用	附属同济医院	夏黎明	科技进步奖	三等奖
31	血栓性疾病的早期诊断和靶向治疗	附属协和医院	胡　豫	成果推广奖	一等奖

教育部奖

序号	获奖项目名称	所在单位	第一完成人	获奖类别	等级
1	大型水电机组动力学建模、故障诊断与优化控制	水电学院	周建中	自然科学奖	一等奖
2	2 型糖尿病 HO-1 易感位点、膳食营养危险因素分析及相关机制研究	公卫学院	刘烈刚	自然科学奖	二等奖
3	专用项目	自动化学院	张天旭	科技进步奖	一等奖
4	专用项目	电气学院	于克训	科技进步奖	一等奖

（科技成果转化办公室、科技成果转化服务中心供稿）

人文社会科学工作

2017年，人文社科管理工作在党的十九大、习近平总书记系列讲话以及全国高校思想政治工作会议精神的指导下，在学校党委行政的正确领导下，攻坚克难，奋力前行，若干工作取得突破，日常工作稳步推进，书写了华中科技大学人文社会科学发展新的篇章。

一、落实巡视整改任务，完善意识形态责任制，牢牢把握人文社会科学正确的政治导向，切实增强阵地意识，实行科学规范的管理

第一，协助教务处、宣传部，对人文社科类课程的教材进行把关。

第二，加强对讲座、论坛、报告会的管理。与宣传部、保卫处、维稳办联动，参与出台了《华中科技大学思想文化类讲座、论坛、报告会、研讨会等管理细则》，进一步强调了主体责任和严把政治关，进一步规范了报批要求和流程，坚决不给错误思想和言论提供传播空间和渠道。

第三，加强对文科相关会议的管理。根据《华中科技大学会议费管理暂行办法》，对文科各院系召开学术会议从内容到经费预算进行严格审批把关。

第四，加强对涉外科研项目的管理。草拟了《华中科技大学人文社会科学涉外科研合作项目管理办法》，积极与国际交流处、宣传部沟通，加强涉外项目的过程化管理。

第五，加强对智库、研究基地的管理。草拟了《华中科技大学人文社科研究基地管理办法》，规范和加强对各类智库、研究基地的管理，明确了人文社科处、院系和研究基地在学术研究、学术交流、项目招投标及成果发布等过程中的意识形态责任，以及履行责任的程序。

第六，在基金项目申报、项目结题验收和成果报奖中加强意识形态审查，要求社科类项目的申报和结项验收以及成果报奖，要经过院系党组织进行意识形态把关，文科处负责进行审核，确保正确的政治导向。

第七，对社科类著作的出版把好意识形态关。按照校党委常委会的要求，文科处负责对我校教师出版社科类著作进行意识形态把关。为落实校党委的要求，文科处出台了相关规定，对作者、院系和文科处在著作出版中应承担的意识形态责任进行了明确的划分，使责任更清晰，职责更明确，落实更到位。

二、积极推进一流文科建设，文科学科建设取得明显成效

根据国务院《统筹推进世界一流大学和一流学科建设总体方案》精神，结合学校实际，在学校主管领导、校“双一流”建设工作联席会和学科建设办公室指导下，文科处统筹制定了一流文科建设计划，包括文科大师与智力引入计划、人文素质教育和创新教育提升计划、智库和文科前沿团队支持计划、文科学术和服务公共平台建设计划，2017年合计支持经费1576.58万元，为“十三五”文科发展奠定良好基础。

根据校学术委员会人文社科分委员会的评审意见，2017年支持建设了华中大智库4个，文科前沿团队7个，支持大学生学习交流中心建设的相关研究，建设文科大数据中心4个、创办文科外文期刊2种，支持文科院系举办（主办）高水平国际会议。还支持建设了中国高校社科数据库、湖北省人文社科重点研究基地11个，支持教育部重点基地培育，支持华中科技大学学报社科版的建设。文科大师与智力引入计划已向学校人事工作领导小组汇报，与人事处协作，学术导师工作已经有7项开始执行。

完成文科学术著作出版资助工作，经校外专

家与我校文科学术著作编委会评审，资助了9部学术著作的出版，经费合计34万元。

经过大力建设，我校文科的学科建设取得了明显成效。在第四轮学科评估中，新闻学科获评A，公共管理、工商管理获评A－。其他大部分学科获评B＋。

三、推进科研管理信息化建设，提高管理效率

更新了文科科研项目管理系统，新系统实现了与财务信息系统、人事信息系统的互联互通和数据共享。而且，新系统给项目负责人提供了一个便利的科研管理平台，可以帮助项目负责人及时获取经费到账信息，有效减少年末未分配科研经费额度；可以在网上完成包括科研项目立项、中检、结项、变更，以及经费预算、上账、外拨等项目、经费全流程管理，减少了项目负责人在相关管理部门之间的往返跑动。

四、积极动员和组织各类科研项目申报，立项工作稳中有进

2017年我校在体现学术实力的两类重大项目上均有立项，获国家社科基金重大项目1项，获教育部哲学社会科学研究重大课题攻关项目1项；国家社科一般项目在全国申报数激增的情况下保证立项数没有减少，获批18项；新闻与信息传播学院张昆教授获"四个一批"文化名家；教育部古籍整理项目在多年空缺的情况下，连续2年均有立项，2017年获批1项。

截至12月18日，新增项目135项，立项经费2233.099万元，累计到款经费2479.3736万元。

项目申报和立项情况如下表所示：

<table>
<tr><th colspan="2">项目类别</th><th>申报数</th><th>立项数</th></tr>
<tr><td rowspan="3">国家社科基金</td><td>重大项目</td><td>8</td><td>1</td></tr>
<tr><td>一般项目</td><td>91</td><td>18</td></tr>
<tr><td>后期资助</td><td>2</td><td>1</td></tr>
<tr><td colspan="2">全国教育规划课题</td><td></td><td>3</td></tr>
<tr><td rowspan="7">教育部
项目</td><td>重大项目</td><td>4</td><td>1</td></tr>
<tr><td>一般项目</td><td>61</td><td>13</td></tr>
<tr><td>专项委托</td><td></td><td></td></tr>
<tr><td>专项任务</td><td>5</td><td>5</td></tr>
<tr><td>古籍整理</td><td>1</td><td>1</td></tr>
<tr><td>思想政治教育中青年杰出人才支持计划</td><td></td><td></td></tr>
<tr><td>在线教育基金</td><td></td><td></td></tr>
<tr><td colspan="2">"四个一批"文化名家</td><td>1</td><td>1</td></tr>
<tr><td rowspan="2">湖北省社科基金</td><td>重点项目</td><td></td><td></td></tr>
<tr><td>一般项目</td><td>43</td><td>13</td></tr>
<tr><td colspan="2">省教育厅人文社科项目重大项目</td><td>1</td><td>1</td></tr>
<tr><td colspan="2">省教育厅中青年马列主义理论家培育计划</td><td>2</td><td>2</td></tr>
<tr><td colspan="2">省教育厅湖北省高校实践育人特色项目</td><td>3</td><td>2</td></tr>
<tr><td colspan="2">省教育规划项目</td><td>3</td><td>3</td></tr>
<tr><td colspan="2">省社科联"中国调查"研究专项</td><td>6</td><td>0</td></tr>
</table>

续表

项目类别	申报数	立项数
省社科联湖北思想库课题	3	1
省政府智力采购	3	3

特别值得一提的是，我校新闻与信息传播学院陈先红教授领衔申报的2017年度教育部哲学社会科学重大课题攻关项目“讲好中国故事与提升中国国际话语权和文化软实力研究”获得立项。

五、加强智库建设，服务治国理政

东盟研究中心获教育部国别和区域研究中心备案；国家治理研究院与中国社会科学出版社、《中国社会科学》杂志社联合发布《中国绿色GDP绩效评估报告(2017年全国卷)》；健康政策与管理研究院发布的《中国医疗卫生事业发展报告(卫生改革与发展绿皮书)2014—2016年》在CTTI来源智库精品成果发布会上被评为8项精品成果之一；新闻学院参与指导并共同举办的讲好中国故事活动产生很好反响。新成立华中科技大学创新教育与批判性思维研究中心、普惠金融研究院和体育产业研究中心。

六、围绕国家“一带一路”倡议，积极推进“一带一路”的机遇与风险专项研究

(1) 为配合国家“一带一路”倡议的实施，服务国家重大需求，推动我校与“一带一路”沿线国家间的科技交流与合作，促进我校人文社会科学的发展，文科处设立了“一带一路”专项研究项目。2017年组织并完成了“一带一路”专项研究项目，经专家评审，立项5项。

(2) 加强与边疆省份高校的学术合作，与昆明理工大学合作设立“华中科技大学-昆明理工大学东盟联合研究中心”，以国家和东盟区域发展的重大需求为导向，以中国-东盟全面战略合作伙伴关系发展中的重大研究任务为牵引，以服务经济社会发展为宗旨，围绕中国-东盟合作与发展议题进行各项综合和专项科学研究，建设东盟研究特色学科，培养熟悉东盟问题的国际知名创新型人才，打造有国际影响力的特色高端智库，实现“政、产、学、研、用”一体化。

七、2017年度自主创新基金的组织和管理工作

(1) 组织自主创新基金重大交叉项目申报，经专家评审后，立项20项，经费100万元。

(2) 组织并完成统战理论研究课题的申报，经专家评审后，立项15项，经费20万元。

(3) 组织并完成院系重点学科和研究方向资助，经费共计241.8万元。

(4) 完成了2017年度自主创新研究基金实施情况总结工作。

八、其他工作

(1) 开展了文科学术前沿方向的评审。各文科学院积极申报，共计申报44个前沿方向，经学术委员会文科分委会、校外专家评审，已评出三个文科学术前沿方向。

(2) 选派4位教师参加教育部等中央六部委组织的2017年哲学社会科学教学科研骨干研修班，选派6位教师参加教育部2017年高校思想政治理论课骨干教师研修班。

(3) 完成教育部年度社科统计工作。

(4) 推进优秀传统文化传承工作，进行华中科技大学2017诗词创作征集与评选工作。

(5) 与工会共同完成2016年度问计于民项目的结题工作和2017年度项目的组织与结题工作，2017年共计立项2项，经费合计10万元，结项结果良好。

2017年人文社会科学研究课题分类统计

	项目	数量/项
合计		179
按来源分类	国家社会科学规划基金项目	20
	全国教育科学规划课题	3
	教育部人文社会科学研究项目	20
	中央其他部门社科专门项目	2
	湖北省社科基金项目	13
	省级其他项目	13
	地市级其他项目	9
	企事业单位委托科技项目及其他	99

湖北省人文社科重点研究基地

序号	基地名称	负责人	批准时间	依托单位
1	现代经济学研究中心	王少平	2002.12	经济学院
2	现代信息管理研究中心	鲁耀斌	2005.6	管理学院
3	院校发展研究中心	刘献君	2005.6	教育科学研究院
4	媒介技术与传播发展研究中心	张　昆	2007.5	新闻与信息传播学院
5	非传统安全研究中心	徐晓林	2009.12	公共管理学院
6	区域高等教育发展研究中心	沈　红	2009.12	教育科学研究院
7	创新发展研究中心	张建华	2011.12	经济学院
8	农村健康服务研究中心	张　亮	2011.12	医药卫生管理学院
9	国家治理研究院	欧阳康	2014.2	人文社会科学处
10	湖北省国家治理协同创新中心	欧阳康	2016.3	人文社会科学处
11	华中科技大学养老服务研究中心	丁建定	2016.12	社会学院

华中科技大学校级研究基地

序号	基地名称	负责人	批准时间	依托单位
1	华中科技大学中国语言研究所	程邦雄	1980	人文学院中文系
2	华中科技大学知识产权战略研究院	陈荣秋	2001.12	管理学院
3	华中科技大学科技法研究所	焦洪涛	2002.9	法学院
4	华中科技大学生命伦理学研究中心	欧阳康	2002.10	人文学院哲学系
5	华中科技大学电子商务中心	张金隆	2004.5	管理学院
6	华中科技大学中国乡村治理研究中心	贺雪峰	2004.11	社会学院
7	华中科技大学应用现象学研究中心	张廷国	2005.3	人文学院哲学系
8	华中科技大学南亚经济与管理研究所	王　韬	2005.9	管理学院
9	华中科技大学现代领导科学与艺术研究中心	陈海春	2006.4	公共管理学院
10	华中科技大学社会信息科学研究中心	欧阳康	2006.5	人文学院
11	华中科技大学国土资源与不动产研究中心	卢新海	2006.9	公共管理学院
12	华中科技大学中国广告产业发展研究中心	张金隆 戴　鑫	2006.12	管理学院
13	华中科技大学社会性别研究中心	蔡　虹	2007.11	人文学院
14	华中科技大学自主创新与科技奖励研究中心	邹珊刚 李顺才	2008.1	管理学院、公共管理学院
15	华中科技大学近代法研究所	俞　江	2008.5	法学院
16	华中科技大学基本医疗保障研究中心	张　亮 姚　岚	2008.6	医药卫生管理学院
17	华中科技大学同济医学院医院管理与发展研究中心	陶红兵 胡银环	2008.11	医药卫生管理学院
18	华中科技大学国学研究院	罗家祥	2008.12	人文学院历史研究所
19	华中科技大学网络传播与新媒体发展研究中心	钟　瑛	2008	新闻与信息传播学院
20	华中科技大学广播电视与新媒体研究院	石长顺	2009	新闻与信息传播学院
21	华中科技大学中国当代写作研究中心	王均江	2012.2	人文学院中文系
22	华中科技大学法律与公共政策研究院	贾济东	2012.9	法学院
23	华中科技大学(中国·南方)减贫与发展研究院	王宗军	2012.12	管理学院
24	华中科技大学国家传播战略研究院	张　昆	2013	新闻与信息传播学院
25	华中科技大学品牌传播研究所	陈先红	2013	新闻与信息传播学院
26	华中科技大学新闻评论研究中心	顾建明	2013	新闻与信息传播学院
27	华中科技大学电子网络出版研究所	陈少华	2013	新闻与信息传播学院
28	华中科技大学东盟研究中心	黄　栋	2014.3	公共管理学院

续表

序号	基地名称	负责人	批准时间	依托单位
29	华中科技大学健康政策与管理研究院	方鹏骞	2015.3	同济医学院
30	华中科技大学艺术与科学研究中心	蔡新元	2016.7	建筑与城市规划学院
31	华中科技大学自贸区研究中心	刘海云 陈　波	2016.10	经济学院
32	华中科技大学中国-蒙古合作发展战略研究中心	许小平	2016.10	经济学院
33	华中科技大学体育产业研究中心	孙竞波	2017.8	体育部
34	华中科技大学创新教育和批判性思维研究中心	李培根（主任） 张应强（常务副主任）	2017.10	教育科学研究院

（人文社会科学处供稿）

科学技术协会工作

2017年，科学技术协会工作坚持“围绕中心、服务大局、发挥优势、开拓创新、提高质量、主动服务”的工作思路，充分利用上级科协和高校两种资源，主动开展“五服务”。在服务学校争创“双一流”发展目标、服务学校科技工作者、服务公民科学素质提升、服务创新驱动发展战略、服务政府科学决策等方面取得了显著成绩。

一、积极向国家举荐优秀人才

组织推荐中国工程院院士候选人工作。2017年1—2月，组织我校通过湖北省科协渠道推选2017年中国工程院院士候选人工作。通过发布通知、组织申报、接收材料、组织材料审核、报请校领导同意、组织校内专家委员会评审、提交申报材料等环节，我校附属协和医院张永学教授通过省科协候选人评审委员会评审，推荐至全国评审委员会。

组织推荐全国创新争先奖。2017年4月，校科协组织我校通过湖北省渠道推荐全国创新争先奖，经学校各部门充分酝酿并报请校领导集体研究决定，通过湖北省渠道推荐我校机械学院李培根院士团队申报全国创新争先奖牌候选团队，能源与动力工程学院郑楚光教授申报全国创新争先奖章候选人，公共卫生学院邬堂春教授申报全国创新争先奖牌候选人。其中李培根院士团队及郑楚光教授通过省科协组织的评审，推荐至国家奖励委员会。

组织推荐中国青年科技奖。2017年9—10月，校科协牵头组织实施我校“第十五届中国青年科技奖”候选人推荐工作。经各院系推荐，校科协组织专家评审，学校各职能部门材料审查，通过中国青年科技奖提名委员会提名专家、教育部、省科协和校科协4个渠道推荐我校唐江、马聪、赵海波、张贤钦、吕京涛、彭涛、王征、薛志刚和谌科9名青年教师作为候选人申报第15届中国青年科技奖，目前还在评审中。

二、助推青年人才成长

协助推荐申报青年人才托举工程。2017年3月，中国科协办公厅公布青年人才托举工程（2016—2018年度）入选名单（科协办函学字〔2017〕56号），我校青年教师刘大彪（固体力学）、唐科（免疫学）、黎敏（强场光物理）入选，我校入选人数位列全国高校第七位。

组织推荐申报研究生科普能力提升计划。2017年，积极组织推荐我校科普研究生申报中国科协2017年度研究生科普能力提升项目，研究生陶睿、郑雯婷、江珊和田婷婷4人获“中国科协2017年度研究生科普能力提升项目”资助，资助总经费7.2万元。

组织推荐申报青年晨光计划和青年科技朝阳计划。校科协积极组织推荐我校青年教师申报湖北省青年晨光计划和武汉市青年科技朝阳计划，经湖北省科协和武汉市科协评选，我校青年教师王巍、曾强、李毅超、吴甲民、张一威、崔广林6人入选2017年度湖北省青年科技晨光计划，我校青年教师孙杰、胡瑕和张骐3人入选2017年武汉市青年科技朝阳计划。获资助总经费14万元。

三、积极申报各级奖励及项目

2017年4月，校科协获“全国科协系统先进集体标兵”称号（人社部发〔2017〕27号），全国科协系统仅32家单位获此殊荣，我校科协是教育部系统唯一获此称号的单位。

获批“科技创新源泉工程”项目。校科协和挂靠我校的省级学会积极组织申报“2017年度湖北省科协科技创新源泉工程”，挂靠我校的省计算机学会和省营养学会获“能力提升示范学会”项目资助，我校科协与湖北航特科技有限责任公司联合成立的“校企协同创新示范基地”获批，我校主办的期刊《医药导报》获“2017年度优秀科技期刊"称号。

助力召开国际会议。2017年，同济医学院举办的"健康中国·医学教育发展"国际研讨会和经济学院举办的"基于共享发展的电子治理"国际研讨会获武汉市科协资助，获资助经费14万元。

四、服务学校中心工作

委托国家权威部门检索，组织实施优秀论文奖励。校科协通过购买中国科学院JCR-SCI期刊分区数据库，协同图书馆检索我校高水平学术论文数据，面向各院系发布年度论文奖励申报通知，受理院系申报材料，组织初审、比对与查重，报请校领导审批等程序，2017年完成了全校2015年度发表的高水平论文奖励工作，全校共奖励论文2400篇，奖金共计2961.2万元。继续组织实施2016年度发表的高水平论文奖励，目前此项工作正在进行中。

受我校委托，中国科学技术信息研究所于2017年专门定向检索与统计了2016年度我校为第一作者及第一单位发表的科技论文被三大检索收录的数量及论文被引用等数据。2016年SCI收录我校论文共4310篇，比2015年增加403篇，增长10%，全国高校排名升至第五，较2015年上升2位；排在前五的高校是浙江大学、上海交通大学、清华大学、北京大学、华中科技大学。EI收录我校论文共2984篇，比2015年增加272篇，增长10%，全国高校排名第七，上升2位。CPCI-S收录我校论文共978篇，比2015年增加488篇，翻了一番，全国高校排名第十。2007—2016年收录的我校科技论文，截至2017年9月累计被引用篇次为26539篇、263544次，比上年增加3201篇、65721次，排在全国高校第七。其中，我校进入SCI学科影响因子前1/10的期刊论文766篇，比2015年翻了一番，从全国高校第九升至第五；我校科技工作者作为第一作者与国际合作产生的论文共计964篇，比上年增加102篇，位居全国高校第五，名次上升1位。我校共有4篇论文荣获中国百篇最具影响国际（国内）学术论文。机械学院李立老师及胡于进教授在《INTERNATIONAL JOURNAL OF ENGINEERING SCIENCE》上发表题为《Free Vibration Analysis of Nonlocal Strain Gradient Beams Made of Functionally Graded Material》的论文，以被引次数31次被评为2016年中国百篇最具影响国际学术论文。电气学院学生姚致清（导师：程时杰）发表于《中国电机工程学报》的文章《基于模块化多电平换流器的大型光伏并网系统仿真研究》在2015年及2016年分别以被引次数38次和97次连续两年入选中国百篇最具影响国内学术论文。管理学院袁建国教授发表于《管理世界》的《企业政治资源的诅咒效应——基于政治关联与企业技术创新的考察》以被引次数25次，光电信息学院学生张聪（导师：余文峰）发表于《激光技术》的《光纤受激布里渊散射的光信号特性分析》以被引7次，一同入选中国百篇最具影响国内学术论文。

组织编印学校年度科研"黄皮书"和"蓝皮书"。2017年5月初，经过2个多月的统计与整理汇编，我校科协编印完成了《华中科技大学2016年科学研究学术论文与学术专著目录汇编》（简称"黄皮书"）和《华中科技大学2015年度四大国际检索系统收录学术论文报告》（简称"蓝皮书"）。"黄皮书"数据来源于校科协组织全校各院系师生填报的2016年发表与交流的国际、国内学术论文目录及出版专著情况；"蓝皮书"数据来源于中信所定向检索我校科技人员被SCIE、SSCI、EI、CPCI-S四大国际检索系统收录论文目录情况。2015年，我校被SCIE收录论文3933篇，被SSCI收录论文134篇，被EI收录论文2712篇，被CPCI-S收录论文490篇。"黄皮书"和"蓝皮书"已经成为我校科技产出的重要数据与档案资料，同时也是填报教育部科技统计（科技论文与专著、科普）的重要内容。

积极参与组织学风道德宣讲。2017年11月，校科协牵头，研究生院和学工处配合，组织全校师生300余人在我校1号楼学术报告厅集中收看在人民大会堂举办的"学习贯彻党的十九大精神——2017年全国科学道德和学风建设宣讲教育报告会"直播。

五、服务于挂靠学会，积极开展科普工作

2017年9—10月，校科协通过调查研究及开

座谈会的方式，摸清了挂靠我校的省、市学会及医科类专业委员会情况，厘清了学会和医科类专业委员会的管理职责。

2017 年，中国科协和教育部再次联合主办了“全国青少年高校科学营活动”。7 月 10—16 日，我校承办了“2017 全国青少年高校科学营-华中科技大学分营活动”，活动的主题是“华中大·梦起航”。宗旨是为了充分利用和合理开放本校丰富的科教资源，促进华中科技大学与相关省市重点高中在科普宣传、人才培养方面的合作，承担我校在提高社会公众科学素质方面的社会责任。来自全国 9 省（区、市）重点中学的 200 名优秀高中生和 20 名带队教师参加了我校组织的科学营活动。一周活动期间，通过聆听励志讲座与科学前沿讲座接受大师教导；通过参观重点科研基地与科技场馆，探究科技人文；通过参观校史馆及观看宣传片，感悟校园文化；通过动手参与“创客与互联网＋”特色创新实践活动和“工程实训专题实验”活动，亲身体验科技魅力；通过与我校优秀大学生交流座谈，感知大学生活。期间，我们组织编印了七期活动简报《喻园雏英》，制作了“2017 科学营活动纪实”和“创客与互联网＋”视频光盘等。营员们普遍反映通过一周的营期活动和校园生活体验，增强了他们对科学的兴趣与探究热情，培养了他们的科学精神、创新意识和实践能力。

积极开展科普活动。校科协积极参与共建武汉市社区科普大学，校科协副主席兼秘书长鲁亚莉担任武汉市科普大学洪山分校和蔡甸分校副校长，校科协遴选科普大学兼职教师，并组织分赴洪山区和蔡甸区社区开展科普讲座，深受社区群众欢迎。2017 年协助洪山区科协开展社区科普培训。推荐我校人文学院张建国教授成功申报武汉市科协科普作品创作类原创性科普图书项目奖，获资助 5 万元。聘请母亲教育研究所所长王东华老师为全校师生进行了母亲教育的科普讲座。积极参加湖北省黄冈科普宣传日活动，我校科普项目“在青少年心中种下智能科学的种子”获 2017 年湖北省科普日特色活动优秀单位奖。完成武汉市科协思想库子库课题“武汉市社区科普大学现状调查与实践探索”。

六、积极提升自身组织能力建设

2017 年，校科协参加“第 5 届江苏-湖北高校科协建设论坛”并就高校科协科普工作进行大会交流；参加“湖北省高校科学工作推进会”并在大会做高校优秀典型代表发言。校科协积极服务于湖北省、武汉市的人才工作，6 月成立省科协创新创业海智工作站，协助蔡甸区成立科协，5 月协助成立武汉市海智工作站。我校科协有关负责人担任蔡甸区招才局招才大使，积极参与蔡甸区与华中科技大学的校企合作工作。

2017年主办学术期刊信息统计表

号	期刊名称	刊号	文种	主管部门	创刊时间	主编	主办顺序
1	华中科技大学学报(自然科学版)	CN42-1658/N	汉语	教育部	1973	丁烈云	第一
2	华中科技大学学报(社会科学版)	CN42-1673/C	汉语	教育部	1980	欧阳康	第一
3	管理学报	CN42-1725/C	汉语	教育部	2004	张金隆	第一
4	语言研究	CN42-1025/H	汉语	教育部	1981	程邦雄	第一
5	高等教育研究	CN42-1024/G4	汉语	教育部	1980	刘献君	第一
6	高等工程教育研究	CN42-1026/G4	汉语	教育部	1983	余东升	第一
7	土木工程与管理学报	CN42-1816/TU	汉语	教育部	1983	丁烈云	第一
8	水电能源科学	CN42-1231/TK	汉语	教育部	1983	张勇传	第一
9	应用数学	CN42-1184/O1	汉语	教育部	1988	李大潜	第一
10	新建筑	CN42-1155/TU	汉语	华中科技大学	1983	李晓峰	第一
11	光电子前沿(英文)	CN10-1029/TN	英文	教育部	2012	周炳琨	第二
12	机械工程前沿(英文)	CN11-5984/TH	英文	教育部	2011	杨叔子	第三
13	工程管理前沿(英文)	CN10-1205/N	英文	中国工程院	2014	丁烈云	第四
14	华中科技大学学报(医学版)	CN42-1678/R	汉语	教育部	1957	陈建国	第一
15	华中科技大学学报(医学英德文版)	CN42-1679/R	英文、德文	教育部	1979	陈建国	第一
16	医学分子生物学杂志	CN42-1720/R	汉语	教育部	2004	邓耀祖	第一
17	现代泌尿生殖肿瘤杂志	CN42-1790/R	汉语	教育部	2009	叶章群	第一
18	中西医结合研究	CN42-1789/R	汉语	教育部	2009	黄光英	第一
19	中国社会医学杂志	CN42-1758/R	汉语	教育部	1983	卢祖洵	第一
20	医学与社会	CN42-1387/R	汉语	教育部	1988	张　亮	第一
21	中国组织化学与细胞化学杂志	CN42-1300/Q	汉语	中国科协	1991	李　和	第二
22	护理学杂志	CN42-1154/R	汉语	教育部	1986	李秀云	第一
23	放射学实践	CN42-1208/R	汉语	教育部	1986	胡道予	第一
24	神经损伤与功能重建	CN42-1759/R	中英文	教育部	2006	王　伟	第一
25	内科急危重症杂志	CN42-1394/R	汉语	教育部	1995	徐永健	第一
26	肿瘤学与转化医学(英文)	CN42-1865/R	英文	教育部	2015	余世英	第一
27	临床口腔医学杂志	CN42-1182/R	汉语	教育部	1985	陈卫民	第一
28	中国康复	CN42-1251/R	汉语	教育部 中国残联	1986	黄晓琳	第二

续表

号	期刊名称	刊号	文种	主管部门	创刊时间	主编	主办顺序
29	中华物理医学与康复杂志	CN42-1666/R	汉语	中国科协	1979	郭铁成	第二
30	骨科	CN42-1799/R	汉语	省卫计委	2010	陈安民	第一
31	医药导报	CN42-1293/R	汉语	省食品药品监管局	1982	杜　光	第一
32	中国中西医结合消化杂志	CN42-1612/R	汉语	教育部	1993	危北海	第一
33	临床急诊杂志	CN42-1607/R	汉语	教育部	2000	胡　豫	第一
34	临床心血管病杂志	CN42-1130/R	汉语	教育部	1985	廖玉华	第一
35	临床血液学杂志	CN42-1284/R	汉语	教育部	1988	宋善俊	第一
36	临床泌尿外科杂志	CN42-1131/R	汉语	教育部	1986	曾甫清	第一
37	临床耳鼻咽喉头颈外科杂志	CN42-1764/R	汉语	教育部	1987	孔维佳	第一
38	临床消化病杂志	CN42-1315/R	汉语	教育部	1989	易粹琼	第一

2017年挂靠华中科技大学学术团体信息统计表

序号	学会名称	所在单位	学科	主管单位
1	湖北省激光学会	光学与电子信息学院	理科	湖北省科协
2	湖北省仪器仪表学会	光学与电子信息学院	工科	湖北省科协
3	湖北省力学学会	土木工程与力学学院	理科	湖北省科协
4	湖北省自动化学会	自动化学院	工科	湖北省科协
5	湖北省运筹学会	自动化学院	理科	湖北省科协
6	湖北省人工智能学会	机械科学与工程学院	工科	湖北省科协
7	湖北省工程图学学会	机械科学与工程学院	工科	湖北省科协
8	湖北省现场统计研究会	数学与统计学院	交叉	湖北省科协
9	湖北省电工技术学会	电气与电子工程学院	工科	湖北省科协
10	湖北省计算机学会	计算机科学与技术学院	工科	湖北省科协
11	湖北省振动工程学会	水电与数字化工程学院	工科	湖北省科协
12	湖北省内燃机学会	能源与动力工程学院	工科	湖北省科协
13	湖北省工程热物理学会	能源与动力工程学院	工科	湖北省科协
14	湖北省燃烧工程研究会	能源与动力工程学院	工科	湖北省科协
15	湖北省汽车工程学会	能源与动力工程学院	工科	湖北省科协
16	湖北省系统工程学会	管理学院	理科	湖北省科协
17	湖北省技术经济管理现代化研究会	管理学院	交叉	湖北省科协
18	湖北省生理学会	基础医学院	医科	湖北省科协
19	湖北省生物化学与分子生物学学会	基础医学院	医科	湖北省科协
20	湖北省解剖学会	基础医学院	医科	湖北省科协
21	湖北省免疫学会	基础医学院	医科	湖北省科协
22	湖北省病理生理学会	基础医学院	医科	湖北省科协
23	湖北省神经科学学会	基础医学院	医科	湖北省科协
24	湖北省药理学会	基础医学院	医科	湖北省科协
25	湖北省营养学会	公共卫生学院	医科	湖北省科协
26	湖北省儿童全面发展研究会	公共卫生学院	医科	湖北省科协
27	湖北省性学会	计划生育研究所	医科	湖北省科协
28	湖北省中德医学协会	附属同济医院办公室	医科	湖北省科协
29	武汉激光学会	光学与电子信息学院	理科	武汉市科协
30	武汉自动化学会	自动化学院	工科	武汉市科协
34	武汉思维科学与智能系统学会	自动化学院	工科	武汉市科协

续表

序号	学会名称	所在单位	学科	主管单位
36	武汉仪器仪表学会	自动化学院	工科	武汉市科协
31	武汉力学学会	土木工程与力学学院	理科	武汉市科协
32	武汉电源学会	电气与电子工程学院	工科	武汉市科协
33	武汉电工理论学会	电气与电子工程学院	工科	武汉市科协
35	武汉微量元素与健康研究会	化学与化工学院	理科	武汉市科协
37	武汉生理学会	基础医学院	医科	武汉市科协
38	武汉生物化学与分子生物学学会	基础医学院	医科	武汉市科协
39	武汉解剖学会	基础医学院	医科	武汉市科协
40	武汉营养学会	公共卫生学院	医科	武汉市科协
41	武汉健康管理学会	公共卫生学院	医科	武汉市科协
42	武汉免疫学会	附属同济医院	医科	武汉市科协
43	中国人工智能学会智能制造专业委员会	机械科学与工程学院	工科	中国人工智能学会
44	中国人工智能学会智能机器人专业委员会	机械科学与工程学院	工科	中国人工智能学会
45	中德医学协会	同济医学院	医科	卫计委

（科学技术协会供稿）

附属医院工作

附属协和医院

一、概况

截至2017年底，华中科技大学同济医学院附属协和医院（以下简称"协和医院"）共有在职职工6970人，其中正高职称259人、副高职称402人。医院共有享受国务院政府津贴专家96名，"973"项目首席科学家1名，双聘院士5名，教育部"长江学者"4名，卫计委有突出贡献中青年专家12名，国家杰出青年基金获得者7名，国家"百千万人才工程"入选者3名、国家万人计划领军人才2名、青年千人计划入选者3人，教育部新世纪优秀人才11名。拥有2个一级学科博士点，23个二级学科博士授权点；3个一级学科硕士点，27个二级学科硕士授权点。博士生导师204名，硕士生导师568名。设有45个临床、医技科室，15个研究所，10个国家级重点（培育）学科，25个国家临床重点专科建设项目。

2017年12月12日，国务院总理李克强来院考察调研，了解恶性肿瘤等重大疾病攻关进展，调研短缺药品供应保障和医联体建设情况，看望白血病患儿和志愿者，肯定医院工作，提出殷切希望。

二、医疗工作

2017年，医院共接诊患者570.3万人次，住院治疗22.7万人次，开展各类手术12.1万人次，较上年分别增长9%、10.9%和13.7%。平均住院日9.5天，较上年下降0.3天。完成健康体检6.6万人次，较上年同比增长5.1%。完成国际门诊诊疗3673人次。完成441例移植手术，其中，心脏移植95例，肾脏移植177例，骨髓移植150例，肝脏移植19例。完成机器人辅助手术357台次。全院DRGs（诊断相关分组）组数844组，CMI（customer medicine information）值1.32，均居全省第一。

开展多渠道、全流程预约诊疗，专家预约挂号率近70%，分时预约率100%。实施无纸化就医流程改造，推行实名制就诊，推行电子处方单、检查单。升级自助服务设备，提供挂号、查询、缴费等一站式服务。提供窗口支付、自助设备支付、移动支付等，实现多模式结算。优化住院检查流程，优化无痛胃肠镜预约流程，开展CT检查精准预约。2017年，2个病区获"改善医疗服务行动计划优质服务岗"。2个项目分获"改善医疗服务行动计划"全国擂台赛总决赛金奖、银奖。在国家卫生计生委开展的三年行动计划的收官之年，我院在5个主题获示范医院称号，3个科室获示范科室称号。在国家卫计委开展的患者满意度调查中，门诊患者满意度98.56%，住院患者满意度99.55%。

积极推进MDT（多学科会诊）工作，共组建18个MDT团队，2017年开展联合门诊诊疗5115人次，联合查房375人次，联合会诊1080人次，联合疑难病例讨论567例，开展新技术新业务68项。修订临床路径管理办法，确定临床路径病种数170余种，对101个按病种付费病种实施临床路径管理。出台《协和医院日间手术实施方案》，遴选出36个日间手术病种，试运行共计15张床位的日间手术病房，共收治945人，手术治疗570人。

加强护理学科和服务体系建设。继续推进护理岗位管理，对门诊分诊护士实施垂直管理。依托信息化优化护理服务流程，实现护理文书及执行医嘱的电子化，试点开展移动护理。综合ICU被授予全国优质护理表现突出病房。1人获中华护理学会杰出护理工作者称号。获中华护理学会护理科技奖二等奖 1 项。医院获评中国生命关怀协会全国人文护理示范基地。

三、教学工作

2017 年，完成临床医学 12 个班次的理论教学任务，承担预防医学 33 名学生的临床轮转任务。全年共录取全日制硕士生 306 人，博士生 116 人。共招收 2018 级推免生 119 名，其中推免直博生 1 名。完成 2017 届 108 名博士、225 名硕士毕业分配、派遣工作，硕士就业率 92.89%，博士就业率 97.22%。共有 9 人获得国家留学基金委批准公派出国。2 篇博士论文获省级优秀博士论文。

建设完成 20 余项在线虚拟训练实验项目，启用高级模拟人进行临床思维训练。加大对临床技能中心软硬件投入，依托“华科协和教学”公众平台整合多种教学模式，资源浏览量达 560 多万人次。新增人卫出版社临床五年制教材编者 13 人，出版发行教材 4 本。获省级教学成果奖 3 项。

进一步完善住培管理制度，加强过程管理和出科审核，保障学员待遇，探索具有协和特色的住培模式。2017 年共招收住培学员 510 人，较上年增长 52%。呼吸内科、心内科、神经外科 3 个专业获批国家首批专科医师规范化培训基地。1 人获评全国住培优秀带教老师。获批国家级继教项目 129 项，省级继教项目 41 项，二级学科覆盖率达 100%。成功举办国家级、省级继续教育学习班 172 班次。

四、科研工作

2017 年中标国家自然科学基金 132 项，总经费 6767.1 万元。中标国家基金委重大仪器项目 1 项（总经费 1005 万元），牵头中标国家重点研发项目 2 项，负责重点研发计划课题 10 项，中标重点研发计划课题骨干 2 项、国防科技创新特区项目 1 项。

根据 2017 年中信所统计数据，2016 年我院共发表 SCI 论文 521 篇，影响因子≥10 的 SCI 论文 1 篇，影响因子≥5 的 SCI 论文 62 篇。获得湖北省科技进步一等奖 5 个、二等奖 4 个、三等奖 1 个。申请专利 185 项，授权发明 3 项。

3 个学科入围北大版临床学科评估全国前十。5 个专科居中国医院科技影响力排行榜全国前十。8 个专科进入“中国医院最佳专科声誉排行榜”全国前十，14 个专科获提名，医院综合排名在复旦版中国最佳医院排行榜中居第十一名。

五、人才与交流

2017 年共招聘新职工 417 人，其中医师 138 人，医技 52 人，护理 205 人，行政后勤 22 人；博士 112 人，硕士 80 人。派出 48 人到国外进修学习，安排留学归国人员 37 人。新增国家杰出青年科学基金获得者 1 人（陈莉莉）、国家百千万人才工程入选者 1 人（夏家红）、国家万人计划科技创新领军人才 2 人（陈莉莉、王琳）、中组部“青年千人计划”入选者 1 人（胡德胜）。4 人通过“长江学者”会议评审，进入公示环节（特聘教授：程翔、王琳，青年学者：谌科、王征）。新增中华医学会专业委员会副主委 1 人（张玉）。1 人入选华中科技大学学术新人奖（金红林），1 人入选华中科技大学优秀青年教师培养计划（张波），1 人入选华中科技大学推荐“青年骨干教师”出国培训计划（李蜀鄂），15 人入选华中科技大学“伯乐奖、三育人奖、三育人积极分子”。

积极参与同济医学院建院 110 周年纪念活动，推进“一院一校”计划，举办“协和医院—杜伊斯堡 · 埃森大学联合学术交流日”系列活动，组建感染与免疫国际联合实验室。选派青年骨干赴德国开展师资队伍培训。与法国巴黎第六大学附属医院签署合作意向书。加入中国以色列医院联盟。跟团赴以色列、波兰、斐济、新西兰交流访问。支持、遴选团队赴美学习新技术新业务。派出医疗队赴斐济开展眼科培训。

六、改革与管理

积极推进公立医院综合改革。自 5 月 31 日起，全面取消药品加成，执行新的医疗收费标准。进一步落实“两控四改”重点任务，强化合理诊疗，调整收入结构。出台合理用药工作方案，强化目标管理和科学管控，加大点评、公示、考核、问责力度，全院药占比下降至43.2%。耗材管理方面，引入竞争性谈判，降低采购价格，组织制定医用耗材临床合理使用规范，每百元材料费下降3.01%。医疗价格调整后整体补偿率约80%，达到预期目标。住院均次费用、门诊均次费用较改革前明显下降，综合绩效在委属委管医院中排名前列。

积极探索医联体建设。以西院为主体联合沌阳卫生服务中心，组建人、财、物一体化管理的紧密型医联体。托管蔡甸区人民医院、京山县人民医院、东西湖区人民医院，通过派驻院长、挂牌分院，不定期派驻专家，提升基层医院技术水平，实现优质医疗资源下沉。组建眼科、骨科、皮肤科、神经外科等省级专科联盟，畅通会诊、转诊通道，提升基层专科专病救治能力。全年完成远程会诊497例，开展双向转诊1242例。同时，继续做好健康扶贫、对口支援工作，加大对鹤峰县中心医院、新疆博州医院等帮扶力度；在临沧市人民医院挂牌协和医院心血管外科基地。湖北省卫计委在全省开展向姚尚龙同志学习活动，央视新闻多次报道我院精准帮扶先进事迹。

七、规划与保障

全院“1＋3”总体发展建设规划获国家卫计委正式批复。根据总体规划，加快推进基本建设项目。医院本部：综合住院楼工程完成总工程量70%，进入内部装修阶段；5号住院楼改造工程获省发改委拨款2000万元，生殖中心移址改造于10月完工。西院：西院综合楼改造完成，于8月投入使用；二期工程与当地政府共建，武汉经济技术开发区拟投资6亿元，计划2019年底启用新门诊住院楼。金银湖医院：一期建设工程正式开工，获临空港经济开发区共建资金10亿元，加挂“临空港开发区中心医院”名牌。

完成价值1.17亿元的医疗设备采购。中南地区唯一、总价逾3000万元的正电子发射磁共振成像系统（PET/MR）投入使用。全院医疗区域实现无线上网，开通手机查房和移动护理。实现停车收费“扫码付费，一键自助开票”。

八、党建工作

根据华中科技大学党委的统一部署，院党委通过组织理论宣讲、专题学习、观看视频等多种形式，在全院掀起学习十九大精神和习近平新时代中国特色社会主义思想的热潮。面向全体党员开展分层次、多形式、全覆盖的全员培训，邀请湖北省宣讲团成员来院宣讲，使学习宣传、贯彻落实党的十九大精神成为医院的最强音。

作为华中科技大学二级单位党委，接受中央巡视组的巡视。按照要求，医院上交了包括人事管理、财务运行、基建采购、基层党建、纪检工作等各方面共计39项材料。根据巡视组反馈意见和学校统一安排，制定问题清单、任务清单、责任清单，有计划、按进度地扎实推进整改工作。承办学校深化整改、推进院系科室制度建设工作会，神经外科做典型经验交流，校党委11名常委，院系、处室负责人，附属医院代表等共300余人参加。出台规范性文件共24个，圆满完成专项问题的清查、整改。

根据最新考核办法，加强文明创建工作。修订《职工守则》，加大执行力度，全年处罚5人。修订《医务人员医德考评实施办法》，编撰《医患沟通规范》，全年收到感谢信1420封，锦旗959面，匾额88块，拒收红包及礼品645次。

九、文化宣传

全年在国家级媒体发稿65条次。与楚天都市报、湖北电视台合作，在《楚天名医大讲堂》《名医来了》《寻医问药》《健康金管家》等栏目策划49期专题报道，影响广泛。情景剧“护心跑男”获评中国医师协会医界优秀文艺节目、卫生计生系统青年文明号微电影作品三等奖。举办“幸福协和·女职工大课堂”、迎“三八”交响音乐会、旗袍秀、集体婚礼、第十三届职工田径运动会等活动，丰富职工文娱生活。组织职工参加2016年同济医学院春季运动会，获团体第一名。

十、表彰荣誉

2017 年，医院通过“全国文明单位”复评，被评为“进一步改善医疗服务行动计划”示范医院、2015—2016 年度省级文明单位、全省博士服务团工作先进单位、2015—2016 年度武汉市级文明单位。血液内科获评“进一步改善医疗服务行动计划”示范科室，心外科获评“全国学雷锋活动示范点”，综合 ICU 获评“优质护理服务表现突出的病房”，儿科血液病房获湖北五一巾帼奖、“工人先锋号”称号，乳腺甲状腺外科获评“湖北省青年文明号”。

党委书记张玉获“中国研究型医院杰出领导者奖”，院长胡豫获评“进一步改善医疗服务行动计划”示范管理者，麻醉科姚尚龙获“中国研究型医院医学科学家奖”，心外科董念国获“全国卫生计生系统先进工作者”“中国研究型医院杰出中青年人才奖”，再生医学中心王琳获“中国青年女科学家奖”，护理部高兴莲获评“中华护理学会杰出护理工作者”，骨科吴斌、内分泌科胡祥、肝胆外科翟荣林获评湖北省“博士服务团”工作先进个人，综合科汪金锋获评“优秀援疆干部人才”，耳鼻喉科孙宇获“武汉青年五四奖章”。

（附属协和医院供稿）

附属同济医院

2017年，附属同济医院团结带领全院职工，深入学习宣传贯彻党的十八大、十九大精神，以习近平新时代中国特色社会主义思想为指导，认真完成中央巡视整改任务及各类专项检查整改，与时俱进，开拓创新，各项工作取得长足进步，医院发展迈上新台阶。

一、积极参与公立医院综合改革

1. 积极控制药占比和耗占比

2017年5月31日，全面实施药品“零加成”政策。严格按照国家卫计委相关政策和省卫计委“两控四改”要求，制定药占比和耗占比，门诊和住院均次费用控制初见成效。

2. 组建专科医联体和社区医联体

成立心电协作专科医联体，目前已与省内25家医院签订协议。继续推进放射联盟医联体协议工作，已经同省内外80余家医院进行密切接洽。积极探索建立社区医联体，推进“环同济健康城”专项健康项目。

3. 做好对口支援及对口帮扶等工作

继续对咸宁市中心医院和文昌市人民医院进行托管帮扶，全年派出常驻院长及专家21人次、短期或义诊专家29人次、周末专家66人次。继续对口支援福建省宁德市医院、江西省信丰县人民医院，帮扶医疗技术协作医院河北大学附属医院，全年向对口支援医院派驻长期专家8人次、短期或义诊专家41人次、接受对口支援医院长期进修30人次、短期学习198人次。

4. 圆满完成巡回医疗任务

组建第七批国家医疗队前往青海省海西蒙古族藏族自治州格尔木市开展巡回医疗工作，共接诊患者(含巡回医疗义诊)1500人次，住院手术示范2台次，教学查房38次，专题讲座62次，下乡巡回医疗2次，并帮助格尔木市第二人民医院建立检验科质控管理规范。

5. 积极开展大型义诊活动

派出多名医疗人员赴蔡甸区洪北社区、汉口江滩市政广场、江陵县人民医院、广水市东岳体育广场开展义诊活动。响应国家精准扶贫号召，派出消化内科、呼吸内科、内分泌内科、肿瘤科等11名专家医疗队赴孝昌县王店镇巴石村开展义诊，累计服务村民400余人次，发放医疗知识宣传册500余份。

二、加强质量管理，完善体系建设，医教研等各项工作取得长足进步

(一)加强质量管理，完善体系建设

1. 完善质控体系，持续提升医疗服务质量

进一步完善三层五级医疗质控体系，加强多院区医疗质量管理，规范临床、医技科室的医疗质量考核，提升医疗服务质量。

大力开展新技术新业务。陈孝平院士成功完成国内外专家宣布无法切除的被血管360度包围的胰头肿瘤手术；马丁院士有效保护妇女生育能力的“宫颈癌根治术”被纳入国际指南；汪道文教授团队使成人暴发性心肌炎死亡率从70%降到5%以下的综合治疗方法，被写进中国指南；龚建平教授“膜解剖”理论及基于该理论的胃肠肿瘤手术进一步获得国际医学界认可；周剑峰教授采用两种CAR-T细胞序贯回输治疗难治复发B细胞血液肿瘤的临床研究成果备受国内外瞩目；宁琴教授的乙肝多系统联合治疗方案载入东南亚、中国指南。心血管内科开展湖北省首例经皮主动脉瓣置换术；心脏大血管外科成功开展了高龄患者微创主动脉瓣置换手术(TAVI)；甲乳外科开展免疫层析法快速检测PTH等多项新技术；放射科开展人工智能医学影像研究；核医学科新增125I放射性粒子植入计划项目，为肿瘤的治疗提供了新的手段。

2. 重视住院医师培训，新增医师规范化培训试点基地

进一步扩大住院医师培训规模，招收规培医师230人，较上年增长66.7%；另有225人参加全省住培结业考核，207人通过，合格率92%，居全省前列。对培训选留制医师进行两个阶段考核，第一阶段考核91人，合格84人，合格率92.

31%；第二阶段考核 225 人，合格 196 人，合格率 87.11%。完成 24 小时值班制医师考核工作，考核 192 人，合格 171 人，合格率 89.1%。经评审，我院心血管病学、呼吸与危重症医学、神经外科学 3 个专业均成为国家专科医师规范化培训基地。1 人荣获“全国优秀住培基地主任”荣誉，2 人荣获“全国优秀住培学员”称号。成功举办“锻造国际化医疗服务——全国医院管理进修同济站暨梅奥合作中国行”培训班，国内 700 余名医院管理人员参加。

3. 加强信息化建设，重构三院区一体化管理决策支持系统

全面重构三院区一体化管理决策支持系统，对接新 HIS 系统，实现桌面端、移动端、监控大屏等多终端统一数据推送，所有功能节点均实现按角色授权，满足管理业务需求。开通转诊通道和预约挂号业务，为基层医疗机构的急危重症患者提供更为便利的转诊服务，目前我院已和 82 家基层医疗机构开通了转诊通道，累计接受转诊患者 145 人次。协助完成与湖北省医疗服务行为智能监管系统的对接工作，负责该系统工作进度上报和协调工作。集团化 HRP 核心财务系统上线，实现多院区财务一体化管理。

4. 完善医院绩效管理体系，加强成本控制

持续加强对绩效奖金变动幅度较大的科室的监控和管理，客观评估医院绩效奖金变化情况，定期分析科室绩效奖金变动状况，给予科室有效引导。本年度对 982 名核心人力资源进行了绩效考核排名，完善了绩效考核指标，落实执行了奖励新标准，持续激励核心人力资源的积极性和创造性。

全年审计项目 2140 项，送审金额 7884 万元（不含新建项目跟踪审计中主材价格审计），审减金额 1382 万元。全年组织招标评审会 71 次，参与评标 959 人次，完成招标项目 279 个，项目总预算 9952.92 万元，成交 8967.29 万元，节省经费 985.63 万元。

（二）医教研等各项工作取得新进展，医院发展迈上新台阶

1. 医疗服务再创佳绩

全年三个院区门急诊服务病人 6317152 人次，同比增长 8.90%；出院病人 272002 人次，同比增长 17.62%；开展住院手术 104156 台次，同比增长 7.36%；平均住院日 9.69 天。静脉输液 2782841 人次，一级护理 759205 人次；住院病人满意度 98.88%，出院病人满意度 98.46%，第三方住院病人满意度 96.88%。完成检验检测 6318 万项次。供应红细胞 74228.5U、血浆 68698U、血小板 12580.5 治疗量、冷沉淀 8790.75U，合计 164297.75U，同比增长 18.17%。完成各类放射检查 1240940 人次，同比增长 22.40%。完成 SPECT 检查 14000 人次，体外分析 115000 项次，核素治疗 770 人次。

2. 教学工作深受好评

第二临床学院全年共承担 1705 名学生教学管理工作，理论授课 6948 学时；实践教学 34051 周学时（含本科、八年制、MBBS（内外全科医学士））。代表华中科技大学参加第八届全国高等医学院校大学生临床技能竞赛，荣获一等奖；代表华中科技大学参加首届来华留学生临床思维与技能竞赛，荣获优异团体奖、最佳团队合作奖。成功举办首届同济临床医学教育高峰论坛。

医院被遴选为五年制规划教材《内科学》《外科学》《儿科学》《康复医学》主编单位，《妇产科学》《传染病学》《耳鼻咽喉-头颈外科学》《神经及精神病学》副主编单位。人民卫生出版社成立的《黄家驷外科学》编辑办公室设在我院。

全年接待进修生 1427 人，发放进修结业证 1408 人次。全年授予各类学位 409 人，其中授予 117 人博士学位，授予 292 人硕士学位。博士毕业生就业率 98.94%，八年制毕业生就业率 98%，硕士毕业生就业率 93.77%。新增博士生导师 15 人，硕士生导师 27 人。

3. 科研工作成绩斐然

全年获各类纵向课题 362 项，经费 15241.8 万元，其中，国家自然科学基金课题 157 项；获各类横向课题 223 项，经费 13736 万元；纵向和横向课题经费总计 28977.8 万元。获国家自然科学奖二等奖 1 项，湖北省科技进步奖一等奖 2 项、二等奖 2 项。成果鉴定 3 项，其中，国际领先 1 项，国际先进 2 项。申请专利 9 项，获授权专利 27 项，其中，发明专利 6 项，实用新型 3 项。发表学术论文 1465 篇，其中 SCI 论文 500 篇；2007—2016 年 SCI 论文累计被引用次数在医疗机构中排名第二；2016 年国内论文被引用次数在医疗机构排名第六；国际论文被引用篇数居全国医疗机构第三。我院获批国家干细胞临床研究机构。

4. 人才战略再结硕果

马丁教授当选为中国工程院院士。引进海外优秀博士1人，推荐并获批教育部“长江学者”1人、湖北省百人计划1人、楚天学者计划1人、湖北省政府专项津贴人员1人、国家卫生计生委员有突出贡献中青年专家1人、武汉市中青年医学骨干人才5人、华中科技大学学术新人奖1人、湖北省高级专家评委库1人。继续强化对骨干人才培养力度，通过院“国际交流专项基金”资助25人赴海外一流大学、科研机构和医院从事医学科研与临床研究。鼓励职工通过各种渠道申请出国进修机会，本年度出国进修47人。推荐获得华中科技大学三育人“伯乐奖”1人、“三育人奖”5人、“三育人积极分子”12人。完成2016年度中、初级专业技术空岗聘任工作，评聘及确认中级专业技术职务165人、初级专业技术职务59人；完成B类在编职工专业技术职务及工人技术等级(职务)聘任工作，内部聘任中级专业技术职务111人、初级专业技术职务298人、工人技术等级(职务)81人。组织面试100余次，录取各类新职工747人。完成华中科技大学高级专业技术职务空岗聘任94人，评审通过医院内部高级专业技术职务任职资格138人。

5. 国际交流取得新进展

派代表赴德国柏林参加首都代表大会；组织代表团随湖北省政府代表团赴以色列进行海外高层次人才揽才活动；成功组织医院代表团及国内其他多家医院代表赴德国参加第30届德中-中德医学协会年会；随湖北省卫计委代表团赴阿尔及利亚和英国访问。全年共接待德、美等9个国家和地区55批178人次外宾访问；组织16个学科的国际知名专家来院讲学38场次；接收14名外籍学生来院进行短期实习。职工短期出国152人次。6个小组申请并获批临床新技术国际交流基金，5个项目获得“双一流国际合作推进”专项经费资助。在“双一流”合作框架下，成功举办“华中大—海德堡大学日”活动。

6. 其他各项工作取得可喜成绩

全年三院区办理就诊卡181.26万张，同比增长14.66%；门诊开具票据80.75万张，同比增长18.73%；住院开具票据28.08万张，同比增长24.25%；门诊医保结算86124人次，住院医保结算102717人次；办理新增设备类固定资产信息核实共12114台件，价值41670.95万元；报废固定资产1151台件，金额合计2665.51万元。审核、对照医疗服务项目和医疗耗材2329条，审核、新增、修改医疗服务组合项目539条。

完成对蔡甸科研综合楼配电安装调试竣工验收，完成汉南园区高低压设备竣工验收。全年完成维修改造项目14项，单位业务能耗密度下降约6.23%。办理报关、商检8笔，免税120台件，共计63.36万元人民币；办理入出库24.25万余笔，共计31.43亿余元；下送货物28512余车19.95万余件。修理各类医用设备1400余台次，维修监理150余台次。供应液氧2400立方，配送特殊气体148瓶。完成各项终端维修214项，设备保养174台套。

全年新建档案4355卷(件)，其中，新建文书档案整理归档2638件，整理文书资料290件，科研、教学档案441卷，基建设备档案9卷、182件，财务档案22卷、139件，整理技术档案634份。归档人事档案资料2914份。全年共接待档案查询408余人次，查阅档案5719卷/件。

全年更新整理试剂档案4830份；召开9次询价议价工作会，更换临检试剂品种或规格417种，淘汰临检试剂品种或规格110种。严格试剂价格管理，按采购量大和试剂成本比高的标准，筛选出871种试剂实行议价，622种试剂价格下调，最大降幅20%，平均降幅3.57%，有效地控制试剂成本。

全年新增监控探头120处，实现24小时重点部位实时监控。接警2100余起，抓获扒窃、盗窃等违法犯罪嫌疑人3人，返还病人丢失财物111余起，现金108681余元，为医院、群众挽回经济损失数万元。清理驱赶疑似“医托”人员2432人次，驱赶疑似“号贩子”雇佣的代其排队人员1380余人次，抓获“号贩子”66名，有效地维护了正常排队挂号秩序和就医环境。建立消防可视化管理平台，对全院消防设施设备进行日常维护，三院区年度维修换药7000具，新增300具。

三、加强医院党的建设，坚持全面从严治党

坚持和加强党的领导，牢牢把握社会主义办院方向。坚持党对一切工作的领导，坚持“党委领导下的院长负责制”。坚持“党管干部”原则。

按照好干部标准组织修订了《同济医院党支部书记责任制实施办法》《同济医院科主任负责制实施办法(试行)》。党委书记、院长带头给学生上思政课。

对外树形象，对内塑文化。全年发稿 737 篇，新闻全媒体转载率居全省之首，官方微信发布 48 期，共 103 条，阅读量 380 万人次，"粉丝"突破 83 万。全年组织编辑同济官微 48 期、《同济周刊》43 期。同济医院官方网站上传 160 条新闻、视频，权威网站媒体发稿及转载不完全统计 250000 余条，一系列报道构建了同济迈向世界一流医院的良好社会形象。

高度重视统战、群团及离退休工作。党委书记和分管书记与所有民主党派负责人进行个别谈心谈话；认真做好党外干部培养选拔，积极支持各级人大代表、政协委员履职。

支持院工会围绕中心工作履行民主管理职能，顺利召开第十三届工代会暨第八届职代会第一次会议，选举产生了新一届工会委员会委员、职代会主席团成员及各专门委员会主任。发挥"职工之家"功能，增强职工归属感和凝聚力；开展以"同舟共济 · 医路传承"为主题的职工文化艺术节，开展了彰显同济文化自信和职工风采的系列活动。

急诊内科被授予国家级"青年文明号"称号，财务处医疗结算窗口被授予湖北省"青年文明号"称号。

制定《党委理论学习中心组学习制度》，对学习内容、形式、考核和问责做出明确要求。全年党委常委会安排学习议题 19 次共 30 余项内容，党委理论学习中心组学习 11 次，党支部开展专题学习共计 640 次。39 名副处级以上干部参加组织生活平均到会率达 89%。向大学党委申请两项党建相关研究课题并获批准。

制订"两学一做"学习教育常态化制度化实施方案。班子成员讲党课 14 次，副处级以上干部讲党课 49 次，党支部书记讲党课 130 次，支委、普通党员讲党课 515 次。教学党支部选送的"立德树人有道、春风化雨无声"微党课参加全国展示。

认真落实党风廉政建设主体责任。以制度建设为重要抓手，组织签署落实党风廉政建设责任制承诺书。院领导班子成员自查并填写《落实全面从严治党"一岗双责"廉洁自律情况统计表》，没有发现违反"八项规定"的情况。对纪委委员、党支部纪检委员、重点岗位负责人等个别或集体廉政谈话 150 人次，开展新任干部廉政谈话 3 批。结合当前医改重点督促建章立制，和医管部门联动，推进药品及耗材专项治理，对用量过大品种给予限量，对使用异常科室和个人进行警示提醒。落实中央八项规定精神，持续反对"四风"。通过实时核查、财务清查、廉政谈话等方式对公务用车、公务接待、公务用房加强监督管理。紧抓节日节点，通过院内各级会议传达"八项规定"精神 10 次，进行警示提醒。

(附属同济医院供稿)

附属梨园医院

2017 年,附属梨园医院落实全面从严治党要求,扎实推进医院党建工作,在国家《"健康中国 2030"规划纲要》的指导下,围绕国家深化医疗改革重点任务,加快医院现代化管理,总体规划逐步推进,综合管理得到强化,医院诊治能力得到增强,提高了医院知名度,提升了患者就医满意度和社会满意度。

一、推进公立医院改革措施,提高患者就医满意度

1. 医疗资源下沉,推进分级诊疗服务

医院与多家二级医疗机构签订了医疗服务协议,构建医联体。并积极与协作医院构建双向转诊、急慢分治诊疗模式。医院利用信息化平台对患者进行医疗会诊服务,同时进行教学、科研及学术交流等。

2. 实行药品零加成,调整医疗服务价格,减轻患者负担

医院按照国家卫计委医改政策于 2017 年 5 月 31 日全部实行药品(除中药饮片)零差价。同时按医改要求实行大型检查降价 15%的政策,包括 MRI、CT 等。建立医疗费用监测体系,落实医疗服务、药品、耗材价格公示制度,实行"一日清单"制度,有效控制医疗费用不合理增长。

3. 医疗质量与安全指标绩效考核管理

根据国家卫生和计划生育委员会的相关规定,为加强医疗综合质量管理与绩效管理的有机结合,进一步提高医院医疗综合质量,实行月度考核。医疗综合质量绩效管理考核共 17 项考核内容,该绩效考核体系结合临床工作科学设计,是科室和人员考核的重要依据,进一步完善了医院医疗综合质量管理体系,强化了医院精细化管理。

二、抓好医疗质量规范管理,医疗业务水平明显提高

1. 推进"十八项核心制度"落实工作

印刷《梨园医院十八项医疗核心制度》,做到人手一本,并要求组织各临床科室全体人员认真学习十八项医疗核心制度内容,自觉运行和严格执行。

2. 加强重点专科建设

医院高度重视省级重点专科建设工作,重点专科对医院的发展具有辐射和带动作用,医院为科室创造条件,提供平台,积极组织协调,经过多方面的努力,医院急诊医学专业重点专科通过复评,5 个专科已通过省级重点专科的初评环节。

3. 加强质量检查环节

医院定期到各医技科室进行检查,督促医技科室的质量控制和检查、检验报告单的准确性、及时性,并每月对各病区的运行病历和科室医疗核心制度落实情况进行检查,每季度组织医疗质量与安全委员会专家对检查情况打分。医院举办每月、每季度和每年一期的医疗质量简报,定期分析、总结、反馈及院内公示,不断完善。

4. 深化优质护理内涵

医院加强护理队伍建设,护理队伍的整体素质、专业能力进一步提升,护理队伍的数量逐步增加,满足临床护理工作需求。构建老年护理文化体系,启动了老年护理文化建设和老年护理品牌建设。构建以"尊重、关爱、专业、安全"为主题的护理文化内涵,塑造暖心护理品牌,做有温度的护理,做有温度的护理管理者,做暖心护士。

5. 开展专项项目建设

2017 年,国家卫计专项财政资金项目采用社会公开招标方式完成了新手术建设项目(1800 万)及内分泌代谢疾病能力建设项目(400 万)。老年重症监护病房(呼吸危重症监护病房、神经重症监护病房、住院 ICU 病房)的建立,新手术室的改造升级,放疗机房的建设,促进了医院学科建设和发展,提高了医院整体的医疗诊治水平。

6. 开展新技术、新业务,增强医院发展后劲

医院鼓励各科室开展新技术、新项目,2017 年医院各科室新技术、新项目申请审批共有 9 项。新技术、新业务,是医疗发展的趋势,是医院新的医疗收入增长点,医院的业务范围拓展得更宽。

7. 对口支援、筹办院外医疗联合体

医院建设了湖北省慢性创面及糖尿病足医学临床研究中心，以此中心为依托，建设专科联盟，加强双向转诊、分级诊疗工作。医院加强对口支援工作，并安排优势科室加强受援单位重点专科建设，对孝昌县人民医院外周血管介入手术治疗进行帮扶。医院举办洪山区和平街社区卫生服务中心、东湖风景区梨园社区服务站，更好地落实了社区首诊和分级诊疗制，进一步完善了“双向转诊”机制。2017 年派出援疆人员 1 人，对口支援 10 人。

三、挖掘科研平台创新能力，科研教学成果步伐加快

1. 申报各级科研项目

2017 年度共申报各级科研项目 50 项，立项 23 项，资助经费 46 万元。医院在各类期刊上发表学术论文 105 篇，其中 SCI 收录论文 8 篇。

2. 发展老年医学研究所科研平台

2017 年增扩了医学检测及研究方法，使基础研究与临床研究相结合，成为重要的科学研究基地，老年医学研究所承担了华科大研究生院“双一流”课程“临床转化医学和精准医学实验技术”的建设，初步完成教材编写和实验准备工作。

3. 教学任务完成良好

医院不断完善教学管理制度，加强临床带教、理论教学的管理和质量监督。2017 年，医院获批的继续项目有 9 项(国家级 6 个、省级 3 个)。医院青年教师参加大学教师教学竞赛，6 位青年教师获奖(3 个二等奖，3 个优秀奖)，获批 1 个教研项目。

医院与护理学院合作举办糖尿病足病师第四期、第五期培训班，培训学员 60 余名，深得学生的及教指委老师的好评。2017 年招收博硕生 22 人，实际就业率达到 100%。招收学员 16 人，出站合格率 100%。2017 年来医院实习生人数达到 220 人，生源来自 12 所院校 8 个专业。

4. 参加国际国内学术交流活动

医院举办了多场继续教育项目学术活动，学科水平得到提升。美国西北大学范柏根医院皮肤科彭翰教授受邀参加医院举办的“华中科技大学同济医学院 110 周年院庆暨第十届全国糖尿病足和慢性创面论坛”及博士论坛，并对合作课题进行了详细指导。邀请比利时 Peter Goverde 来院进行创面修复血管外科手术。医院多名专家及创新团队参加国际学术交流活动。

四、升级信息系统服务平台，保障智慧医院畅通安全

1. 实现医院信息化可持续发展

医院全面实施信息化建设系统工程，升级改造了信息中心机房，在原有系统模块的基础上，升级银医自助系统，增加了远程医疗系统、OA 办公自动化系统、病人咨询自助服务系统等，护理电子病历、LIS 检验系统与护士站、医生站整合与升级，实现了医护数据共享，提高了医护人员的工作质量和效率。

2. 签约国家城乡居民基本医疗保险(新农合)跨省就医联网即时结报服务协议

医院是湖北省首批跨省新农合结算定点医疗机构。于 9 月顺利完成医院信息系统与国家新农合信息平台对接。目前，辽宁、吉林、安徽、海南、四川、贵州、西藏、陕西、甘肃的新农合、居民医保患者按照国家转诊规定办理转诊可在医院直接报销。

3. 建设“以数据上报和信息安全为核心的建设项目”

医院针对运营数据，对 HRP 系统、OA 办公等系统进行现场实施，将实现会计核算、会计预算、科室成本核算、人力资源等数据自动上报。针对医疗服务数据，医院不良事件上报、传染病报告、门诊电子病历等系统建设使用，实现数据自动上报。

4. 建设医疗服务智能监管平台

医院按照医疗服务智能监管系统与卫计委平台连通工作实施方案，严格按照卫计委要求每周汇报进展情况，包括三大目录对照情况、HIS 接口开发、数据上传的进展情况及遇到的问题，及时向省全民健康平台上传相关规定的数据，严控医疗服务费用不合理增长。

5. 提升医保智能审核系统运行

医保智能审核系统依托中公网监管软件平台，通过数字化的审核规则，对医疗机构上传的信息进行智能、规范、全覆盖的审核，从而督促本

院医务工作者主动自律管理和自觉规范医疗服务行为，减少不合理医疗费用支出，实现管理工作的精细化、智能化。

五、推进医院总体发展建设规划，夯实基础设施扩展规模

1. 老年医学中心康复楼和综合楼项目建设在即

2017年3月17日在东湖规划分局召开老年医学中心康复楼和综合楼项目的规划方案专家咨询会。目前，项目代建单位招标完成，老年医学中心康复楼项目拟定于2018年上半年正式开工。医院老年医学中心康复楼项目建设，将提升老年疑难病症诊治能力，进一步加强老年疾病的临床诊疗和科研体系建设，实现健康老龄化的功能。

2. 杨春湖院区建设发展加速推进

医院发挥"一院两区"的格局，发挥三甲综合性医院资源优势，服务于广大老百姓。优化医疗资源配置，提升资源利用效益。加强社区服务和精神卫生中心建设，让老百姓用低廉的价格近距离享受三甲医院高质量的医疗服务。建立监控机制，有效预防和处置突发公共卫生事件。加大区域医师培训力度，提升社区医生的医疗技术水平。

3. 安全保障和环境改造持续整治

医院狠抓法制宣传教育，落实自查自纠，促行风，抓实效，增强安全服务意识和安全工作的责任感，努力维护人民群众的根本利益，构建和谐的医患关系，确保医院安全稳定。组织安全生产工作教育2场次，200余人次参加新职工岗前安全培训，职工的法制意识和治安防范意识明显增强。安装门禁系统，出台收费方案，于4月20日投入试运行。加强与辖区派出所协作，建立治安联防机制，警医联动保平安，共同努力搞好治安联防，狠抓内部治安管理。

七、健全规章制度有章可循，医院管理职能有效实施

1. 修订规章制度，依法治院

医院党政领导积极推进法制化建设，结合国家和省里新的方针、政策和法规，重新修订医院管理的各项职责和制度。编撰完成的《梨园医院职责与制度(第二版)》更加符合新时代医改要求，更具有针对性和操作性。通过贯彻落实各项法律法规和规章制度，加强宣传学习，让每一位职工知晓，保障了医疗质量安全，医疗服务贴心，更好地体现医院的公益性。

2. 建立监管机制，督查整改

医院制定了《梨园医院廉洁行医管理办法》，进一步明确纪检、监察工作职责，强调落实全面从严治党主体责任的重要性。畅通咨询建议渠道，建立舆情收集、分析、引导机制，加强网络舆论信息监察，强化监督警示效能。坚持以病人为中心，贯彻依法治院理念，深化医院管理，规范执业行为，不断加强医院民主与法制建设，创造依法管理、依法决策的良好法制氛围。

3. 完善绩效考核，奖惩并行

医院绩效考核及绩效工资分配方案经第八届职工代表大会讨论通过，稳步实施，逐步完善，绩效考核充分体现按"工作量取酬、按服务质量取酬、按工资绩效取酬"的分配原则，奖惩并行，提高了职工工作积极性，提高了制度执行力和员工综合素质，医院设备利用率、病床使用率、周转率等得到了有效提高，保证了医院管理目标的实现，更好地促进了医院发展。

(附属梨园医院供稿)

科技产业工作

概　况

2017年，科技产业工作聚焦"产业布局调整和资产持续优化"，以促进企业加速转型发展、提高质量效益、做强做优做大为主要任务，进一步统一思想，真抓实干，科技产业继续保持稳中求进的整体态势。

一、2017年度经营目标完成情况

2017年，纳入产业集团度财务决算合并范围的企业有28家，合并营业收入83.10亿元，较上一年65.54亿元增长26.79%；合并净利润3.87亿元，较上一年2.78亿元增长39.21%；上缴学校利润6000万元。

截至2017年底，产业集团合并总资产149.56亿元，较上一年116.60亿元增长28.26%；合并净资产89.58亿元，较上一年67.57亿元增长32.57%；归属于母公司权益资产28.50亿元，较上一年23.40亿元增长21.79%，圆满完成年初下达的各项目标任务。

其中，3家上市公司进一步扩大经营规模，发挥了非常好的示范和引领作用。华工科技收入、利润分别增长35.30%和46.51%，华中数控收入、利润分别增长21.21%和146.80%，天喻信息收入、利润分别增长18.97%和13.84%。科技园公司、出版社、同济科技集团、华胜科技、建筑设计院等骨干企业的经营质量和效益稳中有升，共同夯实了产业发展基础。

二、2017年度经营综述

2017年，产业集团以资本运作为手段，以规范管理为保障，增强集团管控能力，提升资产管理水平，推动科技成果转化，加大企业自主创新能力，推进新兴产业战略布局，积极打造科技创新创业生态链，营造安全和谐的产业发展环境。

（一）加大资本运作力度，完善国有资产的战略布局

从集团和企业两个层面积极推进投融资平台建设，扩大上市公司市值规模，支持企业进行股改或上市，有效促进产业战略布局。

1. 成功实施上市公司定向增发

在融资政策从严从紧背景下，学校和集团给予积极支持，华工科技充分发挥资本市场的融资功能，圆满完成非公开发行股票并募集资金18亿元，为优化主营业务结构、全面提升核心竞争力和可持续发展能力、纵向延伸及整合现有产业链提供了资金支持。在增发成功率只有20%左右的情况下，逆势增发成功，彰显了市场对华工科技的信心。

2. 加快设立产业发展基金

集团支持有条件的企业设立专项投资基金，不断完善投融资平台。华工创投联合政府投资平台、行业优势企业发起设立5亿元先进制造创业投资基金，已完成基金设立方案，预计2018年上半年落地；科技园公司发起设立大学科技园股权投资基金，基金规模1亿元，积极探索和尝试投资及孵化的模式创新，满足园区中小企业及创业团队的融资需求，解决科技园孵化投资业务短板；新能源研究院公司、智能装备工研院公司面向各自领域的项目和企业，筹划设立1亿元专项产业基金，已基本达成合作意向。

3. 稳步推进企业新三板挂牌等资本化进程

在学校支持下，集团妥善解决了开目信息、华工激光、华日激光等企业的历史遗留问题，为企业申请新三板挂牌或IPO打开了通道；同时，积极协助企业与教育部协商，推动办理有关国有产权登记工作，目前开目信息申报资料已由教育部转报财政部审批；此外，集团支持达梦公司实

施增资扩股，为该公司实施股份制改造创造条件，有效推进其上市进程。

4. 加快完善战略产业的新布局

华工科技在武汉光谷未来城开工建设精密激光智造技术及装备产业化基地，产后预计实现销售收入30亿元以上，新增就业2000人，产业链间接经济效益近千亿元，将有力带动国内新型显示面板、手机终端等新兴产业发展，推动武汉市“芯片—显示—智能终端”万亿级全产业链建设；下半年，集团按学校要求，与相关企业共同出资1.5亿元设立了“武汉数字化设计与制造创新中心有限公司”，承担学校牵头的国家制造创新中心的建设和运营。

（二）完善运行机制和管理体系，增强国有资产的规范管理

产业集团不断完善运行机制和管理体系，加强风险防控体系建设，以规范管理促进持续发展。

1. 提升集团管控能力和管理水平

全年召开董（监）事会、党委会、党政联席会和总经理办公会76次，对经营管理中重要事项进行集体讨论和决策，努力实现科学决策、分层管理、高效运作的管理目标；制定了《产业集团公司派出董事、监事及高级管理人员管理办法》，建立起“责任董事”的管理机制。全年委派或推荐到企业任职的董、监、高人员28人，通过明确工作程序和落实派出人员主体责任，保障了集团依法行使各项股东权益；集团领导班子成员在明确分工联系企业范围的基础上，深度参与二级企业经营管理活动，积极帮助企业解决实际问题和困难，对企业资产处置、投资及重大项目等给予全面支撑。制定了《产业集团公司企业国有资产管理工作指南》，比较全面地梳理当前企业国有资产管理相关法律法规和制度，提高了企业规范管理水平。

2. 落实中央巡视整改要求，全面梳理处置低效资产

2017年，落实中央巡视整改任务贯穿全年。一年之中，解决了华工创投、华宏资产等公司长期难以解决的难题，并就同济生殖医学中心、华科大生命科技等公司的历史遗留问题提出了解决方案，全面梳理了同济泰乐奇公司的系列历史问题，为后期解决奠定了基础；对长期亏损、扭亏无望的20多家企业，进行全面清理。目前已完成清理注销工作6家，正在办理清算注销5家，恢复正常经营1家，股权转让1家，正在进行挂牌转让的1家，停业或中止经营11家企业。

3. 建立健全风险防控体系

根据教育部国资专项检查要求，对所属全资、控股企业开展经营风险专项排查工作，制定了《产业集团公司腐败风险预警与防控工作实施办法（暂行）》，明确腐败风险预警与防控工作重点、方法步骤、保障措施；制定了《产业集团公司关于建立健全审计监管体制机制完善审计监督的意见》，明确集团内部审计监管体制以及对企业进行专项审计的重点及方向；调整和完善了集团审计工作的管理体系和领导机构，建立健全对所属企业审计结果整改落实的工作机制。

（三）加大研发投入和人才引进力度，提升企业自主创新水平

产业集团推动开放合作，全面整合市场资源，发挥人才创新引领作用，促进企业转型升级，不断提升企业核心竞争力。

1. 持续加强企业自主创新

企业加大研发投入和技术攻坚，调整产品结构，优化技术功能，自主创新能力稳步提升。据统计，各企业全年累计投入科研资金4.19亿元，累计承担国家和省市科研项目66项、其他技术服务项目33项，当年到账资金1.4亿元；全年申报专利数224个，知识产权授权总数已达到959个。

2. 企业积极承担并参与国家重大科技专项

华中数控参与完成的“高性能数控系统关键技术及产业化”获得国家科技进步二等奖，斩获数控系统行业最高奖；华工科技承担“零级衍射光变图像产品化工艺研究”国家专项，填补了国内光学可变图案防伪技术的空白；天喻信息承担“城市移动文化生活服务聚合系统与应用示范”“教育云规模化应用示范”国家级项目成功验收；出版社2个项目入选国家新闻出版广电总局发展改革项目库，入库数量在全国大学出版社中排名领先。

3. 坚定不移实施人才引进计划

据统计，各企业全年共吸纳应届毕业生700多人，企业职工人数达到2.2万人。集团所属企业新引进国家“千人计划”1人，湖北省“百人计划”1人，湖北省突出贡献中青年专家1人，东湖高新区“3551计划”2人，目前共拥有各类高级专

家 23 人。同时,各企业积极响应武汉市"百万大学生留汉计划",通过加大校招力度,提高薪酬水平,增加人才公寓配套,建立专项培养计划等,持续优化人才环境,为企业的发展构建各类后备梯队。

(四) 梳理创新创业服务体系,促进产学研协同发展

产业集团注重共享平台建设,切实履行学校科技成果转化职能,深度融入学校双创工作,整合校内外资源,营造良好的创新创业氛围。

1. 持续推动学校科技成果转化

集团根据学校无形资产出资及奖励有关决定,先后完成"多功能激光制造""钢轨激光表面强韧化技术"两项知识产权组的无形资产作价出资新设公司,全年累计实现科技成果转化总额 6470.37 万元,其中学校划转给集团无形资产出资股权总额为 1941.11 万元。

2. 积极打造科技创新创业生态链

产业集团着力调动企业创新积极性,围绕企业"产品链"打造"创新链"。华工科技创办"激光技术国家专业化众创空间",在整合企业创新创业资源、打通上下游产业链、服务新兴产业发展方面初见成效;华中数控以"华中 8 型"硬件为基础、软件为核心,支持跨平台移植、裁剪和深度二次开发,吸引更多中小企业加入数控一代的创新应用;天喻信息的 MPOS 终端发展迅速,云教育平台、内容均进入快速通道;科技园公司与学校多个院系合作建设专业化众创空间,入驻大学生创业团队超过 40 个,入驻项目获得 7 次创新创业大赛奖项;科技园公司承担"中国大学科技园双创服务平台"大脑数据库设计、线上平台建设,获批国家发改委"双创"示范基地重大项目资金 430 万元;孵化器"启明星空创客空间"获得 200 万元天使投资,在全校范围内招募的团队累积人数已达 110 余人,承担学校"科技创业"选修课程已累计培训学员 2977 名;新能源研究院的"智慧能源专业化众创空间"获批省级众创空间。

3. "双创"基地建设取得阶段性进展

根据学校总体工作要求,集团在近三年的持续努力下历经多方协调、艰难谈判,克服重重困难,在 2017 年底前顺利实现学校南三门西侧 1—4 号楼"倒楼",有效解决了 10 多年来困扰学校发展的突出遗留问题,为下一步建设学校"双创"基地、极大地拓展办学空间创造了有利条件。同时,为学校争取获得了 9100 万元土地整理资金,签订备忘录落实拆迁新增缺口资金,以及配合学校积极参与了项目建设规划报批工作,起草了项目可行性研究报告以及项目建设运营方案。

(五) 落实安全维稳工作体系建设,营造良好企业发展环境

产业集团着力落实主体责任制,扎实推进目标管理,研究制定困难职工帮扶机制,促进企业健康和谐发展。

1. 建立安全维稳工作体系

集团与下属企业签订了《企业安全生产目标管理责任书》和《信访维稳工作目标责任书》,明确主体责任,并首次将"企业意识形态责任制"纳入责任书。企业安全生产管理工作实现常态化,多次组织企业安全检查和开展自查,全年未发生企业重大安全生产事故。在企业维稳工作中加强目标管理,责任逐级分解落实到人,妥善处置和解决了各类涉访涉稳事件。

2. 做好各项慰问帮扶工作

集团党委、行政和工会高度重视企业困难职工帮扶慰问工作,2017 年累计对 240 多名职工进行了慰问,尤其是对各企业特困职工,研究制定了《困难职工救助金工作方案》,安排专项资金进行慰问。同时,继续做好大病医疗互助、困难(医疗)补助等职工救助工作,全年共申报困难补助 47 人、医疗补助 61 人、大病医疗互助补助 22 人,让困难职工充分感受到了组织的关怀。

产业集团2017年度改制、重组、兴办公司引资一览表

序号	公司名称	注册资本/万元	公司股东	出资额度/万元	出资方式	所占比例/(%)	备注
1	张家口聚思教育科技有限公司	1000	武汉天喻教育科技有限公司、张家口聚合信息科技合伙企业(普通合伙)	250	现金	25	
2	张家口喻智教育科技合伙企业(有限合伙)	20200	武汉天喻信息产业股份有限公司、慧云科技股份有限公司、张家口丰泰股权投资基金有限公司	1000	现金	49.5	
3	贵州天喻通慧教育科技有限公司	1000	武汉天喻信息产业股份有限公司、武汉开喜科技有限公司	650	现金	65	
4	常州华数锦明智能装备技术研究院有限公司	5000	江苏锦明工业机器人自动化有限公司	2250	知识产权出资1275万元,货币出资1275万元	51	
5	武汉华数新能源汽车技术有限公司	7080	武汉智能控制工业技术研究院有限公司	4956	现金	70	
6	武汉启航聚力企业管理咨询有限公司	100	武汉华工大学科技园发展有限公司	100	现金	100	
7	启航聚力(武汉)股权投资基金管理有限公司	200	武汉约瑟投资有限公司、武汉辅仁投资管理有限公司、太证中投(武汉)股权投资基金管理有限公司、武汉启航聚力企业管理咨询有限公司	28000	现金	25	

续表

序号	公司名称	注册资本/万元	公司股东	出资额度/万元	出资方式	所占比例/(%)	备注
8	山西佳思漫文化传媒有限公司	500	华中科技大学出版社有限责任公司	500	现金	100	
9	北京有书至美文化传媒有限公司	900	华中科技大学出版社有限责任公司	495	现金	55	
10	武汉数字化设计与制造创新中心有限公司	3000	武汉华中科技大学产业集团有限公司、华中科技大学无锡研究院、武汉智能装备工业技术研究院有限公司	500	现金	16.67	
11	武汉光谷数字化设计与制造创新中心有限公司	3000	武汉智能装备工业技术研究院有限公司	3000	现金	100	未实缴，拟注销

华中科技大学产业集团所属企业名录

序号	企业名称	产业集团持股比例/(%)	序号	企业名称	产业集团持股比例/(%)
全资企业					
1	武汉鑫昶文化有限公司	100	9	武汉华科信息中心有限公司	100
2	武汉华宏资产经营管理有限公司	100	10	华工制造装备数字化国家工程中心有限公司	100
3	华中科技大学出版社有限责任公司	100	11	武汉华大机械工程有限公司	100
4	武汉华工建设发展有限公司	100	12	武汉华科教育科技有限公司	100
5	武汉华中大技术转移有限公司	100	13	武汉鸿象信息技术有限公司	100
6	武汉华中科大建筑规划设计研究院有限公司	100	14	武汉神阳饮品有限公司	100
7	武汉华科机电工程技术有限公司	100	15	华中科大工业制造工程中心	100
8	武汉华科智能电气技术有限公司	100			
控股企业					
序号	企业名称	产业集团持股比例/(%)	序号	企业名称	产业集团持股比例/(%)
1	华工科技产业股份有限公司	28.68	7	武汉同济科技集团有限公司	81.34
2	武汉华中数控股份有限公司	19.05	8	深圳市华科兆恒科技有限公司	79
3	武汉天喻信息产业股份有限公司	5.68	9	武汉开目信息技术股份有限公司	36
4	武汉华工创业投资有限责任公司	34.22	10	温州华中科技发展有限公司	50
5	武汉华胜工程建设科技有限公司	92.81	11	武汉智能装备工业技术研究院有限公司	50
6	武汉华工大学科技园发展有限公司	82.63	12	武汉新能源研究院有限公司	50

续表

序号	企业名称	产业集团持股比例/(%)	序号	企业名称	产业集团持股比例/(%)
13	武汉数字化设计与制造创新中心有限公司	50	15	武汉华工大创能科技有限责任公司	88
14	武汉华工科技企业孵化器有限责任公司	41.67	16	武汉城苑监理工程有限公司	98
参股企业					
序号	企业名称	产业集团持股比例/(%)	序号	企业名称	产业集团持股比例/(%)
1	武汉华科大生命科技有限公司	14.28	12	武汉华中科大仪博生命科学仪器有限公司	30
2	武汉达梦数据库有限公司	10.48	13	武汉金城环保设备工程有限公司	35
3	博奥生物集团有限公司	7.97	14	武汉东太信息产业有限公司	7.16
4	东风电动车辆股份有限公司	2.48	15	武汉华中龙源数字装备有限责任公司	25
5	上海盾构设计试验研究中心有限公司	2.29	16	武汉华中科大华联科技有限责任公司	20.50
6	武汉长江经济联合发展股份有限公司	0.028	17	武汉正华镁合金技术有限责任公司	20
7	武汉华伍航空科技有限公司	9.55	18	北京华工天一科技有限公司	20
8	武汉扬华电气股份有限公司	9.96	19	武汉亚芯微电子有限公司	15
9	武汉华科三维科技有限公司	10	20	武汉华大瑞康软件有限责任公司	20
10	武汉蓝星科技股份有限公司	0.63	21	武汉海通光电技术有限责任公司	10.50
11	武汉市宏善健康文化发展有限公司	11.25			

（产业集团供稿）

图书出版工作

2017年，面对严峻的市场环境和激烈的行业竞争，图书出版工作全体员工按照“复合融合、高端高能、大势大局、品质品牌、效率效益”的经营思路，完善经营机制，加强内部管理，较好地完成全年经营目标。

一、经营业绩稳步增长

2017年，共出版图书2206种，其中新版及修订版图书1143种，重印图书1115种；出版电子、音像、游戏、立体化及网络出版物333种，其中电子出版物12种，音像出版物11种，游戏出版物68种，立体化及网络出版物244种。营业收入1.7亿元，净利润707万元 。

二、产品结构进一步完善 优势特色更加凸显

2017年，图书出版工作进一步优化资源，已建立起一套符合自身特色、适应未来发展的产品体系。

机械图书分社围绕“新工科”理念，聚焦高端院校、高端论坛与高端作者，担任分社常年业务顾问的院士已达到12人。承办了教育部高等学校机械类专业教学指导委员会主办的“2017新视域下机械人才培养与教学改革论坛”，协办了智能机器人及应用国际会议、中国机械工程学会机器人分会成立会议，在国内外机器人学术圈引起广泛关注，推动了机械类人才培养、课程改革、实践教学、教材编写等成果落地。此外，在国际合作方面，机械分社成就显著，智能制造与机器人理论及技术研究丛书与Springer自然集团联合出版协议在BIBF上签署，受到新闻出版广电总局好评，并被中国日报、光明日报等媒体广泛报道。

医学分社不断调整与优化选题结构，加大重大选题以及重要作者资源的开拓力度，严格落实项目责任制，利用专业化、团队化的优势克难攻坚。全年策划选题150个，签订出版合同120个，出版新书120本，以上指标均比上年同期增长20%以上。顺利完成了全国高等医学教育课程创新“十三五”规划教材、全国职业教育康复治疗类应用技能型人才培养“十三五”规划教材、全国高等卫生职业教育创新技能型“十三五”精品教材等重点教材项目，以及“中国健康政策与管理研究丛书”“中国节能理论、方法及先进技术丛书”等重大项目。

大众分社2017年实现了人员稳定下的高速增长，发货码洋超过4000万元，实洋超过2000万元；当年销售超过8000册以上图书品种比上年大幅增长，重印品种增长15%。策划和审读编辑配比合理、生产稳定、出书均衡，发展步入良性循环。资源开发方面有较大进展，与止庵、王宏甲、贾平凹、季羡林、林清玄、张晓风等知名作者建立联系；在茶业资源方面，与知名茶企、茶媒体人、茶文化研究者建立了紧密联系，所出茶书在茶业引起较大影响。“我们是有故事的人”尝试通过自媒体把作者、出版者与读者紧密连接，探索除纸质外的数字、有声、视频等多媒体出版形式，致力于打造一个功能齐全、媒体传播形式多样的微出版平台，目前进展顺利。

数字分社突破了固有体系和选题申报瓶颈，增强了资源拓展能力，引进数字出版策划及项目运营人才，打造项目运作团队，增强了分社选题策划能力。重点建设了中小学创客课程平台和中小学生阅读平台两个项目。与腾讯微信、华视集团达成合作协议，计划共同打造朋友圈微书项目。积极参与国家级及省级的重点项目，其中《大屋湾》《钟鸣楚天》《南水北调中行线》被评选为2017年湖北省社会公益出版专项资金资助及奖励项目。主动涉足听书市场，进行听书业务的录、播尝试。广泛开展游戏出版合作，已出版游戏60余款，其中《吹来吹去》入选“中国原创游戏精品出版工程”。

电子电气分社通过严守产品效益、推动产品结构布局、加快资源开发力度等一系列手段，顺利完成年度目标任务。分社全年造货码洋2232万元，出版品种数93种。分社入选及承担国家

出版基金项目 1 项，省学术出版基金项目 4 项，承担出版基金项目总金额 150 余万元。除光电和高性能通信板块，在精密测量、智能技术等方向上均有高水平资源储备。《概率论与数理统计》在线作业平台在教材配套数字化资源中为首创，极大促进了图书的销量。

基教分社在渠道资源建设和产品线延伸以及对外合作方面均取得了新进展。成功竞标荆门市教科院《廉洁教育读本》出版服务项目。延伸开发的《寒暑假练字》《规范字教程》等产品年销量达到 54 万册。与青岛出版社友好合作，签署了《快乐足球》湖北代理协议，与黄冈、荆州等地合作项目正在跟进。

职教分社在继续夯实现有产品结构的基础上，增加细分专业领域的出书品种，进一步扩大产品的专业覆盖率；通过信息化手段，促进现有产品的数字化升级换代，增强产品的市场竞争力；着力配合图书推广商，扩大产品的市场占有率。截至年底，共签订新出版图书合同 278 个，出版新书品种数同比增长 20%，造货码洋同比增长 21%，回款同比增长 8%，经营效益得到了大幅提升。亮点在于，艺术类教材的市场占有率不断提升，教育类图书的影响力逐步加强，全国高职高专“十三五”系列规划教材、湖北省小学特色文化系列丛书等均取得了良好的反响。分社将进一步按照集约化、特色化、信息化的思路，进一步扩大高职高专教材市场的覆盖率和占有率。

人文分社全年销售、回款以及出版品种同比均保持 20%以上的增长，选题与出版的主攻方向逐渐集中，资源开发取得实质性进展，重大项目开发取得可喜成绩。“中国经济转型与创新驱动发展研究丛书”“当代中国高等教育改革口述史丛书”“中华人民共和国经济与社会发展研究丛书”等一批社会效益显著的重大项目开发取得突破；按期完成湖北省重点文化工程“荆楚文库”项目中《张培刚集》《汉冶萍公司志》等 4 品种图书的出版任务。

教材中心 2017 年通过“零利润”的服务模式为我校学生提供教材服务的模式，获得了全校学生的一致好评，同时，参与学校的“十九大”相关资料的采购和发放，减轻了学校相关部门的经济和工作压力，闯出了学校服务的新路子和服务模式。

为应对新时代、新需求、新媒体背景下的文化载体的转型，公司根据高校学生对知识需求的新形式重点打造了佳思漫知识服务部。佳思漫知识服务部以高校学生、教师为主要服务对象，深度挖掘在校学生的文化消费需求，打造大学生的第二学习平台。服务内容主要有论文查重，就业、实习、考试培训服务，举办通识教育讲座和各类沙龙活动，以及图书免费借阅、远程设计、文创产品、活动场地服务。同时引入服饰美妆、数字产品体验、趣味比赛、校园纪念品等各类生活服务。目前已经布点门店 12 家，其中包括：华师、华农、湖北中医药大学、汉口学院、首义学院、武昌理工学院、华夏学院、武汉传媒学院、同济医学院等。

2017 年，文化创新部建立了“华中文创”淘宝专营店，创立了两个原创文创品牌“PINK-MATE”和“翰墨志”，完成了策划、研发文创产品共计 40 余个品种，入库码洋 1118 万元，相较上年增长了 4399%，截至目前已回款 256 万元，相较上年增长了 35290%。其中，《2018 早安日历——我的轻食计划 365 天》《2018 有书时间礼盒》等系列文化产品受到市场和消费者的广泛好评。

文化创新部 2017 年度重点项目《2018 早安日历——我的轻食计划 365 天》实现单品种全年销售 53000 册。据不完全统计，2017 年全国出版行业出现了 58 个新品种日历书，其中包括常年占据市场的《故宫日历》《中国诗词日历》。中信出版社为了占据市场，甚至一家同时出版了 9 个不同品种的日历书。在竞争白热化的日历书市场，文创部联合作者、联合有书共读平台原创的《2018 早安日历》，设计的图书＋视频＋文创产品组成礼盒的新模式，以清新活泼的风格、丰富实用的内容、美观精致的印刷质量打动了读者，结合新媒体平台技术的推动作用，着实打造了一个新的市场亮点。

三、从“走出去”到“走进去”，国际合作全面深化

2017 年，图书出版工作稳步实施“走出去”战略，荣获商务部等十部委联合评审授予的“2017—2018 年度国家文化出口重点企业”称号，并获得武汉市商务局服务贸易发展专项资金的

奖励。同时，公司《雷军传》的日文版和韩文版等图书荣获由国家新闻出版广电总局等单位组织的“图书版权输出奖励计划”奖励。

2017年公司版贸业务发展更为成熟，引进图书100余项，实现版权输出或国际合作出版项目近20项，累计50余项。与世界知名学术出版机构Springer、De Gruyter等签约联合出版英文版学术著作近20项，战略合作签约仪式获得《中国图书出版广电报》《湖北日报》以及光明网、新华网、凤凰读书等众多权威媒体的广泛关注。国家新闻出版广电总局因此对公司进行通报表扬，并颁发“优秀活动奖”荣誉称号。目前，公司在洽谈合作出版的国际战略合作伙伴还包括Elsevier、Taylor & Francis等世界出版界翘楚。

从“走出去”到“走进去”。法兰克福当地时间10月16日上午，公司代表团访问了世界著名学术出版机构施普林格·自然集团(Springer Nature)海德堡总部，双方就学术专业图书、期刊出版合作等进行了广泛探讨，为双方的长期合作奠定了坚实的基础。

参加境内外书展，拓宽合作渠道。公司通过积极参加台北国际书展、北京国际图书博览会(BIBF)、海峡两岸图书博览会、法兰克福书展(FBF)等，实现国际国内出版资源两手抓。联合华中科技大学国际教育学院成功组织了“一带一路”国际朗读者读书会活动，建立了“一带一路”留学生微信群。在习近平总书记“讲好中国故事，传播中国声音”的指导下，将着力开发“一带一路”人物故事微平台。

四、创新能力进一步增强 数字化平台初见成效

图书出版工作依托国家数字复合出版工程构建内容数字化生产平台取得阶段性成果，传统图书生产数字化转型走在全国同行前列。5个分社20多位编辑参加试点应用，基于工程系统，以数字化方式生产出全国第一本图书，试点工作得到总局领导高度认可。12月，国家新闻出版广电总局在我社召开试点工作现场会，向全国同行推广我社试点工作经验。

2个项目入选国家新闻出版广电总局发展改革项目库，入库项目数量在全国大学社中排名领先，2个项目入选湖北省新闻出版广电局发展改革项目库，入库项目数量在全省出版社中排名领先。1个项目获得2017年中央文化产业专项资金支持。

以“面向建筑装饰行业的云服务平台”流量为基础的“秀设1.0”版本于2017年9月全面上线，已有近百家设计机构上百名中高端设计师入驻。我社数字出版生产线项目顺利在湖北省新闻出版广电局结项，发布平台“华中书城”“资源教学服务网”入驻用户上千人。正加快“电子书”“数字化教材”“慕课”“在线考试培训平台”等数字化产品板块建设。

五、资源开发力度加大，核心竞争力进一步提升

图书出版工作进一步完善分公司管理体系，通过继续实施目标任务管理和全面预算管理，不断加强各分公司独立运作与扩张能力。

1. 资源开发管理体系

通过日常沟通、拜访、会议、活动等手段，系统和深度开发作者资源、客户资源，已经形成了每月上报资源建设统计表的常项制度。各分社通过工作群、微信群、微信公众号、微博、论坛等方式，建立起140多个交流平台，共计吸纳了129846个作者。营销中心建立起3348个客户联系人，在精减现有客户、重点扶持潜力客户的同时，尝试开发更多地域教材总代客户。逐步由单一业务向多种业务转变，由一般性合作向战略性合作转变。

2. 人力资源开发体系

2017年公司加大了人才尤其是高层次人才的引进力度。全年共面试400余人，录用128人，其中有硕士研究生学历者在50%以上，较好地满足了公司信息技术、文化创新和知识服务等新业务拓展需要，同时加强了传统出版业务的人才储备；组织专项培训3次，参训人数近200人次；安排出版从业人员参加国家及省局组织的继续教育现场面授培训和网络线上培训，培训合格率达到100%；不定期组织编辑沙龙、编辑大会，提高员工的专业水平，其中我社青年编辑胡芬在“韬奋杯”全国青年编校大会上喜获编辑个人优秀奖和团体三等奖；制定并发布了《华中科技大学出

版社首席编辑实施管理办法》，评选了3名出版社首席编辑；修订了公司《"青苗培养计划"实施管理办法》，重新选拔补充了16名新的青苗培养员工，并给每一名青苗人员配备了指导老师。

3. 企业管理制度体系

在企业经营的各个环节，逐步完善了各项管理制度，如财务、人事、编辑、营销、印务、物流、质检等，建立起规范科学、高效的管理流程。2017年起草和修订完善了《车辆使用和管理办法》《一般图书编辑加工流程优化实施办法》《折扣管理规定》《通讯补助管理规定》《固定资产管理办法》《库存商品管理规定》等八项规定。

六、文化建设有效开展 企业凝聚力逐步增强

公司以"超越传统出版，影响未来文化"的经营理念为企业文化核心，通过外部展示、内部学习、沙龙交流、企业内训、座谈研讨等多种形式，营造浓厚的企业文化建设氛围。2017年底，公司联合学校艺术教育中心交响乐团，在琴台音乐厅成功举办了2018年新年交响音乐会。

积极组织各类有益员工身心的文体活动，先后成功举办了3·8妇女节"晒晒我们的节日"随手拍、"女生节你最美"图片心语网上专题活动、第四届"华中好声音"卡拉OK比赛及每年年末的新年文艺晚会等。先后取得2017武网公开赛系列赛、第三届武网大学生网球巡回赛、第十四届湖北省大学生网球锦标赛总决赛教工组冠军等好成绩。

（出版社有限责任公司供稿）

党群工作

组织工作

2017年，组织工作深入学习贯彻习近平新时代中国特色社会主义思想和党的十九大精神，深入学习贯彻全国高校思想政治工作会议精神，着力加强基层党组织建设，着力完善制度体系建设，深入推进全校“两学一做”学习教育常态化制度化，全力迎接中央巡视，扎实推进巡视整改各项任务，不断加强干部队伍建设，全方位开展各类教育培训，推进全面从严治党向基层延伸，较好完成了全年各项任务。

一、以新思想为指导，学习贯彻党的十九大精神

制定《关于在推进“两学一做”学习教育常态化制度化中深入学习宣传贯彻党的十九大精神的通知》，对落实组织生活制度、领导干部带头学习、组织开展集中学习、扎实推进重点任务等方面做出具体部署，做好习近平新时代中国特色社会主义思想和党的十九大精神的学习贯彻；坚持用习近平新时代中国特色社会主义思想武装头脑，为全校2万余名党员和干部、基层党组织统一订阅新修订党章、党的十九大报告、辅导读本等学习资料；分步骤、分层次组织开展中层干部、党支部书记学习贯彻党的十九大精神集中轮训，做到全覆盖。

二、全力迎接中央巡视，落实整改各项任务

组织部提高政治站位，从思想认识、人员配置、基础工作，甚至个人生活上，都提前做好安排，为完成巡视及巡视整改各项任务打下了坚实的基础；提前总结和梳理近年来工作，成立若干专题小组，针对已知问题提前进行整改；在巡视期间，坚持高标准严要求，高效协作，敢于担当，较好完成各项任务；制定了分类推进、紧盯重点、三级联动等工作机制，列出具体整改措施75项，坚持立行立改，各项措施均按时完成；完成选人用人专项检查和整改任务，全面加强干部工作；用好批评和自我批评武器，组织全校中层干部召开巡视整改专题民主生活会、党支部开展巡视整改专题组织生活。

三、深入推进“两学一做”学习教育常态化制度化

1. 持续构建“四梁八柱”，不断完善制度体系

结合学校实际，研究总结经验，构建“四梁八柱”制度体系，把全面从严治党落实到党建工作各方面。先后修订、出台制度文件13项，汇编《基层党建工作手册》下发基层党组织，涵盖了二级单位党组织建设、基层党支部建设，以及发展党员、党员组织关系管理、“三会一课”、党费和基层组织换届等专项工作，进一步理清了关系、明晰了职责、明确了任务。加强支部主题党日活动，把每月第三个周四下午作为全校基层党组织开展支部主题党日的固定时间，按月发布通知，明确活动主题，明确规定动作和自选动作；研究制定《华中科技大学支部主题党日活动指导书》，进一步增强支部主题党日规范性，不断完善制度体系。

2. 着力建强战斗堡垒，不断健全组织体系

加强基层党组织班子建设，推进按期换届，截至2017年12月，已有46个二级单位党组织完成换届，规范基层党支部按期换届，选优配强党支部委员会；出台《关于进一步加强二级单位党组织建设的意见（试行）》（校党〔2017〕51号），强

化管党治党主体责任；进一步规范院系党委会和党政联席会议事规则，增强工作规范性，提升决策水平；出台《中共华中科技大学委员会基层党支部工作暂行条例》(校党〔2017〕52 号)，强化党的一切工作到支部的鲜明导向；选树先进典型，发挥榜样引领作用，组织全校基层党组织认真学习老党员崔崑院士、胡吉伟班等先进典型的事迹；组织开展“两学一做”支部风采展示活动，报送微党课 94 个，支部工作案例 86 项，推选报送教育部参加全国评选。

3. 落实党建重点任务，更好发挥组织作用

规范“三会一课”和支部主题党日活动，改版《二级党组织工作手册》和《党支部工作手册》，加强痕迹管理；加强党员组织关系管理和组织关系接转工作，全年共完成组织关系接转 5117 人次，其中转入 2525 人次，转出 2592 人次；做好新进党员核查，严格排查违规入党等问题；及时处置失联党员，按照“一人一档”要求“一事一议”；进一步规范党费工作，出台制度文件，制定补交方案，指导二级单位重新核算党费标准，开发使用“党费云”系统，改版《党费缴纳簿》，优化党费收缴流程；加强发展党员工作，出台实施细则，规范工作程序，从严审核发展党员材料，严格审查备案，编印《工作手册》和《工作纪实表》，改版《发展党员培养考察综合材料》和《政审函调信》，统一制作审批印章 38 套，全年(截至 12 月 18 日)共发展预备党员 2211 人，转正 2230 人；加强在教师中发展党员，成立青年千人联合党支部，实施开展“双青工程”，组织青年千人党员赴湖北红安干部学院、红旗渠干部学院等开展教育培训，加强青年高层次人才党员教育引导；加强大学生思想政治工作，组建大学生党建和思想政治教育工作部级联席会议；教育引导党员正常行使权利，圆满完成我校参加湖北省第十一次党代会代表、我校出席十九大代表选举工作；加强选调生选拔推荐工作，着力培养优秀年轻后备干部；关怀困难党员和老党员，建立定点联系制度，定期开展慰问；完善基层组织经费保障机制，增强基层党组织的凝聚力和战斗力；开展党建课题研究，本年度立项 39 个。

4. 积极推进“互联网＋”，不断改善教育效果

推进“互联网＋党建”，优化和丰富“党员管理信息系统”功能，完善信息系统手机短信提醒功能，新增组织生活管理模块，稳步推进与学校统一认证平台的对接工作；完成中组部全国党员管理信息党组织与党员信息采集工作；完成中组部、教育部年中、年终党内信息采集和统计；广泛开展网上学习和交流，在全校中层干部和师生党支部书记中实现网络培训全覆盖；坚持“两学一做”空中微课推送、坚持“政治生日”定时推送；充分利用微信学习平台开展每月支部主题党日活动；充分发挥“领航博客”“党旗领航网”“先锋论坛网”等教育服务平台的作用，取得显著效果。

5. 加强监督检查，确保责任任务落地

全面开展二级单位党组织书记抓基层党建工作述职评议考核，探索实施基层党支部向上级党组织述职评议考核，完善考核方式，狠抓问题整改，强化考核实效；从严从实组织二级单位领导班子民主生活会，实施全覆盖督导，强化工作实效；建立二级单位党组织、师生党支部责任清单，开展党建工作责任制集中督查，以查促建，确保责任落地；建立党员发展、组织关系接转等专项工作督查反馈机制，对发现问题及时反馈和通报，督促改进提高；深入到支部开展不定期督导检查，着力破解支部组织生活质量不高等问题；加强兼职组织员队伍建设，增强检查督导作用；做好迎接上级各类检查 3 次，坚持实事求是，得到较好评价。

四、坚持正确用人导向，选好建强干部队伍

1. 加强干部选拔任用工作

一是坚持正确的工作导向，把好选人用人关口。认真落实中央关于选人用人工作的有关要求，把好干部标准关，坚持把政治标准放在首位，将政治标准贯穿干部工作全过程，在动议酝酿时严把政治标准，在民主推荐、民主测评、组织考察中突出政治标准要求。坚持把好廉洁关口，落实干部选任每个环节的工作，严格执行“凡提四必”，必要时将关口前移。加强全面审核把关。对考察人选同时征求意识形态、师德师风方面情况的意见，党外干部还征求党委统战部的意见，多方面审核把关，待所有情况均确认没有影响再提交党委常委会讨论。

二是完善选人用人制度和规范建设。立足干部选拔任用和监督管理两个主要方面，修订学

校干部选拔任用管理实施办法，制定华中科技大学中层干部监督管理实施办法，加强制度层面的顶层设计。加强沟通酝酿工作。针对选人用人的关键环节，反复修改完善学校中层干部沟通酝酿工作程序，对沟通酝酿的范围、时间、方式等提出明确要求，同时强调了工作纪律，注意充分听取各方面意见，提高工作实效。严格执行回避制度，完善工作回避制度要求，组织对全校中层干部任职回避情况进行梳理，针对5名干部的情况落实整改，在干部选任前专门设置亲属校内从业情况审查环节。规范任前公示工作，严格落实了任前公示时间从发布公示通知第二天起算的要求。简化干部任免工作程序，充分发挥单位主要负责人抓班子带队伍的作用。

三是统筹做好干部调配工作。统筹推进空岗补充工作，结合巡视整改要求，按照人岗相适的原则充实干部人选，为事业发展提供队伍保证，目前已提任干部16人，另有19名拟提任人选已完成考察，其他岗位正在统筹推进。抓好二级单位行政班子换届工作，完成了生命科学与技术学院、光学与电子信息学院等2个单位的行政班子换届，机械科学与工程学院、新闻与信息传播学院等2个单位的行政班子换届正在推进。加强对行政班子换届的分析研判，针对部分到换届时间的单位先调研谈话再启动换届程序，对目前尚未换届的行政班子均进行了研判，做好工作准备。健全和完善选人用人机制，充分发挥聘任制干部在学校建设和发展中的作用，先后聘任了汪宁、黄晓庆2名专家担任学院院长。有计划推进干部轮岗交流工作。树立干部交流工作导向，推动机关与院系、院系与院系、党务与行政干部的多向交流，激发干部队伍建设活力。坚持把干部选任与干部队伍建设和干部全过程管理结合起来。针对干部配备中反映出的情况和问题，深入听取各方面意见建议，努力做好矛盾和问题的化解工作，针对性地对干部和班子提出明确要求，帮助单位营造和谐发展的良好氛围。

四是切实改进干部考察考核工作。通过专项工作、专题调研等形式，注重在平时了解班子和干部，在急难险重任务面前观察干部，将相关情况作为分析研判干部队伍建设的重要参考。改进干部任前考察工作，考察内容强化针对性，突出对干部政治素质、担当作为、奉献合作方面的考察，同时借鉴上级组织部门及兄弟高校的做法，条件具备时在推荐后即进行考察，缩短干部选拔任用的周期。严肃干部考核工作要求。结合上级文件精神及学校实际情况，在广泛征求全校二级单位意见基础上，研究制定学校中层干部年度考核实施办法和干部试用期考核实施办法，在考核中突出干部政治标准和工作担当，加强对干部意识形态、立德树人等方面情况的考核。对干部年度考核测评情况进行综合分析，从严从实确定干部考核结果，规范干部试用期考核工作，对考核后不胜任的干部进行调整，督促干部履职尽责。

2. 进一步做好从严管理干部的各项工作

一是加大对干部提醒、函询、诫勉的工作力度。充分发挥组织部门职能监督作用，坚持抓早抓小、防微杜渐，切实让“红脸、出汗”成为常态。日常管理工作中加强对干部的教育提醒，提高纪律和规矩意识；规范程序，明确要求，并做好记录和材料归档工作。加大工作力度，结合巡视整改及日常管理工作要求，针对干部在个人事项报告、兼职、出国（境）等事项中存在的问题，全年共提醒干部307人（其中书面提醒91人，批评教育182人，责令做出检查34人），函询116人，诫勉9人。

二是切实落实个人有关事项报告工作要求。一是结合选人用人检查整改工作，对5名干部个人事项报告重新进行了认定和处理，体现从严管理要求。二是认真落实2017年度个人有关事项报告填报新要求，组织干部深入学习贯彻领导干部报告个人有关事项“两项法规”，提高干部政治站位，强化组织观念，针对填报对象范围组织专题培训，加强填报业务指导和提醒。三是严格按照上级相关文件精神开展抽查核实工作，规范查核结果认定和处理，针对查核不一致的干部及时处置，发挥警示教育效果，努力提高查核一致率。全年审核录入个人有关事项报告299份，抽查核实54人，其中随机抽查核实29人，重点抽查核实25人。

三是进一步加强干部出国（境）管理工作。一是严肃纪律要求，对选人用人专项检查工作中反馈的干部未按时上交证件、未经审批因私出国（境）、擅自改变行程等问题逐一进行严肃处理。二是改进因私出国（境）管理工作。结合公安机关提供数据和全体干部提交的书面说明重新梳理干部持有因私出国（境）证件情况，重新设计证件借还登记簿，要求干部申请因私出国(境)时须对遵守相关纪律做出承诺，借出证件时对干部及时归还证件进行强调，临近逾期时加以提醒。在面向全校广泛征求意见的基础上，研究制定了干部因私出国(境)管理办法并认真执行。三是理顺因私出国(境)管理工作。从2017年7月开始，将附属协和医院、附属同济医院处级干部因私出国(境)登记备案、证件保管和审批工作统一收归校党委组织部管理。全年共备案中层干部因公出国(境)267人次，审批中层干部因私出国(境)118人次。

四是加强干部兼职清理、干部经济责任审计等工作。出台《华中科技大学中层干部兼职管理办法(试行)》，对干部兼职类型、数量、期限、取酬、审批提出明确要求，对全校干部兼职进行了集中统一规范和清理。在此基础上，建立干部兼职信息数据库，加强动态管理，督促各单位做好兼职信息公开，全年共审批规范干部兼职692人次。加强干部经济责任审计工作，与审计部门配合，督促相关单位和个人落实审计整改建议，严守财经纪律。提请干部经济责任审计9人次。

3. 抓好专项重点工作落实

协助上级有关部门，认真落实校领导班子建设及考核相关工作要求。协助省委组织部完成附属协和医院、附属同济医院院长的推荐考察工作。配合人大、政协换届，会同统战部门做好人大代表、政协委员推荐考察等工作。配合省市有关部门做好湖北省人民政府咨询委员会专家、高校产业领军人才推荐工作。认真完成上级安排的组织调训工作，全年中层以上干部校外培训32人次。不断完善干部挂职锻炼工作。先后组织了中组部第八批援藏干部人才(轮换)、第九批援疆干部、驻村第一书记、教育部第五批赴滇西挂职、驻外干部、江苏省第十批科技镇长团、南宁市校合作干部挂职锻炼、百名专家投智岳阳引才计划、湖北省精准扶贫驻村工作队、洪山区干部挂职、荆门市干部挂职锻炼等项目的挂职干部选派工作，将挂职锻炼作为干部培养和支援地方建设的重要措施，目前共有34名同志在外挂职，其中本年度新选派21名。加大对外推送干部的工作力度，本年度有2名干部提拔到校外担任副厅级领导职务，3名干部提拔担任成都市局处级领导任职，3名干部到武汉市局级岗位挂职锻炼。

五、牢牢把握“党校姓党”，坚定正确政治方向

1. 突出党性教育，加强干部教育培训

把增强党性作为第一任务，围绕学习贯彻党章党规党纪、全国高校思想政治工作会议精神、党的十八届六中全会精神和党的十九大精神等主题，扎实开展干部教育培训。举办中层干部“学习贯彻十八届六中全会精神”集中轮训，启动学习贯彻十九大精神集中轮训，实现全覆盖；举办党校教师学习贯彻十九大精神专题培训；举办“2017年度教职工党支部书记轮训班”“学习贯彻党的十九大精神学生党支部书记轮训班”。全年举办干部教育培训主体班9期，累计培训干部1600余人。

2. 增强针对性实效性，统筹推进党员教育培训

先后两次组织二级单位组织干事、党建辅导员集中培训，以学校各项制度为基础，针对实际工作问题开展培训交流；举办第十七期教职工入党积极分子培训班，其中专任教师17人参加；组织开展“干部远程网络教育培训班”，组织教师党支部书记参加教育部、湖北省基层党支部书记学习十九大专题培训班；加强学习效果的日常检查，建立定期督促提醒制度；推广研究式教学、体验式教学、案例式教学等互动式教学方式，显著改善培训效果；邀请全国劳动模范、全国优秀共产党员许振超，全国优秀党员张黎明做客“先锋论坛”，参与党员、干部1000余人。

3. 强化制度规范，加强分党校建设

出台《关于加强和规范分党校办学的暂行规定》，规范分党校教学管理，明确办学要求，狠抓纪律考核，教风学风进一步提升；探索建立分党校考核评价办法，建立健全激励约束机制；组织全校70名党校兼职教师集体备课，提高政治站位和教学水平；全年共举办各类学生培训班147期，累计培训7900余人。其中入党积极分子培训班49期，培训学员3600余人；发展对象培训班56期，培训学员2300余人；预备党员培训班31期，培训学员1700余人；学生党支部书记培训培训班11期，培训学员300余人。

(党委组织部供稿)

宣传思想文化工作

2017年是学校宣传思想文化工作极不平凡的一年，党的十九大胜利召开，学校党委接受了中央巡视组意识形态工作专项巡视。以这些重要工作为契机，我校宣传思想文化工作在2017年取得显著成效。一是以习近平新时代中国特色社会主义思想为重点，全面加强党委中心组学习和教职工政治理论学习；二是以意识形态工作巡视整改为契机，深入推动意识形态工作责任制落实落地；三是大力宣传了一批优秀集体和个人先进事迹，在校内外产生了较大反响；四是网络舆情的监控和引导取得了良好效果，有效维护了学校的网络安全稳定；五是大力加强校园文化建设，一批校园文化品牌项目得到了师生广泛好评。

一、深入学习宣传贯彻党的十九大和全国高校思政会精神，狠抓政治理论学习

以制度化和规范化为重点，进一步提升校院两级党委中心组学习质量，扎实开展教职工政治理论学习和党的十九大精神宣讲，取得了良好的效果。

1. 切实抓好校院两级中心组学习

一是突出服务，协助校党委中心组开展学习。起草印发了学校党委中心组学习计划，出台了《华中科技大学党委理论学习中心组学习制度》，对学习形式、内容、考核进行制度化和规范化要求。截至目前，已协助校党委理论学习中心组围绕习近平新时代中国特色社会主义思想、党的十九大精神、巡视整改等开展了14次集体学习。二是加强指导，切实推动二级单位开展党委中心组学习。年中组织全体党委常委和部分职能部门负责人深入37个院系参加党委中心组学习，提供指导，督促落实，为二级单位落实党委中心组学习起到了重要推动作用。今年以来，各二级单位党组织以中心组学习为抓手，从加强支部理论学习、把握政治原则、重视群众利益等不同方面深入探讨、拿出举措，已组织了400余场中心组学习，提高了领导班子的科学决策和政治理论水平。

2. 迅速落实好党的十九大学习宣讲

一是组成宣讲团，布置落实全校宣讲。党的十九大召开后，组织成立了以校党委书记路钢为团长，全体校领导、二级单位党组织书记和部分专家学者组成的党的十九大精神宣讲团。组织召开宣讲动员会，统一制作宣讲PPT和参考资料，落实宣讲要求，尤其强调将阐释好习近平新时代中国特色社会主义思想作为宣讲的重中之重。二是邀请重量级专家来校解读十九大精神。中国社会科学院马克思主义研究院党委书记邓纯东、光明日报社总编辑张政先后应邀来校为师生做专题辅导报告。截至目前，已在全校各二级单位组织开展了70余场宣讲报告会，在校内持续形成学习传达十九大精神的热潮，使师生对十九大的主题及主要成果、习近平新时代中国特色社会主义思想、过去5年的历史性成就和历史性变革、中国特色社会主义进行新时代等重大课题有了更加深入的理解。

3. 开展院长、书记进课堂讲思政课活动

为深入贯彻全国高校思政会议精神，从2017年9月以来，党委书记路钢、校长丁烈云带头上讲台为学生讲思政课。机械学院院长丁汉、党委书记史铁林等44位院长、书记走进教室与学生畅谈国家学校大好形势和院系学科发展蓝图，引导学生实现"四个正确认识"，树立报国思想，勇担时代重任，争做"六有"大学生。本学期末，全校所有院长、书记将完成思政课的授课。

4. 不断夯实教职工政治理论学习

印发《华中科技大学教职工政治理论学习实施办法》，制作分发统一的学习记录本，全校教师员工每月第一周周四下午进行政治理论学习已渐成常态。大力加强教职工政治理论研究工作，目前已征集各类课题50多项。完成了2017年教职工思想政治状况调查报告。

5. 做好全校理论学习服务

视野网全年推送理论文章、相关报道556篇。建立了"党的十九大"专题网站，及时发布全校学习宣讲报道79篇，转载人民网、新华网等权

威文章41篇。全年共编发《学习参考》《学习活页文选》17000余册，购买分发《习近平的七年知青岁月》《党的十九大辅导读本》《习近平谈治国理政（第二卷）》等理论书籍3700余册，为全校师生开展理论学习提供了丰富的学习材料。

二、以中央巡视整改为契机，推进意识形态工作责任制落实、落地

三、注重发挥全媒体融合效应，对内对外讲好华中大故事

整合内外宣传资源，统筹多渠道、多平台、多层次的宣传平台，围绕学校中心工作开展集中报道，积极壮大主流舆论宣传，传播正能量，讲好华中大故事，做好了"内聚人心，外塑形象"的工作。

1. 统筹全媒体发展、推动内外宣传联动

一方面有效推进传统媒体建设，不断加强校报、学校网站主页、新闻网、广播台、电视台的各项业务。2017年，对学校网站主页和新闻网进行改版，进一步突出了学校以"学生学者学术"为中心的理念，让优秀学子、杰出学者、前沿学术在主页上唱主角，新闻的可读性和影响力大大提升。电视新闻的摄制、录制、编辑已全部实现高清化。

另一方面，通过队伍协同和资源共享，大力推进传统媒体与新媒体、校内媒体与校外媒体的多角度多平台合作宣传，全媒体融合工作初见成效。2017年，围绕中国最好大学排名我校第八、同济医学院110周年院庆、崔崑院士典型宣传、第十届校友企业家论坛、胡吉伟班典型宣传、校友汪潮涌捐款一亿元、马丁当选中国工程院院士等重点事件，内外宣全员出动，全媒体出动，及时在学校网站主页、新闻网、微信等校内平台多频次推送图文信息，在校报对活动进行深度报道，在校外媒体进行集中宣传，并在2017年开通的今日头条、九派新闻头条号中及时推送信息，形成了很好的全方位宣传态势，取得了较好的传播效应，也受到了师生的好评。

2. 围绕学校中心工作，壮大主流舆论宣传

2017年，围绕中央精神和学校中心工作，进行重点、集中、持续性宣传，坚守舆论主阵地，传播正能量。开设的主要专栏专题主要包括党的十九大精神学习贯彻、贯彻落实全国高校思政会精神、加快"双一流"建设、推进"两学一"做学习教育常态化制度化等，及时反映了学校党建、教学、科研、人才培养、社会服务等发展动态，营造出良好的校园氛围，提升了主流舆论影响力。例如，围绕十九大主题，新开"砥砺奋进的五年""学习十九大精神进行时""十九大笔谈之加快双一流建设、推动内涵式发展""感知中国"等系列专栏，推出"图说十九大""激越历史 青春共鸣——读《习近平的七年知青岁月》有感"等专题，通过消息、笔谈、随感等多种形式，详细梳理学校多举措学习宣传贯彻十九大精神的动态，在师生中掀起高潮。例如，围绕"立德树人"中心工作，通过"立德树人·榜样""走近科技新星""我最喜爱的教师班主任""华中大导师""教学教风建设现场扫描""十佳辅导员"等专栏专题，挖掘身边的优秀教师，树立身边的榜样。

3. 对外宣传亮点频现，不断提升学校美誉度

围绕学校在重大典型、科研成果、人才培养、"双创"工作等方面的工作，全方位深层次地展开对外宣传报道，在不断完善中央媒体与地方媒体共报道、传统媒体与新媒体齐宣传的格局方面取得了较好成绩，进一步提升了学校美誉度。截至11月底，中央及地方主要媒体首发我校各类新闻报道累计278次。2017年亮点工作包括：十九大宣传频现华中大声音。围绕十九大召开的前、中、后三个阶段，开展了系列宣传：会前，光明日报整版刊登我校砥砺奋进的五年以及校党委书记的署名文章；会中，十九大代表、校党委书记接受人民日报、光明日报、经济日报、湖北日报、长江日报、湖北卫视等多家媒体采访；会后，主动联系媒体及时就师生热议十九大积极发声。典型人物、典型经验宣传取得突出成绩。中国工程院院士崔崑、经济学院胡吉伟班、协和医院"青年千人计划"入选者王琳教授成为中央媒体重点报道选题，取得了很好的宣传效应。

四、创新方法，多措并举，巩固网络宣传阵地

面对当前新媒体井喷式发展以及网络环境的复杂形势，切实加强了对网络阵地的建设管

理，大力加强了网络引导工作，营造了清朗的校园网络空间。

1. 管好网络阵地，确保网络空间清朗

加强白云黄鹤BBS论坛的建设与管理，采取关键词过滤设置、人工检索删除、特殊时期24小时值班等多种措施进行全方位监管；搜集师生所关注的“研究生宿舍”“食堂”“医疗”等问题，积极促进学校职能部门与师生对话交流。将宣传部门户网站、视野网迁移至学校网站群系统，依托冰岩作坊团队对校报电子版、校内采访安排等4个网站及信息发布系统进行维护，确保安全有序运行。

2. 繁荣新媒体，讲好华中大故事

一是建立有40家成员单位的华中大新媒体联盟，形成传播矩阵。2017年主动策划“大学排名”“崔崑院士钢铁人生优秀事迹”“《光明日报》专版报道我校砥砺奋进的五年”“院士评选”等6项议题，并组织新媒体联动，在校内集中宣传推广。二是制定出台《华中科技大学新媒体平台管理办法》，从认证审批及备案、管理机制、建设要求、考核评比等4个方面对校园新媒体平台建设提出要求，在鼓励新媒体繁荣的同时保障其规范运营。三是每月发布校园微信指数榜单、月度热文榜单，以评促建，鼓励院系和各部门积极运营新媒体平台。“华中科技大学”“华中大微校园”等微信公众号内容丰富、形式新颖，深受师生喜爱。

3. 建立起舆论监测分析、舆论引导应对的强有力工作队伍

一是立足本校，服务师生，全年编写《网络舆情台账》16期、《校内舆情动态》50余期，每半年对意识形态、教育改革、管理维权等重点领域进行汇总分析，形成《2017年高校网络舆情参考》，做好校内的舆情监控和分析预警工作，为校领导提供内参文件及报告。二是遵从教育部思政司网络处的安排，做好舆情工作机制单位的常规工作和专项分工，全年报送全网舆情单条信息3600余篇和专报600余篇，在教育部高校舆情机制单位中排名第一，且被评为“2017年度网络舆情工作机制先进单位”。三是舆情工作重心校内化。把更多精力放在校内舆情监看、分析研判上，建立校内首报加分制度，切实提高校内舆情监看的积极性，2017年，第一时间发现“大学生本科转专科”等校内重大舆情事件，并及时编写专报报送主要校领导和相关职能部门，为其决策提供参考。

4. 凝聚积极发声引导的网络评论队伍

一是主动走访新闻学院、校友办等单位，邀请新闻媒体界知名校友担任“华中科技大学特约网评员”，为学校建设发展建言献策，积极传播华中大好声音，提升学校社会美誉度。二是深化学校网评员队伍建设，与学校舆情中心、华中大评论学社、研工部、学工部等单位深入合作，每两周组织网评培训及沙龙，分析网络舆情案例，模拟舆情应对场景，切实提升网评员舆情应对处置能力。

5. 抢占先机，主动发声，妥善处理舆情事件

一是通过学校官方平台及时发声，保持信息公开对称，占据舆论制高点。如大学生本科转专科事件，学校第一时间通过官方微信发文《小科真相：热搜第一？“本科不努力，毕业成专科”何出此言？》，主动向师生及媒体说明该制度制定的目的、背景及要求，并借机宣传“学在华中大”的优良学风，得到广泛好评。二是在舆情事件中，主动分析研判，充分调动网评员积极性，在舆论引导中发挥重要作用。如在学校女篮选拔事件中，组织网评员采取对原帖回帖反击、撰写并发布真相帖的方式，牢牢把握网络舆论话语权。

五、重视精神文明，力推核心价值，促进校园文化繁荣

大力开展校园精神文明建设，力推核心价值观入脑入心，举办多层次、立体化的校园文化活动，塑造特色文化品牌，营造了健康、高雅的校园文化氛围。

1. 扎实做好精神文明建设相关工作

草拟《华中科技大学文明校园建设方案（草案）》，将《全国文明校园测评细则》负面清单责任分解，做好下一轮全国文明校园创建准备。组织师生参加第六届全国高校廉政文化作品征集及廉洁教育系列活动。积极参与武汉市全国文明城市复查、“我的大学我的城”、“爱上武汉的N个理由”系列活动及报送“洪山好人”“洪山印象进高校”展览。

2. 推动社会主义核心价值观入脑入心

制作了1200余块宣传贴板、桌贴和展架，在

全校办公楼、教室、图书馆、食堂、学生宿舍楼醒目的位置广泛张贴。推动社会主义核心价值观、"四有"好教师、"四个引路人"、"四个相统一"、"六有"大学生、"四个正确认识"入脑入心。为庆祝中国人民解放军建军 90 周年,邀请组织"楚天骁将"图片展来校展出,激发了师生强烈的爱国热情和革命理想。

3. 坚持校园文化品牌建设,深入开展"礼敬中华优秀传统文化"活动

持续对"党旗领航""公德长征""人文素质讲座"等 10 个校园文化品牌给予支持,新立项"京剧社""合唱团""春秋讲学"等 18 个"十三五"校园文化品牌。主办或联合主办了"我与中华优秀传统文化"主题征文、首届校园戏曲大赛、"不忘初心,礼敬中华优秀传统文化"专场演出、"孝道文化进校园"等活动。协助举办了森林艺术节、京剧进校园、喻园戏曲节、"同声诵经典"、"孝道文化进校园"等系列活动,参与面广,影响大,效果好。撰写提交的《公德长征,我们一直在路上》材料获湖北省校园文化建设优秀成果一等奖。梳理学校龙舟赛建设历程和经验,报送了材料《龙腾东湖,立德树人有新色》,向教育部申报"礼敬中华优秀传统文化系列活动"优秀成果评选。

4. 不断拓展网络文化的形式与内涵

办好与教育部共建文化专题网站"化成天下"网,积极参加"中国大学生在线巡展",办好"喻园好文字"征文大赛,使网站成为对师生进行人文素质教育和开展人文交流活动的良好平台。利用白云黄鹤 BBS 多元化的兴趣版面,举办如毕业季系列征文、校园风景摄影比赛、舞会、骑行等活动,打造论坛特有的网络文化。继续打造"冰岩作坊"成为互联网创新创业的新名片,自主开发了"华科帮帮忙""华科优铺"等 5 个移动互联网产品。

回顾 2017 年,宣传工作围绕学校中心工作,大力加强理论学习建设,着力加强意识形态责任落实落地,努力夯实网络和文化阵地建设,不断提高对内对外宣传水平,有效提升了学校美誉度。

外宣报道篇目

序号	媒体名称	时间	文章标题	版面位置	作者
1	光明日报	2017.1.8	3D打印技术助力航空工业制造	6版	夏静
2	科技日报	2017.1.11	除尘新招：把PM2.5变成“胖子”	1版	刘志伟
3	楚天都市报	2017.1.12	华中科大治霾技术国内独创	A16版	宋效忠
4	楚天都市报	2017.1.12	在汉部属高校发布年度就业报告 更多毕业生愿意留在大武汉	A16版	周治涛、罗欣、乐毅
5	长江日报	2017.2.14	过去四年留汉大学生增加近五成	5版	李佳、章鸽
6	长江日报	2017.2.14	华中科技大学校长丁烈云：高端人才是点石成金的人 他们留下来就是生力军	4版	柯兵、王潇潇
7	长江日报	2017.2.15	外地大学生就业看好武汉 这座城市充满无限机遇和可能		陈佩、田小春
8	长江日报	2017.2.23	推进“四个融合”强化创新驱动发展	12版	郑汝可
9	中国科学报	2017.3.5	担负建设世界科技强国历史使命 ——访中国工程院院长周济	4版	陆琦
10	健康报	2017.3.6	把压力变成医院的“张力”	6版	夏家红
11	中国教育报	2017.3.7	全国政协委员丁烈云： 人才计划亟须统一管理	1版	王强
12	中国科学报	2017.3.7	建设“双一流”，人才何处留	5版	丁烈云
13	中国日报网	2017.3.13	“百万大学生留汉创业就业”计划 走进华中科大光谷科技企业发布 人才需求：至少8万以上		
14	长江日报	2017.3.16	华中科大校友带帕金森病 康复机器人项目回汉	6版	李佳、王潇潇
15	人民日报	2017.3.16	“双一流”：怎么看，怎么干	17-18版	张烁
16	武汉晚报	2017.3.18	华科大尼古拉教授 获意大利最高荣誉	9版	华轩、屈建成
17	楚天都市报	2017.3.20	科学巨匠 百炼成钢		
18	楚天都市报	2017.3.20	旧衬衫一穿三十多年 助寒门倾囊四百余万 千锤百炼造就巨匠至柔至刚	A04版	宋克顺、乐毅
19	楚天都市报	2017.3.20	院士崔崑矢志不渝炼就中国特殊钢 1200℃炉旁 一盯一通宵	A03版	宋克顺、乐毅
20	光明日报	2017.3.21	武汉邀百万大学生做“城市合伙人”	16版	夏静
21	中国青年报	2017.3.21	李明攀：我做了最不“华科”的选择	10版	陈晶、王林

续表

序号	媒体名称	时 间	文 章 标 题	版面位置	作 者
22	楚天都市报	2017.3.22	且行且执着 钢铁院士演绎不老传奇		
23	楚天都市报	2017.3.22	且行且执着 钢铁院士演绎不老传奇——对话中国工程院院士、华中科技大学教授崔崑	A05 版	宋克顺、乐毅、王潇潇
24	楚天都市报	2017.3.23	崔崑教授先进事迹座谈会昨日在华科大举行	A05 版	
25	楚天都市报	2017.3.23	华科大举行崔崑院士事迹座谈会 老中青三代学人热议“钢铁院士”	A05 版	乐毅、宋效忠、王潇潇
26	解放军报	2017.3.24	张海鸥:3D 打印高端金属零件		
27	新华网	2017.3.24	为帕金森病病患创业 获数千万 A 轮融资——华中大校友任康讲述创业故事		王潇潇
28	长江日报	2017.3.25	黄陂区大学生“百企万岗”专场招聘会将于 3 月 26 日在华中科技大学举行	2 版	
29	健康报	2017.3.28	麻醉学:患者舒适安全与快速康复的基石	8 版	姚尚龙
30	健康报	2017.3.29	鱼腥草会致癌? 没依据	4 版	李娟、方建国
31	健康报	2017.3.29	自泡药酒能饮吗?	6 版	陈婧
32	湖北日报	2017.3.30	华科校友创业路上的人文情怀——一把“防抖勺”造福帕金森患者	9 版	海冰、王潇潇、宋志辉
33	人民网	2017.3.31	华中科技大学校友为帕金森患者制作防抖餐勺获千万融资		王潇潇
34	人民网	2017.4.4	华科大二学生清明节返乡捐助四名贫困学生		黄轩、如胜
35	楚天都市报	2017.4.6	华科大校友发明防抖勺 帕金森患者也能好好吃饭	19 版	乐毅、王潇潇
36	湖北日报	2017.4.8	日内瓦国际发明展华科大斩 6 金夺 1 银	4 版	海冰、王潇潇、宋志辉
37	楚天都市报	2017.4.8	研制头盔式 PET 检测脑肿瘤,娇小女生喜捧日内瓦发明展金奖		乐毅、王潇潇
38	楚天都市报	2017.4.11	作家余华在汉谈《活着》改编	A19 版	徐颖、王均江
39	新华社	2017.4.11	帕金森病已成中老年人“第三杀手” 智能机器人可为患者“精准治疗”		徐海波
40	武汉晚报	2017.4.11	作家余华来汉“春讲”分享文学人生 伟大的作家 会给自己制造难题	13 版	钟磬如

续表

序号	媒体名称	时间	文章标题	版面位置	作者
41	湖北日报	2017.4.12	作家余华来汉第一课谈“文学人生”	9版	别鸣
42	长江日报	2017.4.12	蒋超良在武汉大学、华中科技大学调研时强调加强和改进党对高校的领导 加快推进“双一流”建设	20版	张晓峰、周呈思
43	人民日报	2017.4.12	海归博士研发虹膜识别技术并推动产业化 助大众走进刷眼时代	12版	程远州
44	新华社	2017.4.12	“中国制造2025”引领制造业从“大”到“强”		马湛
45	湖北日报	2017.4.16	“方大曾校园行”公益计划走进华中科技大学		海冰、宋志辉
46	人民网	2017.4.20	华中科技大学拟建全球首台“航母”全数字PET		郭婷婷 王潇潇
47	楚天金报	2017.4.22	华科大“引力实验”随天舟一号升空		李翌、王潇潇
48	人民网	2017.4.24	第二届中国生物样本库伦理论坛召开发布样本共享伦理指南		郭婷婷、曾琪、冀朋
49	科技日报	2017.4.24	国内首部《生物样本库样本/数据共享伦理指南》发布		徐海波、俞俭
50	新华网	2017.4.24	我国探索建立生物样本库伦理规范		徐海波、俞俭
51	经济日报	2017.4.24	[当代知识分子风采]崔崑：立下报国志，百炼成精钢		郑明桥
52	湖北日报	2017.4.25	喻家山下，跃动中国“光电之心”	1版	卢平川、李墨、向悦、徐丹
53	新华社	2017.5.5	百炼成钢——记中国工程院院士崔崑		俞俭
54	新华社	2017.5.6	崔崑 千锤百炼的“特殊钢”		俞俭
55	长江日报	2017.5.7	陈一新与华中科大企业家协会一行座谈携手共推“百万校友资智回汉”	1版	郑汝可
56	长江日报	2017.5.18	“微信之父”的引智价值		易国祥
57	楚天都市报	2017.5.19	华科毕业生回乡创业当菜农	A08版	卢成汉
58	新华网	2017.5.25	Dian团队导师刘玉卸任：仍做“创业事”，请叫我“双创老太”		黎昌政、王潇潇
59	央广网	2017.5.26	华科大将举办校友企业家论坛签约总额超800亿元		左艾甫
60	楚天都市报	2017.5.26	华科大交响乐团奏响新年音乐会	A08版	乐毅、王潇潇、龚雪莹

续表

序号	媒体名称	时间	文章标题	版面位置	作者
61	楚天都市报	2017.5.26	华科企业家论坛29日在汉举行	A08版	王荣海
62	长江日报	2017.5.27	华中科技大学党委书记路钢：城市理想与抱负蓬勃生长	3版	胡雪璇、武招才
63	楚天都市报	2017.6.12	在鄂7所部署高校自主招生集中开考《欢乐颂》和雄安新区等入考题	A03版	罗欣、张屏、揭明玥、乐毅
64	武汉晨报	2017.6.12	2017武汉大学生艺术节闭幕	A02版	梅冬妮、蒋艳丽
65	长江日报	2017.6.13	1500余大学生报名投身"红色物业"	2版	胡雪璇
66	楚天都市报	2017.6.13	象牙塔里新景多	A03版	曲严、乐毅
67	武汉晨报	2017.6.15	晨报记者受邀探访我省高考阅卷点	A10版	杨佳峰、沈考
68	武汉晨报	2017.6.16	华科大出台四大招生新政首次推出"按院系招生"		杨佳峰、王潇潇
69	楚天都市报	2017.6.16	华科在鄂计划招生1735人	A15版	乐毅、尤金瑞、王潇潇
70	长江日报	2017.6.21	华中科大校长丁烈云寄语毕业生：要做好写在祖国大地上的"论文"	7版	黄琪、王潇潇
71	武汉晚报	2017.6.22	选择这里，也许明年福布斯榜单上就有你！	14版	
72	武汉晚报	2017.6.22	学霸获200余万资助公派赴美读博	11版	王震
73	楚天都市报	2017.6.23	高考成绩今日出炉 考生如何科学填报志愿	A04版	罗欣、张屏、揭明玥等
74	光明日报	2017.7.3	华科思政教育贯穿育人全过程做有情怀有温度的人	16版	夏静
75	光明日报	2017.7.10	期待国家科技奖评选程序更细化——专访华中科技大学校长、中国工程院院士丁烈云	8版	袁于飞
76	中新网	2017.8.23	华科学子赴安徽定远调研分级诊疗制度建设		吴文琪
77	湖北日报	2017.8.25	炎炎夏日，华科865支暑期社会实践队行走在中国		海冰、王潇潇、高翔
78	人民日报	2017.8.30	大学教授的创新梦	15版	贺林平
79	中国青年报	2017.9.1	"胡吉伟班"：十六年的青春接力	3版	朱娟娟
80	楚天都市报	2017.9.1	华中科大"胡吉伟班"传承榜样力量	A07版	乐毅、龚艺等
81	长江日报	2017.9.1	这里让创新有乐趣	11版	

续表

序号	媒体名称	时 间	文章标题	版面位置	作 者
82	楚天金报	2017.9.1	华中大“胡吉伟班”16年续写青春之歌	A04版	赵雯、王潇潇
83	光明日报	2017.9.3	“千人计划”专家、华中科技大学教授李亮：让中国脉冲强磁场强度冲进世界第一方阵	4版	袁于飞
84	长江日报	2017.9.6	3岁上小学跳两级00后女生华中科大读研		杨佳峰、李恒、吴金伟、郭泽萍
85	人民日报	2017.9.10	9旬“钢铁院士”：1件衬衣穿30年420万积蓄全捐出		
86	楚天金报	2017.9.11	华科校长殷切致辞：少玩王者荣耀多探索科学真理		赵雯、王潇潇
87	中国教育报	2017.9.12	崔崑：不老的钢铁雄心	4版	程墨、吴宜芝、黄青青等
88	光明日报	2017.9.13	筑梦，凝聚师生的力量——华中科技大学坚持走中国特色世界一流大学建设之路	6版	夏静、万霞
89	光明日报	2017.9.13	与社会主义现代化事业发展同频共振	6版	路钢
90	楚天金报	2017.9.15	华科男从一滴唾液中觅到商机	8版	邓莉
91	中国教育报	2017.9.21	朱九思：怕并努力着	8版	高毅哲
92	光明日报	2017.9.21	“四大资智聚汉工程”改变了武汉什么	11版	夏静
93	湖北日报	2017.9.22	华中科大金奖数并列高校第一	10版	方琳、王潇潇、高翔
94	长江商报	2017.9.22	武大华科入选一流大学建设高校名单		张衡、吴江龙
95	长江日报	2017.9.22	武汉大学华中科技大学入选世界一流大学建设高校	28版	
96	楚天都市报	2017.9.22	武汉大学、华中科技大学进入“世界一流大学建设高校”	A22版	
97	楚天都市报	2017.9.22	我省7所高校入选“双一流”	A22版	罗欣
98	长江日报	2017.9.22	三部委公布世界一流大学和一流学科建设名单在汉7所高校29个学科入选	5版	杨佳峰、明凌翔、黄琪
99	楚天都市报	2017.9.23	两湖北伢上榜 华科盛产创业领袖	3版	邓莉
100	人民网	2017.9.24	华中科技大学歌德语言中心开幕		郭婷婷、高翔
101	新华网	2017.9.29	华中科技大学与中国建设银行共建“普惠金融研究院”		王菁

续表

序号	媒体名称	时 间	文 章 标 题	版面位置	作 者
102	中国网	2017.9.30	途鸽创始人张衡回母校华中大演讲:“求是创新 砥砺前行”		
103	楚天都市报	2017.10.10	中国“互联网+”大学生创新创业大赛我省高校共夺金奖四项	A23 版	罗欣、梁炜
104	新华社	2017.10.13	华中科大研究人员研发出高灵敏新型钙钛矿探测器		黄艳、俞俭
105	中国新闻网	2017.10.13	中国高端医疗仪器核心部件开发获重大突破		马芙蓉、王潇潇
106	楚天金报	2017.10.14	华中大研发新型 X 射线探测器	2 版	赵雯、王潇潇
107	湖北日报	2017.10.14	重大突破！华科新成果可降低X光辐射,无潜在环境污染		方琳、王潇潇
108	科技日报	2017.10.18	数字 PET:我为中国品质代言	3 版	刘志伟、王潇潇
109	经济日报	2017.10.23	贯彻发展新理念 建设现代化经济体系	16 版	林火灿、黄鑫、温济聪
110	光明日报	2017.10.24	在“双一流”建设中实现两个跃升——访华中科技大学党委书记路钢代表	11 版	夏静、刘平安
111	中国日报网	2017.10.27	华中大学子携高科技智能产品走进福利院		
112	长江日报	2017.10.30	专治“黑飞”华科“暗箭”系统亮相湖北科技论坛		李佳、邓腾
113	中青在线	2017.10.31	中国大学生批判性思维水平测试与本科教育增值报告在汉发布		雷宇、胡林
114	人民日报	2017.11.2	科技创业者任康帮助帕金森病人独立进食	10 版	程远州
115	人民网	2017.11.3	“才聚光谷”首场招聘供岗 7000 多武汉光谷互联网企业薪资水平直追一线城市		郭婷婷、梁晓红
116	荆楚网	2017.11.6	华中大收获 2017 德勤税务精英挑战赛亚军		张扬、傅子尤
117	长江日报	2017.11.6	华科校友“让”4 万人次在中百仓储自助扫码买单		李佳、陈倩
118	要闻云南	2017.11.9	为了傣家乡亲拔穷根——记临翔区勐准村第一书记、华中科大教师蒋文海	3 版	张光菊、罗银富
119	新华网	2017.11.10	路钢:华中科技大学打响“资智回汉”第一枪		

续表

序号	媒体名称	时 间	文 章 标 题	版面位置	作 者
120	长江日报	2017.11.12	华科大1/3本科生、超4成研究生选择留武汉发展		杨佳峰
121	楚天都市报	2017.11.14	“市民有约”走进华科 专家指导艺考生冲刺25万民网友观看直博 有思想会表达的考生更受欢迎	A03版	张屏、揭明玥、王颖
122	新华网	2017.11.15	第五届国家传播战略高峰论坛在武汉举行		顾建明
123	新华网	2017.11.15	周剑峰：做医疗技术的世界领先者		
124	科技日报	2017.11.16	医工结合 这所大学正在发生“化学反应”	8版	刘志伟、王潇潇
125	楚天都市报	2017.11.16	我省昨日开打二价宫颈癌疫苗	A04版	陈媛、何婷、夏庆华
126	凤凰网	2017.11.19	武汉医学会召开第十七次会员代表大会 陈孝平当选新会长		
127	长江网	2017.11.24	武汉光电国家研究中心获批组建		李佳
128	武汉晚报	2017.11.25	大学首开“器官捐献与移植”公选课		王恺凝、曾梦君
129	楚天都市报	2017.11.28	光谷二初学生，可到华科附中“留学”	A20版	张屏、林立平、陈静
130	长江日报	2017.11.28	华中科技大学同济医学院附属同济医院马丁：绘出中国人的宫颈癌易感染基因图	3版	刘睿彻
131	长江日报	2017.11.28	武汉再添四位中国工程院院士	20版	
132	楚天都市报	2017.11.28	马丁：破译汉族宫颈癌遗传“密码”	A09版	乐毅、王潇潇
133	楚天都市报	2017.11.28	中国最大光电实验室全面封锁	A11版	林永俊、张华、潘妍君等
134	湖北日报	2017.11.28	全国最大光电实验室即将建成 引领光电科学发展		胡蔓、杨麟、张华
135	荆楚网	2017.11.28	马丁：制定妇科恶性肿瘤临床诊疗指南		方琳、童萱
136	中国日报网	2017.11.29	楼长300米，像躺着的“超高层”——武汉建国内光电领域最大试验室		刘坤

续表

序号	媒体名称	时 间	文 章 标 题	版面位置	作　者
137	长江日报	2017.12.6	在汉高校负责人、知名 武汉校友畅谈“新时代校友经济”	3 版	杨佳峰、王潇潇
138	湖北日报	2017.12.7	华科三维：力推 3D 打印产业化	7 版	雷闯
139	楚天 都市报	2017.12.8	华科教授研究“丢垃圾”获大奖	A14 版	乐毅、张雯怡
140	长江日报	2017.12.8	市委常委会支持推进武大华中大发展 建立市委专题研究在汉高校发展事项制度	24 版	郑汝可
141	云南网	2017.12.8	【脱贫攻坚进行时】“白衣天使” 真情帮扶爱洒边疆		李春林、谢进
142	中青在线	2017.12.8	纪念 12·9 运动 82 周年 华中大举办院士学子面对面活动		雷宇、高翔
143	长江商报	2017.12.8	华科专家新技术助力柔性屏国产化		张衡、陈传金、 丘剑山
144	新华网	2017.12.9	华中科技大学医疗帮扶助 云岭边疆群众“病有所医”		李春林、谢进
145	中国 青年报	2017.12.10	2017 全国大学生数学建模 竞赛颁奖仪式在汉举行		王潇潇、雷宇
146	湖北日报	2017.12.11	世界规模最大的数学建模竞赛在汉颁奖		方琳、王潇潇
147	湖北日报	2017.12.12	华科大学子纪念“一二·九”， 八旬院士潘垣殷殷寄语 ——将个人追求与祖国昌盛连在一起	12 版	方琳、高翔
148	中央 统战部网	2017.12.13	华中科技大学积极 推进统战知识进校园		
149	湖北日报	2017.12.21	华中科大开办“国际 组织后备人才班”		方琳、王潇潇
150	武汉晚报	2017.12.25	华中大——同济医学院校友 健康产业园国际联盟揭牌		
151	武汉晚报	2017.12.26	武汉硚口区与华中科技大学 合作打造大健康产业品牌		
152	经济日报	2017.12.27	邵新宇任华中科技大学 党委书记 路钢不再担任		
153	长江商报	2017.12.27	华中科大一研究成果实现 航空航天国产高档数控“零突破”		张衡、王潇潇
154	武汉晚报	2017.12.28	邵新宇任华科大党委书记 武汉 6 所部属高校今年换帅		屈建成

续表

序号	媒体名称	时 间	文 章 标 题	版面位置	作　　者
155	湖北日报	2017.12.28	工业大脑冰雪聪明 装备制造业挺起湖北工业脊梁		廖志慧
156	楚天都市报	2017.12.28	邵新宇任华中科技大学党委书记	A30 版	乐毅
157	中国教育报	2017.12.29	华中科技大学 跨学科交叉填补多项研究空白	8 版	王潇潇 高翔

（党委宣传部供稿）

统战工作

2017年，统战工作积极贯彻落实党的十八大和十九大精神，认真履行了解情况、掌握政策、协调关系、增进共识、加强团结等职责，加强党外知识分子思想政治引导、建立抵御渗透和防范校园传教体制机制、积极开展统一战线知识理论政策的研究，团结民主党派成员、无党派人士、出国和归国留学人员、港澳台侨师生凝心聚力，共筑同心圆，为服务学校发展大局发挥了积极作用。

一、用习近平统一战线思想武装头脑，开展党外知识分子思想政治引导

坚持用习近平统一战线思想教育统一战线广大成员，采用多种方式增进对中国共产党和中国特色社会主义的政治认同，增强向党的理论方针政策看齐的思想自觉，坚定听党话、跟党走的行动自觉。

1. 学习贯彻十九大精神系列活动

10月18日，组织学校民主党派代表和统战团体负责人集体收看十九大开幕会；11月1日，召开统一战线成员代表座谈会，党委书记路钢做十九大精神辅导报告；支持和组织统一战线成员参加各级各类十九大精神培训，20余名统战成员以座谈交流、文字、诗歌等方式表达自己的心声。11月17日，组织民主党派、无党派人士代表参观辛亥革命博物馆和辛亥革命武昌起义纪念馆，开展十九大精神学习交流。

2. 践行社会主义核心价值观系列活动

8月23日，制定《在全校党外知识分子中开展践行社会主义核心价值观主题活动实施方案》。7月1日，组织21名民主党派基层组织负责人依托国家教育行政学院远程学习平台开展统一战线远程网络教育培训；9月13—16日，组织党外知识分子代表参加“侨爱工程——温暖医疗队”义诊活动；9月25日，召开“同心·院士专家服务团”工作交流会。11月23日，组织部分教师代表赴荆门开展免费科技咨询和技术服务；9月27日，组织党外知识分子代表前往孝感市孝昌县开展主题活动；11月30日，组织党外知识分子代表参加全国政协文史和学习委员会副主任叶小文《画大同心圆，共筑中国梦——关于统一战线基本方针的理论与实践》报告会。

二、落实巡视整改要求，加强抵御渗透和防范校园传教工作

1. 建章立制，明确主体责任

一是成立领导机构。学校成立了由党委书记、校长担任双组长的民族宗教工作领导小组。建立了校党委统一领导，党政齐抓共管，党委统战部和学工部门牵头，组织部、宣传部、保卫部、国际交流处等相关单位各司其职、各负其责的抵御渗透和防范校园传教工作机制。二是研究制度文件。学校制定并出台了《中共华中科技大学委员会关于抵御渗透和防范校园传教工作的实施办法》，明确了校党委对学校抵御渗透和防范校园传教工作负主体责任。党委书记、校长为第一责任人，分管领导为直接责任人，领导班子其他成员在分工范围内承担相应责任。对全校二级单位党组织在明确主体责任基础上提出了工作要求，对学校22个职能部门和重点单位开出了责任清单。

2. 层层压实抓落实

一是以院系为主体，传导工作压力。全校所有院系按照要求组织专题学习《实施办法》，明确主体责任，通过成立工作专班、完善制度措施，建立了院系党委统一领导，书记牵头、院长共抓，分工明确，责任到人，落实到位的工作机制；形成了学院、导师、管理人员、学生干部等全方位的防控网络。二是以职能部门为重点，夯实工作基础。国际交流处、教务处、学工部、研工部、国际教育

学院等职能部门分别结合各自职责制定修订完善相关制度文件。

3. 抵御渗透和防范校园传教工作得到认可

各二级单位党组织对抵御渗透和防范校园传教工作的重要性和必要性的认识进一步增强。9月27日，省委统战部第34期简报专题报道了学校党委建立宗教工作机制、抵御防范校园传教工作的开展情况；学校党委制定的《中共华中科技大学委员会关于抵御渗透和防范校园传教工作的实施办法》为省委高校工委制定全省《关于抵御渗透和防范校园传教工作的实施办法》奠定了基础。

三、深化政治交接，完成省级党外政协委员学校人选推荐和协助民主党派组织换届工作

1. 党外省政协委员学校人选的推荐工作

按照省委相关工作要求，在校党委领导下，成立工作小组、制定工作计划，与相关职能部门和12个二级单位党组织密切配合，完成政协湖北省第十二届委员会党外委员学校人选的推荐提名、资格预审及考察工作。

2. 协助民主党派省级组织换届工作

根据省委统战部关于协助民主党派省级组织换届工作的要求，在校党委统一领导下，会同相关职能部门和16个二级单位党组织，对民主党派省委会委员候选人进行考察，严把政治关。2017年，共有29名党外代表人士在新一届民主党派省委会中担任主委、副主委、常委及委员。与上届相比，人数从25人增加至29人，平均年龄从57岁下降为50岁，其中4人为“长江学者”特聘教授，13人为学校中层干部。

3. 支持民盟华中科技大学委员会完成换届

支持民盟华中科技大学委员会在民盟省委会领导下，按照党派章程开展换届工作；在相关职能部门和二级单位党组织配合下，完成对领导班子人选的考察工作，严把“政治关”。继2016年学校4个民主党派完成换届后，11月27日，民盟华中科技大学委员会换届工作顺利完成。

四、贯彻中央、省委决策部署，推进统战知识进校园

1. 依托课题立项开展统战理论研究

2017年，学校首次设立统战理论与实践研究专项课题，经费纳入学校预算，党委统战部和人文社科处实行双重管理。第一批立项5个重点课题10个一般课题。

2. 统一战线知识进校园

贯彻落实中央统战部、教育部“统战理论和政策进高校、进教材、进课堂工作”的重要精神，推进统一战线知识进校园工作。一是将中央统一战线工作条例的相关学习内容纳入学校中层干部网络培训必修课程。二是向二级单位党政主要负责人、统战委员、统战成员赠送《党政干部统一战线知识读本》等书籍资料，开展统战理论学习。三是对新进教职工开展统战相关知识培训。四是面向全校学生普及统战知识。会同学工部、研工部开展统战知识进校园知识竞赛，全校23个学院的81支队伍参加竞赛。中央统战部、省委统战部、省委高校工委有关部门负责同志应邀莅临比赛现场担任评委嘉宾，活动分别被中央统战部、省委统战部网站报道。

3. 统战理论研究取得成绩

在2017年鄂湘粤三省高校统战理论研讨会暨湖北高校统战理论研究会第33次年会中，我校荣获2017年湖北省高校统战理论研究和工作实践创新优秀组织单位奖，荣获湖北省高校统战理论研究论文一等奖1项、三等奖1项、优秀奖2项。

4. 提高学校统战工作影响力

2017年学校统战部网页发布新闻动态79篇，学校报到20余篇。向省委统战部投稿23篇，采稿16篇，投稿比例31.08%，采稿率69.6%，投稿量和采稿量均位居湖北省高校之首(见下表)。

湖北省委统战部2017年高校投稿统计

（2017年1月1日—2017年12月19日）

排名	来源	投稿数量	投稿比例	采用数量
1	华中科技大学党委统战部	23	31.08%	16
2	中国地质大学(武汉)党委统战部	14	18.92%	7
3	武汉理工大学党委统战部	8	10.81%	5
4	中南民族大学党委统战部	8	10.81%	4
5	华中师范大学党委统战部	9	12.16%	3
6	华中农业大学党委统战部	11	18.86%	3
7	中南财经政法大学党委统战部	1	1.35%	1

五、稳步开展各项常规工作

按照学校党委“一岗双责”要求，认真落实党风廉政建设责任制；制定、修订内部各项规章制度19项，严明工作纪律，规范内部管理。

选派8名党外人士参加省委统战部及中央、省、市社会主义学院学习培训；选派4名党外人士在武汉市相关城区进行为期一年的挂职；2名党外省政府参事被评为“2016年度省政府先进参事”，1名党外专家被评为湖北省“同心·院士专家服务团”先进个人。

支持各民主党派加强自身建设。民进华中科技大学委员会、农工党华中科技大学委员会分别获党派中央多项表彰，九三学社华中科技大学委员会被九三学社湖北省委员会评为“先进基层组织”。

支持校欧美同学会、校侨联在省欧美同学会、省侨联指导下开展工作。依托学校二级单位开展侨情调研；举办2017年学校归侨侨眷祝寿会；组织归侨侨眷代表75人到东湖绿道踏青；会同港澳台事务办公室接待由香港教育局组织的香港高中学生来校参观交流；组织第十三次湖北省侨联“梁亮胜侨界科技奖励基金”申报工作等。

（党委统战部供稿）

纪检监察工作

2017年,纪检监察工作认真落实校党委、校纪委的指示精神,聚焦主业主责,积极推进学校党风廉政建设,取得新的工作成效。

一、积极协助校党委推进主体责任落实

1. 协助校党委加强党风廉政建设

校党委高度重视党风廉政建设和反腐败工作,认真学习十八届七中全会、习近平新时代中国特色社会主义思想和十九大精神,结合学校实际抓落实。制定2017年党风廉政建设工作要点,推进主体责任向基层延伸,持续深化全面从严治党。召开专题会议,学习教育部党组有关指示精神,部署学校党风廉政建设工作。制定了《关于加强学校二级纪检队伍建设的暂行办法》,进一步明确二级纪检组织设置、工作职责、选任条件和保障机制。校纪委制定2017年纪检监察工作要点,推进党风廉政建设和反腐败工作的落实。

2. 推进巡视整改任务落实

学校巡视整改工作领导小组办公室挂靠纪委办公室,校纪委书记兼任办公室主任。巡视办认真落实领导小组的指示,具体负责巡视整改工作的协调、推进和落实。协助制定实施方案,明确问题清单、任务清单、责任清单,明确整改时限、责任领导和责任单位。组织召开相关会议,实施台账管理、挂图作战,督任务、督进度、督成效。组织对完成的任务逐项验收、逐一销号,推进各项整改任务"条条要整改、件件有着落"。巡视办和纪检监察部门同志主动放弃休息时间,克服各种困难,努力开展工作,较好地完成各项工作任务。

二、将纪律和规矩挺在前面,践行监督执纪"四种形态"

1. 严肃处置问题线索

严格按照谈话函询、初步核实、暂存待查、予以了结等四类处置方式,共处置问题线索71件。对21件问题线索进行谈话函询,要求有关人员及时、全面地向组织说明有关情况;初步核实34件。在函询和调查核实的基础上,立案调查13件,予以了结49件,在办9件。对25件申诉、建议类信访材料,校纪委书记逐一约谈有关主责部门单位负责人,指导和督促其认真研究处置;有关部门单位高度重视,按时提交调查结论和处置意见,并同实名反映人逐一沟通,反馈情况。

2. 认真落实"四种形态"

坚持"惩前毖后、治病救人",通过第一种形态处理35人次,其中谈话提醒13人,警示谈话6人,批评教育9人,诫勉谈话7人。给予党纪处分9人,其中党内警告1人,严重警告5人,留党察看1人,开除党籍2人。给予政纪处分9人,其中行政警告2人,记过4人,降低岗位等级3人。严肃开展问责追责,对3个单位7人进行问责处理,其中诫勉5人,处分2人。建议对3人进行组织调整,责成3个部门单位召开民主生活会,开展批评与自我批评。

3. 严格监督执纪规则

校党委书记、纪委书记亲自指导纪委办公室、监察处认真学习《中国共产党纪律检查机关监督执纪工作(试行)》,严格工作要求和工作程序。组建多个核查组,由校纪委委员任组长,会同审计、财务及相关职能部门工作人员,统一专用会议室、谈话室,办公设备,集中开展调查核实。校纪委书记经常性深入核查工作现场,及时指导、督促、检查核查工作开展情况。认真落实请示报告制度,严格执行审批程序,依规依纪给予有关责任人恰当的处分处理。

4. 严肃纪律与关爱师生相统一

经函询或初核，对发现存在轻微违纪或苗头性问题的，采取提醒谈话、警示谈话、岗位调整等方式处理。对没有证据证明存在问题，但群众有反映、存在廉洁风险的，本着有则改之、无则加勉的原则，对有关党员干部进行提醒。对反映的严重违反中央"八项规定"精神及组织纪律、廉洁纪律、工作纪律、生活纪律的问题，经调查核实，依规依纪给予纪律处分。坚持"一案双查"，在严肃查办有关责任人的同时，严肃追究有关单位领导责任。针对巡视移交问题线索核查中发现的相关管理问题，向 8 个部门或单位下发纪检监察建议，向有关部门提出整改建议，推动从制度防控廉洁风险，健全长效机制，将对干部教师的关爱落在实处。

三、严格落实中央八项规定精神，持续纠正"四风"

1. 在坚持中深化，在深化中发展

组织开展违规公款购买消费高档白酒问题集中排查整治工作，对公款购买消费高档白酒问题及公务接待进行明察暗访，协调组织财务人员对今年以来 245 笔公务接待报销凭证进行了抽查。严格落实婚丧喜庆事宜有关规定，五一、端午节期间，在各单位申报的基础上，对部分操办情况开展明察暗访，查实 1 起未及时申报、超范围宴请并接受礼金的问题，对有关责任人和所在单位做出处理。针对巡视发现的违反中央"八项规定"精神问题，组织专门力量，对落实情况进行再检查。

2. 推动从制度机制上解决问题

在元旦春节、五一端午、中秋国庆期间下发严明纪律要求通知，严明纪律规矩，重点加强对节庆期间落实纪律要求情况的监督检查，畅通监督渠道，公布节庆期间监督举报邮箱、电话，深挖隐形变异"四风"问题常态化，确保廉洁过节。对落实中央"八项规定"精神情况进行全面梳理，坚持问题导向，既注重查摆问题，更注重解决问题。2017 年 3 月，在广泛调研的基础上，就落实中央"八项规定"精神相关政策制度问题，向上级提出具体建议 17 条。11 月，对 5 年来落实中央"八项规定"精神再次进行全面梳理，研究从管理体制、工作机制、工作实效等方面着手，进一步加强和改进工作。进一步强化责任落实，细化制度规定，积极推进中央"八项规定"和实施细则精神的落实。

四、强化再监督再检查，积极防控廉洁风险

1. 对二级党委、纪委履责情况进行再检查

岁末年初，协同党委组织部等部门，对二级党组织落实党风廉政建设主体责任情况进行监督检查。在各单位自查自评的基础上，组织二级纪委书记进行考评。探索实践二级纪委书记(纪检委员)向校纪委报告工作制度，在全面书面汇报的基础上，校纪委听取了附属协和医院、同济医学院、附属梨园医院、产业集团、后勤集团及部分学院等 10 位二级纪委书记(纪检委员)的汇报，检查、指导和督促二级纪委落实监督责任。

2. 强化对关口部门廉洁风险防控工作的再监督

2017 年 12 月，校纪委分 3 批次，对基建处、财务处(国有资产管理委员会办公室)等 15 个关口部门开展廉洁风险防控工作情况进行了再监督、再检查。在各部门主要负责人汇报的基础上，与会校纪委委员结合上级重要指示精神、巡视整改任务、信访及工作中发现的问题，提出针对性问题，检查相关部门落实主体责任情况，以及主要负责人履行第一责任人责任情况。校纪委书记结合相关部门工作职责和廉洁风险，提出有针对性的具体要求。从"质询"式的再监督、再检查过程和结果看，起到了"红红脸、出出汗"的作用，强化了相关部门主要负责人的责任意识，推进了廉洁风险防控工作。

3. 持续做好日常监督

对拟提任干部出具书面纪检监察意见 60 人次，对拟推荐校外任职、人大代表、政协委员、参评"长江学者"等称号的 1648 人次出具书面纪检监察意见。对教师职务评聘、评先评优等工作中的 1030 人次出具书面纪检监察意见。对拟进行任期经济责任审计的 9 人次出具书面纪检监察意见。针对纪检监察工作中发现的问题，提出否

决性意见3人次，提醒注意46人次。

五、丰富纪律教育方式，不断增强教育实效

1. 广泛开展宣传教育活动

校纪委书记同2016年以来新任职中层干部集体廉政谈话，提出具体要求。纪委负责同志为新进职工开展廉政专题讲座。以“七个一”为重点内容，深入开展党风廉政建设宣传教育月活动。组织党员干部观看《不可触碰的纪律红线》《打铁还需自身硬》《巡视利剑》等专题片；下发《中国共产党廉洁自律准则》《中国共产党纪律处分条例》等学习读本，通过纪检监察网站、微信群、QQ群等及时推送学习资料，指导学校党员干部学习领会党中央决策部署，提高拒腐防变思想认识。学校各二级党组织结合本单位实际，进一步加强对干部教师的宣传教育。

2. 不断强化廉洁自律自觉性

组织55个二级单位党组织教职工党员和学生党员代表347人参加党的基本知识闭卷测试，公开通报知识测试情况，督促进一步加强学习。开展专题警示教育，下发中央纪委、教育部纪检组、省纪委和学校案例通报。其中，对2015年6月以来学校对违规违纪问题的处分处理情况，特别是巡视移交问题线索查实处分的情况，进行点名道姓的通报，用身边事教育身边人，基本做到全体教职工全覆盖，形成强大震慑。创新宣教方式，开展廉政书画展，以群众喜闻乐见的方式，积极营造校园“以廉正人，以文化人，以德育人”的崇廉尚廉氛围和风清气正的校园文化。

六、建设忠诚干净担当队伍

1. 以巡视为契机，全面梳理工作，主动查摆问题

以迎接中央专项巡视为契机，对学校五年来党风廉政建设和纪检监察工作进行了全面梳理，总结工作成绩，认真查摆问题，尤其是深入查摆纪检监察部门履行监督执纪问责主责主业中的问题。既从客观上分析原因，更从主观上查找不足，积极研究整改思路，不断加强和改进工作。

2. 着力加强纪检监察队伍建设

认真学习习近平新时代中国特色社会主义思想和十九大精神，主动在思想上、政治上、行动上与党中央保持高度一致。认真学习中央和上级有关党风廉政建设文件精神，制定《华中科技大学纪委谈话函询工作办法（试行）》等，不断完善内部管理制度和工作流程。坚持每月至少一次业务学习研讨，组织部门全体同志参观“五大”会址，组织70余名二级纪委书记（纪检委员）赴红安开展专题学习，不断提高纪检监察干部的政治素养和履职能力。

（纪委办公室、监察处供稿）

离退休工作

2017年，离退休工作认真贯彻落实党和国家关于加强新形势下离退休工作的方针政策，很好地履行学校赋予部处的工作职责，完成了本年度工作任务。2017年，被湖北省委组织部、湖北省委老干部局、湖北省人力资源和社会保障厅授予“湖北省老干部工作先进集体”奖牌。

一、加强对全校离退休工作的宏观指导与管理

(1) 为进一步加强和改进我校离退休干部工作，根据中央、湖北省及教育部党组等有关文件要求，在广泛调研的基础上，结合我校实际情况，经反复征求意见和多次修改，起草制定了《关于进一步加强和改进离退休干部工作的实施办法》，经党委通过并发文(校党〔2017〕33号)。

(2) 与党委组织部一起组织学校有关单位开展湖北省离退休干部“示范党支部”创建和申报工作。电气与电子工程学院离退休党支部、水电学院退休党支部已接受了省级离退休干部“示范党支部”验收小组的现场考评。

(3) 加强老年群众组织的建设与管理。经校党委批准，完成了我校新一届“校老年协会”“老教授协会”的换届选举及协会新老班子交接工作，学校已发文(《关于华中科技大学第五届老年协会、老教授协会组成的通知》校党〔2017〕61号)。

二、关心、落实离退休干部政治待遇

(1) 1月10日召开了全校离退休老同志情况通报会，学校主要领导向老同志通报学校工作情况；组织离退休干部代表参加省委组织部、老干局组织的情况通报会、“荆楚夕阳红”讲坛、十九大精神学习宣讲报告等活动，上述活动均得到老同志肯定。

(2) 举行组织离退休干部代表“畅谈十八大以来发展变化 展望十九大胜利召开”报告会、座谈会5场。包括：马克思主义学院吕洪良副教授“坚定理想、不忘初心、保持定力”的主题发言，国防信息学院柯幸福、牛力、刘礼大等老师为我校离退休干部分别做了“朝核问题与中国安全”形势报告、“伟大的中国共产党与人民军队——纪念建军节”专题报告、“坚持走中国特色强军之路，全面推进国防和军队现代化建设”十九大精神学习辅导报告，校党委书记、十九大代表路钢同志为离退休干部所做的宣讲十九大精神专场报告。

(3) 完成了离休干部党支部换届及离休干部党总支换届筹备工作。根据《关于进一步加强和规范基层党组织换届工作的指导意见》文件精神，结合离休干部党总支实际情况，按照管理幅度合理、有利于就近联系与活动的原则，将下属八个党支部调整为四个支部，并完成了各支部换届选举工作。离休干部党总支换届工作已经党委审查批准，换届大会筹备工作已基本完成，今年内将完成离休干部党总支换届选举工作。

(4) 根据离休干部党员的特点制定切实可行的组织生活计划，坚持平均每月开展一次组织生活。组织离休干部收看习近平总书记在长征胜利80周年纪念大会讲话、十九大开幕会等重大活动。组织参加有关报告会、座谈会5次。组织离休干部参观工农业建设活动3次。坚持每月一次厅局级退休干部和离休干部阅文制度。为离休党总支委员和各支部购买了《党的十九大文件汇编》《政府工作报告》等学习资料，并组织进行学习。

三、用心用情做好离退休老同志服务管理工作

(1) 坚持走访慰问离休老干部制度，做到“八必访”，即重要节日必访、逢十生日必访、生病住院必访、思想顾虑必访、行动不便必访、需要帮助必访、家庭变故必访、家住校外必访。对孤寡、独居、生活不能自理等情况的离休干部，给予重点

关注，做到有病有事必看，无事多上门转转。坚持有计划地看望异地居住的离休干部，今年上门看望异地居住的离休干部5人。坚持逢整十岁生日为离休干部上门祝寿活动，2017年为年满80岁、90岁的离休干部祝寿15人。为家住院外及行动不便的离休老同志报销医药费201人次。

(2) 大力开展慰问看望工作，部处慰问看望孤寡空巢、生病住院、生活困难离退休老同志500余人次。全年开展两次全校性离退休老同志困难补助工作，补助对象1000多人次，补助金额约100万元。

(3) 推动各二级单位动态管理孤寡空巢、需要帮扶的老人档案，并进一步做好联系帮扶工作。本部处对有特殊困难的老同志给予特别关注和帮助，及时为他们排忧解难，协助他们补办校园卡、工资存折、异地就医及医疗费报销相关手续，等等。

(4) 完善全校离退休人员数据库的工作。及时更新各二级单位分管离退休工作及经费负责人名单。核拨2017年度二级单位离退休老同志福利费、活动费、学习与思想工作经费，并与财务处一起修订印发《关于下拨离退休人员经费的适用范围及报销规定的通知》，指导二级单位规范经费使用管理。

(5) 协助校医院组织各种义诊活动3次，为30多位孤寡空巢老人开展"家庭药箱"服务，为医学院老同志举办"老年人合理用药"讲座3次。

四、大力开展老同志精神文化养老工作

(1) 加强老年活动中心活动室建设和管理，不断改善老同志学习和文体活动条件。2017年新建(还建)老年活动用房519平方米，新增面积200多平方米，新购设备、家具价值约10万元。给老年活动中心卫生间等处安装扶手等适老设施。对活动室实行走动管理，加强日常巡视，加强安全意识教育，安全责任落实到人。

(2) 与社区和老年群众组织一道，组织文艺演出3次：与校老协、社区等一起举行了"欢庆党的十九大文艺汇演"，"不忘初心、继续前行——纪念建党96周年"专场音乐会，以及老年合唱团纪念成立20周年"合唱音乐会"。举办展览2场：与校老协、校纪委办公室联合举办"廉政文化书画手工作品展"，与校老协一起举办"欢庆党的十九大诗书画、摄影展览"。

(3) 支持校老协活动队和老年大学开展丰富多彩的活动。活动队和教学班的老同志积极参加湖北省委老干部局、省高校老协等组织的各类文体活动6项，获得金奖、冠军4项。

(4) 主办宣传橱窗8期。主题分别为：纪念建军90周年、中华优秀传统道德文化、老有所为关工委工作、老同志欢庆党的十九大文艺汇演、老同志书画作品展示、学习十八届六中全会精神、学习十九大精神等。为两校区老年活动中心阅览室订购报刊90种150余份。

(5) 组织老同志参加"礼敬中华传统文化征文比赛"，离休干部吴江的作品获得二等奖。为各二级单位、学生团体及大学生志愿者在老年活动中心开展"学习十九大精神，做新时代华中大人""手举新旗帜，倾情伴古稀""我为爷爷奶奶送欢笑"慰问演出等敬老活动提供服务。

(6) 老年大学全年开办23个班，共计学员975人，开设课程10门。学员欧阳兆明的文章《上老年大学的体会》在高校老年大学交流会上进行了交流。选送学员作品24幅参加同济医学院110周年院庆书画展、22幅参加高校老年大学庆十九大书画展、10幅参加武汉市老年大学庆十九大书画展。手风琴班的《花儿与少年》节目参加了武汉高校庆十九大文艺演出。

五、落实意识形态工作责任

(1) 在干部职工中传达学习《中共华中科技大学委员会贯彻落实〈党委(党组)意识形态工作责任制实施办法〉的实施细则》(校党〔2017〕40号)、《中共华中科技大学委员会关于抵御渗透和防范校园传教工作的实施办法》(校党〔2017〕30号)等文件，加强教育引导，提高意识形态工作意识，结合实际研究布置本部门有关工作。

(2) 落实《离退休工作处落实意识形态工作责任制责任清单》任务。部处长与班子成员签订了《离退休2017年度信访维稳工作目标管理责任书》。把"加强意识形态阵地管理""有效防范和及时处置境内外敌对势力的渗透破坏""防范校园传教、做好反邪教和抵御非法宗教活动工

作”等内容纳入工作重点，明确了总目标和分管负责人及班子其他成员分别应该担负的责任和工作任务。

(3) 以支部组织生活“微党课”的方式，传达学习全国全省宗教工作会议精神，梳理我部门有关工作重点并进行安排布置。

(4) 建章立制，加强本单位意识形态阵地管理。2017 年以来，本部门制定了《离退休工作处网络阵地信息发布管理办法》《离退休工作处 QQ 群管理制度》《老年活动中心活动场地借用管理办法》等管理制度。通过明确责任人、加强工作流程与审批管理、实行活动中心走动管理等措施，杜绝了“意识形态”领域中出现问题。

六、关工委工作取得新成绩

(1) 采取多种形式，开展社会主义核心价值观教育。组织关工委工作老同志开展二次学习培训活动，畅谈十八大以来发展成就、展望十九大及学习十九大文件。在清明节分别组织大中小学生为向警予和施洋烈士扫墓，开展革命传统教育。6 月举办纪念建军 90 周年诗歌朗诵会。12 月以纪念一二九运动为契机，举办院士与学子面对面活动，邀请潘垣院士为学生做“心怀祖国矢志追梦”报告。

(2) 积极推动二级关工委建设工作。在 9 个学院成立了二级关工委，组织爱心协会学生为 10 家困难老同志开展“一帮一”结对帮扶活动，共有 4 名同学被评为优秀志愿者。关工委委员高珊、孙学东二人被评为硚口区优秀少先队志愿辅导员，由硚口区教育局委员会颁发了证书。

七、加强部处自身建设

(1) 加强离退休工作处党支部建设。按照组织部和机关党委要求，认真组织开展了“两学一做”学习教育和“支部主题党日”活动，严格执行“三会一课”组织生活制度。组织了“进一步学习十八大六中全会精神”“党内政治生活的若干准则”等七次党课或微党课学习。

(2) 部处支部组织学习、落实八项规定、党风廉政建设和意识形态教育等文件精神，加强对单位职工教育、管理和监督，结合本单位、个人工作实际进行自查。坚持部处办公例会制度，讨论决定部处“三重一大”等重要事项，并形成会议纪要。开展了固定资产和家具自查工作，做到账、卡、物相符。全年未发生各类违反党规党纪的事件。

(3) 做好宣传报道和网站建设工作，举办宣传橱窗 8 期，部处网页上传各类稿件 48 篇，校网刊登宣传报道 10 余篇，其中院士与学子面对面活动被长江网、中青网报道。

离休干部统计表

单位：人

		总计	厅级干部	处级干部	科级干部
全校离休干部数		136	11	106	19
其中	主校区	76	8	59	9
	同济校区	41	3	31	7
	附属同济医院	12		10	2
	附属协和医院	4		3	1
	附属梨园医院	3		3	

注：截止时间为2017年12月。

（党委老干部工作部、离退休工作处供稿）

保卫工作

2017年，保卫工作以党的十八大、十九大精神和习近平总书记系列重要讲话，尤其是习总书记在全国思政工作会议上讲话精神为指导，站在国家政治安全、意识形态安全的高度，一如既往狠抓平安建设工作，为维护学校安全稳定、创建平安美丽校园做了大量工作。

一、完善安全体系，做好治安保障工作

（1）7月开学前，印制80份《新生入学安全须知》张贴到每栋学生宿舍；发放传单3000余张；4次邀请喻家山派出所民警给师生开展防盗、防骗、防传销讲座；开展"防校园贷进宿舍，防电信诈骗进社区"活动，在家属区、学生宿舍区楼栋安装宣传展板722块。

（2）对各二级单位进行常规性安全隐患排查，每月对教学办公大楼进行夜查。全年治安安全检查225次，发现隐患7起，下达整改通知书7份，已全部整改。配合公安机关开展流浪狗抓捕行动15次，捕获34只，均送至公安机关处理。

（3）继续加大巡逻人数和力度（尤其是夜间），延长巡逻时间，提高见警率。全年抓获现行、查破案件90起，抓获嫌疑人97人，其中，盗窃案发案率较上年同期下降46%。

（4）加强门禁管理，全年门卫共计查验各类出门货车20000余台次，突击盘查电动车、自行车140余班次，30000余辆次，成功拦截偷盗行为13起，抓获嫌疑人14名。

（5）全年新增监控点位238个，修复老化和故障监控点576个，维修老化、移位光纤13000米、电缆15000米；新建3个小型监控室；制作校园报警灯箱52个。

（6）认真细致做好民事调解工作，全年调处各类内部民事纠纷和矛盾83起，没有发生民转刑案件。

二、狠抓责任落实，做好消防安全工作

（1）与42个二级单位、24个机关部处签订了《华中科技大学消防安全责任书》，与8个有经营场所单位签订了《华中科技大学经营场所主管单位消防安全管理责任书》；将《华中科技大学消防安全管理规定》逐一送达各院系部处的安全责任人，并召集自动化学院、附属小学、校医院等11个二级单位办公室主任共同学习文件精神，做到了目标明确、责任到人。

（2）每月对所有教学办公大楼和学生宿舍的消防固定设施及室外消火栓进行巡查。全年检查519次，发现火灾隐患104起，下达火灾隐患整改通知书29份，已督促整改23起，6起正在整改之中；全年新增（或更换）灭火器1362具；维修更换灭火器374具。

开展了实验室消防安全专项整治、"三合一"场所专项整治、高层建筑消防安全综合治理等专项工作，并对在建工地、学生宿舍等进行了9次消防安全专项检查。

（3）全年组织消防安全宣传教育63次，灭火演练及灭火器材实操培训41次，消防逃生疏散演习15次，动员师生员工约52200人次，增强了其消防责任意识，提高了扑救初起火灾和逃生自救的能力。

（4）联合学工处，在7500名新生学籍注册前的安全教育内容中增加了消防安全和防盗、防诈骗等安全知识，规定新生在通过相关知识测试后才可完成学籍注册，并在军训期间对其进行了消防安全知识宣传和灭火实操培训，上好"消防第一课"。

（5）启动消防报警监控中心建设，配备消防车1辆，消防巡查车1辆，专职消防队员7人；对校园消防管理系统进行升级改造，目前该系统已与大部分校内建筑物的消防报警系统联网。全年共处置火情41起，及时扑灭了初起火灾。

（6）全年共受理装修、装饰工程的消防报备

和验收工作84件,要求3件不符合消防安全要求的工程进行了整改(其中一件有重大火灾隐患)。

三、建设严管并行,做好交通管理工作

(1) 为维护交通秩序,满足停车需求,全年安装交通标示牌147块,调整、拆除废旧过时标示牌97块;安装京式护栏3600米;施划车位线917个,机动车总停车位较上年增加955个;新增、修补减速路拱235米,拆除废旧减速路拱107米;在东北门、南三楼、紫松路等违停现象较严重路段安装道路防护柱330根。

(2) 在7处主要路段设测速装置,2处路口新增信号灯。

(3) 要求外卖、快递公司签署《送货(餐)车辆交通安全承诺书》,实行相关车辆门卫登记准入制度;及时通知共享单车公司处理占道自行车。

(4) 坚持高峰时段路口执勤、疏导交通,今年将特别拥堵路段的执勤时间延长半小时,且除原定岗之外,新增一班夜间机动巡逻岗。

(5) 加强与交管部门的联系,协调打开南一门,便利校内车辆出入,缓解高峰时段交通压力;多次邀请市局领导来校调研,为校园交通把脉;开展专项整治活动,对酒驾、超速行为进行2次整治,对超标、黄牌电动车及摩托车进行3次整治,共收缴违规车辆128辆。

(6) 为规范停车行为,对违停车辆张贴"文明提示单"6533张,锁车1052辆次,458名车主写下不再违停的保证书;将29台严重违规车辆列入黑名单。

(7) 安装螺旋式自行车停车架180米,清理占道自行车3000余辆。

(8) 调解交通纠纷88起,处理交通事故131起,全年未发生重大交通安全事故。

四、坚持见事管事,做好综合治理工作

(1) 我处成立综合治理督察办公室以来,依据校园"十禁止"及相关管理规定,加强督查力度,及时对有损于学校利益和影响校容校貌的现象予以整治——拆除居民住宅区乱搭乱盖的建筑物,取消违规的经商门点;取消武汉市邮政局设置在喻家山邮政所的物流快递集散点,消除交通安全隐患;清除校园内私搭乱盖的工棚、私自种植的瓜果蔬菜。

(2) 全年共出动校园综合治理巡逻2200余次;拾金不昧、助人为乐等好人好事467起;发现未锁非机动车,通知车主及时处理,共计240台,价值合计约40万元;驱赶小商小贩1092次;收缴各类违规物品790次;拆除违规搭建3处、违规废旧广告栏73块。

(3) 圆满完成各类大型活动安全保卫任务250次。

(4) 通过"数字迎新"为16507名新生办理了户口相关手续;收取迁移户口新生的"网迁户口"、户口迁移证1896份;收取研究生录取通知书632份;为师生员工办理借取户口底页3000余人次;补发学生的户口迁移证、"网迁户口"100余人次。

(保卫处供稿)

工会工作

2017 年，在党的十九大精神指引下，工会工作全面贯彻落实党的十九次代表大会、党的群团工作会议精神和习近平总书记系列重要讲话精神，坚持围绕中心服务大局，认真开展工会、教代会的各项工作，在服务学校发展、服务教职工方面发挥了重要的作用。

一、大力推进思想政治建设

(1) 加强思想政治工作，进一步兴起学习党的十九大精神和习近平重要讲话精神的新高潮。要求各级工会组织要结合本单位实际，做出周密部署，精心组织广大工会干部和教职工开展学习。暑假期间华中科技大学暑期工会主席培训班成功举行，省总工会政策研究室刘永峰副主任做了《群团改革背景下的加强新形势下工会工作》的专题报告，原省教育工会主席马建才做了《把握方向，明确理念，切实做好高校工会工作》的报告。

(2) 加强思想道德素质教育，努力打造一支高素质的干部职工队伍。按照学校党委要求，推动校工会机关“两学一做”学习教育常态化制度化。

二、认真落实教代会制度下的民主管理平台建设

(1) 认真组织召开第四届教职工代表大会暨第四次工会会员代表大会。会议听取了《学校工作报告》《学校财务工作报告》等多个工作报告并组织讨论审议；会议民主选举产生了华中科技大学第四届工会委员会和工会经费审查委员会；会议表决通过了《华中科技大学教职工代表大会实施办法(修订草案)》。

(2) 抓好教代会提案工作，畅通教职工参与学校民主管理的渠道。四届一次教代会共收到 32 个基层工会提交的 121 件提案草案；经提案工作委员会讨论审议，80 件作为提案立案(其中 6 件作为重点督办提案)，26 件作为意见转交给相关职能部门；共有 28 个职能部门或单位参与了提案承办工作，提案完成率 98.8%，提案承办结果满意率达到 90%。

(3) 推进二级教代会规范化、标准化建设，组织开展了第二轮院系教代会检查评估工作。校工会下半年抽取了学校 12 个院系，对其二级教代会建设和运行情况进行检查评估，通过听取汇报、查看台账、现场测评等形式，肯定成绩，提出问题，认真督查二级教代会制度的落实和规范。

(4) 教代会各工作委员会积极开展工作，反馈教职工意见，参与学校民主管理。2017 年教代会提案、人事、财务、教学科研、生活福利、校园工作委员会共召开了 9 次专门会议，会议听取相关职能部门的工作汇报，参会代表对相关职能部门的工作提出意见和建议。

(5) 坚持开好工会全委会和教代会代表团团长联席会议，审议学校、工会相关工作。2017 年召开教代会代表团团长联席会议 1 次，审议了 2017 年工会工作要点和全国五一劳动奖参评人选；召开工会全委会 3 次，审议了《教代会专委会工作规程》《工会改革实施方案》。

(6) 开展教代会代表巡视工作，落实教职工的知情权和监督权。2017 年校工会组织教代会代表对校保卫处工作开展了巡视，采取现场查看、听取汇报、座谈交流等相结合的形式，看成果、听汇报、谈问题，就教职工关心的、热议的问题进行了反馈和交流。

三、认真落实“三问于民”工作的常态化、制度化建设

(1) 开展“问计于民”活动。4 月校工会与文科处共同发布“问计于民”专项研究课题招标的通知，“喻家山绿道建设项目研究”研究课题面向全校教职工公开招标；5 月校工会、文科处组织召开研究课题招标评审会，确定了两个课题组承担相关课题的研究工作；11 月进行结题验收。

(2) 开展“问政于民”工作。12 月 14 日，由

校机关党委和校工会共同组织的2017年十件实事群众问政会在八号楼报告厅举行，来自全校50多个单位的106名师生代表、十件民生实事相关责任单位负责人参加会议。群众问政会通过相关责任单位负责人报告实事的进展及落实情况、师生代表当面质询和书面测评等环节，对各职能部门的工作进行了问政。

(3) 开展“问需于民”活动。11月校工会面下发文件面向教职工征集学校2018年民生实事，各基层工会共征集教职工意见276条，校工会正联合有关职能部门对收集的建议进行评审筛选，后期将提交网上投票，并将投票结果上报学校，作为制定2018年工作要点的决策参考。

四、大力推进教职工队伍建设

(1) 认真组织开展教职工评优评先工作，弘扬先进，树立典型，营造良好育人环境。开展了“十佳女教职工”“十佳青年教职工”“师德先进个人”的评选。同时，对2017年获得“全国五一劳动奖章”的物理学院胡忠坤教授、“省十佳师德标兵”的机械学院何岭松教授等进行了表彰和大力宣传。

(2) 会同人事处在暑期开展了新进教职工师德教育宣讲和入会教育活动，并组织新进教职工赴红安黄麻起义和鄂豫皖苏区革命纪念园开展革命传统教育，增强新进教职工的归属感。

(3) 组织开展第三届职工岗位技能竞赛活动，后勤集团、产业集团、校医院、保卫处、华同总公司、校机关、医学院机关、实训中心、图书馆9家单位共近万名教职工参与，经过近一年的培训、竞赛等环节，26位个人和团体获一等奖并获得“华中科技大学岗位能手”的光荣称号，83位个人和团体获二等奖并获得“第三届岗位技能竞赛先进个人”光荣称号。

五、积极推进校园文化建设

(1) 先后举办了各类教职工文体培训班20多个，常年参加活动的教职工达500多人，“喻园雅韵”第二届教职工培训班社团协会联谊晚会成功举办。

(2) 先后举办了教职工羽毛球团体赛、气排球赛、“团结杯”乒乓球团体赛、教职工运动会和足球联赛等多项教职工体育活动，全校教职工有4000多人次参加到竞赛活动之中。

(3) 出台了《华中科技大学教职工社团管理办法》，加强教工社团组织、建设、考核管理，支持建立新的教工社团协会。

(4) 会同宣传部、艺术中心等单位继续办好金秋音乐季、新年音乐会等文化活动。积极参加省教育工会组织的第七届“教工杯”文艺汇演。

(5) 大力支持各基层工会开展教职工活动，丰富校园文化生活。校工会向各基层工会下拨教职工活动经费以支持开展各类教职工活动，包括讲座、培训、竞赛、拓展、徒步、观影、烹饪等等，2017年基层工会上报教职工活动105项。

六、不断完善教职工服务体系建设

(1) 推进“互联网＋”服务教职工体系建设，积极开展“华中科技大学工会综合服务信息系统(一期)”建设工作。2017年对工会网站和电子提案系统进行了改版建设，结合工会微信公众号，逐步完善校工会综合服务信息系统。

(2) 认真做好教职工大病医疗互助工作。2017年全校11457名在职和退休教职工参加大病医疗互助，参加人数占全校教职工总人数的92.7%，与2016年比较增加159人；参加互助的教职工交纳互助金141.9万元，学校配套资金到账270万元；大病医疗互助管委会对申请情况进行评议，共计192人享受互助金补助，受益金额266.44万余元，与2016年比较人数增长19人，受益金额增长30.44万余元。

(3) 全面落实教职工救助、帮扶和慰问政策，切实做好关爱教职工的工作。认真做好帮扶救助工作，认真评审发放教职工困难补助和医疗补助，2017年评审发放教职工医疗补助共计96万元，314名教职工受益；评审发放困难补助共计2.08万元，116名教职工受益；积极开展教职工慰问工作，实现校、院两级工会二级教职工慰问格局。

(4) 落实政策，开展教职工福利物资采购。2017年校工会根据省总工会文件精神，开展教职工生日慰问蛋糕和教职工电影券的招标工作，落实教职工福利的采购、发放工作。

（5）积极推进关爱教职工工作和教职工健康促进工作。2017 年女教职工安康保险参与人数达到 3327 人，相比 2016 年增加 279 人。校工会还会同校医院做好教职工体检、妇科体检、健康教育讲座和独生子女商业保险申报理赔等工作。

（6）坚持做好暑期优秀教职工疗休养工作。暑假期间校工会分两批组织各基层工会上报的全国劳模、省劳模和在学校评优评先保留项目中获奖的部分优秀教职工共 109 人开展暑期疗/休养。

七、不断加强工会自身建设

（1）加强学习，不断提高工会干部队伍的素质和能力。校工会先后组织了暑期工会主席培训和基层工会宣传干部培训工作，通过培训让基层工会干部更清晰职责、明确任务，更好地开展工会工作。

（2）积极组织开展调研走访活动，走出去引进来，认真学习兄弟院校工会相关工作经验。2017 年参加全国高校工会工作会议 5 次，有针对性地调研走访 3 次。

（3）拓展思路，助力基层工会小家建设，努力改善教职工活动条件，增加教职工活动场所。在目前教工活动中心场地严重不足的情况下，积极推进基层工会小家建设，2017 年资助基层工会小家建设 5 家，资助金额 11 万元。

（校工会供稿）

行政工作

学科与发展规划工作

2017年，学校围绕建设中国特色世界一流大学总体目标，科学编制一流大学建设方案，组织引导专项预算编制、项目管理和绩效评价，完善相关规章制度，有序推进"双一流"建设；组织开展学科国际评估，持续进行大学和学科发展战略及评价方法研究，着力推动学科内涵发展，学科整体水平不断提升。

一、科学编制建设方案，扎实推进"双一流"建设

1. 完成一流大学建设方案编制

根据《统筹推进世界一流大学和一流学科建设总体方案》(国发〔2015〕64号)，围绕学校顶层设计，组织相关职能部门、学科建设单位、相关学科专家组成"双一流"建设方案编制组，认真编制一流大学建设高校整体建设方案和分学科建设方案，多轮次征求职能部门、院系、相关领导意见，反复修改完善，经校内外战略专家论证、校学术委员会审议和学校审定后报教育部。8月、12月先后根据教育部反馈专家咨询委员会咨询意见、十九大精神对建设方案进行修改完善，年底面向社会公开。

2. 做好建设项目全过程管理

研究制定相关管理办法。开展"双一流"建设管理制度调研，结合学校实际，研究制定"双一流"建设项目和资金管理办法，即将广泛征求意见并按程序报批；研究完善"双一流"建设绩效评价指标，探索核心指标、可选指标与自设指标相结合的分层分类绩效评价方法。

组织2017年项目明细预算编制及执行检查。在对2016年度"引导专项"进度和绩效进行检查的基础上，组织归口管理部门编制2017年"双一流"引导专项经费二次分配方案，及时下达各建设单位，并组织建设单位编制一流学科建设项目明细预算和设备购置计划，组织开展2016—2017年度建设项目的自查总结和绩效评价，突出质量效益导向。

高效服务建设单位。探索"零等待"审核报批，加快推进项目建设。至少一月一次统计和分析各类项目经费的整体执行情况，及时掌握执行情况并反馈提醒各归口管理和建设单位，促进项目建设高效推进。2017年"引导专项"国库经费额度于11月提前完成。

建设项目管理系统。推进"双一流"建设项目管理系统建设，完成系统开发和初步测试并进行改进，力求早日上线，实现项目管理让信息多跑路，让师生少跑腿。

3. 组织编制2018年引导专项预算方案

根据教育部《关于开展2018年中央高校建设世界一流大学(学科)和特色发展引导专项资金项目申报及评审工作的通知》《中央高校建设世界一流大学(学科)和特色发展引导专项资金管理办法》要求，结合各项目2017年专项执行质量进度以及2018年资金需求，组织研究编制"双一流"引导专项项目申报建议方案及项目申报书等文本，经学校"双一流"工作小组审议、学校审定后报教育部。后续根据评审结果和实际获批额度对2018年预算方案进行修改完善。

4. 做好发展改革有关工作

根据学校领导要求，组织起草了光谷国际校区可行性论证报告和暑期工作会主题报告《深化立德树人 培养一流人才》。撰写《华中科技大学综合改革总结自评报告》，经学校审定后报教育部。就数学中心实体化方案进行调研，分析了发展中存在的问题，研究拟订数学中心十年发展规划纲要，下一步将组织论证。制订2017—2020年院系发展指标，组织召开综合改革发展指标商谈会。

二、深入开展学科评估，以评促建推动发展

1. 组织开展国际评估

结合教育部学位点合格评估有关要求，研究提出学校学科国际评估建议方案及自评报告参考提纲，印发《关于加快推进学科国际评估工作的通知》并召开国际评估推进专题会议。学科与发展规划办公室多次深入院系，与学院共同研究工作方案，全程参与现场评估各环节，按照“边做一边总结一边改进”的工作模式，总结上一个单位的经验与不足，提醒下一个单位借鉴与改进，强化引导性服务。

机械工程、化学、光学工程、电子科学与技术、公共卫生与预防医学、动力工程与工程热物理、生物医学工程、生物学等8个学科于年内完成现场评估，40余位境外顶级专家来校诊断学科发展，取得了积极成效。国际评估充分调动了参评单位师生的积极性和创造性，对于提升学院凝聚力、促进学科建设起到了重要作用，达到了“找差距、谋发展、促交叉、扩影响、创一流”的目的。基于国际评估结果，学科与发展规划办公室全面梳理国际专家针对参评学科人才培养方面提出的意见和建议，协同教务处组织国际评估——人才培养专题座谈会。

2. 完成第四轮学科评估有关工作

根据教育部学位中心要求，组织协调第四轮学科评估通讯评议，补充完善在校生与用人单位联系信息。关注学科评估动态，组织44个参评学科做好评估材料公示质询工作，及时补充证明材料。配合教育部督导局组织高校学科建设及评估工作专题调研座谈会，提交华中科技大学学科建设及评估工作专题调研汇报材料，提出关于第四轮学科评估指标体系权重设置的建议。2017年12月28日，学位中心公布第四轮学科评估结果，我校44个学科参评，全部上榜。学科均衡性不断增强，综合优势进一步提升。

三、持续开展大学及学科评估评价的分析研究，为学校和学科发展提供决策参考

1. 优化排名数据，分析报送方法

组织THE、USNews、ARWU等世界大学排名，QS世界大学排名、亚洲大学排名、毕业生就业竞争力排名、声誉调查学术专家和雇主名单等数据报送工作，认真研究排名机构填报要求，精心准备各类数据，并积极研究优化数据报送过程和提高数据报送质量。我校在各大世界大学排行榜表现良好，名次稳步提升。

2. 深化大学与学科发展状态监测及分析

建立表征学校和学科状态的参数体系，实时观测四大排名、ESI、学科评估等学校和学科发展状况，进行国内外比较和趋势分析，进一步明确学校、学科在国际国内参照系中的位置及发展优势与不足，形成学科评估数据信息参考、学科建设重要信息参考等报告，为“双一流”建设提供更具时效和针对性的决策参考。

3. 完善学科建设激励措施

出台并实施《华中科技大学社会科学、经济学与商学ESI论文奖励暂行办法》，提出了分步奖励措施：对社会科学、经济学与商学ESI论文分阶段实施发文奖励和引文奖励，突出质量导向，提高资金使用效能。

（学科与发展规划办公室供稿）

党委办公室、校长办公室工作

2017年，在学校党委和行政的领导下，党委办公室、校长办公室围绕学校中心工作，发挥统筹协调、沟通上下、联系左右的职能，有力保障了学校各项工作的顺利开展。

一、加强学习，提升能力，保持团结奋进的精神风貌

办公室以习近平新时代中国特色社会主义思想为指引，深入学习贯彻落实党的十九大精神，加强支部建设，坚持“三会一课”，全体人员牢固树立“四个意识”，增强“四个自信”，在思想上、政治上、行动上始终同以习近平同志为核心的党中央保持高度一致。按照校党委要求，认真贯彻落实习近平总书记关于“四风”问题重要批示精神，办公室牵头，深入38个院系，调研“四风”问题在我校的表现，直面问题，改进工作，充分发挥参谋助手作用。

二、统筹协调，狠抓落实，全力以赴完成重点工作

1. 以高度责任心完成各项巡视整改工作

2017年，中央第十巡视组对我校党委进行专项巡视，办公室作为重要参与单位，积极配合巡视工作，顺利完成各项巡视整改任务。2月28日至4月30日接受中央巡视期间，办公室作为牵头单位之一，组织专班参与后勤保障、重要文稿写作、动员会组织等，牵头统筹材料收集提供，做好巡视组与学校的沟通协调等大量繁重且紧要的工作。6月19日至8月19日集中整改期间，办公室作为学校巡视整改办副主任单位，抽调专人加入整改办，配合完成整改任务；牵头落实14项涉及全校性的重要整改任务；负责全校干部暑期请销假工作。

针对需要长期完成的整改任务，按照计划有序推进。巡视整改期间，办公室全体人员任劳任怨、加班加点，暑期两个月均未休假，奋战在巡视整改的一线，表现出良好的精神风貌和极强的战斗力。

2. 牵头制定学校重要制度文件

一是贯彻中央决策部署，牵头制定学校认真学习宣传贯彻党的十九大精神文件，推动党的十九大精神和习近平新时代中国特色社会主义思想在学校落地生根；制定及时跟进学习贯彻习近平总书记重要讲话精神和中央重大决策部署的若干规定，推动全校党员干部和师生及时跟进学习，牢固树立“四个意识”。

二是按照中央相关会议精神，牵头制定学校贯彻落实全国高校思想政治工作会议精神的实施方案，明确目标思路、工作要求和举措；制定学校加强和改进党的群团工作实施方案，推进中央群团工作会议精神在学校落实落地。

三是按照巡视整改要求，加强顶层设计，制定贯彻党委领导下的校长负责制的实施办法及党委全委会议事规则、党委常委会议事规则、校长办公会议事规则，加强党对学校工作的全面领导，规范了“三重一大”决策程序和前置程序。

四是按照学校工作安排，制定学校工作要点，推动学校重点工作的开展；制定加强督促检查工作实施办法，建立健全督查督办制度，确保学校决策有效落实。

3. 参与师生服务中心建设

配合做好师生服务中心的建设工作。做好中心的顶层设计规划建议；明确细化校内22个部门第一批进驻事项(279项)；引进火车票取票机、天然气充值一体机、武汉通自助服务终端等社会服务；协助梳理进驻师生服务中心事项的流程；在师生服务中心试运行及正式投入使用过程中，办公室起到了先锋带头作用。

三、繁而有序，严谨细致，保质保量完成日常工作

办公室在日常工作中，注重细节，强化责任，切实推进各项工作高效运转。2017年共完成接待任务60余次、重要会议活动60余次；办理校内

外来文约 5000 份；印发常委会、校长办公会、专题会议纪要 74 次；编印《每日要情摘报》236 期，整理《学校办公室"每日清"汇总表》247 期；办理学校证件借用 1500 余次，法人签字章用印 2000 余次；办理学校印章用印 8419 项；刻制单位公章 50 余枚；协调各单位使用会议室 1200 余次；接收机要文件和学生档案 5500 余份、发出 3500 余份；梳理十八以来常委会、校长办公会讨论决定的事项 1097 项、定期督办未落实的事项 39 项，督办校领导重要批示、指示 21 项，巡视整改事项督办 36 项，重点工作专项督办 4 项；新增商标注册证 145 个，会同法律顾问审阅各类合同并出具法律意见书 328 份。

1. 加强内部制度建设

制定《党委办公室、校长办公室重要工作事项报告暂行规定》《党委办公室、校长办公室工作人员请销假审批管理细则》《党委办公室、校长办公室网站建设管理办法》等，提高办公室管理水平。

2. 提升公文系统使用效率

回应院系需求，不断改进完善 OA 系统运行。完成移动 OA 系统建设并验收；加强 OA 系统日常管理与维护，督促提醒 OA 系统安全管理；收集有关部门 OA 系统问题，梳理、分类并反馈给系统建设方，完善优化 OA 系统用户体验；管理与维护短信平台、教育部电子公文信息交换系统。

3. 扎实推进信息工作

全年向教育部报送信息 115 条次，教育部官方首页"战线联播"全文刊出 2 篇(《华中科技大学构建精准资助育人体系》《华中科技大学精准助力毕业生更高质量就业》)；完成党的十九大专题信息报送，部分内容被《高校思想政治工作简报》采用；向省委办公厅、省政府办公厅等有关部门报送动态信息与专题信息多篇，其中《填平洼地 换挡提速 把湖北建成中国一流科技强省——实施国家中部崛起战略的问题与建议》被湖北省委以《战略性新兴产业发展存在"三个风险"亟须引起重视》为题采用并上报中办。

4. 高质量完成重要文稿和学习材料

按照学校整体工作安排，牵头完成了相关重要报告，如：履行主体责任、规范办学行为的报告，服务湖北经济社会发展总结报告，省委高校工委"再识教情"大调研报告等。编印学习手册，并印发各单位学习，如：《习近平总书记关于巡视工作和高校工作重要论述学习资料选编参考》《学习贯彻落实中央八项规定精神有关文件汇编》等。

5. 进一步贯彻落实中央"八项规定"精神和最新细则

规范办文办会办事。修订印发《华中科技大学公文处理规定》，加强对公文的把关审核，进一步精简文件。统筹学校重要会议活动，如年末牵头统筹开展 2017 年党建工作调研暨全面从严治党主体责任(七方面任务)集中检查，确保全面从严治党主体责任落实；做好学校大型会议活动的设备调试和会议保障工作。

规范公务接待、用车管理。会同相关单位严格执行公务接待"四单"制度，严格控制接待次数、接待标准；严格执行有关公务用车标准和用车管理规定。

6. 严格公章证书管理

严格依规管理学校公章、党委用章、法人印章、法人身份证复印件、学校事业单位法人证书，做好相应的审核、登记工作。

7. 不断强化督办职能

从提升学校督查工作规范化、科学性、程序化等方面入手，对"三重要四重大"决策事项，建立健全督办督查制度；进一步规范内部管理，建立批示件办理制度、联合督查制度、情况报告制度；坚持"一线督查"，深入基层、实地访查，抓好学校重点工作和重要决策部署的督查督办工作；对领导重要批示进行跟踪督办，对事关学校发展、师生反映强烈的问题进行专项督办；对贯彻落实全国高校思政会精神情况、秋季学期规范办学行为、材料学院和化学学院的实验室搬迁工作、校领导接待日反映问题进行了专项督查；定期督办《华中科技大学 2017 年工作要点》的十件实事。

8. 全力维护政治安全和学校稳定

组织好目标管理责任书的签订和检查考评，抓好校党委和维稳领导小组决策部署落实；制定并推动实施十九大安全稳定隐患排查化解工作方案，为党的十九大胜利召开营造良好环境；做好特殊、敏感时期维稳和重点人工作；做好维稳情报信息工作；做好源头预防工作，全年开展安全稳定全面排查和专项排查 7 次；推动应急预案体系建设，协调、指导有关单位妥善处置学生非正常死亡等突发事件若干起。

9. 积极做好信访工作

深入推进“法治信访”工作，引导信访人依法维护权益和反映诉求，会同有关部门及法律顾问处理一批疑难信访问题；打造“责任信访”，推进信访责任制度建设，加强信访事项办理协调和督查督办工作，定期梳理信访热点问题，编辑《信访月报》9期；实施“阳光信访”，全面优化升级原网络信息反馈平台，建成多渠道信访、一平台受理、多渠道反馈的网上信访系统；坚持实施“校领导接待日”制度，为校领导与全校教职工和学生的沟通搭建桥梁；2017年共处置群体访、缠访闹访等非正常上访40余批次，推动化解信访积案若干件；接待处理各类群众信访871件；处理师生通过网络信息反馈平台提出的各类问题409件。

10. 稳步推进保密工作

顺利完成十九大前夕保密安全保障工作，自查清理校内展厅并实施分级开放管理；持续开展保密教育，采取基本培训和专项培训相结合的方式，有效提高各级人员防范意识；严格涉密人员管理，开展涉密岗位的外聘人员清理和涉密人员背景调查；推进保密工作归口管理，将保密监督检查作为核心工作和重点工作，全年组织保密检查5次，整改保密安全隐患15起；每周进行校园网络网站保密技术检查；做好各类机要文件收发，保证巡视期间机要文件的流转和回收，确保考试试卷保密安全；与学校科研管理部门紧密合作，推动军工保密认定新标准的实施；全年未发生失密、泄密事件。

11. 有序开展信息公开与统计工作

加强信息化平台建设，完成信息公开网入驻学校群平台工作；推进信息公开事项清单工作，在信息公开网统一公布10大类50项信息清单内容，接受社会监督；统筹协调全校统计工作，定期公布、及时更新学校教育统计信息有关数据。

12. 统筹协调省内外扶贫点工作

系统推进对云南省临沧市临翔区定点扶贫工作，校党委书记、校长亲赴临翔实地调研，推进产业、医疗、规划、教育扶贫。在2017年滇西脱贫攻坚部际联系会暨直属高校、直属单位扶贫工作推进会上，路钢书记作为直属高校代表发言；作为唯一高校代表参加全国打赢教育脱贫攻坚战现场会，路钢书记代表学校做了典型发言；我校健康脱贫项目获第二届教育部直属高校精准扶贫精准脱贫十大典型项目；云南拉祜族“树皮屋”建造技艺传承项目获教育部直属高校“非遗扶贫”示范创建项目。积极开展对湖北省孝昌县王店镇巴石村精准扶贫工作，校领导多次赴实地指导工作，扶贫办和工作队加强基础设施建设，扩大养殖基地规模，校机关结亲帮扶、医疗帮扶、教育帮扶成效显著。2017年底，巴石村已按计划脱贫出列，并通过孝感市和孝昌县第三方验收评估。充分发挥经济学院优势，认真做好对红安县的教育精准扶贫工作。

13. 深入推进依法治校

推进依法治校和法治宣传教育领导小组调整，加强法治建设和法治宣传教育领导机构；参与学校各类规章制度“立改废”；履行部门对涉校诉讼、仲裁案件的归口管理、协调处理职责；组织协调开展“12·4国家宪法日”“4·26世界知识产权日”“安全生产法宣传周”等宣传教育活动；落实无形资产管理职责，推进无形资产管理制度建设。

（党委办公室、校长办公室供稿）

学术管理工作

2017年,校学术委员会根据《华中科技大学学术委员会章程(暂行)》行使学校重大学术事项的审议、评定、咨询职权。落实上级文件精神、根据学校工作安排,组织开展了一系列规章制度的修订工作。为培育良好校园学术氛围,宣传我校原创性、突破性学术成果,开展“华中科技大学年度重大学术进展评选”工作。立足师生需求,探索并实践了创新形式的学术诚信教育工作。

一、履行职责,做好各项议题的审议工作

严格按照《华中科技大学学术委员会章程(暂行)》《华中科技大学学术委员会议事细则》的要求,以公正、公平的原则,遵循学术规律,通过全体会议、主任会议、专题会议、通讯评议等方式开展议题的审议工作。

2017年学术委员会共组织召开12次审议工作,涉及人才培养、重大学科发展方向布局、学校“双一流”建设方案、学术委员会系列规章制度的修改等重大事项,对促进学校发展起到了推动作用。例如在“双一流”建设方案的编制与审议过程中,多次经过学术委员会主任会议、全体会议汇报工作、征求意见,委员的建议也得到编写组的充分重视及采纳。

学术委员会积极发挥学科分委员会作用,如由文科分委会组织开展学术成果评审及项目推荐工作;在学术委员会的重要规章制度的修改过程中,充分征求各学科分委员会的意见,与学科分委员会共同开展华中科技大学年度重大学术进展的评选活动。

为进一步完善审议工作,便捷日常工作,建设学术委员会网上信息平台,通过学术评议、线上讨论、投票表决、提案管理、信息报送等工作模块,协助委员处理委员会日常工作,提高工作效率。

二、完善制度,开展四份重要文件的修订工作

按照《华中科技大学党委贯彻落实巡视整改实施方案》和《华中科技大学党委贯彻落实意识形态责任制专项整改实施方案》的工作要求,结合高等学校思政会议精神、中央31号文件、教育部40号令《高等学校预防与处理学术不端行为办法》的具体内容,学术委员会组织开展了关于《华中科技大学学术委员会章程(暂行)》《华中科技大学学术委员会议事细则》《华中科技大学关于院系学术委员会规程制定的指导性意见》《华中科技大学学术道德规范及学术不端行为处理规定(试行)》四份重要文件的修订工作。在修订过程中通过多次学术委员会主任会议确定修改原则,通过通讯评议征求全体委员意见,通过函询征求相关职能部门意见。坚持与上位法一致原则、减少扰动原则和系统性原则,明确在党委领导下充分发挥学术委员会作用,明确委员要有坚定的政治立场,拥护党的教育方针。在《华中科技大学学术道德规范及学术不端行为处理规定(试行)》中根据教育部40号令的具体要求和我校实际情况,就总则、学术行为准则、学术不端行为、举报受理和调查、处理和申诉等方面进行修改完善。明确学术规范和学术不端行为,落实导师责任制,衔接认定和处理环节,要求在全校公开学术不端事件和处理结果。

三、激发原创,创建优良学术环境

1. 开展“华中科技大学年度学术进展评选活动”

为弘扬科学精神、激发创新活力、推动学校“双一流”建设,学术委员组织开展“华中科技大学年度重大学术进展评选活动”。评选活动秉承宁缺毋滥的原则,立足于宣传学校原创性、突破性学术成果,培育良好校园学术氛围,促进学术

繁荣与创新。同时，通过对获奖成果的宣传和鼓励，调动广大教师和学生追求学术原创的积极性和主动性，从源头上预防学术不端行为。

本年度评选活动分为项目推荐、遴选、宣传、评选、公示以及颁奖六大环节，入选项目将被编入学术委员会年度报告，评选活动将作为学术委员会对学校学术水平、学科发展、人才培养质量等进行年度评价和提出建议的基础，并以学术年会的形式邀请获选项目主要完成人介绍成果。

目前活动已完成各学科分委员会的遴选环节，正组织学术委员会进行最终评选，筹备学术年会，宣传介绍获奖成果。

2. 制作《学生学术规范指导手册》网页版

由学术委员会编写的《学生学术规范指导手册》自 2016 年 9 月在全校范围内发行以来，受到了师生的广泛好评，手册内容针对学生科研学习中的突出问题，提出了具体的指导性意见，其实用性得到了一致认可。从 2017 年起，学校为每位新入学研究生发放该手册。

为了让学生更加便捷地学习手册内容，增强手册的流通性，以“互动性、生动性、即时性”为要求，展开了手册网页版的编制工作，并在学术委员会网站、学术委员会公众号发布，保证广大师生便捷获取学习材料。并计划与学校注册中心合作，将手册重点内容的测试列入研究生和即将准备毕业论文的本科生的学籍注册程序，督促学生在日常学习研究中遵守行为规范。

3. 创新开展多种形式的学术诚信教育

校学术委员会以推动学术进步为宗旨，倡导师生坚守学术责任，恪守学术道德，并积极创新学风教育的形式，努力以生动、新颖、学生喜欢的形式，吸引广大学子自觉接受学术诚信教育。

如组织开展“学术诚信之我见”学术委员会与学生交流座谈会，来自各院系的数百名学生代表在学术承诺书上郑重签名，誓做信守学术诚信的华中大学子。该活动邀请各院系本科生及研究生代表参加，发表“学术诚信”心得体会，校学术委员会主任、校学术委员会委员代表等出席活动，与广大学子交流治学与人生的经验感悟。联合学工处、研工部开展学术诚信承诺接力的活动，以微信 H5 的形式，在各院系学子中广泛传递学术诚信规范知识，承诺做“遵守学术诚信的华中大人”，得到近两万名学生的积极响应。继续开展“科学道德与学风建设宣讲会”，邀请杨士莪院士来校以“热爱海洋 保卫海疆”为题为广大学子分享了他的爱国情怀及科研人生。

学术道德监督委员会 2017 年受理举报学术不端事件的举报案件 3 起，其中协助国家自然基金委调查 2 起，均按照国家自然基金委的要求，做出调查结论并上报。

学术委员会建设的“学术诚信体系”系列活动把宣讲教育和日常活动结合起来，除了集中宣讲以外，积极组织委员在新生开学典礼、教师培训等活动中开展以“学术规范”为主题的专场报告，介绍防治学术不端行为的具体办法，旨在通过深入透彻的学风、学纪教育，有效预防学术不端行为、培育求真务实的良好校园风气。

2017 年，学术委员会依照职责，在学校重要学术事务审议、自身制度建设、学术道德和学术规范宣传等方面积极开展了工作，促进了学校科学发展。今后学术委员会将在党委领导下继续做好学校学术水平、学科建设和人才培养质量的评价和建议工作，为学校“双一流”建设贡献更多学者智慧。

（学术委员会办公室供稿）

人事工作

2017年，人事工作紧密围绕“立德树人”根本任务，积极贯彻落实全国高校思政工作会议精神和巡视整改任务，不断完善制度建设，努力规范人事管理。深入推进“人才强校”战略，引育并举，人才队伍建设成绩突出。关注民生民意，进一步提升人事人才管理水平和服务质量。

一、贯彻全国高校思政工作会议精神，落实巡视整改任务

1. 统筹推进思政队伍和党政管理工作队伍建设

成立党委教师工作部，为加强教师思想政治工作、师德师风建设和管理服务工作提供了组织保障。按照师生比1:200的要求核定辅导员岗位数、院系组织员岗位，增设院系教师思政工作副书记岗位。出台《华中科技大学职员岗位聘任暂行办法》(校人〔2017〕24号)和《华中科技大学思想政治教育管理系列专业技术职务聘任暂行办法》(校人〔2017〕25号)，推动思政工作队伍和党务工作队伍专业化职业化建设，探索职务职级“双线”晋升办法和保障激励机制。

2. 完善考核评价机制，落实立德树人根本任务

出台《华中科技大学关于进一步完善教师考核评价导向的若干意见》(校人〔2017〕8号)，强化教师思想政治素质要求，强化教书育人导向。明确院系是教师考核评价的责任主体，充分发挥院系党委(党总支、直属党支部)的政治核心作用，将学校对教师的考核评价实施意见落在实处。

出台《华中科技大学关于进一步加强教师思想政治与师德师风考核评价的通知》(校人〔2017〕7号)，明确师德师风在教师发展中的根本地位，思想政治和师德师风表现的考核结果归入教师人事档案管理，作为教师考核、聘任、派出进修和评优奖励等的重要依据。将《华中科技大学建立健全师德建设长效机制实施细则(试行)》细化，分解为涉及13个部门的《建立健全师德建设长效机制责任清单》，齐抓共管形成合力。

坚持政治标准放首位，严把教师引进关和出国培训关。出台《关于进一步做好教师引进工作的通知》(人事〔2017〕4号)，在严把新进教师思想政治关和院系党委(党总支)书记谈话制度等方面给出了明确的指导性意见；出台《关于进一步加强公派出国(境)留学人员管理的有关意见》(人事〔2017〕5号)，要求各单位在选拔、派出、考核等过程中应始终把政治标准放在首位，严把政治关、品德关和廉洁关。

3. 健全人才制度体系，加强本土人才和中青年人才培养

完善华中学者岗位设置，坚持立德树人根本任务，强化成果质量导向。经过充分调研、文件起草、测算摸底、广泛征求意见、讨论完善，完成了对原“华中学者”文件的修订，出台《华中科技大学“华中学者计划”实施办法》(校发〔2017〕16号)。加强对本土人才培养，向优秀中青年人才倾斜，实现引进人才与本土人才同标准同待遇。

4. 深化人事制度综合改革

在《华中科技大学关于做好2017—2020聘期有关工作的通知》的基础上研究制定深化人事制度综合改革方案。以教师分类发展、华中学者计划、薪酬分配改革为重点，通过深化院系综合改革，完善人才制度体系，实施机关综合改革等措施，激发院系发展活力，调动全体教职员工的积极性，为建设中国特色世界一流大学，提供有力的制度保障和人才支撑。

二、深入推进人才强校战略，人才队伍建设成绩突出

1. 以高层次人才队伍建设为核心，积极做好各类人才项目申报工作

高度重视2017年度院士增选工作，共申报工程院院士6人(含外籍院士2人)、科学院院士4人，同济医院马丁教授当选中国工程院院士，实现了我校医科工程院院士零的突破。化学学院通过“高端引智计划”引进的澳大利亚悉尼大学米耀荣教授当选中国工程院外籍院士。

积极组织开展2017年度“千人计划”申报工作，共推荐“千人计划”青年项目候选人118人，其中20人通过答辩，通过人数位居全国前列，1人入选“千人计划”创新长期项目。

积极组织开展2017年度“长江学者”申报工作，推荐特聘教授候选人44人，讲座教授候选人9人，青年项目候选人40人，会前学校认真组织预答辩，最终共有10人通过会议评审进入公示环节，其中特聘教授4人，讲座教授1人，青年长江学者5人。

积极组织推荐“万人计划”青年拔尖人才，4人入选。百千万人才工程国家级人选，1人入选。湖北省“百人计划”，21人进入答辩环节。湖北省“楚天学者”，14人入选。

2. 加强高层次人才管理与服务，做好总结交流工作

组织召开了第八至十批“青年千人”中期学术交流会，20位“青年千人”做了专题汇报。开展“千人计划”专家及“青年千人”入选者合同签订薪酬以及待遇兑现工作、到岗在岗情况督查调研工作；开展长江学者、国务院政府特殊津贴专家的核查工作，布置了新世纪优秀人才、湖北省高端领军人才、湖北省医学领军人才等人才项目的年度考核工作，并及时兑现相关待遇。做好2018年“双一流”引导专项“一流师资队伍建设项目”申报及预算编制工作。

3. 人才引进工作再上台阶

积极筹备第六届“东湖论坛”。申请参会学者人数稳步提升，共有1000多位海外学子通过网上申请报名，最终邀请300多位海外优秀青年学者前来参会。其中，博士毕业于哈佛大学、斯坦福大学、MIT等世界一流大学或在这些学校从事博士后研究工作的近100余人。

积极开展海外人才招聘。围绕“东湖论坛”，校领导带队，分别在美国、英国、俄罗斯、以色列、波兰等国家召开了13次专场招聘会，吸引了来自哈佛大学、麻省理工学院、斯坦福大学、牛津大学、剑桥大学等世界一流大学的200余位优秀青年人才参加，部分学者表达了依托我校申报“青年千人”的强烈意向。

不断拓宽学校引进海外高层次人才的宣传渠道，与全英中国学生联合会、以色列理工学院中国学生联合会、中国留俄学生总会初步建立起联系，并在英国成立了首个海外人才工作站，创建华中科技大学俄罗斯人才储备群。

学校规范新进教师引进程序和职务聘任要求，出台了《关于教师引进相关工作的补充规定》，学校成立新进教师职务评审专家委员会，负责引进教师高级专业技术职务评审工作。2017年获批进校的新进专任教师172人，其中，具有一年以上海外学习和工作经历的有112人，约占65%，其中海外博士共有60人，约占35%；新进专任教师中专业技术职务为副教授及以上的92人，约占53%。

4. 青年教师队伍建设卓有成效

扎实推进新进校青年教师岗前培训工作，组织210位青年教师参加岗前培训，开设专题讲座24场，并印发《师德警示》《华中科技大学教师服务手册》等培训资料。11月11日组织全校429名新进教师（含附属医院370人）参加全省理论课程统考。

大力推进“前沿团队”支持计划，连续开展“学术前沿青年论坛”20余期。积极做好“优秀青年教师培养计划”，选派优秀青年教师赴国际一流大学或研究机构，师从一流导师研修，开展学科领域前沿研究。2017年派出11人，入选11人。

积极推进教师出国研修和培训。18人获批“青年骨干教师出国研修项目”，22人获批“国家公派研修访问学者面上项目”，组织高校优秀学生工作者出国研修项目、艺术类人才培养特别项目等专项留学项目申报工作。认真做好“学术新人奖”遴选和支持工作，10人获得本年度学术新人奖。

5. 博士后队伍建设成绩突出

积极落实《华中科技大学关于进一步加强博士后队伍建设的意见》，完善博士后的聘用制度及激励与约束机制，博士后在站规模和成果显著提升。2017年共进站267人，其中“双一流”建设大学及国（境）外博士262人，占98.1%，招收外籍或留学回国博士后23人，占比8.6%。目前在站909人（2016年在站783人）。2017年出站105人，出站人员人均发表B类以上期刊论文1.96篇，获得基金0.92项。在站博士后获资助项目人数和获资助经费再创佳绩，101人获国家自然科学基金，179人获得国家博士后科学基金特别资助和面上资助，获资助人数均创历史新高，居全国高校前列。

6. 教师聘任及表彰稳步推进

顺利完成2016年度专业技术职务及十三级岗位空岗聘任工作，共涉及全校1200余人/次。组织人才引进特聘会4次，通过正高39人、副高41人、二级1人。布置了2017年度专业技术岗位及十三级岗位空岗聘任工作，并完成了各院系高级岗位摸底工作。

加强新进教师首聘期考核工作。规范考核程序，严格考核要求，特别加强对思想政治与师德表现的考核。上半年完成28个单位，共计76位教师的考核工作；下半年考核已于11月7日启动，相关工作稳步推进。

认真做好教师节表彰工作，制定印发了《华中科技大学关于做好庆祝2017年教师节暨师德师风教育月活动通知》，并组织开展教师评先工作，遴选出伯乐奖5人，三育人奖31人，三育人积极分子61人，并联合校宣传部开展教师节宣传活动，大力宣传受表彰教师的先进事迹。

三、完善制度建设，规范人事管理

1. 进一步加强非专任教师公开招聘工作

根据实际用人需求，启动2018年度非专任教师公开招聘工作，按照事业单位公开招聘有关规定，严格把关招聘各个环节，完善网上报名、资格审查、统一考核等工作流程。2017年招聘非专任教师87人，其中辅导员41人，非专任教师队伍结构得到优化，缓解了相关单位用人的迫切需求。

2. 进一步规范机构编制工作

严格控制机构编制数量，严肃机构编制纪律，制定下发了《华中科技大学机构编制管理暂行规定》（校党〔2017〕6号）。明确“科学规范、总量控制、分类管理、动态调整、优化结构、精简高效”的机构编制管理原则，规范机构设置、编制配备调整的程序。

3. 全面规范津贴补贴，防治“吃空饷”

对全校各单位违规津贴补贴进行了两次清理整改，清退取暖降温费、加班费、值班费、过节费等1225万元；向巡视组提供2013年以来考核及降级处分报告、处级干部返聘、文件规章汇编等10余份文件资料；开展了防治“吃空饷”问题的专项自查自纠，对二级单位进行了全面核查。加强人员岗位管理、严肃工作纪律，进一步规范了请销假程序，严格履行手续，执行病假事假待遇。

4. 加强登记备案人员因私出国(境)管理

制定《关于印发〈华中科技大学登记备案人员因私出国（境）管理办法（试行）〉的通知》（校人〔2017〕9号），进一步明确相关单位和人员职责，规范了登记备案人员因私出国（境）管理工作。根据文件要求共梳理出符合条件的备案人员3500余人，向武汉市出入境管理处重新报备600余人信息，撤销300余人信息，并对证件进行集中管理。

5. 加强教职工档案管理工作

按照中央巡视组要求准复审445卷中层领导干部人事档案，并将复审结果和待解决问题的信息细化统计上报学校组织部。根据中层领导干部人事档案集中管理规定，接收三所医院中层领导干部人事档案85卷，并按最新档案整装要求进行整装。新建博士后人事档案202卷，接收各类博士后档案材料2520份。接收、归入各类档案材料11215份，完成教职工人事档案整装149卷，打印档案目录3800多页，做好调离人员的离校手续办理工作，完成调离人员档案或档案材料的转寄40卷，外借档案61卷。

四、关注民生民意，推动工资社保新政策落实

1. 高度关注民生，落实和提高工资及社保待遇

根据国家和湖北省的相关文件，调整了在职人员基本工资标准。逐步理顺收入分配秩序，不断完善院系工资总额核算方式，在一定程度上缩小了绩效津贴分配差距，缓解了教学一线和中青年教师收入偏低的矛盾。提高了公积金的缴存额度，提高幅度约26%；配合房管部门落实了在职教职工住房补贴和物业管理补贴发放政策；积极落实离退休职工生活待遇，按照基本养老金调整办法提高了退休人员养老金，落实了离休老干部护理费及自雇费待遇。

2. 积极推进养老保险改革，启动全员养老保险改革工作

制定我校分步实施事业养老改革办法，广泛

宣传动员，发放宣讲《机关事业单位养老保险制度改革宣传提纲》。2017 年 7 月起启动事业养老保险和事业年金代扣待缴工作，完成 1 万余人次的人员信息采集和预登记信息录入工作；对 2014 年 10 月以后已退休的"中人"，因独生子女、获奖、教龄等原因提高退休比例而退休的人员发放一次性补贴。做好全民合同制工人、人事代理人员等已参加社会保险与机关事业单位养老保险的衔接；积极推进退休"老人"事业养老入轨，确保养老金由单位发放转为社保发放的平稳过渡。

五、加强自身建设，提升服务质量

1. 进一步加强人事信息管理系统建设

根据学校信息化建设思路，对人事系统进行了大量数据维护，保证职工信息的实时性和准确性，充分利用系统数据进行大量的数据分析，为各部门提供有力的权威数据，为学校的信息化建设提供强有力的基础数据支持。加大人事管理信息系统的开拓工作，人事管理系统的二期建设项目已经与开发商签订意向合作，完成人事招聘系统的升级调试。

2. 重视调研走访，积极听取校内外意见建议

先后到上海交通大学、中山大学、华南理工大学、湖南大学、北京师范大学等兄弟高校调研，学习交流人事人才管理经验；到机械学院、电气学院、建规学院、管理学院等 10 余个院系走访调研，进一步倾听教职工意见和各院系在登记备案人员因私出国（境）证件集中管理等人事工作中遇到的问题和困难；专题向教代会人事工作委员会做人事人才工作报告；认真研究处理第三届二次教代会提案共 11 项，全部予以书面回复。2017 年获得四届一次教代会"提案承办先进单位"。

3. 优化工作流程，提升办事效率

积极参与到学校的流程再造工作，所申报的新进教职工报到流程获得学校二等奖，教职工因私出国（境）项目获得三等奖，在规范办事流程、提高工作效率方面受到教职工的好评。因私出境管理系统正式上线以来，办结 900 余次，在校内线上流程的数据统计中列第一位，综合评价达 4.8 分（共 5 分）。积极参与校机关组织的公文写作比赛，三位同志分获二等奖、三等奖、优胜奖。

（人事处供稿）

国际交流/港澳台办工作

2017年,国际交流工作牢牢抓住国际化大发展的契机,把"两学一做"与业务工作结合起来,把巡视整改与促进规范发展结合起来,以实现"三个10%"、全面提升学校国际影响力为总目标,巩固了一批与我校已有长期合作传统的国外大学的合作关系,发展一批与我校近年来已有良好合作基础的国外大学的合作关系,布局一批下一阶段与我校发展有极好合作前景的国外大学的合作关系,国际合作各项工作扎实推进。一年来,全校的国际化氛围进一步浓厚,国际合作体制机制进一步完善,国际交流对人才培养、教学科研的促进作用进一步凸显。

2017年国际交流活动稳步增长,提质增效效果明显,与英国伯明翰大学、德国海德堡大学、杜伊斯堡·埃森大学等世界名校的合作全面深化,全年(截至12月13日)共接待校级来访团组29批次,新(续)签署校际合作协议47项,短期来华专家1188人次,召开高水平国际学术会议28个,办理因公出国(境)团组1453批次,1931人次。现从工作亮点、工作成效、其他重要工作等三方面对2017年工作进行总结。

一、工作亮点

1. 成功举办多个大学开放日,校际合作模式向纵深发展

2017年5月同济医学院校庆期间,成功举办首届"华中大-海德堡大学日"和"华中大-杜伊斯堡·埃森大学日";11月,成功赴英国在伯明翰大学举办了第一个华中科技大学伯明翰大学日,开放日模式全面夯实了我校与合作高校的关系,推动了实质性合作,拓展了"一校十校"国际名校合作伙伴。

在英国成功举办的"伯明翰华中科技大学日",有效促进两校深度对接交流和战略合作,进一步扩大我校在英国影响力。这是我校首次走出国门举办的大型、深度交流活动,是我校提升国际知名度和影响力、构建国际战略伙伴网络的重要尝试;成功举办华中科技大学与曼彻斯特大学交流日活动,就学生联合培养等事项达成系列实质性成果,进一步完善了我校与英国知名高校战略合作网络。

2. 打出了同济医学院110周年院庆的"国际化"牌

同济医学院院庆期间,医学院共举办了6场国际会议和30多场学术演讲,2个大学开放日活动,签署了3个校际协议,来自德、日、美、英、法、澳等海外高校的61名学者参加了系列学术活动。通过集中的国际学术交流,加强了医学院各学科与世界名校,特别是与德国高校的传统友谊,国际化成为一道最亮丽的风景。

3. "双一流"国际合作推进计划取得初步成效

2017年是国际合作推进计划全面实施的第一年。依托"一院一校"、国际联合科研平台培育等计划签署合作协议8份,6个国际合作基地成功挂牌成立,举办国际会议9个,促进人员来访179人次,人员出访677人次。院系国际合作交流积极性进一步提高,国际化氛围进一步加强,国际合作推进计划初见成效。

4. 高端引智突出"高精尖缺",中长期外籍专家突破150人

国家级引智项目数量继续位于全国高校前列,居湖北省高校首位。引智基地发表在Nature、Science、Cell等国际顶尖期刊的论文10余篇。在学校"喻园家"等高端引智项目推动下,2017年中长期(在校1个月及以上)的外籍专家突破150人。专家层次不断提高,以"高端引智计划"成功引入我校的教授、湖北省编钟奖获得者米耀荣教授,2017年成功当选中国工程院外籍院士。

5. 学校大外事信息化系统和英文网站基本建成

借助学校信息化的发展快车,包含专家来访与管理、因公出国(境)、国际会议、国际合作伙伴数据、来华留学生、孔子学院等模块的全校大外事信息平台将于年底建成,其中因公出国(境)网上审批系统已正式上线,并首先入驻学校智慧华中大办事大厅。审批系统精简环节,优化流程,让师生少跑路，提高了工作效率和服务质量，受到好评。历时近一年半的全校英文网站建设(包含院系英文网站)全部建成。

6. 学生海外交流渠道建设大大加快

2017年新签和续签各类学生交流合作协议20多项，如与美国布朗大学暑期项目合作协议。通过举办本科生海外交流宣讲会、海外交流学生座谈会等多种形式，加大各类项目的宣传推介力度和落实力度，学生赴海外交流人数大幅提升。其中，2017年医科各院系共有215名学生赴海外交流，比2016年增长217%。

二、工作成效

1. 加强国际合作顶层设计，积极构建国际合作交流网络

结合学校国际化战略目标，按照强强联合的基本原则，加强国际合作顶层设计，对标世界排名前100名的国际知名院校和特定领域居于领先地位的科研单位，建立全方位、深层次合作关系。学校顶层谋划、部际协同配合、院系主动作为、师生积极参与的国际化格局日趋成熟。通过“大学交流日”加强高校间的对接交流和核心伙伴关系建设，进一步落实与重点合作伙伴的全方位深层次合作。与曼彻斯特大学、拉夫堡大学、伯明翰大学、爱丁堡大学、佐治亚理工学院、加州大学尔湾分校、密西根州立大学、韩国汉阳大学、成均馆大学等国际知名院校新签署或拓展合作协议，我校国际合作网络规模进一步扩大，层次进一步提升。

积极利用国际交流平台提升学校国际影响力。通过积极参与中欧工程教育联盟、中韩大学校长论坛、中日大学校长论坛、中俄工科大学联盟、上海合作组织大学、金砖国家网络大学等平台，把我校的影响力进一步扩展到各平台高校。以中俄工科大学联盟、上海合作组织大学以及金砖国家网络大学为平台，促进高层次人员往来，进一步深化与俄罗斯高校的合作关系。

2. 积极引导，继续强化院系的主体地位

随着“双一流”建设的推进，以学科为中心，院系为主体、教授为主角的国际合作模式得到广泛认可。国际交流处结合学校“双一流”学科建设要求，加大力度推动以院系为中心的国际合作交流网络建设，促进各学院有目的、针对性地主动出击，与世界高水平大学开展学生交换、学分互认、学生联合培养。按照协议项目“落地”原则，确保协议背后有依托单位，有落实主体，避免大量休眠协议的出现。2017年签署以院系为主体的合作协议共计38项。积极推动院系国际交流管理队伍建设，选派院系相关负责人参加各类国际交流和研讨活动，组织院系分管领导参加伊拉斯谟大学领导力会议等。越来越多的院系新设立专门负责国际交流工作的科室。

3. 扎实推进国际合作推进计划，内涵发展进一步提升

2017年国际交流处以落实“一院一校”计划、“一校十校”计划、高端外专引智计划、国际联合科研平台培育计划、来华留学基地等项目为抓手，全面推进教授、研究所(中心)、学院、学校等各层面合作。以电气学院、生科院等为主体与瑞典皇家理工学院签署合作协议，以船海学院、自动化学院为主体与法国南特中央理工学院签署合作协议，以外国语学院为主体与德国歌德学院签署合作建设歌德语言中心，以脉冲强磁场中心为主体与东京大学物性研究所签署合作协议，以公共卫生学院为主体与哈佛大学、瑞典卡瑞琳斯卡学院、荷兰伊拉斯姆斯大学建立联合科研平台。让意向形成协议，把协议变成实体，从单向走向双向，合作范围进一步扩大，内容进一步充实，合作伙伴层次进一步提高。

4. 围绕“一带一路”倡议，积极推动与沿线地区合作交流

服务国家“一带一路”倡议，秉持“和平合作、开放包容、互学互鉴、互利共赢”理念，结合我校办学优势，以高层次青年领袖人才培养、培训以及对“一带一路”国家研究为中心，为发展与“一带一路”沿线国家的合作交流提供理论、智力支持；以学生交流及教师科研人员交流为辅助，与斯里兰卡、俄罗斯国家行政学院建立战略合作关系，与土耳其、马来西亚、斯里兰卡、印度尼西亚、柬埔寨、泰国、蒙古、哈萨克斯坦、俄罗斯、波兰等国高校在政府公务员培训、学生交流或留学生培养等领域建立了稳固的合作关系，取得了系列有影响力的成果。目前我校与蒙古、印度尼西亚、泰国、新加坡、印度、巴基斯坦、斯里兰卡、俄罗斯、波兰、立陶宛、匈牙利、哈萨克斯坦、埃及的29所大学、机构和城市建立有合作关系，并开展了联合培养、长短期学生交流、学分互认、科研合作等交流活动，积极发挥学校在推进共建“一带一路”中的作用。

三、其他重要工作

1. 积极配合中央巡视，认真落实整改任务

中央巡视期间，国际交流处在学校党委的领导下，积极配合有关巡视工作，涉及因公出国、因公赴港澳、语言外籍教师管理、境外非政府组织管理等多项内容，提交工作汇报10余篇，较好完成了巡视配合工作。在下半年整改任务中，牵头承担了境外非政府组织校内活动管理工作，校内加强调研，整合资源；校外积极寻求政府主管部门指导与支持，按期出台了《华中科技大学境外非政府组织校内活动管理办法》，按期完成了牵头的巡视整改任务。在其他整改任务中，也认真对照整改工作要求和时间进度，基本完成。按照党委的要求，通过整改，达到规范管理、促进发展的目的。

2. 积极做好新形势下因公出国(境)审批与服务工作

2017年，随着学校对外交流的深化和发展，全校因公出国(境)人数接近2000人次，其中95%以上为学术类出访任务。国际交流处克服政策不稳定、任务紧急等诸多新出现的情况，出台既合法合规审批，确保学术交流任务不受影响的多种预案，顺利完成15批次校级和100多个时间紧的出访任务。巡视期间，配合学校完成多项因公出国(境)统计和核查工作。巡视整改期间，国际交流处按照新的要求，印制了华中科技大学办理因公出国(境)须知宣传彩页，制作了行前提醒便签，主动下院系宣讲因公出国(境)政策，集中举办教育提醒会等各方位多角度加强因公出国(境)政策宣讲，确保全年无重大因公出国(境)违规违纪发生。

3. 推进了学校港澳台学生培养工作，继续深化与港澳台地区合作

为了落实中央的方针，进一步增强港澳台学生的祖国观念，学校港澳台事务办公室牵头，协同有关部门出台了《华中科技大学港澳台学生管理办法》，进一步推进了港澳台学生的趋同管理工作，解决了港澳台学生培养过程中存在的边界模糊问题，为扩大港澳台学生招生规模、提高培养质量创造了条件。

同时，通过鼓励各院系通过学生、学术和学者三个层面与港澳台地区高校开展合作，充分挖掘与港澳台地区合作资源，建立长期、稳定、互惠的关系。2017年我校继续举办了海峡两岸大学生创新创业暑期夏令营活动，邀请来自台湾9所高校的75名台湾师生来校开展为期8天的交流活动。通过专题报告、参观访问、院系学术研讨、知识竞赛、荆楚文化游、学生联谊等系列活动，增强两地青年学生在学术领域、思想领域的探讨和交流，增进彼此的感情。与此同时，我校获批教育部港澳“万人计划”项目2项，接待来访港澳中学生255人，促进香港与内地的融合和发展。2017年还参加了两岸创新创业联盟论坛和两岸名校两岸事务部门负责人会议，把我校创新创业的名片向台湾各高校展示。

2017年，学校进入国家“双一流”建设名单，学校的国际化在“双一流”的背景下，面临更多艰巨的任务，作为学校国际化工作的领头羊，国际交流处责无旁贷，充分发挥引领作用，提高服务能力，按照十九大报告要求，在新时代不忘学校立德树人的初心，在学校党委的领导下，扎实推进国际合作各项工作，全面提升学校的国际影响力。

相关资料统计

一、各类出国及赴港澳台人员情况统计

2017年全年审批因公出国(境)人次为1962人次,其中出国参加学术会议共计1150人次,工作访问共计103人次,合作交流共计557人次,带学生交流共计22人次;赴香港、澳门地区参加学术会议共计59人次、工作访问共计4人次、合作交流共计65人次、带学生交流2人次。教师赴台学术交流38人。

二、来访、承办的国际会议

序号	单位	会议名称	时间	规模/人	外宾/人	中宾/人
1	人文学院(哲学系)	"科技风险与公共沟通"国际研讨会	2017.3.25—26	50	6	44
2	能源学院	中国-巴西生物质利用及诊断研讨会	2017.5.10—12	23	7	16
3	光电实验室	第二届IET生物医学图像与信号处理国际会议	2017.5.13—14	60	10	50
4	建规学院	当代历史环境活化与再生国际学术研讨会	2017.5.13—14	50	8	42
5	计生所	国际生殖免疫与遗传研讨会	2017.5.17—20	28	12	16
6	外语学院	亚洲专门用途英语教学国际研讨会	2017.5.19—21	150	30	120
7	同济医学院	健康中国·医学教育发展国际研讨会	2017.5.19—21	110	43	67
8	药学院	同济-马尔堡药学国际学术交流会	2017.5.20—23	25	7	18
9	生科院	生物医学诊断与治疗新技术国际研讨会	2017.6.2—4	36	11	25
10	数学学院	随机动力系统国际会议	2017.6.24—27	50	21	29
11	机械学院	国际柔性电子研讨会	2017.6.29—30	200	100	100
12	材料学院	第二届国际纳米碳材料学术研讨会	2017.6.23—27	40	20	20
13	电信学院	IEEE智能媒体计算国际学术研讨会	2017.8.3—5	95	30	65
14	机械学院	智能机器人与应用国际会议	2017.8.15—18	350	100	250
15	护理学院	2017国际老年护理新视野与新进展研讨会	2017.9.17—20	120	25	95
16	自动化	磁纳米成像国际研讨会	2017.10.12—14	200	140	60
17	电气学院	IET第六届可再生能源发电国际会议	2017.10.19—20	250	50	200
18	生科院	2017癌症与寿命国际会议	2017.10.24—27	44	25	19
19	生科院	亚太果蝇神经生物学会议	2017.10.25—28	300	60	240
20	医管院	中德基层卫生体系发展研讨会	2017.10.27—28	60	12	48
21	新闻学院	公关与广告国际学术会议	2017.10.27—29	113	22	91
22	社会学院	东亚社会学会议	2017.10.28—29	38	18	20

续表

序号	单位	会议名称	时间	规模/人	外宾/人	中宾/人
23	医管院	东亚地区医疗健康保障国际研讨会	2017.11.3	60	12	48
24	光电实验室	国际光子与光电子学会议	2017.11.3—5	300	50	250
25	公共卫生学院	肥胖与营养国际研讨会	2017.11.8—10	30	6	24
26	国家治理研究院	国际组织与全球治理	2017.11.8—10	150	50	100
27	建规院	当代历史环境活化与再生国际学术研讨会	20.17.11.15—17	50	8	42
28	医管院	第二届中国卫生政策与技术评估研究网络年会	2017.11.6	75	14	61

三、来访的外国专家人数和授予荣誉称号统计

2017年受理荣誉头衔情况:26人次

2017年开展学术交流活动的学术教员来访人数1171人,其中长期(在校时间至少1个月)381人(含港澳台38人);短期(在校时间不足1个月)790人(含港澳台79人)。

四、与国外及港澳台签订的校级合作协议统计

2017年签署(含续签)合作协议55项

(1) 华中科技大学与杜伊斯堡·埃森大学共建感染与免疫国际联合实验室签订合作协议(医科办公室);

(2) 生科院与莱茵美因应用科技大学签订学生及教职工交流协议;

(3) 华中科技大学与英国总领事馆文化教育处签订联合奖学金合作协议;

(4) 华中科技大学与爱丁堡大学签订国际微电子学院合作备忘录;

(5) 华中科技大学与伯明翰大学签订护理学院合作备忘录;

(6) 华中科技大学与曼彻斯特大学签订校级合作备忘录;

(7) 华中科技大学与曼彻斯特大学签订计算机学院"2+2"学生联合培养协议;

(8) 华中科技大学与曼彻斯特大学签订护理学院合作协议;

(9) 华中科技大学与法国巴黎萨克雷大学联盟、埃夫里瓦尔德埃松大学签订学生联合培养协议;

(10) 华中科技大学与法国南特中央理工签订校际合作协议;华中科技大学与比利时鲁汶大学签订合作备忘录;

(11) 华中科技大学与波兰雅盖隆大学签订合作协议;

(12) 华中科技大学与ITMO大学签署关于双学位的合作备忘录;

(13) 华中科技大学与英国伯明翰大学签订合作协议补充协议;

(14) 华中科技大学与芬兰拉普兰塔理工大学签订合作协议;

(15) 华中科技大学与挪威东南大学学院签订合作备忘录和学生交流协议;

(16) 华中科技大学与佐治亚理工学院航空航天学院签订教育合作项目协议;

(17) 华中科技大学与佐治亚理工学院国际水安全联合研究中心签订合作协议;

(18) 华中科技大学与杜克大学签订暑期项目合作协议(暑期学生交流项目);

(19) 华中科技大学与北卡罗来纳州立大学数学系签订谅解备忘录;

(20) 华中科技大学与北卡罗来纳州立大学签订服务协议(暑期学生交流项目);

(21) 华中科技大学与俄亥俄大学签订短期专业服务协议(学生交流项目);

(22) 华中科技大学与佛罗里达州立大学机械工程项目签订学术合作备忘录补充协议;

(23) 华中科技大学与加利福尼亚大学尔湾分校"3+2"合作项目协议；
(24) 华中科技大学与密歇根州立大学社会工作学院签订学术合作协议；
(25) 华中科技大学与密歇根州立大学传播艺术与科学学院国际学术合作协议；
(26) 华中科技大学新闻学院与美国密歇根州立大学传播艺术与科学学院国际学术合作协议；
(27) 华中科技大学与印尼布劳爪哇大学"1+1"经济学硕士双学位项目；
(28) 华中科技大学与韩国成均馆大学学生交流协议；
(29) 华中科技大学与韩国成均馆大学校际合作协议；
(30) 华中科技大学与阿德莱德大学"3+1+1"校际交流项目协议；
(31) 华中科技大学与韩国汉阳大学校际合作协议；
(32) 华中科技大学与韩国全南大学校际合作协议；
(33) 华中科技大学与日本神奈川大学学术交流协议；
(34) 华中科技大学与日本神奈川大学签署学生交流备忘录；
(35) 皮埃尔与玛丽居里大学和华中科技大学合作备忘录；
(36) Agreement HUST-IOGS double degree programme；
(37) 华中科技大学与德国萨尔州大学学生交流协议；
(38) 巴黎狄德罗大学与华中科技大学学生交换协议；
(39) 华中科技大学与英国爱丁堡大学签署合作备忘录；
(40) 外国语学院与日本新潟大学现代社会文化研究院交流协议(续签)；
(41) 外国语学院与日本新潟大学现代社会文化研究院学生交流备忘录(续签)；
(42) 外国语学院与日本新潟大学国际科合作协议(续签)；
(43) 外国语学院与日本新潟大学国际科学生交流备忘录(续签)；
(44) 华中科技大学与日本室兰工业大学合作协议(续签)；
(45) 华中科技大学与日本室兰工业大学合作备忘录(续签)；
(46) 华中科技大学与悉尼科技大学双博士项目协议(续签)；
(47) 韩国世宗学堂《业务委托协议书》(续签)；
(48) 华中科技大学电气学院与日本筑波加速器实验室合作协议(修改)；
(49) 华中科技大学与西班牙萨拉戈萨大学联合论文指导合作协议；
(50) 华中科技大学与新加坡管理大学金融经济学硕士项目协议(续签)；
(51) 华中科技大学与巴黎七大(巴黎狄德罗大学)校级合作备忘录；
(52) 华中科技大学与巴黎七大(巴黎狄德罗大学)学生交流协议；
(53) 华中科技大学与法国光学理论应用学院签订"3+3"学生联合培养协议；
(54) 华中科技大学与台湾交通大学学术交流协议与学生交流协议(续签)；
(55) 华中科技大学与台湾高雄第一科技大学签订学术交流协议与学生交流协议。

财务与国有资产管理工作

2017年，财务与国有资产管理工作切实贯彻落实中央巡视整改要求，保质保量按时完成了部门牵头的全部巡视整改工作，特别是解决了数项历史遗留问题；改革和创新工作机制，紧紧围绕学校中心工作和部门目标任务，以提高学校综合财力和资金使用效益为目标，继续深化推进财务管理和预算管理体制改革，使得我校年收入首次突破60亿元；深入将中办发〔2016〕50号文件精神落实落地落细，得到教育部多次表扬，受到师生更高认可；实现财务核算集中管理，强化服务理念，增强主动服务意识，提升服务效能，暑期首次实现了全天候、全范围业务办理报销；进一步加强规范化建设，防控廉洁风险，基本实现了我校事业资产的信息化，为学校"双一流"建设和立德树人工作落实，为实现学校"十三五"和中长期发展规划提供了有力的财力保障。

一、切实贯彻落实中央巡视整改要求，扎实完成各项整改任务

在学校党委的统一领导下，在党委常委、总会计师湛毅青同志亲自部署和指导下，财务处、国资办、巡视整改工作小组原原本本、认认真真全部落实了学校下达的巡视整改任务，先后组织近20次专题研讨，研究细化整改落实措施，逐级落实责任，明确量化整改时间进度和成果，扎实推进各项整改任务完成，确保整改工作质量。经过全体人员整个暑假加班加点、通力合作，财务处、国资办负责的四项牵头整改任务，协助配合完成的两项整改任务，全部在学校规定时间内完成。特别是解决了数项学校历史遗留问题，化解了风险隐患。

二、深化预算体制改革，采取有效措施积极筹资，为学校战略发展提供财力保障

严格按照预算工作流程执行，完善教育部预算和校内预算的编报审批程序。根据财政部、教育部要求，将"加快预算执行进度"作为学校头等大事来抓，采取多种措施盘活存量，督促加快预算执行进度。继续推进预算体制改革，进一步明确各相关职能部门职责权限、授权批准程序和工作协调机制，深入推进"院办校"的预算管理模式。在学校"双一流"建设领导小组指导下，将学校预算与"双一流"建设融为一体，加大统筹，探索建立专项资金与自有资金统筹机制，确保学校"双一流"建设项目落实和绩效管理。2017年实现总收入64.32亿元，较上一年度增长11%，比预算收入增加了4.25亿元。特别值得一提的是，在历史遗留合作办学管理费收取、银校合作、省市共建经费等方面落实工作中，财务处积极推动，配合相关部门完成了筹资工作，使得我校本年度收入突破60亿元大关。

三、进一步落实"放管服"精神，推进学校科研事业再上新台阶

进一步贯彻落实中办发(2016)50号文件精神，采取多种形式进行政策宣讲；放管结合，优化服务，出台了《关于规范学校科研经费账务调整有关事项的通知》(财字〔2017〕1号)、《关于纵向科研项目间接费用绩效支出提取和发放实施细则的通知》(财字〔2017〕3号)、《科研外协项目经费转拨实施细则》(财字〔2017〕7号)、《关于学校科研项目结余资金管理有关事项的通知》(财字〔2017〕17号)、《关于纵向科研经费开具发票有关事项的通知》(财字〔2017〕20号)等实施细则；优化办事流程，简化审批环节，将经费转拨、绩效提取、结余经费结转等事项纳入学校网上办事大厅办理，确保"放管服"精神的落实落地落细，使得我校科研经费到款持续不断增加，并得到了教育部财务司多次表扬，在教育部办公厅《关于直属高校落实科研经费管理改革政策有关情况的通报》(教财厅函〔2017〕10号)文件中，我校作为19所落实到位高校之一，得到了教育部通报表扬，并由此获得了教育部2018年落实50号文绩效奖

励800万元。

四、强化主动服务意识，创新会计核算举措，精化核算质量，提升师生满意度

2017年财务处国资办实现了集中办公。成立核算中心，从分片核算改为集中核算，重新规划了核算中心内部岗位设置、职责划分、工作流程设计、人员安排等工作，优化办事流程，提高核算效率。2017年总支出63.51亿元，较上一年度增长19%。2017年核算中心总凭证量达28.27万张，比上年同期增长6%。

提高服务意识，变"被动服务"为"主动服务"。全校安放了预约报销自助投递机10台，实现了师生近距离自助投递，让师生们切切实实感受到了便利，2017年，现场接单7.2万笔，投递箱收单3.9万笔；科学调配人员力量，2017年暑期实行全天候、全范围业务办理报销，核算中心核算凭证达11229笔，比上年暑期增长276.18%，是2016年整个暑期凭证总数的376.18%；组织专班收集资料、精心策划，运用微校园微信推送等新方式，更快捷、及时地推送新政策解读、报销知识普及等，2017年已推送11篇文章，广受师生的好评；树立"走出去"服务理念，通过搭建财务助理QQ群等沟通桥梁，最早最快了解并解决师生员工的问题和诉求；全年先后前往土木与力学学院、机械科学与工程学院、武汉光电国家实验室(筹)、学生工作处、同济医学院、附属医院等单位开展业务交流座谈会，收到了良好的沟通和宣传效果。

重视会计基础工作，大力推进会计核算规范化。制定了《华中科技大学货币资金管理办法》(财字〔2017〕8号)、《关于进一步规范科研经费发放学生劳务费的通知》(财字〔2017〕15号)、《华中科技大学会计稽核管理办法》(财宇〔2017〕21号)、《华中科技大学银行账户管理办法(试行)》(财字〔2017〕22号)、《华中科技大学科研项目专家咨询费管理实施细则》等核算文件依据，加强会计稽核工作，提高会计凭证质量；坚持每周四下午组织集中学习，开展会计人员和财务助理的业务培训和财经法规宣传教育，切实提高财务人员政策理解水平和业务能力；加班加点更新升级网上报账系统，新增公务卡网上报账业务，统一支付平台增加了手机支付功能，实现学费数据和注册中心的实时交换，建立了与资产、科研主管部门计算机系统的接口并顺利对接，实现了数据实时传输和共享共用，建立了附属中小学账务和资产管理信息系统。

五、加强制度建设与规范化管理，基本实现国有资产管理信息化

2017年新制定或修订《华中科技大学基本建设财务管理暂行办法》(校财〔2017〕10号)、《华中科技大学事业国有资产管理绩效考评办法(试行)》(校国资〔2018〕1号)等10余项资产管理方面的规章制度，加强我校国有资产管理、采购与招投标等关键风险点的过程管理，建立重点监督制约机制。按照财政部、教育部部署，在2016年工作基础上，进一步深入对全校国有资产进行了全面清查，夯实了国资管理基础工作，特别是增强了对实物资产、无形资产的产权管理和保值增值责任意识。建立了学校资产管理基础数据库，对设备、房屋等资产管理信息系统和财务核算信息系统进行了更新、改造，实现了信息系统互联互通，数据资料共享共用， 学校国有资产管理信息化基本建成。建立了设备、家具类固定资产账账相符、账实相符的长效机制，在全国高校中率先完成该项工作，得到了教育部国资处的肯定。资产自助终端设备的投放使用和财务网上报账功能实现了"让信息多跑路、让师生少跑腿"，极大地方便了师生。

六、以人为本，充分保障教职工利益

2017全年共发放165022人次各类人员工资约*亿元，发放各类奖酬金*亿元，发放职工住房货币化补贴1.4亿余元，代扣代缴在编人员和大集体人员公积金累计2亿多元，完成了职工公积金、养老保险标准上调工作。值得强调的是，在年终奖酬金发放等方面，充分利用国家税收政策，将工作做细，打通奖励性绩效津贴和奖酬金，实现统一发放，尽可能使得教师合法利益得到保

障。完成了遴选我校职工社会保障卡合作银行采购项目招标工作，为下一步工作顺利进行打下了良好基础。

2017年，学校财务、国资管理工作取得了一定成绩，但在中央专项资金使用效率、校部预算绩效管理、会计人员业务能力方面仍有待改进。展望未来，我校财务、国有事业资产管理仍面临很多困难，为适应学校“双一流”建设和立德树人等工作要求，新的一年我们将采取切实措施，全方位提升管理服务水平，进一步提高财务和国有事业资产管理的科学化、规范化、信息化水平，为学校各项事业的发展提供有效的财务支持和保障；另一方面，将进一步和学校相关部门合作与沟通，积极筹资和拓展新的资金来源，推进预算绩效管理评价，积极应对国家政府会计制度改革工作，组织和加强会计人员培训，提升人员管理能力和水平，确保学校各项事业再上新台阶。

华中科技大学2017年固定资产明细表

序号	项　目	金额/万元	备　注
1	房屋及构筑物	298175.90	包括土地和房屋
2	专用设备	477697.71	包括仪器仪表、机电设备、电子设备、印刷机械、卫生医疗器械、文体设备、标本模型
3	通用设备	12011.50	包括办公设备和交通运输工具
4	文物和陈列品	143.57	
5	图书、档案	26341.29	
6	家具、用具、装具及动植物	12357.86	
7	合计	826727.83	

注：1. 以上数据为华中科技大学汇总固定资产数据，包括大学本级、附属中小学、同济校区附属中小学、后勤集团、华同公司。

2. 以上数据填报依据为华中科技大学2017年全校财务决算报表《固定资产及无形资产明细表》(财基附02表)

（财务处、国有资产管理办公室供稿）

审计工作

2017年,学校内部审计工作以党的十九大精神为引领,认真贯彻落实教育部《关于加强直属高校内部审计工作的意见》(教财〔2015〕2号)、《关于加强直属高校建设工程管理审计的意见》(教财〔2016〕11号)、《教育部经济责任审计整改工作办法》(教财〔2017〕3号)等文件精神,助推学校"双一流"建设;高效履职,全面发挥监督职能;积极审计,充分发挥服务功能;重视整改,审计建议助推管理;建章立制,规范流程提升效能。在促进党风廉政建设、维护教育经济秩序、确保国有资产安全等方面取得了一定成绩。

一、学校领导高度重视,对内部审计工作提出具体明确要求

长期以来,学校领导一直高度重视内部审计工作,加强对内部审计工作的领导,支持内部审计人员依法履行职责,注重发挥内部审计监督在维护学校经济秩序、服务学校教育事业发展、助力学校"双一流"建设等方面发挥的积极作用。

由学校主要领导担任组长的学校审计工作领导小组定期听取审计工作汇报,对审计工作提出具体明确要求,及时研究解决审计工作中遇到的问题,把审计结果作为相关决策的重要依据。学校领导对审计报告高度重视,针对审计发现的问题提出具体明确的指示,有效促进了审计整改意见的落实工作。

二、落实巡视整改要求,促进完善审计工作

1. 重视整改,加强监督,完善制度

在第一时间成立审计处巡视整改工作小组,多次开会组织全处职工学习传达学校专项巡视反馈会上中央巡视组及巡视办负责同志重要讲话精神、学校主要领导代表学校党委的表态讲话精神,布置巡视整改工作,进行任务分解,责任到人,向全体审计人员提出了具体要求。对2013以来学校内部审计中发现的主要问题、审计建议的整改落实情况进行了逐项逐条的梳理,继续加大督促相关单位和个人落实审计整改工作的力度,保证审计中发现的问题均得以及时整改。

审计处与财务处、科发院等学校职能部门一道,对全校各单位相关人员进行有关财经政策法规的专题培训;结合学校巡视整改工作要求,对现有审计工作方案、审计工作重点内容进行讨论,配合财务部门完善科研经费管理制度,研究加大对单位"小金库"的审计监督力度的具体办法,对审计工作方案的重点内容进行修改完善。

2. 对标要求,积极探索,推动工作

在接受中央巡视和落实整改工作的过程中,审计处领导班子不断审视自身工作,认真思考进一步改进和加强审计工作的新方式、新方法,学校内部审计工作得以进一步完善。

审计处根据十八大以来出台的新规定和教育部经济责任审计要求,结合巡视整改的要求和学校管理的需要,将中央巡视和各类检查关注的重点、师生员工关心的热点问题作为审计的重点内容,在组织单位内部学习并充分讨论交流的基础上,进一步修订完善了内部审计工作程序,突出了审计工作重点,拓展了审计涵盖范围,优化了审计工作方案、审计报告以及审计工作底稿模板等。

三、加强政策宣传贯彻,提升审计工作质量

1. 梳理工作流程,优化审计工作程序

根据学校对审计工作的要求,修订、起草了多项内部管理制度与业务操作规范,编撰《华中科技大学审计处财务审计工作手册》《华中科技大学审计处工程审计工作手册》《华中科技大学审计处内部管理工作手册》,制订涉及单位内部"三重一大"集体决策、公文、印章、考核、资产、人事等方面的规章制度,进一步明确了责任,加强了内部管理。

同时,进一步完善并优化审计工作程序,将

财务审计项目具体分为准备阶段、实施阶段、报告阶段、整改阶段、归档阶段等五个阶段，提出项目实施过程中的审计准备会、进点会、中期讨论会、撤点会、审计报告讨论会等五个时间节点，针对每个阶段的细节问题加强项目的全过程管理，规范进度要求。

2. 加强有效沟通，共同提高风险防范意识

审计处着眼于归纳总结审计中发现的管理问题，形成审计建议，积极与学校相关职能部门建立良好有效的沟通渠道，充分发挥审计预防风险、揭示风险、抵御风险的职能。

(1) 针对工程建设管理中的问题，以建立良好的内控制度为目标，分别与医学总务处、后勤集团开展专题座谈会，共同分析问题成因，提出解决办法，督促其明确工程建设相关岗位职责，完善工作流程，建立起规范严格的建设工程管理内控体系。

(2) 针对各院系负责人对工程审计规则缺乏了解的现状，在项目实施之前，采取一对一服务模式，耐心细致介绍并解读相关审计政策，提供审计指导。

(3) 针对采购与招标中心在工程招标工作中出现的相关问题，提出审计建议，面对面沟通，以期完善和规范其采购招标管理程序。

(4) 针对具体项目中发现的问题，遵循内部审计准则，以审促管，按照国家、学校相关制度及清单规范等，在法律框架内妥善解决问题，做到资料必要且充分，以求促进建设部门、施工单位规范管理，做到既维护学校利益，又尽可能降低学校风险。

四、认真履职尽责，全面完成年度审计工作任务

（一）财务审计工作

2017 年共实施财务审计项目 31 项（含跨年度项目），涉及资金总额 355997.04 万元，其中：经济责任审计 17 项，财务收支审计 1 项，专项审计 1 项，科研项目结题财务决算审计 12 项；实施科研项目审签工作 103 项。

1. 继续做好领导干部任期经济责任审计

经济责任审计的广度和深度进一步扩大：将对预算单位的年度预算执行情况审计融入对预算单位主要负责人的经济责任审计中；将年度科研经费专项审计融入对院系行政负责人经济责任审计中，并加大科研项目的抽查量和审计范围。

突出审计工作重点，将单位预算管理、科研经费管理、教育收费管理、国有资产管理、“三公”经费及会议费支出、执行中央“八项规定”精神及“六项禁令”要求等情况纳入审计工作重点；同时，修改了审计关注重点要点，加大了科研项目抽查的力度。

提高审计工作效率，为解决事务所工作人员不熟悉学校财务管理情况的难题，由内部审计人员完成财务审计项目相关数据统计工作，事务所工作人员将更多的精力用于审计中了解情况和发现问题。

梳理审计工作流程，提出项目实施过程中的准备会、进点会、中期讨论会、撤点会、审计报告讨论会五个时间节点，针对细节问题加强项目的过程管理，规范进度要求。

2. 督促审计整改，巩固审计成果

2017 年，审计处以中央巡视为契机，进一步加强对审计整改落实情况的检查。一方面对以前年度完成的审计项目进行回头看，多次督促相关单位落实审计建议。另一方面，把整改工作前移，在审计过程中发现问题后及时与被审计单位沟通，督促相关单位和个人及时进行整改。

2017 年，审计处建立了审计中发现问题的整改落实情况台账，凡审计报告已批转相关单位的，在规定时间内进行期中督促、到期督促。对整改不到位的，提醒单位进一步落实。同时，把审计整改材料作为审计底稿的一部分，与审计项目资料一起归档。

（二）工程审计工作

2017 年，审计处共实施基建、修缮工程结算审计项目 423 项，预算审计项目 80 项，跟踪审计项目 5 项，基建项目竣工财务决算审计 4 项。工程审计涉及造价 404366.69 万元，为学校节约资金 2114.57 万元。

1. 抓住管理审计重点，实行过程跟踪审计

按照《教育部关于加强直属高校建设工程管理审计的意见》（教财〔2016〕11 号）的要求，实行建设工程管理审计全覆盖，对学校重大或者重要建设工程项目开展跟踪审计。目前学校 5 个在建重大工程项目全部实施跟踪审计，对部分国拨

资金修缮项目也实施了跟踪审计;建立跟踪审计季报制度,形成跟踪审计报告8份,提出合理化建议24条。

通过跟踪审计,参加监理例会,不定期现场踏勘,对审计处及时掌握工程进度情况、鉴证隐蔽工程、发现质量或安全问题大有裨益,有助于促进甲方加强施工管理水平,提高工程建设质量,也便于快速、高效、优质地开展结算审计。

2. 科学调整审计流程,提升审计效率质量

在国拨资金支付时间紧张、审计预留时间不足的情况下,审计处始终秉持识大体、顾大局的工作态度,无论时间多么紧张,均能在坚持依法审计的基础上按期完成结算审计工作,保证国拨资金按时支付。同时为保证审计质量,一是科学制定、调整审计程序,既有利于组织协调,整合审计资源,忙而不乱,又可以追溯检查,查找原因,达到提高工作效率的目的;二是试行结算复审制,对部分重要项目结算审计工作实施复审,力求发现之前未发现的管理问题、造价问题。

(三)进一步规范档案管理工作

及时尽早向档案馆移交审计档案,全年共向档案馆移交财务审计档案196卷、工程审计档案177卷、文书管理档案2卷,及时将当年完成的项目档案进行整理装订。在向档案馆移交的同时,为方便随时查阅,将审计整改报告全部复印装订留存,将审计事项确认单等重要档案材料扫描形成电子档案,建立电子档案库。

五、加强委托管理,防范审计风险

2017年继续加强对委托审计中介机构的管理力度,在前期已取得工作经验的基础上,通过不断完善工作方法、创新工作思路,进一步规范委托审计中介机构执业行为,对审计质量进行严格控制,防范审计风险。

1. 优胜劣汰,重新招标

鉴于学校上一轮委托审计遴选入库中介机构已到期,2017年下半年,按财务审计与工程审计两个层面分别启动了新一轮委托审计中介机构的遴选、招标工作。通过总结前期的工作经验,并参照兄弟高校的先进做法,与学校采购与招标中心进行了多次沟通,严格按照规范的程序操作。本着公平公正、择优选取的原则,优胜劣汰,严控入库中介机构的质量。同时,为应对今后日益增长的审计工作量,保证审计质量,本次遴选增加了最终入库中介机构的数量。通过委托审计入库中介机构重新遴选,进一步保证了学校委托审计中介机构具备相应的履职实力,为下一轮委托审计工作打下了良好的基础。同时,结合审计项目具体情况进一步规范了对委托审计中介机构的二次遴选原则、审计费用的付费原则等,防范廉政风险。

2. 严格考核,加强竞争

2017年,分别制定《财务审计项目委托审计考核评分表》及《工程项目委托审计年度考核评分表》,年末,对库内各委托审计中介机构参与学校审计工作总体情况进行认真考核,对全年委托审计中介机构的人员安排、内部分工、审计程序、协调沟通、审计效果、审计报告质量等环节进行综合评价,对存在问题的中介机构指出问题并要求整改。通过此举,各中介机构能清醒认识自身不足,对自身执业水平有了重新定位。同时,也增强了各中介机构的危机意识和竞争意识。

3. 加强监管,规范工作

2017年,先后修订《财务审计项目委托审计管理办法》《工程项目委托审计管理办法》,并对修改后的审计程序、审计方案、审计新要求、重点关注事项等多次进行宣贯讲解,旨在进一步规范工作,使委托审计中介机构审计工作质量进一步提升,也使其逐步适应新形势下审计的新要求,从而减少中介机构执业的随意性,降低审计风险。

审计实施过程中,在协调、配合、沟通上做了大量工作。一是充分发挥审计联系人的作用,深度融入审计项目,起到桥梁纽带作用,积极与被审计单位和中介机构人员进行沟通、衔接;二是严格审计工作程序,强化审计工作底稿和审计报告的复核,保证审计工作质量和审计报告质量;三是加强对中介机构执业过程的掌控,定期召开汇报会、碰头会,及时跟进了解审计情况并协调解决审计中发现的重大问题。

4. 强化复核,廉洁从审

2017年重新修订《审计"八不准"工作纪律》;同时,通过各种政策宣贯会、项目审计汇报会的形式多次强化委托审计中介机构人员廉洁从审意识。

审计处秉承对审计结果高度负责的态度,采

取自行复核和委托中介机构复核相结合的方式，工程审计首次试行了结算复审制，对部分重要项目结算审计工作实施复审。目前已委托中介机构完成了对2016年校园道路改造工程、西边体育场改造工程、电气大楼新建工程等项目的复审工作。进一步发现了工程建设管理方面存在的问题，同时也对造价审核工作进行再次复核。通过复核工作，使得中介机构违反廉政纪律、与施工单位串通、牟取不法利益等行为被发现的机会大大增加，从而强化了中介机构在心理上树立不敢腐、不能腐的意识。

六、继续推动学校内部控制建设及评价工作

完成学校内部控制报告工作。审计处作为学校内部控制建设工作领导小组办公室成员单位，在学校领导的直接指导下，主动谋划，积极协调，先后组织完成了学校主要经济活动模块的内部控制建设工作，内部控制建设基础性评价工作。2017年上半年，根据教育部、财政部相关文件要求，组织校内相关部门认真填报，按要求完成了《华中科技大学2016年度内部控制报告》，经校领导审阅后在规定的时间内上报教育部。

组织进行内部控制建设情况自查自纠。根据学校相关文件要求，分别于2017年6月、9月两次组织校内有关部门就学校主要经济活动模块建立健全内部控制制度情况及内部控制报告编制情况等进行自查自纠，形成自查自纠报告。

（审计处供稿）

实验室建设与设备管理工作

2017年,实验室与设备管理工作紧密结合学校改革发展实际,落实立德树人根本任务,求真务实抓管理,齐心协力创佳绩。在全国高校中首创“设备管理自助服务终端”新模式,“让信息多跑路,让师生少跑路”,引来诸多名校效仿;面对设备报废积压重、大型设备开放共享程度低、进口设备免税办理周期长等“硬骨头”“老大难”,想师生之所想,急师生之所急,多措并举,取得显著成效;面对全校实验室危废处置、材料学院相关实验室搬迁等工作中的时间紧、任务重、要求高、困难多等现状,以“实验室安全无小事”的责任心迎难而上,全力以赴保平安。

一、信息化建设工作

1. 设备信息化管理水平显著提升

完成设备管理系统升级改造,实现设备验收建账全流程网络化办理,“人不见面,业务照办”;实现与财务管理系统对接,系统互联互通,数据共享共用,建立了设备类固定资产自动对账、账账相符的长效机制。

推出“设备管理自助服务终端”,系国内高校首创,提供了包括寒暑假在内的24小时×365天全天候不间断验收建账服务,已稳定运行半年,极大方便了广大师生就近自助办理设备建账,广获好评。

升级改造大型设备共享网络平台,实现了与国家网络平台对接。从学校遴选具备开放共享条件的680余台大型设备入网,机械学院等院系共享实体平台已使用该平台受理设备开放服务预约申请。

2. 教学实验室信息化管理系统试运行

在国内尚无成熟的教学实验室MIS案例可借鉴的困境下,我处以提高工作效率、服务实验教学为目标,结合学校实际,反复梳理工作流程,与开发商多轮沟通,稳步推进该系统建设。业已完成教学实验中心、实验队伍信息综合管理模块建设,初步实现教师安排实验教学内容、学生预约实验、实验室和设备日常管理、实验技术人员论文版面费报销等模块功能;教学实验室建设项目及实验技术研究项目申报评审与验收、实验技术成果奖申报评审、教学实验中心年度考核等专项管理功能,除现场考核、专家评审环节外,均实现了线上完成。

二、设备管理工作

(一)千方百计缩短设备报废周期

按照上级有关规定,设备报废流程多达14个环节,老旧设备报废出口不畅、周期长,已成为设备资产管理的瓶颈问题。我处采取了加强信息化管理、物尽其用、提高上会率、扩容中转仓库等诸多措施,极大缓解了报废设备处置压力。2017年共处置报废仪器设备15991台套、原值14457.91万元,相比2016年分别提高了10.7%和27.3%。

(二)多措并举促进大型设备开放共享

1. 加强大型设备管理和效益考核

对28个二级单位755台(套)大型设备使用效益进行考核,对4个优秀单位、16个优秀机组予以表彰,贯彻落实了国家关于大型设备向社会开放的政策要求,强化了领用单位及人员的责任意识。

2. 开展大型设备资产新增计划编制,进一步规范申购论证

加强大型设备资产预算管理,配合财务处2018年度预算“一上”编制要求,开展2018年度大型设备新增计划编报工作,涉及单价50万元以上的通用设备计划410台套,总金额合计42004万元,单价100万元以上的专用仪器设备计划301台套,总金额合计80336万元。

进一步规范大型设备申购论证。全年受理论证报告800余份,因购置理由不充分、预计使用效益低下、论证报告不规范等原因驳回180余份。

3. 推行大型设备开放服务成本补偿性收费

在保证工作不受影响的前提下,在全校推行单价50万元以上大型设备对社会提供有偿服务，按成本补偿和非营利原则编制收费标准。我校大型设备使用效益继续维持在较高水平，2017年，全校单价40万元以上的仪器设备年度使用机时平均为1386小时，达标率为82%，大型设备开放共享平台开放服务总收入达1500万元。

（三）明察秋毫做好设备资产精细化管理

配合国资办、财务处，对23万台套设备资产卡片统一核查，共查出账账不符10570台套，涉及金额11294万元。通过与财务处、使用单位协调联动，多轮次严谨细致地查账、查物、询问当事人，绝大多数历史遗留问题已查清原因、还原事实。

设备建账不论巨细，明察秋毫，确保账物相符，为设备后续生命周期管理打好基础。全年完成设备验收建账共10083笔，30709台件，总值49988.40万元。其中，单价10万元以上的大型设备共457笔，958台件，总值23447.20元。

三、设备进口免税管理工作

2017年3—8月期间，因海关总署需对高校进口免税资质重新审核认定，海关暂停对我校进口设备减免税业务。我处经研读相关政策，提出“先税金抵押，后争取减免退税”的应急方案，与海关多次积极沟通协商后，海关根据我校实际采纳该方案，同意为我校急需设备办理入关手续，确保了我校教学科研工作的正常进行。

全年共发布网上委托外贸代理竞价信息329条；签订外贸合同499份，合同总金额计人民币约2.5亿元；办理免税证明499份；办理商检、卫检出入境进口手续12笔；办理设备到货验收228台套；办理出入境特种生化物品卫生检验检疫行政许可申请项目12批次。2017年6月，配合武汉海关、东湖分关对学校免税进口设备进行监管期(5年)稽查。

四、教学实验室管理工作

1. 教学实验室建设管理

以保质保量的要求严格把关，完成16个教学实验室建设项目的结题验收(业已投入实验教学运行)，涉及经费共1719万元。

2017年教学实验室建设项目立项以后，为保证建设任务按期完成，我们主动与院系、学科办、采购与招标中心、财务处积极协调沟通，了解项目经费有关规定和执行进度，对23个项目(经费共计2400万元，其中“双一流”计划1000万元)主动跟踪管理，向建设单位提出合理建议。如，对采购周期长的进口或大型设备，提前告知采购工作流程和采购周期，提醒督促建设单位合理安排，保证进度，经共同努力，在全校率先完成2017年“双一流”经费执行工作。

年末组织开展2018年教学实验室建设项目申报评审工作，已完成全校22个申报项目的形式审核和专家评审程序，待学校预算下达即可开始建设。力争将每一分钱都用到最需要的地方，为学校建设一批更新、更好、更有水平的教学实验室，为“双一流”人才培养规划做好条件保障。

2. 开展教学实验室年度考核 提升实验室建设与管理水平

通过总结经验，借鉴兄弟高校做法，制定更为合理全面的指标体系及量化考核标准，指导院系填报数据。经汇总分析，完成37个二级单位教学实验室的2016年度工作考核，并组织专家评出获奖单位25个并发文公布，考核结果直接影响2018年相关实验室运行费的分配，达到以评促建的成效。

3. 实验技术研究项目管理

鼓励实验教师和实验技术人员积极参与实验教学设备和实验方法研究，实现实验技术队伍质量和实验教学水平同步提升。当年完成74个实验技术研究项目立项，完成80余项实验技术研究项目的结题验收。

4. 实验技术队伍管理

分批次组织10余个院系分管领导、实验教师和实验技术人员到国内著名高校相关职能部门和教学实验室学习调研，以了解先进教学实验室和实验技术队伍建设管理经验与措施，为制订我校一流教学实验室建设规划和一流实验技术队伍建设方案打好基础。

五、实验室技术安全管理工作

1. 加强危险化学品废弃物回收管理

危化废物种类繁多、危险性大、处置复杂，处置企业须获环保部门相应资质。多年来各省相关企业仅1至2家。2016年8月,国家相关政策调整,因相关企业被限造成我校实验室危废处置出口受堵。经多方努力,2017年3月方才启动一度停摆的危废转运处置工作。

受交通管制限制,危废专业运输车辆仅能夜间入城,为方便公司运转和院系工作,我处坚持实行“日间全校危废转运集中,夜间至凌晨危废装运上车”,并通过组织现场培训会等方式指导院系加强危废品包装规范管理,防范搬运与运输中的危废品泄漏等安全事故。为尽快处置全校实验室大量危废品,不论昼夜、节假日、高温或暴雨,我处人员均奋战在危废转运工作第一线。在全市各高校危废均急需处置的情况下,我处人员积极配合公司开展危废处置工作,将各实验室堆积大半年的危废品及时转出校园。全年共实施危废品转运处置13批次,处置总量110吨,超过2015年与2016年处置量的总和。

目前,我处经调研考察、精心筹备,在东校区初步建成适合夜间危废品转运的中转站,保证了危化品废弃物回收过程的安全。

2. 协助进行材料学院部分实验室的搬迁工作

按学校要求,材料学院某实验室须限期搬迁至化学楼,并提前做好通风系统改造。我处克服人手紧缺、任务繁重等困难,紧锣密鼓地开展改造工程招标及施工工作,业已完成招标工作。

3. 落实实验室安全主体责任,完善实验室安全信息

组织48个理工医专业院系与学校签订2017年度实验室安全责任书,构建完善了校、二级单位、实验室、工作人员四级安全管理责任体系。为全校实验室统一制作安装实验室安全信息牌,使人员进入实验室前明晰实验室危险类别、事故时的求救方式等。

4. 强化实验室安全运行保障条件建设项目管理

出台《华中科技大学实验室安全运行保障条件建设项目管理细则》。组织开展2017年实验室安全运行保障条件建设项目申报、评审与立项,3个重点项目和11个一般项目获批立项,总经费308万元。目前12个项目已完成建设和验收工作。

5. 加强实验室安全检查督查力度

加强对重点场所的检查督查力度,通过放射性同位素工作场所检查整改工作,有效改善了实验室管理中教师缺位问题。

委托校实验室技术安全督查组督查了21个院系的实验室安全管理组织机构、制度、培训及检查落实情况,指导院系理顺重点环节,找出薄弱环节。

6. 开展实验室技术安全知识培训与宣传

为普及应急处置知识,首次举办危化品安全事故应急演练培训,增强了师生的实验室安全事故应急处置意识。之后参与并指导武汉光电国家实验室(筹)、基础医学院开展相关安全事故应急演练。

举办、组织实验室技术安全培训7次,为41个单位的师生及分管领导普及安全技术法规知识等,220人经考试获压力容器管理上岗资质。

7. 加强辐射安全管理

根据法规,使用射线装置和放射性同位素须履行环保手续,且实行分级分类管理,相关法律条款繁多且时常更新。因我校相关实验室较多,且环保手续程序烦琐复杂,包括现场勘查、编制申报文件、向环保部门申报、接受环保部门现场检查及质询等环节,为了“把方便留给师生,把困难留给自己”,我处多年来一直为实验室代理环保手续相关工作。2017年根据环保手续的类别、性质等不同,分7批次完成了豁免备案、环境影响登记备案、竣工验收等工作。

对58台射线装置和5个放射性同位素工作场所进行辐射环境年度监测。在校医院辐射安全防护设施改造建设中,多次开展辐射环境监测,确保了广大医患人员安全。

面对受科研项目研究需求及入学毕业等因素影响,学生辐射工作人员流动性强的管理难题,采取增加辐射工作人员岗前审批环节,以个体化管理方式取得良好成效。

8. 加强特种设备安全管理

约请市锅检所、市特检所对我校灭菌器、储气罐等压力容器、起重机械和叉车实施定期检验。集中组织开展2批次压力容器安全阀的定期校验,保障了我校特种设备使用及师生员工的安全。

2017 年教学科研仪器设备按院系分布

单 位	台数	金额(万元)	10 万元以上	
			台数	金额(万元)
武汉光电国家实验室(筹)	13748	55464.61	670	37917.46
电气与电子工程学院	21491	48710.86	489	26199.10
机械科学与工程学院	13075	31136.09	360	17382.68
附属协和医院	678	28496.90	188	26552.12
附属同济医院	688	26894.29	204	24983.05
材料科学与工程学院	7858	24118.79	255	15743.61
物理学院	8285	22472.67	283	13416.06
能源与动力工程学院	9671	20992.75	199	9921.24
光学与电子信息学院	7613	20396.48	299	11776.84
基础医学院	8990	19803.89	228	11209.04
生命科学与技术学院	8356	18146.01	244	9837.70
自动化学院	6024	15137.39	205	9597.81
化学与化工学院	5597	8148.69	122	3732.45
分析测试中心	285	8062.54	48	7819.04
电子信息与通信学院	8519	7965.57	73	2405.86
公共卫生学院	4629	7540.20	73	3184.01
计算机科学与技术学院	5465	7299.51	43	3003.27
土木工程与力学学院	4885	6621.37	61	2248.54
同济第二临床医学院	1715	5450.23	63	3654.36
药学院	2937	5167.96	87	2758.06
环境科学与工程学院	3997	5016.58	55	1704.66
水电与数字化工程学院	1778	4118.43	52	1813.84
远程与继续教育学院	2620	3990.96	41	1318.46
工程实训中心	1964	3025.40	36	968.85
船舶与海洋工程学院	2013	2797.98	21	793.95
同济第一临床医学院	812	2481.49	41	1798.57
管理学院	2804	2454.75	18	438.07
外国语学院	3188	1973.62	16	449.16
建筑与城市规划学院	2407	1966.53	10	269.38
公共管理学院	574	1678.72	3	1285.42
软件学院	2417	1417.95	6	168.50
法医学系	976	1362.05	20	598.17
新闻与信息传播学院	1279	1297.61	6	141.06
护理学系	593	947.73	7	476.20
数学与统计学院	1243	898.73	1	69.00

续表

单位	台数	金额(万元)	10万元以上	
			台数	金额(万元)
经济学院	977	839.75	1	10.92
人文学院	1270	725.26	1	26.80
启明学院	1229	670.91	1	13.89
计划生育研究所	514	649.08	7	184.40
医药卫生管理学院	1094	643.06	3	66.12
国际教育学院	2066	494.03	2	48.48
教育科学研究院	844	455.89	0	0.00
法学院	758	447.89	2	28.68
实验动物学部	279	374.23	8	128.78
社会学系	507	296.99	0	0.00
航空航天学院	158	247.36	3	124.66
电工电子科技创新中心	494	216.35	0	0.00
中欧清洁与可再生能源学院	118	101.20	0	0.00
合计	179482	429617.33	4555	256268.32

全校教学实验中心一览表

序号	实验室名称	序号	实验室名称
1	数学与统计教学实验中心	20	社会学教学实验中心
2	物理教学实验中心	21	新闻与传播教学实验中心
3	化学与化工教学实验中心	22	外国语教学实验中心
4	生命科学与技术教学实验中心	23	管理学教学实验中心
5	机械科学与工程教学实验中心	24	公共管理教学实验中心
6	材料科学与工程教学实验中心	25	经济学教学实验中心
7	能源与动力工程教学实验中心	26	法学院教学实验中心
8	船舶与海洋工程教学实验中心	27	网络与计算中心
9	电气与电子工程教学实验中心	28	体育教学与体质监测中心
10	水电与数字化工程教学实验中心	29	现代教育技术中心
11	计算机科学与技术教学实验中心	30	工程实训中心
12	电子与信息工程教学实验中心	31	基础医学教学实验中心
13	自动化学院教学实验中心	32	预防医学教学实验中心
14	光学与电子信息教学实验中心	33	药学教学实验中心
15	软件教学实验中心	34	医药卫生管理教学实验中心
16	土木工程教学实验中心	35	法医学教学实验中心
17	建筑与城市规划教学实验中心	36	生殖医学教学实验中心
18	环境科学与工程教学实验中心	37	护理学教学实验中心
19	人文学教学实验中心	38	实验动物中心

续表

序号	实验室名称	序号	实验室名称
39	第一临床教学实验中心	42	工程科学院项目实践室
40	第二临床教学实验中心	43	航空航天学院
41	第三临床教学实验中心	44	电工电子创新基地

（实验室与设备管理处供稿）

校友工作

2017年,校友工作以加强联络服务培育校友文化为根本,以凝聚校友力量创新筹资方式支持"双一流"建设为重点,把党建工作放在首位,积极开展了一系列工作。积极响应武汉市委市政府倡议,率先打响"资智回汉"第一枪,成功举办第十届校友企业家论坛,交出"千人千亿"的成绩;共为3000余位校友提供返校服务,争取校友及社会捐赠签约79项共计1.4亿元,实际到账3146万元,争取捐赠配比2331万元;坚持依法办会,顺利召开校友总会换届大会,完成基金会慈善组织认定等重要工作,基金会获评"全国教育基金先进工作单位"。

先后选派2名干部赴云南挂职2年,并定期赴孝昌贫困户家进行结对帮扶和慰问,通过基金会支持10万元用于扶贫地区发展。

一、围绕学校中心工作,创新方式全时开展校友工作

(一)规范管理,加强校友组织体系建设

1. 召开校友总会第四届会员代表大会

会议审议通过了《校友总会第三届理事会工作报告》,选举产生了校友总会第四届理事会,表彰了年度校友工作先进单位和先进个人。

2. 加强对地方校友会的指导和联系

拟定了《华中科技大学地方校友会工作指导意见(征求意见)》广泛征求意见,实行地方校友会重大活动报备和联络人制度。坚持走访地方校友会、参加校友活动并看望校友制度。先后走访北京、香港、英国等20余个地方校友会并看望校友;调研走访天津元顺物流集团有限公司等20多家校友企业;上海、浙江等各地相继开展100余场各类丰富多彩的联谊活动。指导、推动德国、英国等校友会成立;指导天津等校友会完成换届。

3. 继续完善校院系二级校友工作机制

拟定《华中科技大学院系校友会管理办法(征求意见)》,积极支持院系校友工作开展,本年度指导、推动土木学院、药学院等院系校友会的成立,法学院等校友会完成换届工作。

(二)强化基础,扩大宣传凝聚校友力量

1. 加强校友工作信息化建设

完成校友总会网站改版工作,建设了校友数字化活动平台,形成以校友总会网站、校友信息管理系统、校友活动数字化平台为基础,结合基于第三方开发的华中大校友微信公众平台,形成了全方位综合管理与服务平台。通过多种方式,累计收录、整理校友基础信息34万余条。

2. 全方位宣传学校及校友工作

组建微信运营团队,累计推送图文590余篇,微信"粉丝"数近2万,在"校友工作研究"微信指数榜单长期位于全国高校前20。在校报新增校友专版,已编辑发行校友专版二期,发行量达到50000份;完成校友期刊和电子杂志编辑、发行和推送工作,包括《校友之窗》第20期、《华中大人》杂志第12期、《华中大校友》电子杂志第78~83期;完成编辑第十届企业家论坛丛书,发行量达2000本;制作毕业纪念册发行10000册。

(三)主动融入,动员校友参与学校各项工作

1. 积极支持学校招生、就业、人才培养、人才引进等工作

联络、发动校友参与学校各项工作,发动各地校友宣传学校招生、就业、人才引进等政策,并在官方媒体积极宣传;邀请高德红外董事长黄立校友担任学校招生委员会委员;负责招生宣传材料校友板块内容编排;协助校友企业返校招聘对接,探讨校友企业集中返校招聘模式;向各地方校友会提供毕业生就业信息,开展了30余场欢迎新校友活动;邀请优秀校友返校开讲,推荐19位知名校友担任大学生创新创业导师;发动和推荐校友参加全国第三届"互联网+"大赛,获3个金奖;协助人事处在英国设立我校首个"海外人才工作站"等。

2. 邀请校友参与学校重大活动

邀请海康威视董事长陈宗年校友以及10个地方校友会代表出席本科生毕业典礼,校友杨永智出席研究生毕业典礼;邀请29个地方校友会

结对支持2017年学校篮球联赛29个参赛队伍等。

3. 发动校友支持学校建设

配合学校领导积极跟进并促成校友重大捐赠,校友汪潮涌向学校捐赠1亿人民币。今年校友累计与学校签订捐赠协议金额达1.27亿元,占基金会所有捐赠协议金额的90%。

(四)搭建平台,助力校地合作和校友事业发展

1. 举办以“创新驱动、大城崛起”为主题第十届校友企业家论坛,打响“资智回汉”第一枪

500名企业家校友参加,现场签约项目35个,投资总额数989.7亿元,掀起在汉高校校友抱团回报母校、助力武汉复兴的热潮。积极参与在汉高校校友总会联盟成立,我校为联盟轮值主席单位。推荐2名校友任武汉市“招才顾问”,3名校友任“招才大使”,8名校友当选“资助回汉杰出校友”。

2. 举办首届大健康论坛,医工结合促校友事业发展

在北京举办了首届大健康论坛,近300位校友相聚一堂,热议“大健康产业的趋势与创新”,搭建了校友们医工跨界融合、抱团谋求发展的新平台。

3. 发挥地方校友会力量,校友抱团互助氛围形成

鼓励动员校友会搭建校友服务互助平台。上海校友会成立校友创业互助基地,为创业校友免费提供办公场地和服务;经济学院珠三角校友会为刚毕业到深圳工作的校友提供免费住宿;香港校友会为到港深造的困难校友提供助学金;同济海外校友会为困难校友提供临时捐助等。

4. 推荐校友汪潮涌担任湖北省政府咨询委员会委员,助力校友事业发展

(五)服务优先,培养校友意识、培育校友文化

1. 办好“华中大校友大讲坛”和“校友下午茶”活动

2017年来,邀请了10余位校友返校主讲了10期校友大讲坛和校友下午茶活动,服务学校人才培养,为在校学生树立榜样,传承华中大精神。

2. 服务值年返校活动,促进校友与母校情感交流

全年共有20多个院系、3000余名校友参加了集体返校活动。同穿文化衫、同戴校友徽、共阅校友期刊、重温师生情成为活动的特色,有效加深了校友与母校的情感。

3. 开展“小爱筑大家”关爱新生活动

18个地方校友会积极响应参与,通过为入学前家庭经济特别困难的新生提供资助和指导,体现校友对入学新生的关爱。

4. 加强应届毕业生的联络服务工作

2017年共选聘372人为校友年级(班级)理事,加强了毕业生和学校及各院系之间的联系。向地方校友会提供赴当地工作、学习的毕业生信息,鼓励支持地方校友会举办迎新活动,帮助年轻校友尽快融入当地,服务他们成长。

5. 重视校友工作志愿者培养,服务校友工作

累计招募了500余名在校大学生,目前规模近100人,定期开展各类培训,在联络、接待、服务校友的各项活动中发挥了积极作用。

二、加大筹资力度支持一流大学建设,依法办会稳步推进基金工作

(一)完善制度建设,提升服务水平

1. 起草修订《华中科技大学接受社会捐赠管理办法》

总结梳理近年来的各项制度性文件,认真分析,整合文件内容,做到规范清晰简洁,符合法律法规、各项政策规定和学校实际,助力工作开展。

2. 推进信息化建设,入驻网上办事大厅

2017年配合学校师生线上线下办事大厅的建设工作,设计开发四项审批服务进驻网上办事大厅,包括捐赠协议审批流程、捐赠立项审批流程、捐赠项目拨款申请、捐赠结项审批流程。完成基金会网站改版,加强工作宣传,做到信息公开透明。

3. 广泛听取意见和建议,提高服务能力

和学工处、研工处及部分院系座谈,探讨、反思工作中存在的问题,认真听取意见,重新制定工作流程,进一步提高工作效率、改善服务水平。

(二)广泛动员全员参与,积极开展筹资及项目管理工作

1. 初步建立校院两级筹资机制,积极开展筹资工作

主动联系服务潜在捐赠人,动员院系及相关单位参与筹资工作,指导解决涉及捐赠的各个环

节事务和问题，为院系提供政策咨询、捐赠项目设计、协议协商、捐款到账、外汇结汇、项目立项、用款、项目结项等全过程服务；开通在线捐赠平台，拓展筹资渠道。本年度截至12月22日，共签订捐赠协议79份，协议捐赠金额1.4亿元，到账3146万元。

2. 加强项目管理，做好捐赠服务

本年度共举办捐赠仪式20余场，包括汪潮涌校友、武汉泓江置业有限公司、屈向军校友等大型捐赠活动。共执行项目140余个，累计公益性支出1700余万元。通过开展节日向捐赠人发送短信和电子贺卡祝福活动，及时向捐赠人反馈资金使用情况等方式加强与捐赠人的联系，培育捐赠资源。

3. 争取财政配比申报和落实捐赠资金配套奖励工作，调动筹资积极性

完成2017年捐赠收入财政配比专项资金项目申报工作，2017年获得中央财政配比资金2331万元。根据《华中科技大学捐赠资金配套奖励管理暂行办法》，完成2016年度捐赠资金配套奖励工作，共发放奖励448.52万元，其中11个院系的20个项目获得奖励423.02万元，3个职能部门的9个项目获奖励25.5万元。

（三）注重总结提升，提高社会声誉

1. 完成了基金会慈善组织认定工作

根据《慈善法》和民政部《慈善组织认定办法》，基金会2017年向省民政厅递交认定慈善组织申请材料，获准认定为慈善组织。

2. 编撰基金会风采录

湖北省民政厅组织编写了《湖北省本级社会组织风采录》，宣传展示我校基金会的成就。

3. 认真做好社团常规事务工作

召开了基金会理事会第二届第四次会议，完成了新增理事和新任秘书长的备案工作，顺利完成了2016年度财务审计和2016年度年检工作。接受财政部湖北省专员办财政配比资金专项检查工作，项目执行情况基本合格。接受湖北省民政厅2017年度基金会抽查专项审计，检查结果合格。2017年，基金会获评高等教育学会教育基金工作研究分会“全国教育基金先进工作单位”，朱鲁斌副秘书长获评为“全国教育基金先进个人”。

省级或省会城市校友会会长/理事长名单

地方校友会	会长/理事长	工作单位及职务
北京校友会	张　斌	物美集团总裁
上海校友会	周　锋	刚泰控股股份有限公司总裁
广州校友会	柴再希	元顺集团董事长
深圳校友会	田俊彦	中国南山开发(集团)股份有限公司总经理
浙江校友会	王亚贞	浙江之远汽车有限公司董事长
武汉校友会	张世珞	武汉维特特种电机有限公司总经理
长沙校友会	李　安	原湖南省交通厅厅长
南昌校友会	邓晓华	南昌大学副校长
南京校友会	曾　耘	55所党委书记
四川校友会	花　欣	成都迈普产业有限公司总裁
西安校友会	任卫东	西安东风机电有限公司总经理
海南校友会	章　汛	海南省意源高科技有限公司董事长
山西校友会	李　玮	罗克佳华公司董事长
福建校友会	蔡智康	福建联迪商业设备有限公司总裁
石家庄校友会	刘　丛	河北建筑工程学院院长
郑州校友会	李　东	河南德远电梯有限公司总经理
合肥校友会	李浪平	中国电子科技集团43所所长
重庆校友会	肖铁岩	重庆大学马克思主义学院院长
新疆校友会	杨宣安	玖安劳动安全评价检测中心副总经理
哈尔滨校友会	王国海	哈尔滨电机厂有限公司副总经理
济南校友会	杨超英	山大华天软件有限公司董事长
广西校友会	曹　平	广西环太航天科技有限公司执行董事
天津校友会	康　鹏	捷通达汽车投资集团董事长
云南校友会	杨文化	中石化云南石油分公司党委书记

境外及海外校友会会长/理事长名单

地方校友会	会长/理事长	工作单位及职务
香港校友会	黄少明	中国银行(香港)高级经济学家
澳门校友会	徐德明	澳门电贸股份有限公司行政总裁
台湾校友会	甄启刚	台湾小太阳教育事业机构董事会主席
纽约校友会	刘冠东	汇丰银行美国董事总经理
华盛顿校友会	黄家强	ZQHigh Tech LLC,President;NIH,NCI cancer and inflammation,Guset Researcher
南加州校友会	谢图强	Biomedical optics LLC 创始人
北加州校友会	粟　海	PaloAlto Networks,Senior Manager
波士顿校友会	卜　夏	哈佛医学院 Dana Farber 肿瘤研究院肿瘤内科学系 Research Scientist
芝加哥校友会	李红卫	芝加哥电子商务公司经理
休斯敦校友会	刘展科	Schlumberger Senior Engineer
底特律校友会	赵东明	密西根大学迪尔伯恩分校电子系教授
温哥华校友会	韩宗海	加拿大森林工业集团执行副总裁
多伦多校友会	郑先荣	伦敦金融财富与资产规划集团 高级经理
悉尼校友会	高俊斌	悉尼大学商学院教授
法国校友会	龚笃晟	巴黎经济发展局东亚地区业务拓展总监
荷兰校友会	黄　立	IEMC,Poject Leader
日本校友会	葛汉彬	日本名城大学教授
新加坡校友会	李国平	海杰国际私人有限公司董事经理
德国校友会	廖　翀	德国博世集团销售总监
全英校友会	傅晓岚	牛津大学教授
北美企业家协会	丁　洪	易鲸捷创始人兼 CEO
同济海外校友会	向惠云	美国休斯敦卫理公会医院外科病理学副主任兼免疫组化部医学主任、康奈尔大学威尔医学院病理学教授

2017 年捐赠情况统计表

序号	捐赠单位和个人	捐赠用途	捐赠金额/元
1	太阳鸟游艇股份有限公司	太阳鸟奖学金	50000.00
2	太阳鸟游艇股份有限公司	太阳鸟杯游艇设计大赛	38000.00
3	深圳市慈善会	赛意法学生活动基金	100000.00
4	海航集团有限公司	海航集团奖学、奖教金	100000.00
5	武汉泓江置业有限公司	南四楼扩建蔡鉴楼建设	10000000.00
6	方文科	华中科技大学建设发展	500.00
7	上海金硧商贸有限公司	同济医学院教育发展基金	250000.00
8	东江模具(深圳)有限公司	东江模具奖学金	15000.00
9	东江模具(深圳)有限公司	东江注塑模具大赛	10000.00
10	成孝军	华中科技大学建设发展	100.00
11	杨　帆	华中科技大学建设发展	10000.00
12	新城控股集团股份有限公司上海分公司	新城控股华科俱乐部	40000.00
13	人民网股份有限公司	人民网奖学金	5000.00
14	魏红方	华中科技大学建设发展	2000.00
15	日本株式会社艾迪	日本 ID 奖学金	USD8544.82
16	北京万海龙图教育咨询有限公司	万海龙图奖学金	30000.00
17	台达环境与教育基金会	台达奖学金	USD5750.00
18	刘大中先生教育文化纪念基金会	刘大中奖学金	USD594.70
19	窦贤宇	华中科技大学建设发展	100.00
20	李飞德	机械学院蒲公英奖学金	30000.00
21	郑　志	华中科技大学建设发展	100.00
22	廖于靖	廖鉴行校友奖学金	5000.00
23	合肥科威尔电源系统有限公司	未来电源精英助学金	100000.00
24	东风公益基金会	东风汽车厅建设	200000.00
25	陕西法士特齿轮有限责任公司	法士特奖学金	202000.00
26	三菱电机机电(上海)有限公司	三菱奖学金	40000.00
27	三菱电机机电(上海)有限公司	应电系实验室建设	40000.00
28	河南许继智能科技股份有限公司	许继智能配用电奖助学金	100000.00
29	郑瀚寻	华中科技大学建设发展	100.00
30	英飞凌科技(中国)有限公司	英飞凌奖学金	48000.00
31	泛林半导体设备技术(上海)有限公司	泛林奖学金	70000.00
32	中国宋庆龄基金会	让你好好过	5000.00
33	东莞松湖华科产业孵化有限公司	“互联网＋”大学生创新创业大赛	60000.00
34	未名生物医药有限公司	同济医学院教育发展基金	100000.00
35	菲尼克斯(中国)有限公司	电之魂篮球赛和十大歌手	13478.00
36	菲尼克斯(中国)有限公司	菲尼克斯奖学金、奖教金	40000.00

续表

序号	捐赠单位和个人	捐赠用途	捐赠金额/元
37	东莞市光华医院有限公司	同济医学院教育发展基金	800000.00
38	文辉清	裘法祖奖学金	100.00
39	中国科学院大连化学物理研究所	大连化物所奖学金	50000.00
40	武汉同济现代医药科技股份有限公司	同济医学院教育发展基金	300000.00
41	深圳益心达医学新技术有限公司	同济医学院教育发展基金	200000.00
42	陆　强	裘法祖奖学金	2000.00
43	杨　婕	裘法祖奖学金	46800.00
44	杨　婕	裘法祖奖学金	9000.00
45	陈秋生	裘法祖奖学金	2110.00
46	武汉永丰行商业实业有限公司	同济医学院教育发展基金	50000.00
47	杨　婕	裘法祖奖学金	10800.00
48	杨晓燕	裘法祖奖学金	500.00
49	鲁文青	裘法祖奖学金	2000.00
50	杨　婕	裘法祖奖学金	12600.00
51	深圳市华中科技大学校友会	同济医学院教育发展基金	50000.00
52	夏正刚	裘法祖奖学金	200.00
53	钟红兴	裘法祖奖学金	16000.00
54	胡瑞敏	裘法祖奖学金	1000.00
55	思源电气股份有限公司	思源电气奖学金	300000.00
56	杨　婕	裘法祖奖学金	2500.00
57	梅利荣	裘法祖奖学金	4000.00
58	深圳市和顺源医疗科技有限公司	同济医学院教育发展基金	68000.00
59	邱惠颜	同济医学院教育发展基金	12000.00
60	范广勤	裘法祖奖学金	2110.00
61	陈介清	裘法祖奖学金	200.00
62	湖北崇新司法鉴定中心	同济医学院教育发展基金	10000.00
63	刘烈刚	裘法祖奖学金	2000.00
64	杨　婕	裘法祖奖学金	1000.00
65	杨　婕	同济医学院教育发展基金	1000.00
66	湖北省教育基金会	助勤扶困助学金	500000.00
67	涂　政	裘法祖奖学金	2000.00
68	林　洁	裘法祖奖学金	2000.00
69	林　洁	裘法祖奖学金	2000.00
70	林　洁	裘法祖奖学金	2000.00
71	林　洁	裘法祖奖学金	2000.00
72	杨　婕	裘法祖奖学金	10700.00
73	杨　婕	裘法祖奖学金	28810.00
74	李卫平	裘法祖奖学金	2081.00

续表

序号	捐赠单位和个人	捐赠用途	捐赠金额/元
75	梅　伟	裘法祖奖学金	180000.00
76	梅　伟	裘法祖奖学金	8000.00
77	上海校友会陈金华	裘法祖奖学金	2000.00
78	秦向南	裘法祖奖学金	2000.00
79	余　洋	裘法祖奖学金	2000.00
80	上海校友会费耿	裘法祖奖学金	2000.00
81	上海校友会汤国平	裘法祖奖学金	2000.00
82	秦向南	裘法祖奖学金	2000.00
83	上海校友会金贵元	裘法祖奖学金	2000.00
84	杨　婕	裘法祖奖学金	5400.00
85	赵若愚	裘法祖奖学金	2000.00
86	华中科技大学同济医学院	同济医学院教育发展基金	13000.00
87	周　欣	裘法祖奖学金	2000.00
88	曲平波	裘法祖奖学金	200.00
89	深圳数马电子技术有限公司	数马电子助学金	100000.00
90	杨　婕	裘法祖奖学金	4500.00
91	黄小芬	裘法祖奖学金	2000.00
92	陈　敏	裘法祖奖学金	4800.00
93	福建火炬电子科技股份有限公司	火炬电子俱乐部学生活动基金	13500.00
94	秦向南	裘法祖奖学金	200.00
95	上海校友会后永春	裘法祖奖学金	200.00
96	秦向南	裘法祖奖学金	2000.00
97	上海校友会戴继灿	裘法祖奖学金	2000.00
98	上海校友会左克强	裘法祖奖学金	2000.00
99	孙自镛	裘法祖奖学金	2110.00
100	杨　婕	裘法祖奖学金	3680.00
101	吕　鹏	华中科技大学建设发展	1000.00
102	同济医学院广州校友会	同济医学院教育发展基金	128900.00
103	费斯托(中国)有限公司	费斯托奖学金	50000.00
104	香港思源基金会	思源奖学金	HKD318360.00
105	深圳数马电子技术有限公司	数马电子设计夏令营及创客竞赛	100000.00
106	北京新美互通科技有限公司	Unique Hack Day 竞赛活动	50000.00
107	武汉卓尔城投资发展有限公司	卓尔湖北城镇化工程技术研究中心建设	2500000.00
108	德州仪器半导体技术(上海)有限公司	德州仪器学生俱乐部	20000.00
109	陈　双	华中科技大学建设发展	100.00
110	SK 海力士半导体(中国)有限公司	光电学院建设发展基金	100000.00
111	柏文治	华中科技大学建设发展	100.00
112	2005 级日语专业校友	校友助学金	1400.00

续表

序号	捐赠单位和个人	捐赠用途	捐赠金额/元
113	深圳市城市空间规划建筑设计有限公司	城市空间—明远奖学金	20000.00
114	美国船级社(中国)有限公司	美国船级社奖学金	23200.00
115	北京学而思网络科技有限公司	学而思奖学金	70000.00
116	北京学而思网络科技有限公司	学而思奖教金	30000.00
117	中国光华科技基金会	宝供物流奖学金	6000.00
118	盛隆电气集团有限公司	盛隆电气杯创客竞赛	60000.00
119	中达电通股份有限公司	台达电力电子新技术研讨会	80000.00
120	陈腾飞	华中科技大学建设发展	5564.00
121	深圳市禾望电气股份有限公司	禾望电气卓越奖学金	103000.00
122	深圳市新威尔电子有限公司	新威尔博士论坛	50000.00
123	中国宋庆龄基金会	让你好好过	4500.00
124	苏州市国库支付中心	苏州育才奖学金	160000.00
125	海航集团有限公司	海航集团奖学、奖教金	100000.00
126	朱慧楠	勤奋励志助学金	500000.00
127	崔　崑	勤奋励志助学金	740000.00
128	电气电机系 6422 班校友	电气大楼建设	1146.00
129	李宝琴	李宝琴助学金	56000.00
130	蒋震工业慈善基金(香港)有限公司	蒋震奖助学金	HKD173900.00
131	蒋震工业慈善基金(香港)有限公司	蒋震奖助学金	HKD238000.00
132	中国宋庆龄基金会	纯电动车方程式	29488.00
133	华为技术有限公司	大学生科技竞赛	236000.00
134	南昌校友会	小爱筑大家	33132.65
135	华智城围联体育产业股份公司	公益助学金	32200.00
136	博世(中国)投资有限公司	博世奖学金	115000.00
137	万绍凡	校友年度捐赠	200.00
138	武汉新瑞科电气技术有限公司	新瑞科奖学金	30000.00
139	欧派家居集团股份有限公司	欧派集团奖学金	50000.00
140	深圳市汇川技术股份有限公司	汇川奖学金	110000.00
141	广东生益科技股份有限公司	生益奖学金	50000.00
142	中国扶贫基金会	新长城助学金	33000.00
143	李　芹	李芹助学金	28000.00
144	恩德斯豪斯(中国)自动化有限公司	E+H 奖助学金	30000.00
145	光华教育基金会	光华奖学金	250000.00
146	上海鲁班软件股份有限公司	中国建筑学会工程管理分会年会	30000.00
147	李　芹	李芹助学金	28000.00
148	中电科仪器仪表有限公司	中电科仪奖学金	50000.00
149	泰豪科技股份有限公司	泰豪奖学金	100000.00
150	戎树全	贫困学子助学金	15000.00

续表

序号	捐赠单位和个人	捐赠用途	捐赠金额/元
151	广联达科技股份有限公司	中国建筑学会工程管理分会年会	100000.00
152	屈向军	创新教育与批判性思维研究中心	5000000.00
153	上海启亦电子科技有限公司	上海启亦奖学金	60000.00
154	武汉市龙成测控技术有限公司	武汉龙成奖学金	30000.00
155	中国扶贫基金会	新长城助学金	36000.00
156	赵宪尧	赵宪尧&张芷香奖助学金	200000.00
157	中国扶贫基金会	新长城助学金	51000.00
158	江苏太平洋精锻科技股份有限公司	太平洋精锻奖学金	30000.00
159	中国科学院理化技术研究所	中科院理化所奖学金	50000.00
160	中国科学院理化技术研究所	中科院理化所奖学金	50000.00
161	江门市南洋船舶工程有限公司	江门南洋助学金	50000.00
162	美的集团股份有限公司	美的奖学金	56000.00
163	邹冬、胡亮、陈骁、贺成、杨文祺等	未央助学金	14000.00
164	博世(中国)投资有限公司	博世俱乐部活动经费	15000.00
165	中国航天科技集团公司	航天科技奖学金	100000.00
166	人民网股份有限公司	人民网奖学金	14000.00
167	电气93级校友	电气大楼建设	100000.00
168	融泓嘉毅(天津)股权投资基金合伙企业(有限合伙)	南瑞继保奖学金	150000.00
169	电气93级校友	电气大楼建设	150000.00
170	赵东明	赵东明助学金	USD1500.00
171	宝钢教育基金会	宝钢奖学金、奖教金	163800.00
172	中国宋庆龄基金会	丰田助学金	150000.00
173	辛　明	法学院发展基金	5000.00
174	华为技术有限公司	华为奖学金，奖教金	600000.00
175	武汉华星光电技术有限公司	华星光电奖学金	300000.00
176	国家电网公益基金会	特高压奖学金	100000.00
177	中国友好和平发展基金会	松下育英奖学金	30000.00
178	太阳鸟游艇股份有限公司	太阳鸟奖学金	50000.00
179	太阳鸟游艇股份有限公司	太阳鸟杯游艇设计大赛	50000.00
180	深圳市汇川技术股份有限公司	汇川奖学金	1000.00
181	光宝通信(广州)有限公司南京分公司	光宝助研奖学金	50000.00
182	特变电工股份有限公司	特变电工基金	200000.00
183	武汉市龙成测控技术有限公司	武汉龙成奖学金	35000.00
184	法医学系校友	法医学系奖助学金	101000.00
185	广州市增城区新塘济困扶助协会	法学院发展基金	150000.00
186	北京万海龙图教育咨询有限公司	万海龙图奖学金	30000.00
187	深圳市海鲸教育基金会	海鲸奖学金	250000.00

续表

序号	捐赠单位和个人	捐赠用途	捐赠金额/元
188	吴立春	数字制造平台建设	1000000.00
189	中国船舶工业集团有限公司	中船奖学金	200000.00
190	影驰科技有限公司	影驰科技助学金	200000.00

注:100 元以内捐赠未列示。

（校友工作及对外联络办公室、教育发展基金管理处供稿）

学 生 工 作

本科生思想教育与管理

2017 年，本科生思想教育与管理工作深入贯彻落实党的十九大精神和全国高校思想政治工作会议精神，紧扣立德树人，围绕又红又专、德才兼备、全面发展的人才培养目标，认真开展“两学一做”学习教育，大力弘扬社会主义核心价值观，健全学生思想教育体系；强化精准服务，落实中央专项巡视整改要求，完善学生工作治理体系；形成育人工作合力，提高学生工作实效性和执行力，健全学工队伍体系建设；围绕学校“双一流”建设，推进各项工作改革创新，健全“大学工”统筹协同体系。

一、强化理想信念教育和价值引领，健全学生思想教育体系

1. 深入学习宣传贯彻党的十九大精神，推进“两学一做”学习教育常态化制度化

制定《关于在全校学工战线和学生中深入学习宣传贯彻党的十九大精神的方案》，组织开展本科生政治理论学习，举办“星火计划”学生骨干培训班，共 407 名本科生党支部书记、新生班长参训。建立“大学生思想状况调研工作室”，共完成《2017 年本科生思想政治状况报告》《2017 年本科生党员质量调查报告》和《2017 年新生适应性调查》3 份报告，深入开展学习“胡吉伟班”先进事迹及创建活动。

2. 加强理想信念教育，持续推进“党旗领航工程”

建立本科生党建工作联席会、党建辅导员、大学生网络文化工作室 3 条纵向队伍工作线，举办 12 期“支部书记下午茶”活动，实施《本科生党建工作联席会工作条例》，推进“互联网＋党建”，系统搭建“二维党建社区”工作体系，做好“党旗领航工程”十周年总结，制作《典型案例汇编》《巡礼画册》《院系工作总结》等，建设学生社区党员活动中心。

3. 把培育践行社会主义核心价值观作为战略工程

加强国家意识、法治意识、社会责任意识教育，组织 3000 名新生参加“纪念九一八 · 学习国歌法”升旗仪式，近千名学生参加统战理论知识竞赛。深化实践育人，党员继续教育倡导“三结合”，组织“华中大党员先锋队暨第二期学生党员骨干培训班”30 余名学生党员骨干赴湖南开展学习实践。选树身边先进典型，举办“最后一课——毕业生集体党课汇报”活动，评选 10 名“先锋党员”、10 个“先锋党支部”，组织“青春建功十三五 · 优秀学子进社区”宣展，引导广大学生积极践行社会主义核心价值观。

4. 健全文化引领工作体系

继续打造三项文化活动品牌，举办“心灵之约”讲座 10 场，“国防与国际战略讲座”6 场，“社区文艺晚会”2 场。组建“大学生网络文化工作室”，线下建立“五型社区”，线上打造学工部官方微信公众号“HUST 学工在线”，开设“青春心向党，聚焦十九大”“砥砺奋进的五年”线上文化产品专版。

二、深入推进巡视整改工作，健全学生工作治理体系

1. 规章制度自查自改，对标进行修订完善

进一步梳理贯彻落实全国高校思政工作会议和 31 号文精神的情况，对各项规章制度自查自改，修订或出台 14 个管理制度文件，修订议事规则和决策程序，加强对网络舆情引导，制定《关于成立本科生校园舆情引导小组的方案》，形成舆情引导机制。

2. 紧扣立德树人,改进学生思政工作

印发《华中科技大学贯彻落实“做六有大学生”的实施计划》,从加强思想教育和价值引领、增强时代责任和历史使命、提升道德品格和进取精神方面做出系统安排。组织全校本科生支部开展“争做领航手·献礼十九大”特色党日活动,编印《“两学一做”本科生党支部典型案例汇编》。

3. 做好安全稳定工作

与各院系签订年度《本科生安全稳定工作目标管理责任书》,编印《防火、防盗、防骗、防传销、防校园贷、防意外伤害安全教育系列宣传折页》,给每位新生发放《三好学生标兵文集》《优秀大学生典型案例汇编》《大学生警示教育手册》《新生入学指南》等系列入学教育读本,全面开展消防演练和急救知识培训,切实做好特殊敏感时期的本科生安全稳定工作。

三、形成育人工作合力,健全学工队伍体系建设

1. 抓好辅导员队伍建设

做好顶层设计,研究制定《加强新形势下辅导员队伍建设实施细则》;选优配齐专职辅导员,2017年共招录26名专职辅导员,完成2018年度26名“2+3”辅导员和51名专职辅导员选聘工作。组织全体学工战线人员开展“读一本书、上一堂课”活动,为25000余名学生上了近200节思政课。组织辅导员沙龙12期,推荐16名优秀辅导员参加教育部或省级培训,编印学工战线学习资料15期。开展理论研究,承办湖北省教育厅2017年全省高校学生工作专题培训班;组织开展2017年度学生工作研究课题申报,共支持32个项目;2项目入选2017年湖北省高校学生工作精品项目培育建设重点支持项目,2项目入选2017年湖北省高校实践育人特色项目培育建设一般支持项目。

2. 做好教师班主任工作

完成2017级本科新生教师班主任聘任工作,共聘任1027人,覆盖全体本科年级,其中,副高以上职称占比67.67%,院系党政领导班子成员59人。完成2016—2017学年度本科生教师班主任评优工作,评选“先进单位”11个,“我最喜爱的教师班主任”20人,“优秀教师班主任”194人。召开第三届本科生教师班主任工作总结交流大会,对近两年教师班主任工作进行总结表彰,学校主要校领导出席并发表讲话。

四、推进各项工作创新发展,健全“大学工”统筹协同体系

1. 深化本科招生机制改革

实施“优质生源提升工程”,首次推行“按院系招生”模式,实现招生“大宣传”格局。开创试点地区“招生组+院系”新模式,12个院系负责15个省市地区。走访全国136所重点中学,给高中师生带去了168场报告。组织8所中学、5200人次师生来校交流参观,1300余名学子回访280所中学。开创网络直播宣传模式,制作全国高校首个H5招生宣传视频,30个院系制作招生宣传微视频。圆满完成各项特殊类型招生工作。2017年我校实际录取本科生7135人,24个省(市、区)录取分数线高出一本线分值有所提升,占比80%;21个省(市、区)录取分数线所对应的位次值有所提升,占比70%。湖北省625分至640分的考生共有1348人,我校录取人数占比41.6%,即每5人就有2人被我校录取。

2. 坚持“四个服务”导向,服务国家重大战略需求

印发《坚持四个服务、推进面向国家重大战略需求的就业引导行动计划》,推进就业引导和人才布局。坚持基层就业方向,举办“喻才计划”选调生训练营;积极推进国际组织实习任职工作;推进全周期生涯规划教育,构建实践育人体系,开展“与祖国同行”暑期就业实践、“喻见职道”名企行活动;建设“五位一体”立体化精准宣传服务体系。全年举办各类招聘会1595场,同比增长17.19%,来校单位总计5949家,其中国有企业及科研院所约占1/4。全年举办各位生涯教育活动40余场,参与学生5000余人。截至2017年12月28日,本科毕业生就业率为95.70%。

3. 扎实推进本科生学风建设,深入开展学生社区文化建设

共聘任“学业辅导老师”共32名,“微课堂”开课43节次,累计参与人数800余人,3000余人次通过直播平台参与学习。完善评优激励机制,

共评选20名三好学生标兵,5位三好学生标兵提名,1155名三好学生,1374名优秀学生干部,431个优良学风班和200间优秀寝室。积极推进“五型社区”建设,完成社区三类功能房规划,开展第十二期“本科生社区文化建设项目”申报工作,共支持项目25个。

4. 打造资助文化、传递资助声音

推出“讲述华中大”“资助日记”“华中大讲述”等品牌活动。组织10535名本科生开展了6210次义务工作,总工时数138206小时。首次推出国际义工活动,14名本科生赴尼泊尔做为期两周的国际义工。评选出10名自强大学生标兵、10名自强大学生标兵提名奖获得者;评选出国家奖学金412人,国家励志奖学金997人,国家助学金6832人,人民奖学金11695人次;面向7161名家庭经济困难学生发放困难补助820万元,面向13461人次家庭经济困难学生发放勤工助学工资620万元;减免340名本科生学费200万元。

5. 加强心理健康教育和咨询专业化建设

为学生提供灵活多样的心理咨询服务,全年接待来访学生3061人次,开展团体辅导112期,推送“心灵之约”的“心晴贴士”19期,举办第13届心理文化节、第11届“新生工作坊”、第9届“心理健康教育进班级”等活动,举办同济心理沙龙24期,举办第七期辅导员心理咨询师培训班,开展6次学生工作个案督导,举办湖北省高校心理健康教育专职教师能力提升培训班。

6. 加强民族生教育管理

制定《民族学生党员发展工作细则》《加强民族学生教育管理服务的实施细则》,建立少数民族学生信息数据库和信息档案,深入学生社区开展谈心谈话100余人次,开展专题法制教育和暴恐音视频排查工作,举办公务员考试培训,组织学生参加中国少数民族汉语等级考试,对5名少数民族学生家庭进行家访。

7. 创新开展军训及武装部工作

首次与海军工程大学合作完成2017级本科生军训工作,创新训练内容、训练主题、训练方式和训练时间,将“党旗领航工程”、新生入学教育、国防与国际战略讲座、安全教育等融入军训,进一步打造华中大军训品牌。加强军事理论教研室建设,召开集体备课会,加强课堂教学质量检查,选聘30名教师担任军事理论兼职教师并发放聘书,选派6名教师参加军事课教学培训班。赴部队走访慰问应征入伍学生,有22名学生光荣入伍。

8. 加强国防生培养工作

以“蓝色梦想”“红色理想”系列活动为载体,深入开展“两学一做”学习教育、改革强军两项主题教育活动。实行“教育、预警、帮扶”三位一体的学业管理制度。开展赴部队见习代职、当兵锻炼、暑期基地化集训,提升军政素质。国防生专业综合评定排名第一的学员选择一线作战部队或团以下基层岗位的比例达到60%,2017届111名毕业生中,党员79人,25人攻读研究生,8人主动申请至特类岛、一类岛等艰苦地区建功立业。

9. 落实艺术教育立德树人根本任务,艺术华中大的影响力初步形成

全年举办森林艺术节等80场课外艺术教育活动,参与3万人次。开设艺术类公选课65门次,选课6800人次。邀请国内外艺术专家来校交流指导,培养质量稳步提升。在省大学生艺术节中获优秀组织奖和11个一等奖。

10. 加强部门建设

规范“三会一课”制度,落实党风廉政建设主体责任,推进班子成员联系院系工作制度,创建学习型、服务型、效能型机关,切实转变工作作风,积极推进信息化建设,提高管理服务水平。

2017 年在各省(区、市)录取分数线

省(市、区)	理工类					文史类				
	重点线	最高分	平均分	最低分	线差	重点线	最高分	平均分	最低分	线差
北京	537	648	634.02	630	93	555	616	612.85	611	56
天津	521	671	632.91	620	99					
河北	485	666	644.96	636	151	517	630	623.21	620	103
山西	481	619	592.15	583	102					
内蒙古	466	647	629.97	576	110					
辽宁	480	666	638.80	630	150					
吉林	507	665	635.26	621	114					
黑龙江	455	655	628.95	618	163					
上海	402	564	548.69	541	139	综合改革				
江苏	331	392	381.97	379	48	333	378	375.24	373	40
浙江	577	672	647.00	638	61	综合改革				
安徽	487	645	625.20	620	133	515	613	606.07	604	89
福建	441	621	595.97	585	144	489	568	566.00	563	74
江西	503	648	613.81	606	103	533	609	602.37	600	67
山东	433	666	650.59	645	212	483	611	609.04	607	124
河南	484	653	623.81	616	132	516	611	607.81	606	90
湖北	484	662	622.87	612	128	528	622	608.26	604	76
湖南	505	652	625.11	616	111	548	638	625.69	622	74
广东	485	634	606.79	587	102	520	604	588.48	585	65
广西	473	640	603.78	590	117	535	618	608.75	605	70
海南	539	816	775.64	759	220	578	780	765.33	748	170
重庆	492	668	643.74	635	143	525	610	605.18	604	79
四川	511	666	640.40	630	119	537	612	602.28	599	62
贵州	456	653	608.70	596	140					
云南	500	653	624.22	607	107	555	640	632.78	628	73
西藏	426/296	593/403	581/402	569/400	143/104					
陕西	449	671	647.64	637	188	509	627	616.36	613	104
甘肃	460	625	601.46	594	134					
青海	391	612	564.33	465	74					
宁夏	439	613	587.70	574	135	519	600	596.63	592	73
新疆	439	630	606.10	596	157	486	587	581.80	580	94

2017 届本科毕业生就业流向

我校 2017 届本科毕业生共有 7112 人，截至 2017 年 12 月 28 日，我校本科生就业率为 95.70%。

毕业去向分布

毕业去向		人数	比例/(%)
已落实	协议就业	2379	33.45
	免试研究生	1776	24.97
	录取研究生	1310	18.42
	出国(境)	1031	14.50
	灵活就业	299	4.20
	自主创业	11	0.15
	小计	6806	95.70
未落实	不就业拟升学	239	3.36
	拟参加公招考试	14	0.20
	拟创业	1	0.01
	小计	254	3.57
	暂不就业	6	0.08
	待就业	46	0.65
	小计	52	0.73
总计		7112	100.00

注：协议就业——毕业生与用人单位签订就业协议书、劳动合同或用人单位出具接收函等方式就业。

灵活就业——指在劳动时间、收入报酬、工作场地、保险福利、劳动关系等方面不同于传统的标准全日制的就业方式。

就业单位性质分析(截至 2017 年 12 月 28 日)

单位性质		人数	占协议就业人数比例/(%)
机关		78	3.28
事业单位	科研设计单位	24	1.01
	教育单位(高等/中初)	54	2.27
	医疗卫生单位	67	2.82
	其他事业单位	14	0.59
	小计	159	6.68
企业单位	国有企业	711	29.89
	三资企业	196	8.24
	其他企业	1115	46.87
	小计	2022	84.99
部队		97	4.08
其他		23	0.97
总计		2379	100.00

(学生工作部(处)、人民武装部供稿)

研究生思想政治教育与管理

2017年是变革的一年，研究生思想政治教育与管理工作深入学习领会习近平总书记系列重要讲话精神，主动对标《中共中央国务院关于加强和改进新形势下高校思想政治工作的意见》，认真学习宣传贯彻党的十九大精神，紧密围绕学校的整体规划，坚持立德树人根本任务，坚持服务学校“双一流”建设，创新发展思路，凝聚共识，整合力量，开辟了工作新局面。

一、学习贯彻上级精神，创新发展新思路

制定并推行研究生思政工作计划。为凝聚共识、团结队伍、谋划发展，面向思政队伍，推行共同体行动计划；为深化立德树人，面向研究生，全流程、多角度，上下延展、前后延伸开展思想引领工作，推行“喻擎计划”；为加强资助育人，构建对象精准、分配精准、力度精准和管理精准的资助工作体系，推行精准资助计划；为深化“四个服务”的就业理念，加强就业引导，参与制订并深入实施了学校就业引导计划。

二、搭建平台创新发展，立德树人新作为

围绕立德树人根本任务，研工部大力推行思政工作计划，促进研究生自我管理、自我教育、自我服务、自我提升。

1. 完善党建工作平台，加强思想引领

组织成立研究生党务中心，开展研究生党建工作理论探索、党建实践、党员骨干培训等工作。成立“学习十九大精神领导小组”，制定“学习十九大实施方案”，推进十九大精神的学习宣传贯彻工作。举办青年马克思主义培训班，努力塑造一批有理想、有本领、有担当的青年马克思主义者。开展红色领航员培训，组织红色中国行实践，组建研究生红色理论学讲团，深入实施“党旗领航工程”，成效明显。

2017年，红色理论学讲团深入近30个院系，开展160余次微党课交流，激发了基层活力。举办青年马克思主义培训班，招收学员25名；举办“红色领航员”培训，培训研究生党员骨干300余名；开展“新生干训班”，培训新生骨干70余名；培训德育助理200余名；开展“喻英启航”研究生干部骨干培训，培训研究生干部500余人次等，培训人次比上年增长近40%。

2. 建设网上思政平台，强化意识形态

建设并完善研工部“两微一端”平台。搭建研工部官方网站，建立“HUST研工在线”、华研传媒、华中大研究生、华中大博士生等多个官方微信公众号，实现研究生群体全覆盖。加强思想引领，掌握意识形态的话语权。其中，华中大研究生微信号总阅读量已达900000余次，拥有“粉丝”37000余人，曾获全国高校WCI指数第一名。

成立研究生新闻中心，进一步健全完善研究生工作的宣传平台，展现研究生风采、发出时代声音，讲好研究生故事。成立新时代青年网络文化中心，打造意识形态工作抓手，建立网络综合治理体系，营造清朗的网络空间。

3. 丰富德育育人平台，服务成长成才

（1）实践育人创新创业平台。依托教育部“实践育人创新创业”基地平台，扎实有效地开展了实践育人工作。

立体化推动社会实践。校级层面，投入资金20余万元，资助10余支实践队伍深入社会一线调研；院系层面，以评促建，院系共有37支队伍230余名研究生前往10多个省市进行社会实践；学生层面，投入资金12.5万元，资助20支队伍自主开展实践活动。

设立研究生创新创业基金，投入129万元，资助研究生创新创业项目75个。投入资金20余万元资助研究生参与九大创新赛事，以院系为抓手，加大投入力度，营造创新创业氛围。

（2）典型培育平台。开展“研究生品德模范”、红色楷模、三好研究生标兵、国家奖学金等评选工作，通过典型进行示范、舆论引导，促进学子成长成才。

（3）成长教育平台。依托学术文化节、健康

文化节、宿舍文化节等平台，开展研究生才艺十佳、传统文化活动月、研究生运动会、足球联赛、篮球联赛等学术、文体活动，促进研究生健康成长。成立博士生社区管理委员会，发挥博士生主观能动性，促进社区文化建设。

举办科学精神与实践讲座12期、弘德讲坛3期及第九届未来企业家训练营等活动，不断加强研究生的科学精神、学术道德和创新精神教育。

4. 搭建资助育人平台，推行精准资助

夯实规范资助，从入口抓起，全面摸排2017级新生家庭情况；资助发放实现学校、学院、导师、学生四级管理；坚持院校两级公示原则，奖学金评定程序公开、公平、公正。

强化育人实效，"经济资助"与"成才辅助"双管齐下，组建国奖宣讲团，发挥国奖获得者的模范带头作用，面向研究生开展经验宣讲，切实提升育人实效。

推行精准资助，开发研究生资助管理系统，实现资助工作的全部业务线上办公，提升工作效率，做到全方位、动态性把握学生受助情况，为精准资助提供了强有力保障。

5. 完善发展教育平台，加强就业引导

建立信息化就业服务平台，实行网上签约，做到"让系统多跑路，让学生少跑路"，提升就业服务质量和效率。建设就业信息网、微信公众号、微信客户端、短信平台、微校园"五位一体"的精准化服务体系；定期分析统计就业数据，形成分月度、季度和年度的就业分析报告，实现就业指导服务的数据化、精细化和精准化。

建设专兼职就业指导教师及咨询师、校外导师、学生骨干三支队伍，实现就业指导服务全员化和全面化。依托研究生职业发展研究会，精心打造"职场纵横""职引人生""职言直语""职同道合"等四大品牌活动，促进研究生职业发展。

根据《关于毕业研究生到西部地区、基层和国家重点单位就业表彰奖励的实施细则》，奖励优秀个人，不断深化就业引导。举办"扬帆基层"选调生公务员模拟训练营、国考备考公益讲座，培养基层工作信念。2017年，依托"选调生发展研究会"开展20余期品牌活动，培训千余人次，取得积极成效。

6. 加强互动注重预防，保障安全稳定

联合保卫处、后勤集团、院系深入开展研究生宿舍消防安全检查；重视网络舆情工作，编写网络舆情简报22期，及时应对处置；参与并妥善处置机械学院、能源学院、法学院等多起涉及研究生的安全稳定事件；深入开展谈心工作，在学习、生活、科研、就业等方面全方位关心少数民族研究生。

7. 积极谋划国际发展，拓展国际视野

加强与研究生院其他部门的配合和合作，推动成立研究生院国际化发展领导小组，大力推进国际组织实习任职。成立研究生国际化发展研究会，加强研究生国际化能力培养工作。设立专项，资助25名研究生参与国际能力培训，促进提升研究生的国际化能力水平。

8. 认真开展调查研究，把握工作脉搏

撰写《研究生学生工作总体报告》和《院系工作诊断报告》；开展研究生思想政治状况调查，形成《2017年研究生思想政治状况调查报告》；开展就业意愿调查、就业数据统计分析等，促进就业工作的开展。

投入17.5万元，资助25项思政课题，专题开展研究生思想政治工作研究；资助微课题20项，促进研工部工作落细落小。投入12.5万元，资助社会实践项目20项，深化实践育人。

三、全面统筹务实推进，思政教育新成就

1. 党旗领航成效明显

2017年，举办青年马克思主义培训班，招收学员25名；举办"红色领航员"培训，培训研究生党员骨干300余名；开展"新生干训班"，培训新生骨干70余名；培训德育助理200余名；开展"喻英启航"研究生干部骨干培训，培训研究生干部500余人次等，培训人次比上年增长近40%。

2. 意识形态阵地牢固

建设并完善研工部"两微一端"平台。搭建研工部官方网站，建立"HUST研工在线"、华研传媒、华中大研究生、华中大博士生等多个官方微信公众号，实现研究生群体全覆盖。其中，华中大研究生微信号总阅读量已达900000余次，拥有"粉丝"37000余人，曾获全国高校WCI指数第一名。

3. 队伍建设更加完善

推动设立研究生专职辅导员岗位76个，完

成招聘33名。通过专、兼职辅导员搭配，实现1：200的配置比例。修订了《华中科技大学研究生德育助理管理办法》，增加投入220余万元，按照1:100的比例增设横向带班研究生德育助理。参与起草《华中科技大学关于进一步加强研究生导师责任制的实施意见》，明确了对研究生进行思想政治教育是导师的首要责任。从导师、辅导员、德育助理三个层面增强研究生思政队伍力量，促进了研究生思政工作持续深入开展。

4. 工作效率大幅提升

开发了研究生工作部OA系统，实现研工、院系办公流程一体化；研究生困难补助、留学归国助学金、办理就业报到证申请等31项事务流程进入学校网上办事大厅；参与建设了研究生院工作系统，提高奖贷资助的精准度，提升了工作效率。

5. 安全工作更加规范

构建研工部、院系、研究生辅导员、德育助理和研究生骨干的联动机制，制定《华中科技大学研究生防灾减灾与应急预案》，明确职责、密切配合，推动网格化管理，避免管理盲区，共同做好研究生安全教育工作。

6. 实践育人全面提升

2017年，参加社会实践共约1035人次，相比上年增长了7倍。同济医院脊柱畸形医疗救助团队获评省级优秀实践队，实现研究生在社会实践评优中零的突破。创新九大赛事参与人数持续增长，其中，智慧城市大赛和飞行器大赛参与人数相比2016年分别增长291%和375%；中国研究生电子设计大赛斩获特等奖、一等奖、二等奖各1项，为历年最佳成绩。

7. 资助育人取得突破

以服务学习为理念，搭建以助学金为载体的感恩教育平台，共发放国家助学金15748.85万元、国家奖学金1323万元、学业奖学金16182.8万元、知行奖学金305万元；以诚信为本，搭建以助学贷款为载体的励志育人平台，2017年国家助学贷款1900人次，贷款金额1697.75万元，举办线上线下诚信教育活动6场次；孵化实践型岗位，搭建以三助岗位为载体的能力提升平台，突出三助岗位的实践育人功效，达到助人与育人的双重功效。

8. 就业工作成效显著

2018年度QS全球毕业生就业竞争力排名，华中科技大学在世界高校排名中始终保持着前200名的位置，在国内高校中排第6名。向国家“十三五”规划的新一代信息技术产业、生物产业、高端装备与新材料产业、数字创意产业、绿色低碳产业五大领域输送毕业生人数占比高达56%。选择赴基层选调的毕业生人数也逐年增长，2017年共有广西、湖南、陕西、四川和湖北等10余个省(区)定向我校开展选调生招录工作，定向选调招录的硕博研究生人数同比2016年翻一番。为各级党政机关、央企央院、国防军工企业输送近700名毕业生，为国民经济发展和科技强军提供智力支持。在新浪教育的“百强企业最爱去”的大学排名中，我校位列第一，同时也是“互联网企业最爱校招”的大学top1，为企业创新输送了生力军。

（党委研究生工作部供稿）

2017 年三好研究生标兵名单

化学与化工学院	庄　原
机械科学与工程学院	刘智勇
材料科学与工程学院	韩昌骏
能源与动力工程学院	余兴建
电气与电子工程学院	郭自清
船舶与海洋工程学院	龚志雄
光学与电子信息学院	刘　洒
自动化学院	陆　昊
武汉光电国家实验室(筹)	李嘉铭
土木工程与力学学院	徐　捷
水电与数字化工程学院	季　彬
管理学院	郑本荣
经济学院	郭　晨
法学院	王靖宇
社会学院	曾福星
公共管理学院	杨腾飞
新闻与信息传播学院	吴金伟
公共卫生学院	杨　盼
附属协和医院	王思琪
附属同济医院	巩　静

共青团工作

2017年,共青团工作深入学习贯彻习近平新时代中国特色社会主义思想,深入学习贯彻党的十九大精神,学习贯彻全国高校思想政治工作会议和党的群团工作会议精神,立足于保持和增强团组织的政治性、先进性、群众性,紧密围绕学校“双一流”建设,以立德树人为根本,以思想政治引领和价值引领为中心,全面推进了团的体制机制改革创新。学校获评全国首批“全国大学生创业示范园”,获评“全国大学生暑期‘三下乡’社会实践活动优秀组织单位”。

一、坚持立德树人,强化思想政治引领

1. 深入学习宣传十九大精神

一是深入开展学习活动。围绕学习宣传贯彻党的十九大精神,校团委以团支部培训班、网上十九大知识竞答和团组织生活会等形式开展学习,组织开展了《习近平关于青少年和共青团工作论述摘编》学习活动,共发放2200余本学习教材,覆盖全体团支部和主要学生组织。二是狠抓学习工作落实。组织开展了“青春喜迎十九大 不忘初心跟党走”主题宣传教育活动,组建了党的十九大精神青年学习分享团,开展了27场集中分享活动;组建党的十九大精神青年宣讲队,由校团委书记班子成员、青年代表和马克思主义学院专家组成,在主校区和同济校区共开展3次宣讲;以“十九大·新征程”“十九大·新青年”“十九大·新旗帜”为主题,面向全校1883个团支部开展团会、团课和特色团日活动。

2. 持续开展“学习总书记讲话、做六有大学生、创优秀团支部”(以下简称“学做创”)主题教育

为进一步加强团支部抓思想政治学习的作用,将思想政治引领贯穿于青年工作之中,本年度,校团委一是制定常态化的学习制度,向全校团支部发放“学做创”学习资料四本,教育读本11期,共计22000余本。二是开展“网上‘学做创’”,在微信平台“华中大理想青年”内开辟了网络学习专栏。三是发挥典型带动作用,开展了“六有大学生”评选活动,汇编了“六有大学生”案例集;编撰3本理论学习心得集,在全校推广;评选“学做创”先进集体3个。

3. 深入实施“青年马克思主义者”培养工程

为培养一批对党忠诚、信仰坚定、素质优良、作风过硬,有志于到基层、到西部、到国家重要行业和关键领域就业的青年马克思主义者,学校党委设计并指导“青马工程”的招生和培养工作,各院系党委大力支持,由校团委负责具体推进实施。一是制定出台了《华中科技大学“青年马克思主义者培养工程”深化实施方案》;二是成立了“华中科技大学青年马克思主义者培养学校”,由校党委书记担任校长;三是完成了首期招生工作,现有本科生“青马”学员40人,研究生“青马”学员26人,组建了青年马克思主义者培训班2个,校党委书记路钢为学员讲授了开班第一课,校党委常委、副校长梁茜,湖北省讲师团特邀成员、省委党校教授徐仲韬,省“七五”普法讲师团成员、湖北省法理学会副会长赵静已分别为学员授课。

二、聚力改革攻坚,创新体制机制建设

1. 有序推进改革

自团中央《高校共青团改革方案》《学联学生会改革方案》下发以来,一是第一时间召开改革工作座谈会,10次组织基层团学干部研讨,统一思想,提高认识站位;下发了专题学习资料,做到二级单位团组织全覆盖;以每月两次的频率组织院系分团委书记学习。二是以问题为导向,制定了时间表、任务书和路线图,制定了8个方面、涵盖21项具体任务的落实方案。三是协助学校党委办公室起草了《中共华中科技大学委员会关于加强和改进党的群团工作的实施方案》等系列方案,出台了《华中科技大学共青团工作考评实施办法(试行)》《华中科技大学社团管理暂行办法》《华中科技大学“第二课堂成绩单”制度实施办

法》《华中科技大学“青年马克思主义者培养工程”深化实施方案》，形成了《华中科技大学关于加强和改进共青团工作的实施办法》和《华中科技大学学生会组织改革实施方案》。

2. 创新工作渠道

一是打造网上共青团，以“‘I-Huster’一键通”工程为总揽，利用“华中大理想青年”微信公众号、华中大团委微博、“青年之声”平台和青春华中大官方网站构建网络宣传矩阵，推出了网上“学做创”、线上团课、“团小科带你学”等特色学习专栏，建设了“‘青梧年轮’第二课堂成绩单”信息系统。二是推进“1+100”联系青年制度，要求专、兼职团干部直接联系至少100名团员青年，每周一次公示团干联系青年情况；要求各级团干运用微信、QQ、微博等网络社交媒体建立与团员青年的日常联系，将服务阵地从线下拓展到线上，大幅提升青年的获得感。三是开展“学生校园提案大赛”活动，共计收集105份提案，为学生与校领导创造面对面探讨的平台，积极引导学生建校爱校。四是充分利用主流媒体发声，在《中国青年报》上发表《十六年的青春接力：华中科大“胡吉伟班”——点亮一盏灯，照亮一群人》专题报道文章。

三、夯实组织建设，全面推进从严治团

1. 增强团员意识

按照《中国共产主义青年团基层组织“三会两制一课”实施细则（试行）》要求，一是开展2次全校团员教育评议，提升团员先进性和荣誉感；二是选树青年典型，开展“青年五四奖章”“学生心目中的华中大人物”评选活动，为团员青年树立学习榜样；三是开展“公德长征”，组织开展了“人车分流”等特色活动50余场，覆盖了全校2万余名师生；四是继续推进学生主讲、老师指导的“翻转团课”，引导团员主动学习，开展自我教育和朋辈教育。

2. 加强骨干培养

一是选派专职团干分别赴北京、北戴河、井冈山以及武汉市内等地参与由团中央、团省委组织的专题培训共8次。二是积极组织学生干部培训，共组织了大学生骨干培训班7次，素质拓展2次，学生干部干训4次。三是创新线上分享形式，开设了“听见1037”栏目，组织优秀团干部开展“分团委书记对青年团员说”线上分享活动14次。

3. 提升组织活力

一是积极推进实施“聚梦启航”团支部成长工程，建立试点单位，推广优秀案例。试点单位能源与动力工程专业1507班团支部被团中央选定录制全国示范团课（全国仅2个单位），团中央书记处书记傅振邦同志担任该团支部成长导师，与青年团员一起开展了“线上青年论坛”活动。二是开展优秀团支部创建活动，培育2个团支部入选湖北高校共青团“活力团支部”创建候选支部名单，7个团支部获评湖北省“百生讲坛”活力团支部，6个团支部申报项目入选湖北省团建优品汇项目。三是推动社团建团，扩大团组织的覆盖面，发挥团支部的教育主体作用。四是加强工作考核，制定团干部管理考核制度，在共青团工作考核中引入党政评价和青年评议，强化党建带团建，强调广大师生的参与度和获得感。

4. 严管学生社团

一是建立工作体系，出台了《华中科技大学学生社团管理暂行办法》，建立了学校党委统一领导、学校团委主要管理、挂靠单位日常指导的学生社团管理工作体系。二是完善工作机制，完善学生社团考核机制、年检机制和评优机制，严格学生社团活动审批机制。三是严格学生社团日常管理，安排学生社团联合会专人负责各个社团，分包管理；管控学生社团微信微博等新媒体公众号，建立学生社团会长直接联系群，畅通意见反馈渠道，管好网络阵地。四是做好年检和评优工作，对不合格的社团提出整改意见，对合格的社团进行分级认定。五是实行社团帮扶，制定学生社团成长季计划，为中小型学生社团发展提供一定量的经费扶持，形成学生社团发展良性循环。六是修订了学生组织的管理、沟通制度，构建了“一心双环”的组织格局。

四、着眼需求导向，提升服务青年水平

1. 优化创新创业工作

一是修订《华中科技大学大学生创新创业基

金管理办法》，扶持创新项目135项、创业项目17项，16支创业团队获湖北省大学生创业扶持基金扶持。二是加强创新创业平台建设，在校团委大学生创业实践基地场地被学校征用的情况下，积极整合资源，在能源学院、材料学院等二级单位中建设了院系“创客空间”；将东一区36号楼（学生社团活动中心）部分房间改造为学生创客空间；在“博虎科技”等20余家校友企业建立创业实习基地；学校获评全国首批“全国大学生创业示范园”。三是开展创新创业导师库建设，推荐3名导师获评教育部“全国万名优秀创新创业导师”。四是深入开展创新创业教育，招募第四期“求是训练营”学员和第十届“启航·大学生创业精英训练营”营员，培训项目惠及2000余人次，全年举办创新创业培训和讲座30余次。五是组织参加创新创业竞赛，2017年，我校学生在iGEM国际遗传工程机器设计大赛中荣获金奖，在美国大学生数学建模竞赛中获特等奖1项、一等奖8项，在第十五届“挑战杯”全国大学生课外学术科技作品竞赛中，荣获一等奖1项、二等奖3项、三等奖2项；一年来，我校本科生获得发明专利、实用新型专利共52项。六是积极营造校园创新创业氛围，全年开展“求是杯”、大学生科技节、“创客马拉松”、“京东智能硬件挑战赛”等创新创业活动70余项，参与学生4000余人次。

2. 发挥实践育人作用

2017年全校共组织866支学生实践团队，6000余名师生开展实践活动，1支实践队获“国优团队”称号，14支团队获“省优团队”称号，学校被评为“全国大学生暑期‘三下乡’社会实践活动优秀组织单位”。制定了学生志愿服务管理制度，努力推进志愿服务学分化，积极开展“生命之红”等志愿服务品牌项目，积极开展骨髓捐献宣传，每年造血干细胞入库400余份，学校累计捐献骨髓人数位列湖北高校第一名。本年度，我校公共管理学院2016级硕士研究生张雅斐成功捐髓，挽救了韩国一名10岁血液病患儿的生命，是我校首例涉外捐髓案例。

3. 营造良好文化氛围

一是积极配合同济医学院110周年院庆筹备工作，打造周年院庆纪念晚会；推出以“校园文化节”“社团文化节”“同济之春”为主线的校园文化系列活动，以项目化招标形式举办了138场校园文化活动，打造了如“行吟喻园”“学生大讲坛”“守心望月”主题游园会等品牌活动。二是坚持开展“同奋斗·共青春”青年论坛，开展“共筑中国梦”系列活动，“我为核心价值观代言”线上互动活动，引领青年坚定理想信念。三是每月一期开展“寻喻学子”作品展，搭建华中大学子展示自我的平台。四是以中华优秀传统文化为核心，重点开展“启明”读书、“醉晚亭器乐晚会”、“华中大好诗词”等多种形式的文化传承活动，引领广大青年牢固树立“四个自信”。

五、2017年所获荣誉

（1）获评全国首批“大学生创业示范园”。

（2）全国大学生暑期“三下乡”社会实践活动优秀组织单位。

（3）全省五四红旗团委。

（4）2016—2017年度湖北省大学生志愿服务西部计划优秀项目。

学生社团名录

一、主校区

（一）本科生

学术科技类(20 个)

市场营销协会　法律协会　未来精英俱乐部　科幻协会　天文爱好者协会　国防协会　金融理财协会　大学生辩论社　英语协会　记忆协会　服装设计与剪裁协会　逻辑博弈协会　日语协会　读书会　演讲与口才协会　海之盾海洋协会　粤语协会　法语协会　韩 style 协会　学生国际交流协会

创新创业类(6 个)

A＋U 协会　数学建模协会　计算机协会　电子商务协会　创客空间　iRobot 团队

文化艺术类(20 个)

笛箫协会　蓝天剧社　HUST 魔术协会　喻园舞社　吉他协会　风蓝动漫社　体育舞蹈协会　华中大明春相声社　国际标准交谊舞协会　陶艺学社　摄影协会　书画协会　夏雨诗社　铎声文学社　华中篆刻社　手绘 POP 协会　电影协会　博雅古典爱乐协会　爱唱歌协会　瑜山国学社

体育休闲类(20 个)

网球社　泊心瑜伽协会　篮球协会 乒乓球协会　喻家山围棋社　跆拳道协会　武术协会　羽毛球协会　远征协会　台球协会　自行车协会　排球协会　566 轮滑协会　电子竞技协会　星空网球俱乐部　悠悠球协会　女篮联盟　魔方协会　太极拳协会　桥牌协会

志愿公益类(9 个)

图书馆学生管理委员会　援之缘支教协会　碧水环保协会　爱心协会　校红十字队　微梦社会工作者空间协会　杉树社　校友工作志愿者协会　心语手语协会

其他类(3 个)

记者团　HUST 中兴“兴人类”俱乐部　华科 vivo club 协会

（二）研究生

学术科技类(5 个)

科学精神与实践讲座协会　研究生职业发展研究会　研究生心理协会　研究生调查协会　华中大选调生发展研究会

创新创业类(2 个)

研究生科学与技术协会　研究生创新创业基地

其他类(2 个)

国际化发展研究会　华中科技大学研究生招生宣传与新媒体运营中心

二、同济校区

学术科技类(5 个)

八年制医学生协会　琼草社　德语协会　英语之星协会　TJ 精英俱乐部

文化艺术类(11 个)

Energy 街舞协会　TJ-CNS 摄影协会　吉他协会　口琴协会　星石剧社　笛箫协会　纸艺 DIY 协会　“满庭芳”相声社　八分咲动漫社　魔术协会　TJ 美食协会

体育休闲类(10个)

乒乓球协会　566轮滑协会　篮球协会　羽毛球协会　棋类协会　武术协会　远征协会　台球协会　排球协会　网球协会

志愿公益类(6个)

青年红十字协会　碧水环保协会　艾滋病宣教协会　援之缘支教协会　爱心协会　心语手语协会

2017 年团委组织学生参评并获得全国性荣誉

奖项	项目名称/获奖单位	获奖人	指导老师
第十五届“挑战杯”全国大学生课外学术作品竞赛一等奖	基于超高分辨率光谱分析的光纤信号特征识别仪	邢　晨　钟一博　王昊宇　邓　越　陈雄超　李伟昊　刘楚昕　朱兰馨	柯昌剑
第十五届“挑战杯”全国大学生课外学术作品竞赛二等奖	云端航行——基于云网络的无人船集群协同作业系统	甘帅奇　刘　辉　张嘉磊　陈彦彬　毕铭杰　鱼一飞　蒋催催　姜凯军	向先波
	小型集成化 360 度连续视角体三维显示器	陈宇鹏　王旭康　洪元东　向玉林　李继康　郑嘉琦　占　豪　贺　浩	张　俐
	基于三车体双机械臂结构的精度互补式快速越障攀附机器人	石　颖　卿志武　桑新桓　黄　榕　徐泽沛　白秉灵　李攀郁　王树城	陶　波
第十五届“挑战杯”全国大学生课外学术作品竞赛三等奖	纳米手指——一种调控机体稳态的 DNA 分子机器	吴松燐　傅洁洋　栗　峥　王　培	杨祥良
	助推养老服务业：“闲”“废”“禁”资源的凤凰涅槃——基于南昌市三个区闲置资源改造的调查	曾福星　郑博文　张文军　熊　振　殷　佳　杨晨笛　丁树辉　刘　露	郭　林
2017 年全国大学生优秀国学社团	瑜山国学社	集体	索元元
外研社杯法语演讲大赛全国二等奖	法语协会	罗含艺	陈新丽
“燃青春 聚能量”2016 年全国大中专学生社团影响力评选全国大中专学生最具影响力环保社团（2017 年 3 月评选）	碧水环保协会	集体	张志冲
NIC 中国未来投资精英挑战赛团队赛全国冠军	金融理财协会	集体	刘方池

续表

奖项	项目名称/获奖单位	获奖人	指导老师
第十三届中国大学生体育舞蹈锦标赛暨第二届全国中学生体育舞蹈锦标赛大学普通院校组单项R第二名	体育舞蹈协会 陈俊树　杨烨	个人	王力强
第十三届中国大学生体育舞蹈锦标赛暨第二届全国中学生体育舞蹈锦标赛大学普通院校组四项L第四名		个人	王力强
第十三届中国大学生体育舞蹈锦标赛暨第二届全国中学生体育舞蹈锦标赛大学普通院校组三项L第五名		个人	王力强
第十三届中国大学生体育舞蹈锦标赛总决赛暨第三届全国中学生体育舞蹈锦标赛总决赛大学普通院校组单项R第五名		个人	王力强
全国高校"活力团支部"	能源与动力工程学院"扎根中国大地"主题示范团总支	集体	罗　迪
全国高校"活力团支部"	经济学院"胡吉伟班"团支部	集体	彭鹤翔
2017年全国大中专学生志愿者暑期"三下乡"社会实践活动优秀团队	能源与动力工程学院青年马克思主义者"扎根中国大地"实践服务团	集体	冯晓东 罗　迪
"中国大学生自强之星"	郭帮帮	个人	

2017 年我校在各类大学生创新创业活动中取得优异成绩的学生和指导老师名单

第十五届"挑战杯"全国大学生课外学术作品竞赛

奖项	项目名称	参赛学生	指导老师
一等奖	基于超高分辨率光谱分析的光纤信号特征识别仪	邢　晨　钟一博　王昊宇　邓　越　陈雄超　李伟昊　刘楚昕　朱兰馨	柯昌剑
二等奖	云端航行——基于云网络的无人船集群协同作业系统	甘帅奇　刘　辉　张嘉磊　陈彦彬　毕铭杰　鱼一飞　蒋催催　姜凯军	向先波
	小型集成化 360 度连续视角体三维显示器	陈宇鹏　王旭康　洪元东　向玉林　李继康　郑嘉琦　占　豪　贺　浩	张　俐
	基于三车体双机械臂结构的精度互补式快速越障攀附机器人	石　颖　卿志武　桑新桓　黄　榕　徐泽沛　白秉灵　李攀郁　王树城	陶　波
三等奖	纳米手指——一种调控机体稳态的DNA 分子机器	吴松潾　傅洁洋　栗　峥　王　培	杨祥良
	助推养老服务业:"闲""废""禁"资源的凤凰涅槃 ——基于南昌市三个区闲置资源改造的调查	曾福星　郑博文　张文军　熊　振　殷　佳　杨晨笛　丁树辉　刘　露	郭　林

第十一届"挑战杯"湖北省大学生课外学术作品竞赛

奖项	获奖单位
优胜杯	华中科技大学

奖项	项目名称	参赛学生	指导老师
特等奖	云端航行——基于云网络的无人船集群协同探测系统研究	甘帅奇　刘　辉　张嘉磊　陈彦彬　毕铭杰　蒋催催　鱼一飞　姜凯军	向先波
一等奖	基于超高分辨率光谱分析的光纤信号特征识别仪	邢　晨　钟一博　王昊宇　邓　越　陈雄超　李伟昊　刘楚昕　朱兰馨	柯昌剑
	投影光复用旋镜式体三维显示器	陈宇鹏　王旭康　占　豪　贺　浩　洪元东　向玉林　郑嘉琦	张　俐
	关于利用"闲""废""腐"资源发展养老服务业的研究报告	曾福星　丁树辉　张文军　殷　佳　熊　振　陈　伟　童丽华　郑博文	郭　林
二等奖	凝血酶活性快速分子稳态调节器的研制	吴松潾　王　培　栗　峥　杨　冰　傅洁洋	杨祥良
	基于精度互补式越障系统的玻璃幕墙攀附移动机器人	桑新桓　宋一国　杨　飞　石　颖　卿志武　黄　榕　徐泽沛　白秉灵	陶　波
	欠驱动拟人假肢手	胡钧琪　戴宇豪　孙佳钰　洪煜东　袁　成　杨　聪　黄明昕	陈文斌

续表

奖项	项目名称	参赛学生	指导老师
二等奖	低功耗高灵敏空气质量检测系统	高乃波 张文楷 荆兆坤 许星来 李忻默 戴金航 徐宇峰 李 政	刘 欢
	基于集群算法和计算机视觉的分布式微纳卫星模拟系统	胡 涛 丁林山 刘 熠 金 聪 王郑亚 徐阳阳 杜 谦	张 俐
	提升机(如电梯)钢丝绳远程实时在线安全监控系统	胡宁宁 亓伯绅 尹斯阳	孙燕华
	基于高通量筛选技术新型甲醛净化剂的设计与应用	廖唯唯 刘晓威 孙 悦 王千羽 王少颖 刘 昊 马 匡	李 松
三等奖	"因病致贫"到"健康扶贫"——以湖北省三市尿毒症和恶性肿瘤大病患者为例	林坤河 黄甜甜 祝雯珺 段忠宏 熊欣语 何 为 韩 萌 黎相麟	方鹏骞

2017 年 iGEM 国际遗传工程机器设计大赛

奖项	项目名称	参赛学生	指导老师
金奖	REEBOT	邵远哲 余逸妍 王鄂凡 于清扬 邓 骁 贾龙豪 肖子旸 胡亚婷 梅 婕 石慧萍 康 凯 成 龙 李晓杨 孙雨贝 黄海波 余康源 翁子淳 李子艺	闫云君 宁 康 占 艺

2017 年 BIOMOD 国际纳米生物分子设计大赛

奖项	项目名称	参赛学生	指导老师
银奖	基于 DNA Origami 技术设计葡萄糖转运体抑制剂	苗 昱 管毓恒 赵明慧 冯萧玉 崔黄陈 李博文 黄 鹏 周 慧	杨祥良 栗茂腾 张 春 占 艺 黄 超

2017 年美国大学生数学建模竞赛

奖项	参赛学生	指导老师
一等奖	熊海朋 饶子昀 姜 君	梅正阳
	肖水鑫 李婉怡 胡新全	梅正阳
	姜文祥 陶玉芹 朱媛媛	周洪涛
	张明达 安育霆 刘霏霏	王湘君
	赵培杰 朱景明 宋学泽	张千帆
	赵浩朴 常义军 熊 昕	苏厚胜
	冯 成 李攀郁 刘云菁	王兴刚
	杨迷霞 杜紫明 陈智文	梅正阳
	周吉为 程永泰 李 娟	梅正阳
	程昌旭 孙宏博 彭红叶	黎育红

续表

奖项	参赛学生	指导老师
二等奖	张　勇　何韵文　郭符林	梅正阳
	彭　程　吉　杨　余俊良	梅正阳
	詹　锦　华聪颖　苏瑞豪	梅正阳
	许炳伟　陆仪文　华林泉	梅正阳
	储佳佳　张　铮　王悦皓	梅正阳
	王茂霖　曹　蒙　刘鉴萱	梅正阳
	王宇新　黎张帆　田艾麟	刘文予
	尹斯阳　李乳波　张　鼎	尹周平
	杨康宇	高　亮
	孙　冉　张立石	
	蒋海平　鲁　博	陈尚宾
	万阳阳　宋思睿　曹　曙	梅正阳
	李　依　梁　正　钱　壮	张学功
	陈　逸　刘嘉雯　何　超	梅正阳
	江克证　刘紫蕊　李佳星	黎育红
三等奖	肖天正　袁景腩　王　雷	夏新平
	李春来　陈俊杰	梅正阳
	高泽雷	
	刘　凯	张海波
	李　祎	卫　平
	胡权坤　张　腾　周丽婷	黎育红
	苏京悦　吴胜帆　腾秋柔	黎育红

2017 年 ACM 国际大学生程序设计竞赛亚洲区域赛

奖项	参赛学生	指导老师
银奖	任宽泽　蔡淳昊　尹榛菲	何　琨

第三届 ACM-CCPC 中国大学生程序设计竞赛

奖项	参赛学生	指导老师
银奖	刘潇奎　杜瀚霖	尹　仕　彭小圣
铜奖	任宽泽　蔡淳昊　尹榛菲	何　琨

第六届全国海洋航行器设计与制作大赛

奖项	项目名称	参赛学生	指导老师
一等奖	华科“东风”二号	王广航　陈良兵　施典含　王晓琪　卢嘉安	张志国
	华科 1 号(动力改装)	张子璇　任梦佳　周宇杰　漆浩成　鲁哲别	
	云网络监控无人艇	苏　翔　毕铭杰　吴思晨　何俊陶　王　超	向先波
	扬帆号	杨　帆　李旭康　谢东琛　蒋催催　苏　翔	向先波

续表

奖项	项目名称	参赛学生	指导老师
二等奖	智能协同无人船	蒋催催 夏启亮 陈特儒 朱话时 刘文坦 鱼一飞	
	华科1号	张子璇 任梦佳 周宇杰 漆浩成 李旭康	
二等奖	创意设计类	徐 航 鲍陈马 毕铭杰 甘帅奇 董 誉	向先波
	帆船竞速	赵 健 熊昕飏 杨佳碧 陈 力 张子涵	向先波
	华科2号	丁宇航 何 涛 胡天宇 杨胜嵘 石丰浩	朱 翔

第十届全国大中学生海洋知识竞赛

奖项	参赛学生	指导老师
三等奖	任 璞	尹志男

第十八届全国机器人锦标赛
第八届国际仿人机器人奥林匹克大赛

奖项	项目名称	参赛学生	指导老师
一等奖	仿人机器人竞速赛:举重项目	徐焕翔 张昱晓 宋岸鹏 朱 宁	薛施源
二等奖	仿人机器人竞速赛:点球项目	张昱晓 薛施源 朱 宁 曹朋鑫 宋岸鹏	李 然 徐焕翔
	仿人机器人竞速赛:短跑项目	朱 宁 曹朋鑫 张昱晓 徐焕翔 宋岸鹏	李 然
三等奖	仿人双足型机器人	徐焕翔 张昱晓 宋岸鹏 朱 宁 曹朋鑫	

2017年Imagine Cup微软“创新杯”全球学生科技大赛(中国区)

奖项	项目名称	参赛学生	指导老师
三等奖	布林机	李威佟 黄东鹏 唐圣麒	张 征

第十一届全国大学生“恩智浦”杯智能汽车竞赛

奖项	项目名称	参赛学生	指导老师
一等奖	四旋翼导航组	付 昆 董钊瑞 熊鹏飞 姜凯军 龚岸榕	何顶新 周凯波
	电磁节能一组	马志朋 丁军峰 沈 檀	何顶新 周凯波
	光电追逐一队	蔡 智 陈 志 李景润 刘 涵	何顶新 彭 刚
	光电竞速一队	杨子龙 谭培鑫 耿铭良	何顶新 池 明

第十六届全国大学生机器人大赛

奖项	团队名称	参赛学生	指导老师
Robocon 二等奖	华中科技大学	庄儒洪 侯昊楠 李佳昌 王浩伟 陈汉威 郑志皓 赵祥瑞	王 茜 王建庄

续表

奖项	团队名称	参赛学生	指导老师
Robomasters 二等奖	STAR PRO	李可怡 顾振峰 吕伟杰 陈福祥 卢金禾 吴汉生 罗桂兵 万 千 张勇博 潘高宁 方杰民 卢 普 萧泊浩 徐国清 何明航 鲁宇琦 孟璐斌 孙丁毅 程 杰	曾喻江 肖 看 汪小燕

2017 年全国大学生化工设计竞赛

奖项	项目名称	参赛学生	指导老师
二等奖	沙角 A 电厂工业废气深度脱硫并资源化利用	姚佳斌 肖 娉 张鋆鑫 欧阳镫浩 张芷铭	郇勇奇 王华军

2017 年德勤税务精英挑战赛

奖项	参赛学生	指导老师
银奖	谢璐瑶 夏菱锶 周红成 邓菲菲	张 睿

在学术期刊上发表论文的本科学生和指导老师名单

一、SCI、EI、权威期刊收录

序号	论文名称	刊物名称	作者	指导老师
1	《Controllable growth of NiSe nanorod arrays via one-pot hydrothermal method for high areal-capacitance supercapacitors》	《Electrochimica Acta》	张俊烨	王春栋
2	《LET-413/Erbin acts as a RAB-5 effector to promote RAB-10 activation during endocytic recycling》	《JCB》	杭伟健	
3	《Present status and future orientation of rivaroxaban application in-patients with nonvulvular atrial fibrillation》	《Thrombosis Research》	黄　岁	
4	《Controllable growth of NiSe nanorod arrays via one-pot hydrothermal method for high areal-capacitance supercapacitors》	《Electrochimica Acta》	田一帆	王春栋
5	《Novel fabrication of PZT thick films by an oil-bath based hydrothermal method》	《Ceramics International》	王德乐	朱本鹏
6	《Reuse of Ni-Co-Mn oxides from spent Li-ion batteries to prepare bifunctional air electrodes》	《Resources, Conservation & Recycling》	韦聚才　赵世昌 纪良鑫　周　婷 苗阳阳	吴　旭
7	《Endonuclease IV based competit Ive DNA probe assay for differentiation of low-abundance point mutations by discriminating stable single-base mismatches》	《Chemical Communications》	徐家驹 基础医学院	肖先金
8	《A DNA Origami Mechanical Device for the Regulation of Microcosmic Structural Rigidity》	《Small》	万　能　洪舟萍 王华丁　付　兴 张紫悦　李　超 夏　涵　方　彦	杨祥良 栗茂腾 占　艺
9	《Spiking cortical model based non-local means method for despeckling multiframe optical coherence tomography data》	《Laser Physics Letters》	谷亚梦	张旭明

续表

序号	论文名称	刊物名称	作者	指导老师
10	《iUUCD 2.0：an update with rich annotations for ubiquitin and ubiquitin-like conjugations》	《Nucleic Acids Research》	徐　阳 林少峰	薛宇
11	《TCM-Mesh：The database and analytical system for network pharmacology analysis for TCM preparations》	《Scientific Reports》	余少俊	宁康
12	《Heterogeneous circRNA expression profiles and regulatory functions among HEK293T single cells》	《Scientific Reports》	余少俊	宁康
13	《Whole-Genome Identification and Expression Pattern of the Vicinal Oxygen Chelate Family in Rapeseed (Brassica napus L.)》	《Frontiers in plant science》	刘宝琳	栗茂腾
14	《CrusTF：A Comprehensive Resource of Transcriptomes for Evolutionary and Functional Studies of Crustacean Transcription Factors》	《SCI》	蒋晓森	覃　静
15	《GST—Memristor—Based online Learning Neural Networks》	《NEUROCOMPUTING》	肖水鑫　谢旭东 温世平　曾志刚 黄延文　蒋建华	温世平
16	《武汉市社区养老服务现状与需求调查》	《社区医学杂志》	鲁泽群　护理学院 左林凯　护理学院 袁　璐　护理学院 王　岑　护理学院 田　翀　护理学院	田翀
17	《某调蓄水库工程泄洪底孔消涡试验研究》	《水电能源科学》	王勤香　朱政德 代凌辉	王勤香

二、核心期刊收录

序号	论文名称	刊物名称	发表人	指导老师
1	《1-磷酸鞘氨醇受体 1-3 在Ⅰ型糖尿病 ED 大鼠阴茎海绵体组织中的表达》	《中国男科学杂志》	刘　康　崔　凯 李　瑞　冯海航	
2	《生态浮岛种植水生植物水质改善效果评价》	《环境科学与技术》	吕家展	任拥政

续表

序号	论文名称	刊物名称	发表人	指导老师
3	《利用 LNG 冷能与 Brayton 循环及 ORC 联合发电系统》	《煤气与热力》	梁　莹　向艳蕾　韩逸骁	管延文　蔡　磊　刘文斌
4	《富氧燃烧联合循环底循环流程研究》	《煤气与热力》	向艳蕾	蔡　磊
5	《关于地方政府引导基金发展变化的思考》	《农村金融研究》	袁晓楠	
6	《基于聚类分析的双目标优化定价模型》	《工程数学学报》	许镕涛　戴澄洁　杨　威	
7	《葡萄糖酸钙注射液与注射用地塞米松配伍稳定性的实验研究》	《护理学杂志》	黄　婷	张程亮
8	《医学生老年歧视现状及其影响因素分析》	《护理学杂志》	李依　护理学院　杨莹　护理学院　李节　护理学院	李节
9	《湖北省肿瘤患者疾病经济负担状况分析》	《医学与社会》	林坤河　祝雯珺　李剑如	方鹏骞

获得专利的本科学生和指导老师名单

一、发明专利

序号	专利名称	专利号/申请号	专利发明人	指导老师
1	弧面造型磨具	ZL 2016 2 0871087.4	李继康	
2	机械设计课堂演示教具	ZL 2016 2 0870815.X	李继康 李慧娟	
3	机械设计用多功能测量装置	ZL 2016 2 0870814.5	李继康	
4	一种手压式牙膏挤压器	ZL 2016 2 1162082.0	熊若愚	吴树森
5	一种基于帧同步控制的旋镜式体三维显示系统和方法	201710263773.2	洪元东 贺 浩 王旭康 向玉林 陈宇鹏 占 豪 郑嘉琦	
6	一种旋镜式动态三维显示系统及方法	201710983906.3	向玉林 洪元东 王旭康 李继康 郑嘉琦 陈宇鹏 占 豪	
7	一种彩色光引擎装置和一种体三维显示系统	201721357153.7	王旭康 李继康 陈宇鹏 洪元东 向玉林 郑嘉琦 许莉敏	
8	一种反射式柱状光栅双面屏幕	201721506693.7	郑嘉琦 陈宇鹏 王旭康 向玉林 洪元东 李继康 占 豪	
9	一种电机驱动装置以及定子直流励磁电机系统	CN201710490793.3	李 安 高子晗 蒋 栋 曲荣海 李大伟 贾少锋	蒋 栋 曲荣海 李大伟
10	一种变流器系统及具有该系统的定子直流励磁电机	CN201611218212.2	李 安 高子晗 蒋 栋 曲荣海 李大伟 贾少锋 孔武斌	蒋 栋 曲荣海 李大伟
11	一种圆形及类圆形视觉检测方法及系统	201710942035.0	杨 其	邓前松
12	一种基于计算机视觉的玻璃二面角检测方法	201710837754.6	王树城 石 颖 卿志武 黄 榕 徐泽沛 桑新桓 白秉灵 李攀郁	
13	一种机械臂的轨迹规划方法	201710409081.4	王铁成 尹周平 韩世博	

续表

序号	专利名称	专利号/申请号	专利发明人	指导老师
14	一种越障爬壁机器人	201710027462.6	石　颖　桑新桓	
15	一种圆形及类圆形视觉检测方法及系统	201710942035	吴俊峰　杨　其　陈雄超	
16	一种复用投射光的旋镜式彩色三维显示系统及方法	201710255734.8	陈宇鹏	
17	一种基于帧同步控制的旋镜式体三维显示系统和方法	201710263773.2	陈宇鹏	
18	一种旋镜式动态三维显示系统及方法	201710983906.3	陈宇鹏	
19	一种适用于燃烧后烟气的烟冷器与紫外线联合脱汞装置	201721047910	孔凡淇　赵永椿　熊　卓	赵永椿
20	一种旋流汞吸附剂喷射装置	201710837743.8	赵永椿　朱彬彬　孔凡淇	赵永椿
21	一种高效脱汞的吸附剂喷射装置	201710837807.4	赵永椿　朱彬彬　孔凡淇	赵永椿
22	一种加强空气净化器净化效果的过滤装置	201710632247.9	李　松　卞　磊　孙　悦　孟子丁　刘　昊　刘晓威　廖唯唯	李松
23	激光打孔方法及装置	201711002248.1	袁　卉	

二、实用新型专利

序号	专利名称	专利号/申请号	专利发明人	指导老师
1	一种基于高压矢量喷水推进技术的潜水服	201720145297X	覃学良　林晓锋　潘宏廷　余祖耀	余祖耀
2	一种可固定手套的白大褂	201721527145.2	韦洁霖	伍　钢
3	高兼容性的无线充电装置	ZL201720071973.3	叶玺楠	
4	一种组合式生态浮岛	201720676722.8	吕家展　张顺涛　李葱碧　农喻佳　任拥政	任拥政
5	一种带有流场设计的铅液流电池	201611186192.5	吴　旭　纪良鑫　陈　渊　杜　威　谢梦如　杨家宽	吴　旭
6	一种无人植保机喷淋装置	201720578017.4	赵梓豪　权德森威	
7	一种兼具骑行与站立模式的两用平衡车	2017202760111	陈　恳	

续表

序号	专利名称	专利号/申请号	专利发明人	指导老师
8	一种基于旋转风孔盘的可调频口哨	2017202758836	陈　恳	
9	一种送餐机器人	201720994506.8	李宛泽　胡邦杰　赵晟强	
10	垃圾分类提醒装置	2017205681963	卜永乐	
11	一种自行车智能指纹锁	2017205888422	卜永乐	
12	一种用于机床的多向夹持机构	201720870308.0	吕伟杰　王树城　张昱晓	
13	一种用于城市内涝的快速搭建桥梁	201720210379.8	肖宇明皓　刘　伟　刘剑锋　周乾宇　卢金禾　陈　哲	
14	一种三自由度机械臂	201720561819.4	石　颖	
15	一种可双向行走的双向轮式结构	201720020755.7	石　颖　桑新桓	
16	一种车体越障机器人控制系统	201720559746.5	石　颖　卿志武	
17	一种用于车辆停放的磁吸脚踏	201721412288.9	赵隽逸	
18	一种彩色光引擎装置和一种体三维显示系统	201721357153.7	陈宇鹏	
19	一种反射式柱状光栅双面屏幕	201721506693.7	陈宇鹏	
20	一种生活垃圾热解制备活性焦的装置及方法	201710940231.4	胡红云　章鹏超　姚　洪　刘　欢　杨宇涵　许　勉　申俊豪　唐　华	胡红云　姚　洪　刘　欢
21	一种加强空气净化器净化效果的过滤装置	201720931403.7	李　松　卞　磊　孙　悦　孟子丁　刘　昊　刘晓威　廖唯唯	李　松
22	防护按摩眼镜	201720299396.3	黄春华	
23	激光打孔装置	201721377880.X	袁　卉	
24	一种适用于野外环境的集约式淋浴装置	ZL 2016 2 1390232.3	于春娇　李杨倩　王彧蓉　陶贵生　石　焱　顾振宇	
25	道路发电系统	ZL 2017 2 0048275.1	易　彬　欧　萌　马良博　吕向林　冯家祥	周建中

续表

序号	专利名称	专利号/申请号	专利发明人	指导老师
26	基于波浪能与太阳能协同的淡水制取设备	ZL 2016 2 1168793.9	孙宏博 方仕晨 储佳佳 董伟杰	黎育红 周建中
27	一种利用波浪能的流体泵	ZL 2016 2 1162699.2	孙宏博 方仕晨 储佳佳 董伟杰	黎育红 周建中
28	一种利用雨水势能的浇灌装置	ZL 2016 2 1123238.4	孙宏博 江克证 储佳佳 冯素珍 方仕晨	黎育红 周建中
29	砂基堤防管涌实验模拟及检测技术	ZL 2017 2 0003042.X	江克证 周丽婷 刘紫蕊 卢俊杰 谭振远	黎育红
30	智能变频调压装置	ZL 2017 2 0220193.0	黎育红 何思瑾 李随阳 苏京悦 凌鑫田 聂运鹏	黎育红

图书档案及其他

图书工作

2017年，我校图书工作认真学习贯彻党的十九大精神，以巡视整改为契机，加强党的建设、加强业务建设，围绕学校“双一流”建设，强化“立德树人”意识，努力提供优质服务，各项工作均取得了新成绩。

一、获得的主要荣誉

(1) 世界读书日专题活动“琅琅读书声”荣获第二届全国高校图书馆阅读推广案例大赛二等奖。

(2) 在CASHL(中国高校人文社会科学文献中心)组织的全国开世览文用户视频大赛中，“我是CASHL代言人”老师篇、学生篇、馆员篇3项分获“百花奖”；“一本书·三个人”微视频获“蒲公英”奖。

(3) 获CALIS(中国高等教育文献保障系统)联合目录2016—2017年度馆藏数据建设、中文数据库建设两项“先进单位”奖。

(4) 获2016—2017年度湖北省高校图书馆先进集体之特色与创新单项奖。

(5) 获首届湖北省高校“学术搜索挑战赛”二等奖。

(6) 在湖北省高校图工委首届读者服务专题创作大赛中，“印象武汉推荐书目”专题获一等奖，“党建学习教育”“军训影展”专题分别荣获三等奖，并获优秀单位组织奖。

(7) “基于按需购买(PDA)文献资源流程再造新型服务模式”获学校第二届工作流程设计与再造竞赛活动“优秀工作流程”奖。

(8) 在2016年度学校直属附属单位考核测评中名列前茅。

(9) 被评为学校2017年“宣传思想文化工作先进集体”和“消防安全工作先进集体”。

二、完成的主要工作

(一) 文献资源建设

1. 馆藏总量稳步增加

截至2017年12月31日，文献资源累积总量超过1045.98万册(件)。其中，纸质图书期刊449.19万册，非印刷文献99.88万件(盘)，电子图书累计270.52万册，电子期刊累计226.39万种册。

2. 优化电子资源结构

跟踪学校一流学科建设需要，全年新增中外文数据库5个、减库1个、引进试用数据库21个，可用数据库累计达到577个。数据库1—10月检索量1.12亿次、全文下载1592万篇。

3. 改进文献采访

实行社会科学、自然科学和医学学科文献分采方式，举办多批次图书展，规范数据库试用流程，强化图书补藏的系统性、针对性。

4. 按期完成文献加工

完成了4.5万余种13.4万余册中外文图书编目、6个院系中外文书刊编目。审校修改2万余条馆藏中文电子图书数据、审核2017年电子版学位论文7840篇。收集、加工、上架完成了18000余篇学位论文，送装、上架9044册中外文合订期刊的。

(二) 读者服务

1. 读者日常接待

全馆全年接待读者入馆335.5万人次(截至12月31日)、图书借还(含预约)93.66万册。办理离校(含毕业生)手续1.8万余人。

2. 文献检索教学培训

完成304课时1523人次的文献检索课教学、32场2172人次数据库培训，利用官微等新媒体手段推出文献检索和数据库存使用微讲座、新生讲堂。

3. 及时咨询互动

承办校长信箱批转件10件，回复师生信息反馈平台建议22次，回复及处理咨询建议286次，面对面解答各类问题1963人次。

4. 改进读者借阅体验

全馆全面实行座位预约管理，读者阅览更加有序；东区分馆增设自习座位、加装桌面电源；医学分馆RFID(无线射频识别)系统投入运行，德文文献特藏室基础建设基本完成，将尽早开放。

（三）学科与情报服务

1. 当好科技情报"千里眼""顺风耳"

面向学校职能部门、院系关注重点和需求，开展学科影响力及发展态势研究分析，完成ESI学科院系贡献度分析、大学创新力分析、科技期刊分析等系列研究报告24份，向学校主页推出学科分析新闻稿16篇。

2. 立足教学和科研需求，提供学科服务

学科馆员通过实地走访、网络、电话等途径，与院系教师保持密切联系，及时了解文献需求，宣传和推送图书馆各项基础服务和新型服务。

3. 面向用户需求，开展定题服务

全年完成科技查新404题、查收查引27.85万篇、文献传递5792篇，期刊JCR分区及位置值报告412个、H指数报告62个。国家知识产权局授权的"全国专利文献服务网点"在图书馆挂牌。

（四）网络与数字化建设

1. 网络和系统安全

通过加强基础建设、实施保障方案、完善各项制度，形成了以边界防火墙、web应用防火墙、网络行为管理系统、漏洞扫描等构成的多维度防护体系，提高了网络系统防范能力，保证了OPAC核心服务、图书馆主页的正常运行。主页年访问量215.5万次。

2. 基于大数据的泛在服务

引入智慧图书馆技术和手段，建立读者信息标准交互接口，在确保数据安全前提下，实现了向校内二级单位提供读者信息数据的交互服务；医学分馆RFID项目进入系统运行维护阶段，自助借还机刷脸借书、门禁通道人脸识别等新服务方式入馆试用。

3. 应需响应定制开发

在提升服务质量方面，完善了微信服务功能，支持了阅读推广的网络技术对接，创设了馆藏手机导航系统，升级了业务加工打印系统，参与"读在华中大"对接了书目信息数据等。

（五）主动服务，创新服务

1. 巩固阅读推广品牌

拓展独具特色品牌"一本好书，与你同行"的内容和表现形式，在世界读书日、毕业季、开学季等时间节点组织生动活泼的阅读推广活动，"琅琅读书声"、"初·成长"、传统戏曲文化书展、图片展等系列活动深受学生包括国际留学生欢迎。

2. 引进学生馆员

与学工部门共商共建学生馆员参与读者服务工作模式，搭建起学生自我管理、自我服务的实践和能力提升平台，已引入勤工助学学生馆员88名。

3. 拓展信息服务领域

启动机构知识库建设，整合图书馆业务范围内的信息和知识资源的提交与共享，对接和服务学校信息化建设。学校"一张表"工作框架内，已完成机构知识库馆内建设阶段性目标。

4. 积极参与校园思想文化建设

立足图书馆职能，突出业务特色和重点，发挥馆舍空间和多媒体空间、视听室、报告厅等资源优势，举办多次主旋律正能量展示展览，如廉政书画作品展、法制宣传展、国家级教学名师摄影作品展、传统戏曲文化展、大型交响音乐会及光影秀等，获得师生读者的欢迎和好评。

（六）党建与人事、综合工作

1. 加强党委班子建设

顺利召开图书馆第一次党代会，选举产生第一届党的委员会和纪律检查委员会。建立了党委中心组学习制度，建立健全党委会、党政联席会议事制度和规则，加强了党委班子的尽职履责意识，纪律建设和党员干部的思想作风建设得到巩固和加强。

2. 推进"两学一做"常态化制度化

加强对党支部工作的思想和组织领导，开展支部书记、支委能力建设，创新组织生活和学习形式，调动了全馆党务工作者积极性和主观能动性。全年组织开展了集体学习党的十九大精神、党员干部红旗渠干部学院集中学习培训、党内评先评优、观影《血战湘江》、探访红色地址、普通党员讲授微党课、党内慰问帮扶等形式多样、内容生动的支部主题党日活动。

3. 加大党务公开和信息公开力度

坚持支部书记例会、建立部室主任例会制度，传达学习上级和学校重要会议和文件精神、通报校情馆情、研究布置工作、强调纪律要求。促进了党员干部之间、干部群众之间的团结协作，为规范管理、创新服务打下良好基础。

4. 不断推进规范管理

依据校规结合馆情，注重建章立制，强调照章办事，坚持“三重一大”集体决策，职代会民主决策，加强党务公开、信息公开，全馆在文献资源建设、经费管理和使用、采购管理、事业编职工和社会用工公开招聘、专业技术职务及十三级岗位空岗聘任、职工培训、学生馆员和研究生助管招聘等工作中均实现了全程规范管理。

5. 加强和改进老年工作

加强退休党支部、老年协会建设，更多了解老人思想和生活状况，及时通报校情馆情。进一步加大了对老党员、困难老人的慰问帮扶工作力度，完成了主馆和东区分馆退休党支部换届、全馆老协换届工作，组织了多批次退休人员参观考察、退休党支部学习考察、观看主旋律电影等活动，请社会学院学生给老人们送校报上门。

6. 重视和加强工会工作

坚持二级职代会制度，听取群众意见，维护职工权益，加强民主决策。关心困难职工，及时申报、足额发放大病医疗补助、困难补助，开展馆内慰问。重视职工身心健康，举办趣味运动会、三八女职工健步走等新型活动，积极参与学校大型文体活动、岗位技能竞赛。统筹安排工会活动费、福利费，把学校和工会组织的关心和温暖落实到全体职工包括社会用工身上。

7. 综合治理和消防安全常抓不懈

调整班子成员分工，3 个馆区均有消防和综合治理责任人。及时排查、整改各部位安全隐患。启动东区分馆消防隐患整治及功能升级改造工程。

8. 物业化管理与安全工作

立足馆情，图书馆与物业管理部门保持了良性互动，物业管理部门对各项服务承诺有效落实，在树立图书馆整体良好服务形象的同时，治安与消防工作的管理水平也得到了稳步提升。

9. 学生社团取得新成绩

学管会积极参与 PDA 项目建设及突击性工作动员；读书会作为图书馆大学生思想建设阵地之一，入选全国高校阅读推广学生社团 30 强。

2017 年新增图书资料统计

种类	单位	2017 年新增加馆藏 （1 月 1 日至 12 月 31 日）	历年馆藏累计 （截至 2017 年 12 月 31 日）
中文图书	本	140510	3364728
外文图书	本	6206	486181
中文期刊	合订本	7534	322363
外文期刊	合订本	1532	278763
论文	合订本	2360	39882
馆藏书刊小计		158142	4491917
光盘	片	1591	107486
缩微平片	张	0	841437
音像资料	盘	0	49880
馆藏总量合计		159733	5490720

馆藏分布累计数据

文献种类	主馆	东区分馆	医学分馆	馆藏合计
中文图书	2333982	544876	485870	3364728
外文图书	412932	17543	55706	486181
中文期刊	264636	11668	46059	322363
外文期刊	211289		67474	278763
学位论文	29182		10700	39882
馆藏书刊合计	3252021	574087	665809	4491917
光盘	75403	24840	7243	107486
缩微平片		841437		841437
音像资料	34888	41	14951	49880
馆藏总量	3362312	1440405	688003	5490720

电子资源统计

项目	中文电子图书	外文电子图书	中文电子期刊	外文电子期刊
截至 2017 年 12 月 31 日	2475521 册	229638 册	1684027 册	579896 册
合计	电子图书共计 2705159 册		电子期刊共计 2263923 册	

（图书馆供稿）

档案工作

2017 年，档案工作深入推进“两学一做”学习教育活动，以习近平总书记系列重要讲话精神为指导，全面加强党的建设，坚守“为党管档、为国守史、为民服务”的理念，深化服务意识，较好地完成了各项工作任务。

一、持续推进“两学一做”学习教育活动

1. 按照学校党委要求，从严做好各项规定动作

“两学一做”学习教育活动启动后，档案馆直属党支部随即制订了《“两学一做”促发展，“三看三创”树新风 ——档案馆创建基层服务型党组织》的实施方案，参照学校党委《关于“两学一做”学习安排的具体方案》及支部主题党日要求，结合自身工作实际，确定了每个月党支部集中学习的主题及内容。本年度开展档案馆在职、退休党支部专题组织生活会 22 次，领导干部讲专题党课 4 次，普通党员讲微党课 8 次，组织观看纪录片《将改革进行到底》、教育影片《血战湘江》，前往红旗渠干部学院开展参观教育活动，现场感受、学习红旗渠精神。通过“党员学习网”微信平台组卷 12 次，开展学习、答题活动 908 次，学习成效良好。

2. 依据阶段工作特点，从实做好自选动作和阶段性重点工作

结合学校党委安排和档案馆工作特点，在“两学一做”学习教育活动中，以党建促业务发展，做好自选动作和阶段性重点工作。2 月学习宣传贯彻党的十八届六中全会精神，引导党员进一步增强“四个意识”，学习贯彻习近平总书记在全国高校思想政治工作会议上的重要讲话精神。3—4 月，中央第十巡视组对华中科技大学党委进行了巡视，档案馆党支部高度重视、积极部署，在做好本单位自查自纠工作的同时，成立专班，保障各单位在迎巡工作中的档案利用需求。5 月组织支部党员及积极分子前往红旗渠干部学院参观学习。6—8 月，根据学校党委对二级单位落实巡视反馈意见深入开展自查自改的通知要求，档案馆直属党支部对照自查自改内容，逐项排查，逐项落实。9 月至 11 月上旬，完成了档案馆党总支第一届委员会委员的选举及下设在职、退休党支部支部委员会的选举工作。11 月下旬至 12 月，深入学习领会党的十九大精神内涵。通过教育学习活动，党员的党性观念得到增强，党员的作用得以凸显，党组织更有活力。

二、持续推进档案信息化建设

1. 档案数字化加工广度、深度持续推进

开展数字化加工第三期建设。完成原同济医科大学、原城市建设学院部分老档案、2017 年新归档的档案等共约 120 万页数字化加工工作。目前，我校的数字化档案数据已超过 5T，已完成档案数字化加工约 400 万页，数据容量及数字化程度均位居全国高校前列。

2. 完善“档案业务网上服务系统”，提高服务效率

档案馆积极响应学校倡导的“服务网络化，师生办事不跑路、少见面”的服务理念，2016 年上线了“档案业务网上代办系统”“中英文成绩、学历学位证明自动办理系统”“毕业生档案去向查询系统”三项网上服务系统。2017 年对“档案业务网上服务系统”进行了修改和完善，根据用户反馈意见重新修改了使用界面，系统功能更加直观明了；增加了在线互动功能，申请人和审核人的交流更加顺畅；对部分系统缺陷进行了修改，安全性能更加稳定。同时，在智慧华中大网上办事大厅开通了“档案馆在读研究生本科成绩（非本校）查询”“综合类档案业务查询”两项线上业务，为师生提供快捷的档案服务。

3. 利用信息化技术，开展窗口宣传，提升档案服务满意度

为适应移动互联网的发展，进一步提升档案服务利用的效率和满意度，华中科技大学档案馆微信公众号于 2017 年 11 月上线运行。该微信公众号将 PC 端的多项档案服务功能同步在移动端

实现，是全国高校中首家能够直接办理档案业务的微信平台，目前已具备毕业生去向查询、档案业务网上代办、校史馆预约参观等功能。

三、大力加强档案资源建设

1. 完成年度档案接收工作，馆藏更加丰富

本年度，全馆新增档案（不含学生人事档案）5880卷、16819件，馆藏档案总量达269580卷、51348件。接收学生人事档案16140卷，其中硕士生、博士生首次涵盖了非全日制学生，全年接收新生档案材料共计97202件。

2. 主动深入归档单位协商，开展缺档材料的补交工作

档案馆积极与有关部门协商，主动上门指导，开展缺档材料的补交工作。2017年，专利中心补交专利361卷、3148件；科发院补交科研合同档案197件；教务处及部分院系补交教学类名册及成绩524卷；审计处补交审计档案78卷。

3. 积极指导，推进以卷改件

本年度积极推进档案归档方式以卷改件的过渡。利用6·9国际档案日的契机，档案馆前后两次面向学校各院系教务员，教务处、学生处、注册中心相关工作人员开展了教学档案工作专题培训。收集指导室工作人员深入分管归档单位，与部门档案管理员面对面，主动细致开展指导，促进以卷改件，规范归档 。

四、积极拓展档案资源开发利用

1. 服务民生建设

档案馆全年提供档案利用9125人次，复印档案资料21183页。为教师、学生、校友职称评聘定级、申请课题、就业升学、出国留学、亲属关系证明等诸多方面提供档案证明材料。其中接待各类档案查询利用4428人次，提供出国材料翻译证明2566人次，完成各机构学历与成绩的核实认证工作1308人次，开展学生人事档案利用823人次，回复各类邮件2715封。

完成2017届14284名本科、硕士、博士毕业生的人事档案派遣工作，接收、复核毕业归档材料49250件，转寄学生人事档案9789卷。

2. 积极开展档案编研工作

本年度全馆共有8篇档案专业论文发表于各类杂志，向教育部直属高校档案工作协会青年论坛投稿并被采用刊发论文5篇，同时我馆荣获第二届青年档案工作论坛论文撰写“优秀组织奖”。本年度继续延续了与部分院系合作开展课题研究的模式，倡导全馆工作人员积极参与，开展档案编研工作。统筹协调档案馆与校史馆的分工合作，开展档案、校史的研究工作。开展了与出版社的合作，开发了校园手绘地图的文化创意产品，扩大了档案育人的影响力。

3. 深入开展档案业务专题培训会

档案业务培训是做好档案工作的基础。2017年，档案馆面向全校相关单位开展了两次教学档案工作专题培训会，一次毕业生档案转递培训会，还先后深入到生命学院、物理学院、光电学院及自动化学院军口固投项目组开展档案业务培训及交流。通过培训与交流，多个部门档案意识得到了增强，业务能力有所提高，档案工作更加规范。

4. 协助开展“精密重力测量研究设施”项目档案建档工作

“精密重力测量研究设施”项目是“十二五”期间国家优先支持的16项重大科技基础设施建设项目之一，是继“脉冲强磁场实验装置”落户我校后的又一国家重大科技基础设施建设项目。为更好地做好重大项目档案的建档工作，档案馆指定专人全程指导，制定了《精密重力测量项目档案管理办法》《项目归档文件整理细则》《项目档案分类编号体系》《项目竣工图编制方法》等管理办法，多次组织引力中心相关工作人员来馆现场观摩项目档案的整理工作，指导建档。

5. 成功举办“走进档案——6·9国际档案日主题宣传展”

2017年6月9日，在“国际档案日”来临之际，档案馆在校史馆三号展厅举办了“走进档案——6·9国际档案日主题宣传展”。主题宣传展由75块展板组成，分为五个部分：认识档案、走进档案、档案普法、档案馆介绍、开放的档案馆欢迎你。丰富生动的内容吸引了大批师生、家长及档案同仁观看学习，较好地宣传了档案知识，提高了广大师生员工的档案意识。

6. 成立专班迎接巡视工作，保障档案利用需求

2017年2月28日至4月28日，中央第十巡视组对华中科技大学党委进行了巡视。档案是巡视工作查阅的第一手资料，为保障各单位在迎巡工作中的档案利用需求，档案馆成立了迎巡专项小组，馆长、书记任负责人。自 2017 年 2 月 27 日起，档案馆安排了两套值班体系，一套工作班子接待日常的档案查询利用，一套专班接待学校各级机构的巡视查档需求，同时制定了《档案馆迎巡工作值班制度》，保障工作的顺利开展。迎巡值班人员周末不休、二十四小时值守，多次出现有单位深夜查档，值班老师完成档案利用服务后，已经超过午夜十二点。正是在这种以上率下、全体动员的良好氛围里，在此次巡视工作中，在做好本单位自查自纠工作的同时，也较好地完成了档案馆的特殊使命，满足了学校和各二级单位的档案利用需求。

五、推进新档案大楼建设

在校领导的重视和相关职能部门的协助配合下，新档案大楼建设有实质性进展。大楼施工设计方案已协商确认，施工设计图纸已定稿，施工所在地相关办公单位已搬离，目前正在进行施工前场地的拆迁及移树工作。

（档案馆供稿）

校史研究工作

2017年，校史研究室继续深入习近平总书记系列重要讲话精神，围绕学校中心工作开展校史文化建设，落实中央关于意识形态工作要求，不断提高业务能力，推进校史馆各项工作顺利展开，为营造良好的校园文化氛围贡献力量。具体总结如下。

1. 校史研究工作

访谈学校老领导和老教授，及时整理搜集珍贵的口述历史史料，访谈对象增加了老校友的内容，从各个方面整理学校历史进程中的发展轨迹和精神沉淀。完成了我校同济医学院年逾九旬的病理生理学和免疫学专家冯新为教授的校史回忆资料10余万字。采访曾广武、邓星钟等老教授，访谈学校1954年毕业的吴汉榆等老校友，形成数十篇口述历史文章。与同济医学院、物理学院等单位合作，挖掘口述历史资源，发挥文化育人作用。

2.《华中科技大学年鉴·2016》等编纂工作

不断完善编撰质量，在反映学校2016年新情况、新发展的基础上，继续稳步推进编纂工作的质量提升。图书编撰工作既遵循年鉴编纂规律，又与时俱进，适应和反映时代发展需要，在框架设计、条目撰写等方面不断创新，既做到重点突出学校中心工作，又客观全面反映常规工作，全书35万字，计划2018年4月出版。同时也组织完成了《中国教育年鉴》《湖北教育年鉴》《湖北年鉴》等华中科技大学部分的撰写工作。

3.《校史研究通讯》的编发工作

全年编印刊发《校史研究通讯》9期，分设人物春秋、院系简史、口述历史、史海钩沉、史料选辑、动态信息、岁月足迹等专栏，展示校史研究最新进展，并将电子文档和纸质文档及时发送到学校各主要职能部门。《校史研究通讯》已成为广受师生校友欢迎的校史研究品牌。有多位校友通过《校史研究通讯》与校史馆建立了长久的联系。

4. 校史馆参观服务工作

全年共接待参观人员近3万人次，为各类参观团体提供中英文讲解近200次，对参观留言予以及时回复。全年接待兄弟单位来馆参观交流活动近20余次。对参观者做好实名登记，对重要人物及团体的参观做好登记、拍照等存档工作。在十九大召开期间及大学开放日和重要的节假日，校史馆全天开放，并安排讲解员值班，做好讲解服务工作，为广大参观者做好服务接待工作。

5. 校史馆安全管理工作

继续加强校史馆安全管理工作，定期对校史馆消防安全设施巡检记录，及时更换失效设施设备。组织全馆人员学习灭火器及其他消防物品的使用，不定期开展消防演练工作，对全馆监控设备做到定期巡检，发现故障和问题及时维修更换。全年累计巡检、维修、更换故障设备20余次，为校史馆的参观游览提供安全舒适的环境。

6. 校史馆展馆维护工作

对城建厅、华工厅的多年屋顶漏水问题组织人员维修，对馆内礼品陈列柜的安全隐患组织人员排除，并做好安全修复。对华工厅入口因为长期屋顶渗水造成的板材腐烂做好修复工作。对临时展厅的灯光照明系统进行更新升级，对全馆走廊，公共区域墙壁重新维护粉刷。联系学校总务长办公室和后勤园林部门，对校史馆中心草坪退化的草皮重新种植养护，对中心花坛安装了防腐木座椅。加强校史馆物业服务管理，完善展馆设施维护维修工作流程，通过采购中心网站分散询价的形式维修更换展厅灯具近200盏。对院士墙展陈内容进行更新，并及时更新毕业校友照片和添加其他部分展示内容。

7. 文化育人工作

继续发挥校史馆文化中心作用，与校党委宣传部、校老协、学校建规学院等单位合作，在校史馆临时展厅举办了“纪念中国人民解放军建军90周年——楚天骁将文献展”，主办我校首届“走进档案——6·9国际档案日主题宣传展”，举办“建规学院2017届建筑学系毕业设计作品展”“2017年华中科技大学老干处老协诗书画摄影展”等专题展览活动，取得了良好的文化育人效果。

加强单位门户网站校史网的安全管理与维护，完成校史网站的整体搬迁工作，全年累计更新文章和动态信息报道计100余篇，年网站访问量近2万余次，完成网站参观预约服务近200次，校史网已成为校史文化宣传的重要载体和服务的重要平台。

与学校出版社开展合作，计划在校史研究的阶段性成果基础上，分专题出版《华中科技大学校史记忆》《华中科技大学图史》等校史相关图书，以更好地将我校校史研究成果面向更广大读者群体，更好地总结历史经验，传承、发扬优秀的学校历史文化，更好发挥校史资源的文化育人作用。

8. 其他管理和服务工作

配合学校实验室与设备管理处，对全校拟报废的设备组织近20次校史文物价值的鉴定工作。共鉴定设备10911台(套)，价值9189万元，从中找到具有校史研究和文物价值的实验仪器2台。

为学校研究生会的部分同学进行校史知识讲座，介绍学校历史发展进程，以校史文化做好育人工作。

为学校物理学院、宣传部等单位及时提供校史图片资料，为关心校史研究的老校友提供校史资料近10次，发挥校史资源的存史、资政、育人作用。

协助洪山区档案馆完成修正《洪山辖区高校名录》华中科技大学部分的资料的审核、勘误和完善工作。

参与同济医学院院史馆的方案设计审定工作和院史馆讲解员的培训工作。

继续推进《华中科技大学文物和陈列品管理办法(试行)》的制定工作，数次在OA系统中征集相关单位的意见，并修改完善。

(校史研究室供稿)

总务与后勤管理工作

总务管理工作

总务管理工作负责大后勤综合、协调、督办工作；负责后勤服务保障项目经费落实和管理工作；负责国拨、校拨修缮预算经费申报和项目计划制定工作；负责附属学校相关管理工作，负责计划生育日常工作。2017 年，在校党委和校行政的正确领导下，较好地完成各项工作任务，具体总结如下。

一、内外协调工作

1. 南三门双创项目

南三门双创大楼建设工作是近几年学校重点建设项目之一，因地面四栋大楼分属不同性质，拆迁工作难度极大。经与政府各级部门、地铁公司和建设银行不断协调，各项工作取得较大进展。随着各种程序和手续的不断完善，拆迁户安置工作基本收尾，为旧楼拆除基本扫清障碍。

2. 曙光养殖场土地

曙光养殖场土地征收是关系到学校未来发展空间和学科布局的重大事项，学校领导多次请武汉市领导到校指导和督办该项工作。目前，与武汉市、东湖高新区基本形成初步解决方案，继续稳步推进。

3. 马鞍山苗圃土地

马鞍山苗圃 40 亩土地位于附中东侧，经过与武汉市、东湖风景区协调，争取该土地最终规划为绿地为基本原则。

4. 水下机器人基地

学校拟在喻家湖西岸规划建设水下机器人基地，由于地处风景区，对建筑有特殊要求，另外，东湖绿道二期工程延伸至喻家湖西岸以及原规划有公交首末站等。总务办、规划办协调武汉市、东湖风景区取消公交首末站，修改绿道规划，争取建成水下机器人基地。

5. 学校东湖游泳池土地

协调国开行终止土地租借协议，将游泳池所属土地收回规划建设水上运动基地。

6. 喻园大道

喻园大道是连接主校区、东校区的主要通道，随着人员、车辆的增加，交通压力和安全隐患增大。为解决好该问题，总务办联合政府部门和建设单位对该路段学校可控土地范围内的道路进行施工，并新建东九广场。目前，两项工程已基本完成。

7. 湖溪河综合整治方案

随着十八大、十九大的胜利召开，国家和政府对环境污染以绝不容忍的态度进行大力治理。湖溪河的污染威胁到整个大东湖水系，已经存在多年，武汉市下决心进行治理。武汉市水务局委托武汉市规划设计院深入调查研究，拿出根治湖溪河污染以及解决排涝问题的方案。目前，经过多次研究和讨论，方案已获专家论证通过，水务局按照相关报批报建程序，将联合学校对湖溪河进行综合治理，最终将湖溪河建成生态景观河。

8. 紫菘学生公寓外排水项目

紫菘学生公寓因先天地势低洼，每逢雨季，整个小区渍水严重，给学生生活学习带来极大的不便，财产造成一定损失。为缓解该区域排水压力，找到排水通道，我办协调洪山区政务、紫菘商品房小区开发公司增大扩容地下排水管网。经过多方沟通协调，目前已完成改造设计方案。

9. 档案馆建设项目搬迁

完成档案馆扩建项目地块上单位搬迁协调工作，为项目顺利开建奠定基础。

10. 新"梧桐雨"建设项目搬迁

通过提前安排修缮工作，顺利地帮助新"梧桐雨"地块上相关单位完成搬迁工作。

11. 博士生搬家

协调博士生顺利搬入教八舍、西四舍，彻底解决了博士生住三人和四人间的问题。

二、重点项目立项论证

1. 新“梧桐雨”项目

该项目经过多方论证和效果设计，通过校长办公会获得立项，并已开工建设。

2. 紫菘学生社区建设

计划约1000平方米的紫菘学生社区建设项目通过校长办公会批准立项。

3. 师生服务办事大厅

为师生员工提供一站式的办事大厅，经过多次方案论证和修改，项目得以顺利推进和完成，投入使用，反映较好。

4. 东二、东三楼外立面

为使学校老旧建筑焕发新颜，本着修旧如旧、新旧结合的原则，对东二楼、东三楼外立面进行了改造设计。项目实施完毕，效果良好。

5. 西泵房改造

在国家节能经费的支持下，对西泵房的水泵进行了换新改造，全部改为远程智能水控系统，软硬件均采用国内先进产品。改造完毕，运转正常。

6. 东校区综合体

随着武汉光电国家研究中心项目落成，东校区学科布局调整，将会有更多师生在东校区进行教学科研活动，学生宿舍、食堂和基础服务设施都将严重不足。选址建设集学生宿舍、食堂、学生社区及服务设施的综合体迫在眉睫，经过前期调研论证基本确定在东校区篮球场区域新建综合体，学一、学二食堂等区域还建学生运动场地。已提交常委会通过。

7. 国际医学中心规划项目

国际医学中心规划建设1500套教师周转房，容纳3000学生居住的学生宿舍以及后勤服务配套设施项目，经过初步论证，向常委会汇报，将进一步完善规划和设计方案。

8. 西三区留学生公寓

目前，西三区居住了300多留学生，启动研究论证西三区今后的使用功能。

9. 高层次人才公寓

拟在主校区选址建设高层次人才公寓，启动了研究论证工作。

10. 小学迁建

随着曙光养殖场土地征收工作推进，按照原规划方案小学将迁建该址。为提高工作效率，在土地征收期间，启动了小学迁建规划设计方案等前期工作。

三、重点工作

1. 2018年改善基本办学条件项目

组织申报了2018年改善基本办学条件四大类项目，申报金额近3亿元。

2. 安全生产大检查

协调各单位按照各级政府部门要求做好安全生产检查和整改工作，成效突出。为更好有序地推进学校安全生产检查工作，成立安全生产检查委员会和办公室，委员会主任由校领导担任，办公室挂靠在总务办，并明确了职责。

3. 公务用车清理清查

按照巡视整改工作要求，联合各单位对全校公务用车情况进行了两次清理清查，未发现违规使用情况。

4. 新“梧桐雨”建设项目搬迁

通过提前安排修缮工作，顺利帮助新“梧桐雨”地块上相关单位完成搬迁工作。

5. 附属学校工作

协调指导附属学校顺利完成新学期招生工作，协调附中食堂顺利交接。起草了附属学校工作委员会、附属学校办公室职责的有关文件。

6. 师生座谈会

坚持召开师生座谈会，面对学生在日常生活中遇到的问题，并协调各单位重视问题、解决问题。

7. “十禁止”

制定“十禁止”，为创造良好的校园环境和氛围，和学校多部门联合治理校园不文明的现象。

8. 修缮计划

科学合理地制定了2017年校拨维修经费计划，确保各项修缮工作有条不紊地进行。

9. 喻家山绿道

通过工会以问计于民的方式将喻家山绿道

作为研究项目发布，建规学院、土木学院两位教授领衔顺利完成项目结题，为该项目继续推进打下基础。

10. 电梯维护

依据电梯实际使用情况，和特种设备检验出具的检测报告，适时更换科技楼、东十二楼等楼栋8部电梯，确保师生员工的使用安全。

11. 教代会提案

完成教代会提案9项，根据教师代表的诉求，结合学校实际，部分落实完成，2018年度继续推进。

12. 后勤运行经费使用

水、电、绿化、物业等日常保运行、保运转工作顺利进行，确保师生员工安居乐业。

13. 计划生育

做好日常师生员工和流动人口计划生育服务工作。

（总务长办公室供稿）

基建管理工作

2017年,基建管理工作以改善师生工作学习环境和提升校园基础设施水平为目标,紧紧围绕学校工作重点要求,团结协作、克服困难,扎实有序推进精密重力测量科学中心大楼、电气大楼、光电信息大楼、转化医学研究院大楼等基建项目及师生服务中心、公共大楼卫生间改造等修缮项目的建设工作,较为圆满地完成了年初确定的各项工作任务。

一、管理工作

1. 完善基本建设管理制度

2017年以来,以迎接中央巡视工作为契机,结合基建工作实际,以基建管理流程为主线,认真查找了招标、工程变更等重点环节存在的廉政风险点,采取了针对性的措施,出台《基建管理处基建维修工程招标管理暂行办法》(基建字〔2017〕6号),对原基建管理制度进行梳理和完善。

2. 积极负责地解决历史遗留问题

重点解决了大禹科技楼、材料试验中心、西六楼、先进制造工程大楼等4个项目的竣工财务决算工作。

3. 实现建设项目信息化管理

完成基本建设及修缮管理信息系统建设工作,目前本系统正处于调试阶段,即将进行试运行。

4. 加强治安综合治理和消防安全管理

根据处内已制定的各项安全及消防管理制度,积极配合校保卫处做好办公场所和各施工现场的安全检查、宣传教育和安全记录归档工作,目前事故率为零。

5. 做好基建档案清理工作

积极配合学校档案馆的工作,做好每年的统计报表,并及时上报。本年度接收档案587卷,本年度查找借阅档案资料1200多次,送审老光电大楼、西六楼、大禹科技楼、材料实验中心等已完工工程项目的财务决算资料,配合中央巡视工作组和学校院系等有关单位查找基建修缮项目所需材料。

二、业务工作

(一)年度基建投资(及调整)计划的编报

按时向教育部、湖北省、武汉市和学校的统计部门报送基建统计报表。按教育部要求,根据学校事业发展规划、学科建设发展规划、人才培养及师资队伍发展规划、校园总体规划和财务状况,编制完成了2017年基本建设投资计划、2017年基本建设投资调整计划和2018年基本建设投资建议计划,并报教育部审核通过。

(二)基建项目实施情况

1. 新开工项目

(1)光电信息大楼。该项目总投资49149万元,建筑面积119991平方米,目前项目已进入设备安装和室内外装修阶段,预计2018年底竣工。

(2)环境学院西边实验室。该项目总造价200万元,建筑面积876平方米。项目于2017年9月开工,预计2018年1月竣工。

(3)紫菘学生服务中心。该项目总投资1200万元,建筑面积3589平方米,目前正在进行施工前期准备,预计2018年6月竣工。

2. 续建项目

(1)精密重力测量科学中心大楼。该项目总投资约14380万元,建筑面积31042平方米。目前正在进行室内装修工程的收尾工作及室外工程施工。预计2018年2月竣工。

(2)电气大楼。该项目总投资10460万元,建筑面积34500平方米,目前正在进行室内装修工程的收尾工作及室外工程施工。预计2018年2月竣工。

(3)转化医学研究院大楼。该项目计划总投资15600万元,建筑面积33000平方米。目前主体16层结构已封顶,完成地下2层和地上8层砌体及二构工程,安装配合完成。预计2018年5月竣工。

(4)医学成像与健康大数据研究大楼。该项目计划总投资17499.78万元,建筑面积2.9985

万平方米。目前场地平整工作基本完成，因供电局高压线影响不能施工的部分待高压线迁移完成再作施工。

3. 已完成项目

(1) 喻家山线西南角修建园路改造工程。合同造价39.82万元，于2017年7月完工。

(2) 引力实验室道路改造。合同造价19.68万元，项目于2017年7月完工。

(3) 拆除精密二期原有住宅楼(十二栋约9000平方米)。

(4) 拆除梧桐雨学生活动中心原有建筑(十一栋约7000平方米)。

(5) 设备处危化品周转仓库。总造价40万元，建筑面积130平方米，已于2017年12月交付使用。

(6) 老年大学。总造价150万元，建筑面积520平方米，已于2017年11月交付使用。

4. 前期准备项目

(1) 游泳馆，可行性研究报告已上报教育部。

(2) 校医院扩建，备案申请已获教育部批复，办理了该项目用地规划许可证，规划设计方案正在审查中。

(3) 医学成像与健康大数据项目，办理了建设工程规划许可证。

(4) 档案馆扩建项目，办理了建设工程规划许可证。

(5) 精密重力测量研究设施国家重大科技基础设施——山洞实验室，办理了用地规划许可证，规划设计方案正在审查中。

(6) 清洁能源学科大楼，规划设计方案正在审查中。

(7) 南四楼扩建，规划设计方案正在审查中。

5. 竣工财务决算项目

本年已完成大禹科技楼、材料试验中心、西六楼、先进制造工程大楼等4个项目的竣工财务决算工作。

(三) 修缮项目实施情况

1. 落实学校2017年工作要点要求，做好师生关心的民生实事

(1) 合理规划停车区域，新建改建停车位，规范校园停车。

随着2016年学校“两横三纵”主干道路网的改造完成，集中解决主干道周边家属区道路破损及机动车乱停乱放等问题成为2017年工作的一个重点。基建处安排对西一区和东三区两大区块的家属区周边环境进行了集中整治，整修了破损道路、花坛和路沿石，修整了绿化带，改善了原先较为杂乱的社区环境；为西一区改造了植草砖停车位157个，东三区改造了标准停车位618个，有效改善家属区的停车秩序。

(2) 建设师生服务中心，提升服务能力。

师生服务中心是为了梳理整合与师生工作、学习及生活密切相关的管理及服务业务，优化办理流程，缩短办理距离，提高办理效率而改建的集业务办理、读书休闲、文化展示等功能于一身的多元化、国际化、现代化的政务中心。基建处于2017年初开始对原建筑物进行勘察检测工作，后经多方努力完成了功能布局需求的收集工作。本项目涉及内容有钢屋面整体重建、室内分层钢结构、室内装修装饰、中央空调系统、供电改造及工程、弱电智能化系统、监控系统、自助服务办公系统、音响及显示系统和室外环境改造等多个分部，协调管理难度较大。在校领导的关心指导和兄弟单位的大力支持下，项目稳步推进，8月10号开工建设，12月7日竣工验收，12月25日正式启用。

(3) 升级改造校园路灯照明系统，逐步实现智能化管控。

随着校园道路整修一新，沿线路灯也随之进行了升级改造。2017年实施的校园路灯照明系统升级改造工程为2016年改造的五条改造道路和2017年改造的四条道路更换了照度更高、节能更优的LED路灯，并辅以先进的智能化控制系统。整套系统不仅实现了整个校区路灯的联网集中控制，还可以根据自然时间、室外亮度等因素智能控制路灯的开启和关闭，更可以自动检测出现故障的线路和路灯，大大提高了校园路灯照明系统的智能化水平。

(4) 实施部分公共大楼卫生间改造工程，改善卫生环境。

近年来，我校部分行政办公楼、教学实验楼、学生宿舍因使用周期过长，楼内的公共卫生间出现卫生情况欠佳、设施设备老化、异味情况严重、墙面地面漏水等问题。针对这些情况，2017年初基建处在学校的统一部署下，将“厕所革命”列入了为师生服务的“十件实事”中，着力改善校园卫生间环境，按一流标准，打造一流高品质大学硬件环境。7月至9月初，基建处按高品质高标准的基本要求，克服了施工周期短、作业面积大、持续高温等困难，对主校区东九教学楼、西十二教学楼、东七楼等8个公共大楼的144间卫生间进行了全面改造升级。改造升级所用陶瓷洁具及瓷砖全部使用国内一线品牌，基本配备了新风系统，还特别按国际化标准配置，保证每间卫生间都有一台座式马桶。所有工程均在9月开学前完工，得到了广大师生员工的一致好评。

(5) 改造紫菘路及部分支路，改善校园交通环境。

近两年来推进的校园道路改扩建工程，是解决人车混行、道路沿线架空线缆错乱、道路标识不清等问题的一项系统改造工程。在2016年"两横三纵"主干道路网改造完成的基础上，2017年对紫菘路、东一路、南三路、东四路、东北门路等几条路实施了主要内容为沥青铺装、人行道拓宽、透水砖铺装、沿线景观标识和各类管线综合改造的系统整治工程。改造后的专用电缆沟、弱电管群和排水系统改善了道路沿线的管线布局状况；改造后的路面实现了机动车、行人各行其道，使师生们的步行、自行车骑行更加安全；改造后的绿化景观、交通标识和路灯照明使得车辆和行人通行得更加舒心惬意。

(6) 建设师生学术交流公共空间。

"梧桐雨"师生学术交流公共空间是遵循"创新、协调、绿色、开放、共享"的开发理念打造的一个以学术研讨交流、研究成果展示和论坛讲座活动为主，兼备作品发布、学位授予、小型集会等功能的公共空间。"梧桐雨"其名，镌刻了华中大人对校园环境的记忆烙印，也寄托了华中大人传承文化、广聚贤才的美好愿景。该项目选址位于我校东一路、东二路、北一路、南一路围合的地块范围内，总用地面积22500平方米，总建筑面积11369.58平方米，总投资约5500万元。目前已完成对园区内14栋建筑主体结构和外立面的改造和修复。

2. 主动服务教学、科研和生活需求，改善工作学习环境

(1) 学生宿舍维修改造工程二期。

虹景留学生公寓、柏景阁精准维修：入户门、强弱电、照明和给排水系统全部翻新，墙地面、洁具、窗户按精准维修要求进行改造，重新采购空调、家具等，改善了留学生住宿条件。

紫菘公寓、韵苑公寓更换卫生间门：原木门常年受潮腐蚀破损严重，暑期全部更换为铝合金材质的门，更加美观耐用。

室外晒衣场及不锈钢衣架改造工程：2017年对西八舍、西十七舍、东二舍、东三舍、东四舍、东八舍分室外晒衣场，紫菘公寓1、2、5、6、7、8、9、11、12、13共10栋的屋面晒衣场进行了维修改造。改善了学生的晒衣条件。

(2) 公共教学楼维修改造工程一期。

东九楼、东十二楼维修工程：按一流标准对卫生间进行了全面改造升级，将洁具、墙地砖、盥洗台、拖把池、通风和照明设施等全部更换，所有装修主材均使用国内一线品牌；为了保证学生在东九楼公共部分有休息、阅读、讨论区域，将A、D区改造为休息区，改造19间教师休息室，其中2间为母婴室与教师休息室共用房间；更换东九楼吸顶空调440台，并进行了电增容改造。

(3) 体育场馆维修改造工程二期。

西边体育馆维修工程：主要维修内容为屋面防水维修、原结构加固、室内天地墙整体翻新、新增空调系统、网络弱电系统等。改造后的体育馆功能布局更加合理、设施环境更加舒适。

韵苑篮球场维修工程：为改善教学条件，对韵苑篮球场进行改造。对原来高低不平的场地进行统一调整，将12片场地标高改造成为一个平面，新增排水沟、休息席等配套设施，地面改为硅PU运动面层，改造工作显著改善了教学及训练条件。

中心篮球场、排球场维修工程：地面铺装先进的改性聚丙烯材质的拼装地板。换装的室外运动地板大幅提高运动缓冲性能，美观舒适。

(4) 东二楼、东三楼外墙维修工程。

为保护建筑风格，保留历史记忆，按照以旧还旧的原则对东二楼、东三楼的外墙进行修复改造：外墙采用水刷石式多彩水性涂料，保留原楼栋屋檐、外墙造型，新增空调百叶格栅，更换铝合金门窗及金刚纱窗，在东二楼西立面新增绿植墙。这些处理手法使两栋楼立面达到了某种程度上的历史和现实的和谐统一。

(5) 幼儿园维修工程。

维修内容主要为室外环境工程，包括室外石材铺贴、硅PU运动场地铺设、人造草坪、天然草坪铺设、防腐木活动场地铺设、围墙砌筑、外墙氟碳漆喷涂、游乐园等。维修完成后，幼儿园室外环境得到很大改观。

3. 整修完善公共建筑及基础设施，保障运行功能良好

2017 年保障性维修工程清单

维修工程分类	维修工程内容
教学、办公楼维修工程	老附中实验楼 3～5 层房间维修工程
	创新研究院(恩明楼)701 教室维修工程
	老附中 1 号楼 1 楼维修工程
	“科技楼”公共区域天井钢化玻璃炸裂维修工程
	电气学院实验室门楼顶棚维修工程
	东九楼西门门卫房改造工程
	东校区治安科办公楼维修工程
	主校区保卫处办公楼维修工程
	西八办公楼维修工程
宿舍、食堂等维修工程	东区工会(老年活动中心)维修工程
	西三区留学生公寓房间维修工程
	学生宿舍防盗门加固工程
	保卫处服务大厅雨阳棚维修工程
	大学生活动中心“学生工作处”室内地面维修及墙面渗水处理
	华中科技大学东校区教工食堂改造工程(冷库搬迁)
	西二区 26～27 号维修工程
	东二区(3～4 号)维修工程
	校配电房升级改造地面绝缘胶垫铺设等工程
	院系辅导员宿舍维修工程
生活用水等维修工程	韵苑二期和东十一楼泵房水池安全整改工程
	紫荆路改造工程接施工用水工程
	紫菘公寓、韵苑二期泵房更换阀门工程
	大学生学习研讨中心施工区域断电停水改造及施工用水接水工程
	先进制造大楼北边高压供水管改造工程
	金工实训中心至环境学院排水改造工程
	精密重力测量研究设施(二期)拆除工程断水断电
	精密重力测量科学中心大楼排水管改造工程
	网络中心下水疏通改造工程
	精密重力测量科学中心大楼污水管接入校园管网工程

续表

维修工程分类	维修工程内容
电气、设备等维修工程	南四楼电缆敷设工程
	基建处办公室电气改造工程
	东二区室外配电箱防护网工程
	外招一号楼供电抢修及双电源改造工程
	校区部分架空电缆入地工程
	东校区食堂冷库基座及通风改造工程
	引力实验室主供电源电缆抢修工程
	光谷体育馆、东边泵房配电房更换设备
	航空航天学院、虹景留学生公寓配电主供电缆敷设工程
室外配套设施及绿化等维修工程	精密重力测量研究设施(二期)围墙工程
	老年大学临时办公室树木修剪及移栽工程
	友谊公寓室外环境整治工程
	东九楼北马路拓宽区域苗木移栽工程
	大学生学习研讨中心施工区域内树木移栽工程
	紫菘路维修改造工程绿化移植工程
	幼儿园维修工程绿化移植工程
	大学生学习研讨中心施工区域南侧树木移栽工程

通过上述维修解决了部分年久失修的问题，完善了相关基础设施，改善了办公和住宿条件。

（四）校园规划与土地管理工作

1. 精细编制校园规划，主动服务校园建设

（1）组织完成东校区概念规划。

为满足东校区相关项目建设需要，聘请德国知名设计事务所HWP公司对东校区进行了整体概念规划设计。多次征求东校区老同志意见，并且多次向校领导汇报，对东校区建设项目整体布局起到较大指导作用。

（2）启动医学中心整体规划并完成医学中心市政设计。

因医学中心用地从675亩调整为约400亩，原有概念规划不能适应实际需要，为此重新启动了医学中心整体规划，目前已多次征求相关单位诉求，正在具体设计中。

为综合布局整个地块建设，合理建设一期的医学成像与健康大数据项目，组织相关专业机构完成了原土地市政设计，进一步摸清了土地周边市政设施。

（3）编制《华中科技大学国际校区建设方案》，并报送东湖新技术开发区。

为进一步扩展办学空间，在学校领导的大力争取下，拟向武汉市政府新申请土地建设国际校区。我处认真组织相关单位座谈，编制了《华中科技大学国际校区建设方案》，并报送东湖新技术开发区。目前，开发区初步同意将光谷未来城约1400亩土地划拨学校建设国际校区，具体供地及实施途径等工作还需双方进一步沟通。

（4）完成喻家湖西岸土地规划并取消相关公共交通规划设施。

为充分利用喻家湖西岸土地，我处聘请武汉市规划院对该土地进行了规划设计，布局了水下机器人及水上训练基地项目。建设面积约5000平方米。积极联系东湖风景区、武汉市规划局等相关部门，取消市政府在该土地规划的公交首末站和有轨电车布局。目前相关单位已初步同意学校提供的规划方案，并取消公共交通设施。

2. 扎实推进土地工作，全力解决遗留问题

（1）曙光养殖场征地工作取得实质性进展。

学校紧密联系武汉市政府，加快推动曙光养殖场征地工作。在武汉市政府和东湖开发区的大力支持下，根据武汉市委常务委员会2017年12月会议精神，经相关各方多次磋商，形成了等面积供地的工作方案。即将学校约40亩土地（已由学校完成征地和报地，但未办理土地证）、钢铁村约85亩土地及光谷其他区域另择一块土地三宗地(出让面积与曙光养殖场实测净用地面积相等)面向市场公开挂牌出让。天龙集团在依法参与以上三宗地竞买并摘牌后,开发区将曙光养殖场土地划拨给学校。

学校联合开发区向市政府报送了工作方案,同时启动了学校约40亩土地与曙光养殖场约217亩土地的实测工作。

(2) 调整东湖绿道喻家湖段学校土地的建设方案。

根据武汉市东湖绿道二期工程安排,需在学校喻家湖西岸土地上建设绿道。经与风景区园林局、武汉地产公司等反复磋商,并多次向校领导汇报后,调整了原设计方案,维护学校利益,保障学校土地完整,目前已基本完工。

(3) 收回原东湖游泳池土地使用权,推进该地块整体改造工作。

根据中央巡视组相关意见,经过多次沟通,学校取消了与国开金融公司关于游泳池地块的相关协议,收回该土地的使用权。与东湖风景区规划局做了大量工作,该单位同意学校维修原东湖游泳池地面建筑。同时按照学校要求,对该土地景观进行整体设计,综合改造,改善土地整体环境。

(4) 完成西三区住宅楼土地性质调整。

通过与洪山区规划局、洪山区房产局及武汉市规划局等单位的大量沟通和协调,相关单位完成了将学校西三区住宅用地调整,将市政府原规划中的通信设施用地调整为教育用地,为学校的房改办证工作奠定基础。

(5) 推进创新创业中心土地征收工作。

向教育部汇报了该土地的置换方案,并获得主管部门批准。配合创新创业中心项目建设部多次赴关山街办事处、洪山区规划局和高新区土储等单位沟通土地征用事宜。

(基建管理处供稿)

房产管理工作

2017年，房产管理工作紧密围绕学校中心目标，在房改、住房货币化补贴、房产管理、家具管理、公用房管理、周转房管理以及内部制度建设、流程再造服务、信息化建设等方面取得一定的成绩。

一、积极推进主校区房改历史遗留问题的解决

房改工作，历史问题多、政策性强、工作程序复杂，属于学校沉积多年的焦点矛盾之一。近年来，该项工作已有实质性推进。目前，可售区95栋房屋违建、安全鉴定、用地控规调整等历史问题处理，已取得成效。2992套房屋测绘、土地分宗等工作，已基本完成。经初审符合房改政策的1218户住户，已签订购房合同。第一批13栋、372套办证房屋，已取得不动产权属“大证”。第二批82栋、2620套房屋，已取得政府核发的《准予办证通知书》，现转入权籍核查阶段。“大证”全部取得后，工作将转入住户权属证书办理环节。

该项工作2017年本应进入到住户权属证书办理环节，但受国家不动产管理改革影响，原划归省里直管的工作业务，被分割到市、区两级不动产管理部门管理。市、区新建的不动产管理局，其机构及职能处在调整当中，业务流程尚未完全建立。受理的各项业务，几乎都需反复到省、市、区三级政府房管、测绘、土地、规划等管理部门，逐一完成申报、审核、审批、公示等项工作流程。因此，原计划有所延迟。

二、圆满完成国家大科学工程建设区域的拆迁安置任务

拆迁工作，关乎群众利益、涉及稳定，属最难做的工作之一。能否顺利拆迁西一区12栋建筑、364套房屋，是国家重大基础设施项目建设的控制性节点。

年初，为按期完成任务，房产处在前期基础上，针对拆迁区剩余306户住户动迁，专门制定了缜密的搬迁方案。过程中，首先从主动贴近住户、宣传动员做起。同时，着力清退其他区域住宅、筹备组织安置房源，分三批次有步骤、有层次地组织开展搬迁安置房屋选房工作。拆迁中，针对少数住户不配合问题，主要负责人亲自带队，牺牲周末及晚上时间，多次走入住户家中，调查问题、动员搬迁；针对孤寡老人搬迁困难，主动联合住户所在单位，组织党员入户帮助孤寡老人搬家；针对失联人员问题处理，主动会商派出所、街道办、司法机构、媒体、律师，依法依规制定专项工作方案，实施拆迁。

整个任务平稳完成，得益于事前有周密计划，实施中有统筹全局、着眼个例的工作步骤，过程中有学校领导的辛勤付出、各个部门的通力协作、一线同志们的勇于担当。过程尽管艰辛、曲折，但在拆迁区教职工的理解和支持下，大科学工程建设区域所有房屋和住户的拆迁安置工作，最终得以平稳地落下帷幕，为“精密重力测量研究设施”国家重大科技基础设施项目建设，奠定了坚实基础。

东湖开发区拆迁办的领导在评价学校的拆迁工作时，曾对学校用极小的代价、平稳地完成拆迁工作称赞。

三、按时完成“师生学术交流公共空间”建设区域搬迁安置工作

“师生学术交流公共空间”建设项目，是学校的重点建设项目之一。要完成项目建设，必须完成好东一区17个机关部(处)以及后勤集团饮食公司、两栋员工宿舍和冷库的整体搬迁工作。

2017年初，根据有关会议精神，房产处会同后勤集团、总务办、财务处、基建处等单位，率先从腾退、清理欣苑二栋、大学生活动中心等区域房屋入手，为项目建设区域单位搬迁安置筹措房源。

拆迁决定下达后，针对搬迁单位及设施多、

工作不可停滞、安置地点需要集中便利等特点，房产处以尽量少扰动、确保搬迁单位不停歇工作为出发点，在启动搬迁前，多次与搬迁单位进行交流、动员，对所反映困难进行认真研究，主动对提出的相关问题进行协调、解决。

在各单位的理解、支持和努力下，项目建设区域内的大部分单位实现了“正常工作不停滞”搬迁。搬迁区域按期腾空，为“师生学术交流公共空间”项目建设的按期开工奠定了基础。

四、积极落实和完成巡视整改任务

巡视整改，是2017年的一项重要工作。房产处尽管不属于巡视整改牵头单位，但涉及的资产管理、中央“八项规定”落实、转办问题处理等项工作，均需要按照国资、校办、纪委等单位下达的任务清单，具体落实整改任务。

暑期，围绕整改任务要求，房产处详细制定了巡视整改工作计划及工作台账，建立了每周任务销账制度。同时，对分管的房屋、家(用、装)具等国有资产管理存在的问题，进行了全面清理、整改。另外，根据贯彻中央“八项规定”精神要求，分两次开展全校行政办公用房情况拉网式检查，对存在的问题进行整改。

2017年，根据巡视整改要求，房产处组织对全校公用房屋出租出借情况进行了两次清查，对能够规范管理的出租出借项目及时进行了整改。短时间难以完成的，也为学校下一步整改提供了翔实数据信息。

另外，根据纪委转办工作任务，针对巡视中发现的办公用房、公用房使用违规问题以及个人住房清理问题，均按照要求积极落实整改任务，配合纪委推进违纪问题的处理。

为了推动建立公用房管理长效机制，2017年，房产处按照整改要求，制定了《华中科技大学行政办公用房管理暂行规定》。目前，该制度已发布执行。同时，拟定了《华中科技大学公用房屋出租出借管理暂行办法》，并上报学校审议。

五、积极推进家具管理“零跑路”服务理念，进一步规范国有资产管理

2017年，为推进实现家具、用具资产的全生命周期管理，房产处修订了原有的学校家具管理办法，颁布了新的《华中科技大学家具用具管理办法(试行)》(校国资〔2017〕2号)，并对原有工作流程进行了优化、再造。同时，为了落实学校领导提出的“零跑路”管理服务理念，房产处主持开发了学校家具、用具、装具线上管理系统，现已投入运行。系统使得家具、用具的申请、审核、建账、验收、调拨、报废处置等项业务，基本都能在线上完成，为实现“老师办事‘零跑路’，网上办事一键通”的服务目标发挥了积极的作用。

为进一步厘清房屋资产管理，2017年，房产处组织力量，对照资产台账，逐一深入房屋实地，对房屋资产信息进行了核准，初步建立了一栋一档的公用房管理档案。同时，组织开展了为期2个月的校舍房屋安全隐患检查。对检查中发现的隐患，逐一组织力量进行了实地探勘，对存在的问题形成台账，及时上报。

六、主动为教职工排忧解难，积极推进国家惠民政策落到实处

民生问题，是学校非常重视的一项工作。为了贯彻学校领导“努力做历史问题终结者”的要求，2017年，房产处梳理了群众集中反映的问题，对能够解决的民生问题，安排专门力量，加快推进解决。

为解决历史遗留的东校区已退房老职工房改房产权销户问题，房产处主动与开发区政务中心沟通，协商安排专人来校进行周末现场办公，提供“一站式”服务，以免除教职工反复前往政务大厅办理繁杂的销户手续麻烦。该项工作，得到了相关教职工的一致好评。武汉电视台曾对此项便民服务举措进行了专题采访和报道。

2017年，在学校住房工作领导小组领导下，房改办会同财务处、人事处，积极推进了学校的住房货币化补贴发放工作。截至年末，新启动的275名教职工住房货币化补贴，已全部核发。同时，分季度开展了4000多名在职教职工的逐月补贴核算及50余名在职房改老职工的级差补贴核发工作，确保国家的惠民政策落实到位。另外，已收集并初步审核完成了校内1700余名有房老职工的住房货币化补贴申报资料，为后期启动其差额补贴做好准备。

七、积极为学校人才队伍建设提供住房保障

近年来，因拆迁安置、办公需要及新进人员增加等原因，校内住宅房源数量在不断减少，需求在不断增加。加之，由于校内可调控的住宅偏少、房源质量偏差，由此导致公有住房供需矛盾日趋紧张。

2017 年，为了保障学校人才队伍建设，房产处克服房源紧张困难，下力气清理出房源，先后调剂出 65 套周转房源解决引进人才居住问题。同时，根据学校人才工作要求，通过清理、调整，筹备出 62 套较好房源，提供给学校改建成新进人才可“拎包入住”的周转公寓。另外，为了加强未来“拎包入住”周转公寓管理，房产处和人事处已拟定完成“拎包入住”周转公寓管理办法，近期将提交学校审议。

八、进一步加强内部制度建设，积极推进信息化建设工作

2017 年，房产处进一步加强了内部制度、内控制度建设和业务工作流程优化、再造工作。同时，结合内部管理，重点推进了信息化管理手段的建立。

目前，资产管理、分配管理的工作流程及廉政风险防控制度，已基本健全。新修订的《处务办公会议议事规则》《工作纪律规范细则》《考核奖励办法》等制度，已投入执行。同时，主校区住宅一户一档住户档案，已基本形成。公用房屋一栋一档的管理目标，正在积极筹建。

“房产管理信息系统项目”建设，已基本完成系统搭建任务，即将投入测试。通过学校信息化专项支持，已启动全校房屋数字化成图项目。目前，项目已实施。成果形成后，将使得全校房屋资产有一套规范的基础性数据和管理图册。数据接入系统后，全校房屋使用都可通过线上信息化系统进行查询、实施调拨。

九、进一步加强党建工作和党风廉政建设

2017 年，支部制定了《房产管理处、劳动服务公司联合党支部“三会一课”制度》，将思想政治理论学习和支部组织生活制度固化。通过“两学一做”活动，进一步加强培养党员内化于心、外化于行的自觉性。同时，组织党员多次前往孝昌县开展“主题党日为载体，精准扶贫到一线”等支部活动，将精准扶贫落到实处，引导党员主动奉献爱心、帮困扶贫。开展党员“说课”和轮流上党课活动，进一步提升党员的主动学习能力和思想觉悟，增强团队的凝聚力。

为了加强党风廉政建设，进一步明确主体责任，单位与各岗位人员签署了《中共华中科技大学房产管理处党支部落实党风廉政建设责任承诺书》，明确了各岗位人员党风廉政建设主体责任，并将履行党风廉政建设职责纳入年终目标考核。另外，进一步加强了立德树人、意识形态宣传教育，利用部门网站、楼前宣传板、单位宣传廊、微信及 QQ 群等平台，加强宣传教育，营造良好的学习和工作氛围。

（房产管理处、住房制度改革办公室供稿）

后勤保障工作

2017 年,后勤保障工作重视党的领导,加强党的建设,强化党的监督,克服了诸多困难,扎实推进各项工作。

一、服务学校大局,做好重点工作保障

(一) 落实立德树人,深化服务育人

(1) 树立"2244"精神,将"2244"服务团队作为后勤集团服务育人的典型。充分发挥"服务育人"功能,坚持"2244 精神",认真高效处理维修问题。2017 年共受理 4 万多维修单,师生满意率在 99.98%以上,获师生表扬 60 余次。"2244"服务团队在校园传递着敢于担当、吃苦勤奋、乐于助人、工匠精神、职业精神和奉献精神,在师生员工中广受好评。

(2) 暑假校内维修改造期间,拓展食堂服务功能,将韵苑二楼食堂改为自习教室,提供 160 张桌椅 660 个自习座位,并对食堂灯光进行了调整,按照教学楼的照明标准增强照度。食堂工作人员放弃暑期轮休,为学生营造良好的学习氛围,用实际行动践行"立德树人"精神。

(二) 积极面对突发事件,提供坚实保障

圆满完成 2017 年夏季长江防汛救灾工作。7 月 3 日至 7 日,后勤集团共计派出近 100 人次参与武金堤防汛工作,将所有巡防用品、设施、设备等全部安排到位,送餐 80 多次 3000 份,极大改善了巡防人员的生活条件,确保武金堤防段万无一失,圆满完成了防汛指挥部交给的工作任务。

(三) 服务学校大局,贡献后勤资源

(1) 为配合"梧桐雨"的建设规划,后勤集团从学校大局出发,牺牲了近 4000 平方米的办公用地和服务资源,在不影响正常服务保障工作的前提下,克服诸多困难,在指定时间内完成了饮食总公司办公楼、冷库、"2244"服务中心等搬迁工作。

(2) 配合校园规划要求,积极整治商业门面,逐步拆除临街门店及零散摊位总计面积约 1360 平方米,收回原后勤物业办公楼和韵苑综合楼部分出租区域约 500 平方米,用于学校建设学生党员活动中心,并积极做好紫菘片区、韵苑二区门店总面积约 2500 平方米的清退准备工作,配合学校整体规划的顺利实施。

(四) 配合道路改造,提升校容校貌

在校内多条道路施工的特殊时期,做好基础设施的抢修、维护等水电保障工作、新修路段沿线绿化美化保洁工作等。针对学校"两横三纵"道路,严格按照"一级道路"保洁标准,增加保洁人员,加强清扫及循环保洁力度,每天两次洒水车冲洗作业及每周一次的木栈道的清洗工作,主校区一级物业管理面积近 12 万平方米,努力为师生员工提供优美的校园环境。

二、发挥集团化优势,提高后勤服务效率

(1) 召开了 2016 年总结表彰暨 2017 年工作动员会,全面总结过去一年的主要工作,深入分析当前面临的机遇与挑战,重点部署 2017 年的工作要点和今后一段时期的发展规划。

(2) 全年召开党政联席会共计 52 次,其中,讨论涉及"三重一大"的党政联席会有 37 次,讨论"三重一大"议题 63 项,集体决策效率高,组织凝聚力强。

(3) 融入学校大后勤体系,按学校相关要求履行好后勤集团职责。进一步深化并提高服务质量,明晰后勤集团的职责边界,以满足整个大后勤体系的要求。

三、打造升级版后勤,增强服务育人功能

(一) 优化结构调整,强化饮食保障

(1) 根据学校就餐师生的保障性餐饮需要和个性化特色饮食要求,同时根据季节变化对食堂餐饮品种进行合理调整,确保广大师生饮食的经

济、实惠、安全、健康。

(2) 承接附中食堂工作，积极优化窗口菜品配置，规范开餐服务标准，提升进餐体验质量，确保托管食堂平稳过渡。

(3) 加大对餐饮基础设施的投入力度，先后投入300余万元用于增设食堂门禁识别系统、“明厨亮灶”后厨监控系统和整治多个食堂的安全隐患。

(二) 提升服务品质，争做精品物业

(1) 推进物业服务专业化，打造“一级精品服务”。图书馆和体育场馆物业项目的客户满意度较高，大型活动及赛事的服务筹备工作获广泛好评。

(2) 推行学生宿舍“居家式”服务，高效完成毕业生离校退宿、搬迁及宿舍清理工作；分批分步骤地完成2000多间宿舍家具、随房设施等维修工作，确保新生顺利入住。

(3) 荣获中国教育后勤协会物业管理专业委员会“2016年度全国校园物业服务百强单位”评比的第一名、中国社区卫生协会2017年全国百强社区卫生服务中心的荣誉称号。

(三) 打造“2244”品牌，保水保电保绿化

(1) 积极拓展“2244”报修渠道，在“华中大微校园”上线，推进“2244”进入师生服务大厅，使师生报修更方便快捷。

(2) 成立水电巡查小组，开展各项标准建设活动，对供电、供水设施集中管理；建立健全我校停水停电应急管理体制和工作机制。

(3) 做好校园绿化日常养护工作，确保4000多亩校园绿化覆盖植物长势良好，成功举办第七届“校园荷花节”及菊花造型展等活动。

(四) 推进业态升级，做好便民举措

(1) 建设“智慧超市”，在教学楼、办公楼、宿舍楼铺设了60台自动售货机，让师生足不出户就能买到各类商品；升级超市业态，引进鲜食进超市，在学生服务中心将传统的超市模式升级成“便利店＋购物体验”模式；打造“喻园乐购”微信平台，让利于师生，增进信息沟通。

(2) 荣获中国教育后勤协会商贸管理专业委员会颁发的“校园商贸优秀服务企业”荣誉称号。

(五) 强化会务服务，提升接待实力

(1) 以抓经营、强管理为手段，全年会务服务多达600余场次，安全行驶110万公里。成功接待重要国际学术会议和重大活动，如中央巡视检查组的接待服务工作、“百万校友资智回汉工程”暨华中科技大学第十届企业家论坛会务工作。

(2) 大力改善软硬件设施，推进高清视频会议系统项目及校园无线网覆盖项目，改造消防报警系统，实现接待保障能力的大幅提升。

(六) 推进标准化建设，净化商业氛围

(1) 配合校房产处规范国有资产管理，并成立集团经营门店价格管理小组，组织完成全部380余间门店的价格评估管理工作。

(2) 集贸市场再创省、市两级“文明诚信市场”，是全市唯一一家每日进行农残检测的零售市场，通过区食药监局提供的专业设备可快速检测蔬菜残留农药、重金属超标情况；同时，新增“生鲜食品追溯查询系统”试点，可使用二维码查询蔬菜来源以及农残检测等情况。

(七) 关注师生诉求，抓好检查整改

做好日常网络监控工作，高度重视师生舆情并及时处理各类网上意见。在规定的时间内督促各单位整改到位，对处理后的问题坚持抽查、复查，积极维护校园和谐稳定。

四、不断夯实基础，提升后勤管理水平

(1) 以查促改，筑牢后勤安全管理防线。集团将2017年定为“安全管理与检查整改活动年”。集团各单位通过开展多种形式的培训、检查、整改等举措，全面抓好服务、生产和管理。

(2) 紧抓技术与管理相互促进、相互融合的核心理念，先后打造了“2244”维修服务平台、学生公寓管理系统、西华园微信点餐系统、超市管理系统、视频监控系统、明厨亮灶一期工程、学生宿舍门禁系统、博士生公寓无线门锁联网系统、节能监管平台、配电监控系统、节水监管系统等，从师生实际需求出发，实现了管理效率和服务质量的双飞跃。

(3) 积极组织和开展职工岗位培训与技能竞赛活动，如红案烹调技能竞赛、学生宿舍管理员岗位技能竞赛、水电管理中心岗位劳动技能竞赛、快速点钞与商品陈列技能竞赛、接待服务技能竞赛、门店管理员岗位培训与劳动技能竞赛等，大力倡导爱岗敬业、实干兴校的工作作风，激

励全体职工为师生提供精品后勤服务。

五、营造和谐氛围，加强自身文化建设

（1）保障和改善职工民生工作。落实集团“七必访”慰问政策，组织重大节假日各类慰问活动，做好年度困补、医补、大病互助金补助等工作。

（2）组织开展各种文体活动，丰富集团职工业余生活。先后获得校羽毛球团体赛冠军、校教工运动会乙组团体冠军、校“团结杯”乒乓球团体赛第四名。

（3）组织员工开展拓展培训活动，举办“我爱校园、服务育人”演讲比赛、“庆七一”演讲比赛、“庆六一”亲子活动、“强身健体”健步行活动等活动。

六、重视理论研究，加强行业交流

全年参加有关后勤的专业化会议近40次，切实加强了行业交流，提升了综合管理能力。集团领导在高校后勤行业范围内做报告8场、经验介绍3次，任7个全国后勤行业协会副理事长和主任单位。全年获得行业协会颁发的先进个人、先进单位等荣誉称号8次。

全年开展优秀兄弟高校和行业企业的调研考察20余次，积极开展后勤行业交流，探索符合高校后勤社会化改革要求、切合学校实际、具有自身特点的后勤科学发展之路。

（后勤集团供稿）

师生保健工作

2017年，师生保健工作在学校和上级卫生计生部门的正确领导和大力支持下，全面贯彻落实党的十八大和十九大会议精神及习近平总书记系列重要讲话精神，以创建服务型医院为契机，围绕党建、基本医疗、公共卫生、健康管理、学科建设、内部建设及基础建设等重点工作，强化科学管理，突出内涵建设，创新工作机制，不断提升医院综合服务能力，获得“全国百强社区卫生服务中心”“湖北省示范国医堂”等荣誉。

一、党建与党风廉政建设

(1) 深入学习贯彻党的十九大会议精神和习近平新时代中国特色社会主义思想，推进落实“三会一课”等各项基层党建工作制度，“两学一做”学习教育常态化、制度化，医院领导带头讲党课、深入党支部讲微党课，开展党建工作研究，逐步形成校医院党建工作机制。党委会、党委中心组学习及党政联席会议制度化，党委号召各党支部应用团体动力学原理增强组织生活凝聚力，开展语言处方、微笑服务、腐败风险防控等支部主题活动，组织生活质量日益提高。

(2) 落实中央巡视整改工作要求，制定校医院巡视整改工作清单及日程时间表，反复对照，逐一落实。积极贯彻党风廉政建设要求，落实“一岗双责、党政同责”，开展岗位廉政风险防控工作，重温十三个风险岗位责任要求，再次梳理财务、人事、资产、设备、药品、试剂、耗材等风险领域的采购、管理工作程序和制度，年终考核述职、述学、述廉形成制度化。

(3) 高度重视思想政治工作，落实意识形态工作责任制，明确具体联系人员，排查医院社交媒体微信群数量、群主，开展了相关教育活动。在校医院广泛开展多层次“谈心谈话”工作，纳入医院中层干部工作手册考核内容。

(4) 开展医院文化建设，广泛弘扬社会主义核心价值观，将“维持秩序、传递友善、安抚情绪、专业操作”16字纳入职工岗位职责，广为宣传，入脑入心。编辑《医院工作通讯》十余期；广泛开展微笑服务、语言处方活动，组织医务人员编写医学人文书籍《微笑的故事》公开出版；大学生志愿者服务活动渐成体系，志愿者人数200余人，统一着装，成为医院的一道靓丽风景。

(5) 落实党的群团工作会议精神。工会、团支部开展丰富多彩的职工文化体育活动，关心医院职工生活，妥善安排无人照顾的独居老人，看望生病职工、困难职工，让每一位职工体会到校医院大家庭的温暖。

二、医疗服务与健康宣教

1. 医疗工作服务

门诊量/人次	急诊量/人次	出院人数/人次	住院手术/人次	门诊手术/人次	康复治疗/人次	医院救护车出诊/人次
368875	110514	1552	170	6140	36748	479

2. 公共卫生服务

(1) 2017年完成健康讲座33场(6517人次)；健康咨询35场(55680人次)；全校发放健康教育处方43383份；包括全校新生每间宿舍在内，全年共更换健康教育宣传栏1619个；管理校园内传染病新发病例239人；高血压、糖尿病等慢性随访20853人次；为校园内有需求的老年人及其他居民提供上门服务279人次。

(2) 圆满完成了省、市、区纪委2017年对社区公卫工作大数据核查工作，通过对2015年、2016年和2017年公卫服务数据(7万余条)核查，比对信息8000余条，认为我院日常数据录入真实可信，得到了上级部门的肯定。

(3) 根据学生、居民、教工人群的不同特点，开展健康管理服务，工作中逐步形成具有华中大特色的健康管理方法，完成了《华中科技大学社区居民健康管理模式探索》，并得到洪山区卫计委的肯定。2017 年教师健康管理人数达到 1100 人次。

(4) 全年完成体检总人数约为 5.3 万人次，其中新生入学 1.4 万人次，毕业生 1.3 万人次，教职工体检 0.9 万人次，老年人体检 1997 人次。2017 年首次在全省高校实现了学生体检以 DR 胸片代替胸部 X 线透视检查项目，减少了辐射伤害。

(5) 利用各种形式在学校开展防艾宣教工作，得到师生及上级领导的肯定。

三、抓队伍建设、医院管理，提高服务能力

(1) 进一步落实全员培训计划。全年选送 24 名医务人员到附属协和医院、附属梨园医院和武汉市三医院进修学习，持续保持每月一位护士参加市三医院急诊科进修，提升医院医疗技术和急救能力。

(2) 邀请附属同济医院、附属协和医院、附属梨园医院、省中医院、市三医院专家坐诊、授课 287 人次，让师生不出校园就能享受到大医院专家的医疗服务。

(3) 校园突发应急保障：协助学校各部门完成军训、体能测试、会议等的医疗保障工作，全年共完成 78 项校园各类活动事项的医疗保健任务 232 场次，累计派出医护人员 484 人次。

(4) 综合目标管理完善制度建设，签订目标责任书，建设节约型科室、节约型医院。实行“医德医风、医疗数量、医疗质量、医疗绩效、医疗安全、公共卫生、体检、健康管理、成本核算、信息化推进等重点工作”总计十个方面的综合目标管理绩效考核，不断提高科室管理能力。

(5) 成立全科医疗科，推进全科医生制度的实施，调整家庭医生团队工作模式。10 月 9 日至 11 月 30 日全科门诊量 5202 人次，家庭医生上门服务 200 余人次。

(6) 推进服务流程优化。在学校的大力支持下，信息化建设加速推进，2017 年完成了 HIS 系统、电子病历系统更新和数据平台建设及物资系统上线，有效贯通我院 HIS、数据中心、学校校园设备网等业务系统，将医院各业务板块纳入同一个平台，完成了叫号系统的应用；在校园一卡通基础上，9 月开通了微信、支付宝、银联多渠道支付方式，优化了服务流程，患者体验和师生满意度大幅提高。

四、医学教育与社会服务

(1) 强化公众健康教育课程“大学生健康教育”，规范课程内容和讲师培训，保障课程质量；启动大学生急救技能培训项目，与电气学院合作开展大学生急救技能培训。

(2) 承担医学生早临床、反复临床、住院医师规培等社区医学教学工作。

(3) 承办 2017 年湖北省住院医师规范化培训基层师资班培训。完成省级继续教育项目 2 项，市级继续教育项目 1 项。

(4) 获得武汉市卫生计生委科研项目 2 项，科研经费 1 万元；中国药学会科技开发中心项目 1 项，科研经费 0.5 万元。

五、精准扶贫

根据学校精准扶贫工作的任务要求，医院分别于 5 月、12 月派出医疗专家组赶赴勐准村、蚂蚁堆村驻村开展基层医疗帮扶工作，与当地医院一起入户摸查因病致贫第一手资料，撰写《蚂蚁堆村因病致贫病人脱贫诊疗建议书》，探索乡村精准扶贫工作模式，得到当地政府和专家的肯定。

(1) 勐准村和蚂蚁堆乡(村)走访村民 87 户 103 人，坐诊 14 人次，共完成 3 场合计 128 人次义诊活动，为 65 岁以上老人体检 188 人。

(2) 深入基层卫生服务中心和村医工作室，现场规范用药和治疗指导，代表医院捐助价值 15760 元医疗救助物资，向临翔区捐赠基层医疗工作用药指导的口袋书 100 本。

(3) 2017 年 5 月 15 日，在临翔区百余名村医开展专题讲座，涉及全科医学、药品管理和预防接种三个专题。

(4) 为临翔区基层卫生人员编制“乡村医生口袋书系列”手册，包括《村医急诊急救常识手册》《村医常见病多发病实用手册》《村医儿童保健常识手册》《村医用药指导手册》等 6 册。

五、2017年所获荣誉

(1) 2017年全国百强卫生服务社区中心;

(2) 湖北省示范国医堂;

(3) 洪山区卫生计生系统医疗岗位技能竞赛总成绩第一、团体一等奖;

(4) 检验科被评定为"武汉市区级临床重点专科";

(5) 药剂科获第二届全国药学服务创新大赛冠军。

(校医院供稿)

表彰与奖励

工会系统

校外获奖情况

（一）个人

序号	时间	姓名	性别	获奖单位	荣誉称号	颁发部门
1	2017 年	胡忠坤	男	物理学院	全国五一劳动奖章	中华全国总工会
2	2017 年	张存泰	男	附属同济医院	湖北省五一劳动奖章	湖北省总工会
3	2017 年	龚超	男	新闻学院	湖北省五一劳动奖章	湖北省总工会
4	2017 年	何岭松	男	机械学院	湖北省“师德先进个人”	湖北省总工会

（二）集体

序号	时间	获奖单位	荣誉称号	颁发部门
1	2017 年	华中科技大学工会	湖北省教育系统职工文艺汇演优秀组织奖	湖北省科教文卫体工会
2	2017 年	校医院护理部	湖北省女职工建功立业标兵岗	湖北省总工会
3	2017 年	附属协和医院儿科血液病房	湖北五一巾帼奖并获得湖北省“工人先锋号”	湖北省总工会

校内评选表彰

“三八”表彰

（一）五好家庭

机械科学与工程学院：马莉敏（女）谢经明

计算机科学与技术学院：刘宏（女）宋恩民

能源与动力工程学院：龙妍（女）刘可

光学与电子信息学院：赵茗（女）杨振宇

武汉光电国家研究中心：刘秀丽（女）孙倪

附属协和医院：陈莹（女）林洪

附属同济医院：刘雅丽（女）高伟

附属中学：刘玲（女）沈勇

后勤集团：王红玉（女）陶仲兵

同济校机关：王莉（女）胡晓辉

（二）巾帼建功示范岗

公管学院教学服务大厅
光学与电子信息学院教学实验中心
物理学院新时代行政服务团队
人事处教师工作办公室
学科与发展规划办公室
图书馆信息咨询部
附属中学初中英语教研组
后勤集团商贸总公司教工超市
基础医学院药理学系
附属协和医院门诊皮肤激光美容中心
附属同济医院护理部
附属梨园医院神经内科

“五四”表彰——十佳青年教工

王　琳（女）　（附属协和医院）
韩东吉　（附属同济医院）
李建国　（马克思主义学院）
王康丽（女）　（电气与电子工程学院）
马　聪　（生命科学与技术学院）
杨　治　（管理学院）
石宣化　（计算机科学与技术学院）
余　宇　（武汉光电国家实验室（筹））
罗　迪　（能源与动力工程学院）
杨　莹（女）　（基础医学院）

教师节表彰——师德先进个人

董念国　（附属协和医院）
朱　苈　（武汉光电国家实验室（筹））
于世英　（附属同济医院）
项光亚　（药学院）
李　熳　（基础医学院）
项林川　（物理学院）
周华民　（材料科学与工程学院）
杨家宽　（环境科学与工程学院）
雷洪德　（教育科学研究院）
叶齐政　（电气与电子工程学院）

人事系统

“伯乐奖”“三育人奖”和“三育人积极分子”名单

一、伯乐奖(4 人)

崔永华　冯作化　施保昌　张建华

二、三育人奖(31 人)

毕志伟　陈汉平　陈金富　陈义宏　冯　霞　龚　超　何　崑　黄牧涛　李　锋
李建军　李志纯　刘　航　罗小平　马彦琳　潘林强　孙炎林　陶凯雄　万　霞
汪　蓓　王　邦　王从义　王宗平　魏　晟　夏增民　杨　华　袁楚明　张民昌
张明敏　周建峰　周正航　朱丽华

三、三育人积极分子(61 人)

陈　辉　程　恳　陈　敏　陈璐璐　陈文超　陈学文　陈振兵　褚　亮　褚　倩
崔新伍　范　恒　冯　玲　耿　虹　韩东吉　胡宏生　胡艳红　江群华　金辉吉
李　耿　李　萍　李　涛　李炳辉　李承宬　李凝旭　李仁府　李松建　李晓南
刘海英　刘婧婧　吕泽华　梅昌超　聂明局　彭茂俊　任　亮　尚　游　苏　远
唐朝晖　田　波　万赤丹　王　颖　韦　卓　魏　柏　魏宇森　吴贤国　吴燕庆
向先波　刑毅飞　熊维宁　徐荣祥　杨伯凡　杨坤禹　叶胜武　余保华　袁水桥
张　勇　张建初　张咸伟　张晓芳　张志伟　周　蕾　周新宇

科研系统

科技人员获得的荣誉

序号	奖　项	评奖单位	获奖名单
1	中国工程院院士	中国工程院	马　丁
2	首届全国创新争先奖	人社部、中国科协、科技部、国务院国资委	邵新宇　马　丁
3	美国机械工程师协会会士	美国机械工程师协会	李仁府
4	英国皇家化学学会会士	英国皇家化学学会	谭必恩
5	美国光学学会会士	美国光学学会	曾绍群
6	亚太物理学会“杰出青年科学家”	亚太物理学会	王　璐
7	CCF-IEEECS 青年科学家奖	中国计算机学会(CCF)和IEEE Computer Society(CS)	廖小飞
8	湖北省科学技术突出贡献奖	湖北省人民政府	陈孝平
9	第十三届“中国青年女科学家奖”	中国科协	王　琳
10	2017 年度“青年人才托举工程”项目	中国科协	刘大彪　唐　科　黎　敏
11	2017 年度青年科技晨光计划资助	湖北省科协	王　巍　曾　强　李毅超　吴甲民　张一威　崔广林
12	2017 年度青年科技朝阳计划资助	武汉市科协	孙　杰　胡　蝦　张　骐
13	2017 年度“武汉市优秀科技工作者”	武汉市委组织部、武汉市科协	张海鸥

教学系统

首届课堂教学卓越奖、优质奖获奖名单

卓越奖(9名)(排名不分先后)

机械科学与工程学院:王书亭
生命科学与技术学院:杨广笑
电气与电子工程学院:陈德智
自动化学院:周纯杰
土木工程与力学学院:杨新华
数学与统计学院:吴　洁
马克思主义学院:闫　帅
法学院:尹建国
工程科学学院:刘劲松

优质奖(16名)(排名不分先后)

计算机科学与技术学院:张爱华
生命科学与技术学院:杨　英
材料科学与工程学院:单　斌
能源与动力工程学院:许国良
光学与电子信息学院:杨晓非
光学与电子信息学院:朱广志
电子信息与通信学院:邓天平
数学与统计学院:汤燕斌
物理学院:李智华
管理学院:夏新平
管理学院:陈卫华
人文学院:张　瑛
新闻与信息传播学院:彭　媛
外国语学院:易　路
基础医学院:汪海婴
体育部:井　玲

2017年国家奖学金研究生获得者名单

博士研究生名单(207人)

数学与统计学院:(3人)

李栋浩　王会利　于洋海

物理学院:(12人)

王　凤　施伟龙　刘　希　于健博　罗　覃　岳　阳　李小康　王　梅　杨莎莉　张祖泉
彭　浪　严雨蒙

化学与化工学院:(7人)

赵　杰　廖伯凯　王海涛　张　艳　闫　凯　吕占傲　申　亮

机械科学与工程学院:(14人)

黄伟健　段　科　刘　潇　柏　伟　丁亚江　张　坡　李祥飞　孔冬冬　周　奇　陈　荣
曹龙超　刘智勇　程斯一　史伟杰

材料科学与工程学院:(10人)

郭雁鹏　刘　清　周志伟　吴剑芳　杨　雄　韩昌骏　李　俊　汪　敏　沈王强　陈安南

能源与动力工程学院:(7人)

杨应举　陈　奇　余兴建　朱贤青　郑年本　徐　俊　陈　伟

电气与电子工程学院:(12人)

李显东　黄　佩　丰　昊　刘　朋　简　翔　郭伟欣　王作帅　魏繁荣　陈　乐　范兴纲
方海洋　邹天杰

船舶与海洋工程学院:(1人)

龚志雄

生命科学与技术学院:(12人)

钟　雯　王　婕　王　申　赵　浩　黄毓雯　秦　星　柳纯洁　李忆卉　陈　晋　梁　语
朝红波　韦富香

电子信息与通信学院:(4人)

杨　鹏　柏　松　唐　芃　朱　冬

光学与电子信息学院:(9人)

卢鲁璐子　祖　昊　何家乐　傅　鑫　肖卓鹏　汪若虚　江星星　张　宝　阮运军

自动化学院:(6人)

唐其鹏　杨佳琪　陈都鑫　盛　银　肖　强　吴庭芳

武汉光电国家实验室(筹):(24人)

李　铮　翟春洋　余　祥　韩于冰　王　蕾　李　嘉　张　鹤　李　浩　孙园园　左鹏飞
孟　丽　侯　杰　陈　超　童金辉　任　淼　王思亮　孙春雷　刘　朋　严思琦　朱　龙
赵延洁　张　猛　赵　楠　李嘉铭

计算机科学与技术学院:(5人)

钱永峰　张　伟　牛轶佩　冯　君　罗　茂

建筑与城市规划学院:(2人)

王　莹　孙　亮

土木工程与力学学院:(4人)

郭　松　刘文博　刘文黎　徐　捷

环境科学与工程学院:(2人)

黄　龙　王　训

水电与数字化工程学院:(2人)

袁　柳　季　彬

管理学院:(8人)

刘　丛　郑本荣　黄燕婷　张　丹　张　海　王军鹏　郭　放　彭亚婷

经济学院:(4人)

黎娇龙　刘常青　项君怡　王　砾

人文学院:(2人)

周俊锋　黄继红

法学院:(1人)

王　岩

社会学系:(2人)

陈　宁　周　浪

公共管理学院:(3人)

王　戈　沈　霄　匡　兵

马克思主义学院:(1人)

姚金艳

教育科学研究院:(2人)

熊　进　李玉栋

新闻与信息传播学院:(2人)

王创业　李秋华

基础医学院:(7人)

刘　行　葛敏燕　孙东晟　庞　培　汤　惠　夏　宇　王　林

公共卫生学院:(6人)

侯　建　宋璐璐　罗　丹　杨　盼　万丽斌　袁　瑜

药学院:(2人)

李　静　吴婷婷

医药卫生管理学院:(1人)

吴　红

计划生育研究所:(1人)

张永红

附属协和医院:(14人)

孙亭方　王若禺　高　杨　熊淑娥　张亚敏　王静林　吴琼峰　施慧英　赵恒强　吴介洪
刘炜圳　尹艳雪　王思琪　韦洁霖

附属同济医院:(15人)

方　茜　孙守家　吴卢进　李璠璠　秦保龙　童　庆　巩　静　周　婷　赵艳茹　徐涵潇
李　浩　宋　佳　崔　凯　李　木　周亚群

硕士研究生名单(351人)

数学与统计学院:(5人)

赵　勇　戴　蕾　冯　妍　郭旦旦　黄远飞

物理学院:(6 人)

张璐嫚　刘增星　孔　翠　罗　成　赵婉秋　吴旭明

化学与化工学院:(6 人)

陈冠楠　吴雨晴　赵　霞　魏莉莎　石清璇　李英英

机械科学与工程学院:(25 人)

孟　杰　马德扬　胡　迟　褚　晟　张　熙　谭慧玲　潘永军　湛梦梦　张　漪　杨琰眣　周明琢　杨　明　胡　涛　陈力铭　娄正坤　林　惠　魏得权　蒋　诚　陈　珍　江鹏强　秦文锦　舒乐时　王　辉　张佳黎　李喜艳

材料科学与工程学院:(13 人)

崔凌越　单静静　彭子凌　郝良彦　杨　益　王　倩　王利斌　朱　辉　高　婷　苏　真　杜　妍　陈敬炎　肖　欢

能源与动力工程学院:(13 人)

程焱华　马预谱　刘发龙　舒伟程　孙劭波　涂润春　张秀菊　马千里　赵翰卿　宁道关　唐　浩　陈洪强　邹仁杰

中欧清洁与可再生能源学院:(5 人)

江　浪　刘　越　封华翼　刘一帆　王廷旭

电气与电子工程学院:(17 人)

晏鸣宇　卢　阳　刘泉辉　秦　瑜　韩　佶　邹剑桥　蒋亚杰　李　想　郭　乾　荣灿灿　沈泽微　李　桥　熊佳明　沈　郁　高海龙　何英发　张哲原

船舶与海洋工程学院:(5 人)

张嘉磊　甘帅奇　刘　辉　方　敏　王　存

生命科学与技术学院:(7 人)

刘喜艳　黄志文　彭晓乐　陈　莹　税　珂　陈子轩　翟天龙

电子信息与通信学院:(14 人)

潘凌卉　王　靓　邹　梦　刘海珍　刘超越　薛唐立　吕鹏原　廖明辉　周志超　晏雍娈　冯上杰　史文念　龙长春　张　宇

光学与电子信息学院:(20 人)

龚　维　李　迪　李晓雷　刘　畅　陈泽皓　吴超凡　李　斌　高　帆　陆佳宁　崔静娴　敖　翔　张长旺　陶　静　陈　曦　党云丽　陈世超　吴秋晨　罗时江　刘　洒　姜　澄

自动化学院:(17 人)

陈科舟　吴　勇　杨雨城　黄　川　吴　倩　史江山　武　展　潘　彤　王兆静　杨　柳　苏婷婷　吴小东　彭意兵　周晨阳　黄文杰　余晓强　胡　芮

武汉光电国家实验室(筹):(13 人)

朱　玥　唐英杰　刘桐君　李婉婷　吕文志　吴　婕　段玉华　罗邦武　倪　鸿　刘家赫　邱华庆　庄晓照　熊　焱

计算机科学与技术学院:(16 人)

张军琛　叶阁焰　张晏铭　艾　明　陈　湃　段卓辉　王　娜　王　摧　廖良翌　李贤亮　黄　航　叶　蕊　陈文祥　彭晨晨　金琰祺　胡　蝶

建筑与城市规划学院:(11 人)

王江华　司　睿　董禹含　杨　洋　陈　明　刘　乾　张　晨　郭祖源　郝心田　聂晶鑫　王　玥

土木工程与力学学院:(11 人)

张岚斌　张　飞　沈梅芳　陈　甜　吕思祺　薛鹏鹏　施　洋　谢致远　张族炎　田　炜　于同生

环境科学与工程学院:(6人)

陈　沁　丁家琪　杜前洲　韩逸骁　潘　红　梁剑锋

水电与数字化工程学院:(4人)

麦紫君　胡　杰　刘　伟　汪赞斌

管理学院:(10人)

李文秀　周　颖　胡兵琴　李绍静　蒋　渊　张心泽　冯原霞　史　健　郑　重　叶真奇

经济学院:(9人)

胡耀文　张燕玲　谢晓芬　梁　榜　甘永巍　高小燕　张程程　陈　玥　涂　蕾

人文学院:(8人)

虞　扬　王艳杰　孙云霏　余　玲　周小香　郑　彬　罗正东　陶正桐

法学院:(13人)

张　烜　杨亚琼　席　耶　鲍慧红　万　超　马　聪　任善有　王靖宇　何垚淼　何志强
徐　曼　雷　颖　杨月明

社会学系:(5人)

管理定　付名琪　冯　楠　曾福星　童芬燕

公共管理学院:(3人)

李参军　胡碧霞　陶莹慧

马克思主义学院:(3人)

景秀齐　赵　谛　刘璐璐

外国语学院:(3人)

胡如蓝　刘晓黎　范千千

教育科学研究院:(5人)

罗靳雯　吴君畅　龚　琴　张　冰　徐　蕾

新闻与信息传播学院:(5人)

张心怡　孟筱筱　陈　琛　刘亚婷　方新子

基础医学院:(6人)

郭翠苹　朱　映　李龙梦　魏　巍　周　欢　向宏春

公共卫生学院:(6人)

胡　晨　李　慧　许忠宇　李　灿　黄　莎　孟　佳

药学院:(3人)

程　芳　孙广飞　乔玉本

法医学系:(1人)

丁自娇

医药卫生管理学院:(4人)

熊　冰　吴　悦　刘俊杰　苏　岱

护理学系:(1人)

张泽宇

计划生育研究所:(1人)

李　娜

附属协和医院:(19人)

杜　宇　马朝霞　王　艳　李　程　王立宇　杨凤英　胡斌武　谌雅青　程　玲　安　婧
李红岩　皮淑兰　秦智智　贾　琪　陶　惠　董青青　李梦婷　邓享誉　袁京生

附属同济医院:(20人)

吴　成　管　明　李支笑　刘宝文　张　思　刘浩然　刘代强　马学友　范　莉　刘　莲

秦　鑫　杨雪萍　赵　敏　余胜男　王　琨　张　磊　郭嘉超　范宇晖　李传昌　周　俞

附属梨园医院:(1 人)

任国强

软件学院:(11 人)

王馨苇　马江夏　张亚珠　刘景超　孙　宝　边文姣　陈文峰　王农彦　邹军军　王汉杰　李双靓

2017 年国家奖学金本科生获得者名单

麻彩云　吴华伟　张明达　华宁　胡潇尹　杨凯麟　李丹宁　吴天宇　孙文静
张敏　曾雄　叶杨　马占松　汤子威　杜帅元　洪超仪　綦浩喆　秦施政
徐金田　黄鑫　杨牧原　胡汉鹏　易纪非　曾俊　贯云培　万鑫晨　唐楚峰
孔德章　丁宁　成思霖　龙杰锋　王晶　梁瑾　李鹤皓　陈薇　张鑫
张孟潇　余颖雪　张月涵　张有宜　王健　张佳兴　王志浩　汤鸣宇　张嘉辉
殷黎婷　刘文航　徐政通　曹云康　杜晓峰　董乐　陶峻逸　赵岳虎　徐章宇
魏业凯　刘子宁　夏一洲　张鼎　李文静　陈美伶　郑之杰　王树城　宋周洲
钱敏　陈汉威　卿志武　尹浪　王海容　蒋渊　张逸骅　柯俊强　汪文宇
张可涵　胡巧婷　周斯琦　赵培杰　谢良桢　钱晨原　杨司玥　陈妍岚　胡佳齐
邱爽　黄俊辉　王翀　司马琪　董绍康　张王优　潘高宁　方杰民　成文海
李嘉琛　唐敏杰　龚石　肖凯　段冰洁　刘鹏　陈守法　何简奔　刘心怡
黎冰凌　孙皓安　周宇轩　卫天峻　申太勇　王玉婷　曹治　柴慧洁　葛言
何韵文　李佳意　廖正平　刘宸昊　谭刘　魏代辉　吴冰清　吴珍珍　杨雪
张湘忆　凌恺　杨桐彤　陈洪磊　王雯慧　向奕乾　李炫圻　绳新如　艾丹
欧阳镫浩　毛丽春　成忠明　张钰海　欧阳楚可　胡颖洁　成泽宇　骆依林
苏心洲　王锐　刘钊因　郭瑛　龚婧毅　唐乾桐　叶思伊　黎任　施学纬
刘瑶　陈雪梅　刘城欣　贺思婧　张宛楠　贺鸿杰　向绍杰　石重托　夏天
薛熙臻　谷鹏宇　何杨　李思妍　闵扶舟　冯忠楠　何长军　李婉晶　杨帅
金天昱　郭昕扬　滕瀚麟　潘昶　王治海　付铠　简亲平　尹俊明　杨盟
苏鹏娟　刘晓威　朱宁　韩哲睿　孟子丁　王尚坤　李海燕　张之瀚　熊枫
刘余丹　易帆　张宇　易舒云　杨柳清　樊丹迪　王慧茹　宋祥毓　王光宇
郭云飞　彭智亮　倪弼砚　邓鹏飞　黄芳　王雪美　虞箫　汪海林　陈孟虎
徐世威　张婉　陈洁玙　谭丝杨　梅铁　张斯妤　徐哲　曾东鋆　张子轩
张劲逸　费一凡　卞小溪　曾泽柱　江文豪　金鑫磊　屈颖　陶宇超　张冰利
董卓然　高子闻　童妍钰　李露阳　杜卓轩　苏莹莹　杨晨　卢晨贝　王之威
夏文浩　廖屹峰　郑超　刘薇　李雨桐　钟正东　朱润琪　王美澄　董伟杰
孙宏博　刘紫蕊　常伟光　陈梦晗　肖博雅　王雨欣　范俊瑶　杨文婷　姚旺
刘晓晓　曹宇锦　孙源　亢颖　杨子曦　叶家兴　李伟健　赵金　全首至
罗振鸿　丁千寻　张亚哲　罗淮英　张磬文　吴昌昊　陈宗群　张红艳　武春生
梁辰吉昱　刘梦洁　王叶超　董蓓　余彦文　史志皓　谭丽坪　朱振华　杨恺洁
梁珪涵　刘开锴　仉迪　周强　张云潇　蔡家麒　陆秋宇　孙煜　张一凡
王泽昆　廖诗鸣　毕铭杰　周宏宇　许辉　王子垚　陈特儒　邹荣　王超
孙志伟　陈剑波　郭瑞乔　陈心羽　汪兆强　汤黎伟　王晓梦　李建文　丁一
李默然　刘明辰　鄢诏译　钟知　曾奕　陈雄超　伽金然　何玉婧　季紫薇
梁宇　刘邦亚　马俊添　逄锦聪　熊佩　杨才龙　邹青云　李攀郁　代兆威
徐哲珩　鲍语今　戴隆权　赵杉　蔡雨晨　余静雯　李卓颖　周朱荣　陈琳
李琳燕　吕艳玲　马驿彬　钱泓勃　周双　张雨格　梁小玲　伍素雯　张硕

乔金晗　吴　晢　吕莹莹　宋杨美惠　夏克尔扎提·肖哈拉提　谢斯怡　洪森源
何　彬　杨　雪　廖芷芸　杨婧菲　尤琦琦　郇杨萍　周雨彤　姚宇欣　陈昀尚
黄冰玉　张振皓　陈　颖　张紫桑　徐芸若　牛子钰　文涔锦　陈　申　欧阳润昕
李佩雲　林雪松　肖雨寒　王子涵　王业华　吕博文　程　旭　李沛玥　余扬沁
昌　森　李　坪　李婷玉　李占森　彭乔俊　孙建华　周　浩　洪舟萍　刘宝琳
王慧兰　狄　琳　黄　晖　黄俐杰　郑　宇　张志林　苗　昱　黄　晶　王鄂凡
黄箔钊　陈　语　吴本瑞　吴昱奇　黄千绮　蒋沛然　陈晓晗　姚雨涵　林逸鹏
李雨露　温芷晗　李　哲　袁鹏辉　江婳婳　杨世缘　金　瑾　王佳鑫　龚敏敏
张龄允　黄　晴　蔡译萱　易若彤　黄悦鑫　方峰新　朱佩玲　龚雪玮　宗紫来
范嘉雯

华中科技大学2016—2017学年度启明之星名单

<table>
<tr><th>序号</th><th>获奖称号</th><th>获奖人</th><th colspan="2">学　号</th><th>院　系</th><th>其　他</th></tr>
<tr><td>1</td><td>学科竞赛之星</td><td>雷伍江</td><td colspan="2">U201416253</td><td>机械科学与工程学院</td><td>2016届特优生</td></tr>
<tr><td>2</td><td>科学研究之星</td><td>田一帆</td><td colspan="2">U201413686</td><td>光学与电子信息学院</td><td>学生创新团队：计算材料科学与测量模拟中心(CCMS)</td></tr>
<tr><td>3</td><td>社会责任之星</td><td>郑超</td><td colspan="2">U201513087</td><td>药学院</td><td>2016届特优生</td></tr>
<tr><td>4</td><td>文化交流之星</td><td>白鹏</td><td colspan="2">U201010528</td><td>基础医学院</td><td>学生创新团队：医用图像系统研究团队(PACS)</td></tr>
<tr><td>5</td><td>主动实践之星</td><td>陈晶</td><td colspan="2">U201416702</td><td>社会学院</td><td>学生创新团队：
1. 大学生调查研究中心(T团队)
2. 创新创业华中大</td></tr>
<tr><td rowspan="13">6</td><td rowspan="13">学科交叉之星</td><td rowspan="13">广东华中科技大学工研院联合实习队</td><td>谢承翰</td><td>U201410636</td><td>机械科学与工程学院</td><td rowspan="13">启明学院实验班</td></tr>
<tr><td>唐子玄</td><td>U201410591</td><td>机械科学与工程学院</td></tr>
<tr><td>董　楠</td><td>U201410706</td><td>机械科学与工程学院</td></tr>
<tr><td>戴孟宽</td><td>U201410812</td><td>机械科学与工程学院</td></tr>
<tr><td>王浩伟</td><td>U201410966</td><td>机械科学与工程学院</td></tr>
<tr><td>张志悦</td><td>U201410936</td><td>机械科学与工程学院</td></tr>
<tr><td>苑顺心</td><td>U201414860</td><td>计算机科学与技术学院</td></tr>
<tr><td>韦英皇</td><td>U201414819</td><td>计算机科学与技术学院</td></tr>
<tr><td>何秋燕</td><td>U201414245</td><td>自动化学院</td></tr>
<tr><td>杨　彬</td><td>U201414262</td><td>自动化学院</td></tr>
<tr><td>万晓峰</td><td>U201414399</td><td>自动化学院</td></tr>
<tr><td>周　游</td><td>U201414268</td><td>自动化学院</td></tr>
<tr><td>李泽奇</td><td>U201414530</td><td>自动化学院</td></tr>
</table>

体育系统

2017年中国大学生武术锦标赛(高水平)

姓名	性别	项目	名次	教练员
王梓伯	男	男子甲组吴氏太极拳	第一名	李珂
王梓伯	男	男子甲组软器械	第一名	
王乾龙	男	男子乙组软器械	第三名	
王乾龙	男	男子乙组翻子拳	第一名	
李超豪	男	男子甲组龙身蛇形太极拳	第一名	
李超豪	男	男子甲组孙式太极拳	第三名	
李家亮	男	男子乙组查拳	第二名	
林益杭	男	男子乙组少林拳	第三名	
雷富凯	男	男子甲组南刀	第三名	
高晨东	男	男子甲组42式竞赛太极拳	第三名	
梁珪涵	男	男子丙组软器械	第三名	
张豆豆	女	女子乙组太极剑	第三名	
张豆豆	女	女子乙组杨氏太极拳	第三名	
孙子依	女	女子甲组孙式太极拳	第三名	

2017年湖北省大学生田径运动会

姓名	性别	项目	名次	教练员
吴文美	女	女子乙组 400 米栏	第一名	李景丽
徐　赟	女	女子乙组 三级跳远	第二名	余长青
李馨宁	女	女子乙组 100 米栏	第一名	李景丽
麻淑淑	女	女子乙组 实心球前掷	第一名	龚秀春
陈　炼	女	女子乙组 跳高	第二名	卢标
李　鑫	男	男子乙组 800 米	第一名	李景丽
贾紫涵	男	男子乙组 跳高	第二名	卢标
李秋廷	男	男子乙组 三级跳远	第二名	余长青
马兴锴	男	男子乙组 400 米	第一名	张克堃
邵怀祥	男	男子乙组 铅球	第一名	龚秀春
邵怀祥	男	男子乙组 实心球前掷	第一名	龚秀春
顾家宇	男	男子乙组 跳远	第一名	余长青
张　硕	男	男子乙组 跳远	第二名	余长青
		男子乙组 4×100 米	第二名	余长青
		女子乙组 4×100 米	第一名	余长青
		男子乙组 4×400 米	第二名	余长青
		男子乙组 团体总分	第一名	集体
		女子乙组 团体总分	第一名	集体
		乙组 团体总分	第一名	集体

2017年中国大学生体育协会田径分会

姓名	性别	项目	名次	教练员
张硕	男	跳远	第一名	余长青
李秋廷	男	三级跳远	第一名	
游娜	女	100米栏	第一名	李景丽
李馨宁	女	100米栏	第三名	
麻淑淑	女	铁饼	第一名	龚秀春

2017年全国学生运动会

姓名	性别	项目	名次	教练员
顾家宇	男	跳远	第三名	余长青
王泓	女	跳高	第一名	卢标
游娜	女	100米栏	第一名	李景丽
麻淑淑	女	铁饼	第一名	龚秀春

2017年湖北省普通高等学校乒乓球比赛(学生组)

姓名	性别	项目	名次	教练员
李芷晟 李明达	男	甲B组男子双打	第一名	胡佳
李芷晟 李明达 徐承脉 伍海桐 王晨同	男	甲B组男子团体	第二名	
张潇月 杨嘉瑜 邓梦瑶 孙睿 刘玮琦	女	甲B组女子团体	第二名	
杨嘉瑜 邓梦瑶	女	甲B组女子双打	第二名	
		女子甲B组	第二名	
		男子甲B组	第二名	

第二十届CUBA中国大学生篮球联赛(湖北赛区)暨2017年湖北省大学生篮球联赛

性别	项目	名次	教练员
女	女子甲组	第一名	王永俊 翟欢
男	男子甲A	第二名	陈珂 王宗兴

2017年第九届湖北省龙舟大赛(群体)

组别	项目	名次	教练员
大学生组	200米	第二名	王峰 王锋 沈恒
	500米	第二名	
	总成绩	第二名	

"青衣故事杯"2017年中国大荔世界名校龙舟大赛

组别	项目	名次	教练员
混合组	200米直道竞速	第一名	王峰 王锋 沈恒
混合组	500米直道竞速	第一名	
混合组	2000米环绕赛	第一名	

2017 年第六届同城双星龙舟赛

组别	项　　目	名次	教练员
男子组	200 米	第一名	王　峰　王　锋　沈　恒
	800 米	第一名	
混合组	500 米	第一名	

2017 年第六届杭州中国名校龙舟竞渡暨在杭高校龙舟赛

组别	名次	教练员
混合组	一等奖	王　峰　王　锋　沈　恒

2017 年世界名校龙舟大赛

组别	项目	名次	教练员
混合组	200 米	第一名	王　峰　王　锋　沈　恒
	500 米	第一名	
	2000 米	第一名	

2017 年第十三届全国学生运动会

项　　目	名次	姓名	教练员
大学甲组 跳远	第三名	顾家宇	余长青
大学甲组 铁饼	第一名	麻淑淑	龚秀春
大学甲组 跳高	第一名	王　泓	卢　标
大学甲组 100 米栏	第一名	游　娜	李景丽

湖北省大学生健美操艺术体操锦标赛

项　　目	名次	姓名	教练员
小集体综合风格齐舞（自选）街舞	一等奖	廖　婷　薛　泽　黄雨晴　蒋逸梅　何玉婧　蒋诗雨	韦　丹
全民健身操六级有氧舞蹈大众健美操	一等奖	贺英洁　余明锐　张宁莎　邹姝妍　马雅琨　白雪璐　牟　薇	

“中国移动杯”第二十二届中国大学生网球锦标赛暨中国高校“校长杯”网球比赛

项目	名次	教练员
学生男子甲组	团体第一名	孙　静

2017 年湖北省柔力球公开赛

项目	名次	姓名	教练员
高校组 个人自编套路	第二名	廖英杰	童胜玢

2017年湖北省大学生排球比赛

项目	名次	姓名	教练员
男子甲组	第一名	傅方茂等	王　芳

2017年湖北省大学生羽毛球锦标赛

项目	名次	姓名	教练员
甲A组男子双打	第二名	姜昀芃　周　鑫	梁　卫

2017—2018年全国青少年校园足球联赛湖北赛区(大学组)

项目	名次	教练员
校园组	团体第一名	戴红焰

2017年湖北省大学生定向越野比赛

项目	名次	姓名	教练员
女子甲组 接力赛	第一名	陈　莉　石佳琦　蓝　庆　张雪颖	田应池
女子甲组 短距离赛	第二名	陈　莉	
男子甲组 接力赛	第一名	袁思闽　杨嘎玛　孙赛峰　戴林基	
男子甲组 短距离赛	第一名	袁思闽	
男子甲组 中距离赛	第一名	管志远	
男子甲组 中距离赛	第二名	袁思闽	
男子甲组 百米定向	第一名	袁思闽	
男子甲组 百米定向	第二名	张冠林	
男子甲组	团体第一名		
女子甲组	团体第一名		
甲组	团体总分第一名		

2017年湖北省普通高等学校乒乓球比赛(学生组)

项目	名次	姓名	教练员
男子乙组单打	第二名	方拓力	葛　慧
男子乙组团体	第一名	张润泽　方拓力	

2017年湖北省普通高等学校大学生毽球比赛

项目	名次	姓名	教练员
女子双人赛	第一名	邱　爽　黄雨绮	常　亮
混合双人赛	第二名	曾柯谤　段　卉	

综合统计数据

教职员工基本情况统计

统计截止时间:2017 年 12 月 31 日　　单位:人

校区	总数	性别		技术职务					学历结构				
		男	女	正高	副高	中级	初级	未定	博士	硕士	研究生(无学位)	本科	大专及以下
总计	23235	8709	14526	1737	2692	6045	5169	5374	5557	3318	77	9781	4502
大学部	6422	4137	2285	1204	1843	2125	330	920	2897	1331	77	1411	706
附属协和医院	6970	2005	4965	259	403	1758	1927	1601	1217	857	0	2964	1932
附属同济医院	9060	2377	6683	248	398	1862	2719	2637	1431	992	0	5017	1620
附属梨园医院	783	190	593	26	48	300	193	216	12	138	0	389	244
45 岁以下													
总计	17640	5323	12317	498	1340	4173	4940	4904	4029	2431	16	8115	3049
大学部	3051	1846	1205	409	860	1093	196	493	1745	706	16	469	115
附属协和医院	5809	1439	4370	49	201	1355	1883	1595	992	724	0	2696	1397
附属同济医院	8270	1944	6326	39	265	1605	2666	2636	1285	887	0	4737	1361
附属梨园医院	510	94	416	1	14	120	195	180	7	114	0	213	176

注:本表格统计大学部人员为在册人员(含附属中小学,不含集体所有制人员);附属医院总数包含全民固定制、全民合同制、培训选留制人员以及其他方式聘用人员。

教师队伍基本情况统计

统计截止时间:2017 年 12 月 31 日　　单位:人

校区	总数	性别		技术职务					学历结构				
		男	女	正高	副高	中级	初级	未定	博士	硕士	研究生(无学位)	本科	大专及以下
总计	7288	4481	2807	1649	2067	2269	278	1025	5229	1511	10	521	17
大学部	3381	2408	973	1160	1399	740	21	61	2714	459	10	195	3

续表

校区	总数	性别		技术职务					学历结构				
		男	女	正高	副高	中级	初级	未定	博士	硕士	研究生(无学位)	本科	大专及以下
附属协和医院	1779	942	837	246	327	739	165	302	1139	495	0	140	5
附属同济医院	1990	1073	917	227	302	707	92	662	1367	511	0	108	4
附属梨园医院	138	58	80	16	39	83	0	0	9	46	0	78	5
45岁以下													
总计	4947	2806	2141	494	1197	1963	274	1019	3781	987	3	170	6
大学部	1796	1243	553	407	780	535	17	57	1623	145	3	25	0
附属协和医院	1372	668	704	47	178	682	165	300	926	388	0	55	3
附属同济医院	1707	867	840	39	226	688	92	662	1228	425	0	52	2
附属梨园医院	72	28	44	1	13	58	0	0	4	29	0	38	1

专职医务人员基本情况统计

统计截止时间:2017年12月31日 单位:人

校区	总数	性别		技术职务					学历结构				
		男	女	正高	副高	中级	初级	未定	博士	硕士	研究生(无学位)	本科	大专及以下
总计	13604	3220	10384	537	853	3675	4421	4118	2616	1599	1	7292	2096
大学部	119	31	88	9	30	77	0	3	1	25	1	65	27
附属协和医院	5810	1465	4345	258	398	1719	1898	1537	1206	686	0	2729	1189
附属同济医院	7019	1595	5424	244	377	1651	2363	2384	1400	768	0	4228	623
附属梨园医院	656	129	527	26	48	228	160	194	9	120	0	270	257
45岁以下													
总计	11963	2506	9457	89	480	2945	4367	4082	2250	1352	0	6760	1601
大学部	47	10	37	0	8	36	0	3	1	16	0	28	2
附属协和医院	4973	1104	3869	49	199	1332	1861	1532	982	567	0	2536	888

续表

校区	总数	性别		技术职务					学历结构				
		男	女	正高	副高	中级	初级	未定	博士	硕士	研究生（无学位）	本科	大专及以下
附属同济医院	6502	1344	5158	39	258	1469	2352	2384	1258	674	0	4039	531
附属梨园医院	441	48	393	1	15	108	154	163	9	95	0	157	180

实验技术人员基本情况统计

统计截止时间:2017 年 12 月 31 日　　单位:人

校区	总数	性别		技术职务					学历结构				
		男	女	正高	副高	中级	初级	未定	博士	硕士	研究生（无学位）	本科	大专及以下
总计	639	368	271	12	136	315	77	99	77	203	3	230	126
大学部	409	276	133	9	121	245	22	12	49	142	3	129	86
附属协和医院	58	25	33	1	7	23	4	23	14	15	0	17	12
附属同济医院	168	66	102	2	5	47	50	64	14	45	0	81	28
附属梨园医院	4	1	3	0	3	0	1	0	0	1	0	3	0
45 岁以下													
总计	308	139	169	1	31	111	67	98	57	131	0	108	12
大学部	126	74	52	1	24	73	16	12	31	73	0	21	1
附属协和医院	39	16	23	0	4	9	3	23	13	13	0	12	1
附属同济医院	142	49	93	0	3	29	47	63	13	44	0	75	10
附属梨园医院	1	0	1	0	0	0	1	0	0	1	0	0	0

教育职员基本情况统计

统计截止时间:2017 年 12 月 31 日　　单位:人

校区	总数	性别		职员级别										学历结构				
		男	女	一级	二级	三级	四级	五级	六级	七级	八级	九级	十级	博士	硕士	研究生（无学位）	本科	大专及以下
总计	1587	755	832	3	4	7	48	448	545	195	111	23	20	99	586	43	736	123
大学部	933	487	446	3	4	6	45	346	417	84	20	8	0	84	352	43	410	44

续表

校区	总数	性别		职员级别										学历结构				
		男	女	一级	二级	三级	四级	五级	六级	七级	八级	九级	十级	博士	硕士	研究生（无学位）	本科	大专及以下
附属协和医院	320	140	180	0	0	0	1	42	40	44	51	11	1	3	108	0	145	64
附属同济医院	243	100	143	0	0	1	2	47	55	48	34	3	0	12	104	0	114	13
附属梨园医院	91	28	63	0	0	0	0	13	33	19	6	1	19	0	22	0	67	2
45 岁以下																		
总计	761	337	424	0	0	0	4	98	276	102	82	16	19	65	425	3	253	15
主校区	361	179	182	0	0	0	4	77	213	49	14	4	0	52	209	3	96	1
附属协和医院	202	84	118	0	0	0	0	4	18	16	37	9	0	3	97	0	89	13
附属同济医院	164	65	99	0	0	0	0	17	41	30	28	2	0	10	97	0	56	1
附属梨园医院	34	9	25	0	0	0	0	0	4	7	3	1	19	0	22	0	12	0

离退休人员基本情况

统计截止时间：2017 年 12 月 31 日　　单位：人

	总计	离休								退休								工人	退职
		小计	省部级	厅级	处级	科级及以下	正高	副高	其他	小计	省部级	厅级	处级	科级及以下	正高	副高	其他		
总计	8727	132	0	9	68	1	19	31	4	6871	1	48	403	920	1385	1919	2195	1719	5
大学部	5873	113	0	9	60	0	15	29	0	4438	1	37	388	836	925	1409	842	1320	2
附属协和医院	1160	4	0	0	3	0	0	1	0	1010	0	5	5	33	187	186	594	146	0
附属同济医院	1280	12	0	0	4	0	3	1	4	1101	0	3	4	46	220	216	612	164	3
附属梨园医院	414	3	0	0	1	1	1	0	0	322	0	3	6	5	53	108	147	89	0

大 事 记

1月

国际光学工程学会(SPIE)官方公布2017年学会会士(SPIE Fellow)获选者名单,光电国家实验室曾绍群教授因其在生物医学光子学方面的杰出成就成功当选。

5日,武汉天龙投资集团有限公司向学校捐赠仪式举行。此次天龙公司向学校捐赠2000万元人民币,用以支持学校建设。

6日,第二届"杰出工程师奖"颁奖典礼在人民大会堂举行。校友向际鹰荣获第二届"杰出工程师奖",校友马卫东、陆耀东、李叶青等获得"杰出工程师鼓励奖"。

11日,省侨联党组书记、主席谭作刚,组织权益部部长刘兆林一行来校,看望慰问归侨侨眷。常务副校长、校侨联主席邵新宇热情接待了谭作刚一行。

11日,武汉泓江置业有限公司向我校捐赠1000万元人民币,用于支持建规学院南四楼扩建项目。

22日,湖北省领导梁伟年、郭跃进代表省委、省政府来校看望慰问院士,向他们致以衷心的感谢和新春的祝福。校领导路钢、丁烈云分别陪同慰问。

31日,湖北卫视在《湖北新闻》中以"实干2017·我的光谷我的年"为题,报道了我校光电国家实验室外籍专家和留学生的故事。

本月,美国机械工程师协会(ASME)公布了新一期协会会士当选名单,我校航空航天学院李仁府教授名列其中。国际学术界肯定了他在新概念无人飞行器总体设计等相关领域的研究工作。

由社会学院郭林执笔的政研成果《有效利用"闲""废""腐"资源,稳健推进养老服务业发展》,刊发在中国社会保障学会编印的内部资政资料《民生专报》2016年第5期,并呈报中央领导同志,受到高度重视。

湖北省教育厅公布了上一年度湖北省高校校园文化建设优秀成果的评选结果,我校申报的"传递道德正能量,践行核心价值观——华中科技大学研究生弘德教育体系实践与探索"荣获一等奖。

2月

10日,大数据领域的中文权威期刊《大数据》公布了创刊以来的TOP10高被引论文列表,计算机学院金海教授团队的论文入选,排名第六。论文题为《医疗健康大数据:应用实例与系统分析》,作者是董诚(硕士生)、林立(博士生)、金海、廖小飞。

13日,教育部科技司在校组织召开精密重力测量研究设施国家重大科技基础设施项目初步设计专家评审会。教育部科技司司长王延觉主持会议。

16日,《光明日报》在理论版(智库)头条位置刊发了我校健康政策与管理研究院院长、医药卫生管理理学院教授方鹏骞的《国家战略:健康中国的挑战与应对》一文。

16—17日,我校第四届教职工代表大会暨第四次工会会员代表大会(简称"两代会")召开。来自学校各条战线的教职员工代表共聚一堂,共谋学校"双一流"建设。

18日,鄂州市委书记李兵、市长王立一行来校,与校领导路钢、丁烈云、骆清铭、马小洁、湛毅青、马建辉等座谈,就拓展合作空间、深化合作层次、提升合作水平进行探讨。

20日,教育部大学生就业网对我校研究生就业指导服务工作进行了报道与推介,题目是《华中科技大学:加强就业指导,做好就业布局》。

22日,武汉市委书记陈一新首次来校调研,参观了我校多个成果及科学平台。他肯定了学校的科研实力,并希望华中大充分发挥科教人才优势,大力实施创新驱动发展,为建设现代化、国际化、生态化大武汉提供强大动力。

23日,宝武集团副总经理,武钢集团总经理、党委副书记郭斌等一行来校,就华中科技大学—

WISCO联合实验室的深入合作进行交流。校长丁烈云、副校长骆清铭出席座谈会。

25日,武汉市市长万勇在调研中国500强企业卓尔控股集团“互联网+物流”时,华中大和武大Robust团队展示了“基于大数据的网格化地图”“基于大数据的订单逐级推送机制”等一系列最新成果,得到万勇充分肯定。

27日,世界著名出版公司爱思唯尔(Elsevier)发布2016年中国高被引学者(Most Cited Chinese Researchers)榜单。我校34位学者入选,列全国第九。

28日,中央第十巡视组专项巡视华中科技大学党委工作动员会召开。会前,中央巡视工作领导小组成员姜信治主持召开与华中科技大学党委书记路钢、校长丁烈云的见面沟通会,会议传达了习近平总书记关于巡视工作的重要讲话精神。动员会上,中央第十巡视组组长胡新元就即将开展的专项巡视工作做了讲话,姜信治就配合做好巡视工作提出要求。路钢主持会议并做表态讲话。

28日,第13届中国青年女科学家奖颁奖典礼在京举行。10位卓越女科学家获“中国青年女科学家奖”。其中,附属协和医院王琳教授因在再生医学领域卓有成效的研究和应用获此项殊荣。

本月,教育部大学生就业网站发文推介我校本科生就业工作,题目为《坚持三个结合,打造三个平台,努力构建立体化就业指导体系》。

教育部公布全国首批深化创新创业教育改革示范高校名单,我校成功入选。

经湖北省委宣传部、省文明办组织评审,附属同济医院冯克燕教授当选2月份“荆楚楷模”。组委会对她的评语是“五纪临床,医称圣手缘无逸;一生探奥,药胜金丹贵有恒”,横批为“济世救心”。

3月

第十二届全国人民代表大会第五次会议和政协第十二届全国委员会第五次会议,分别于2017年3月5日和3月3日在北京开幕。我校6位代表委员赴京参会。参加第十二届全国人民代表大会第五次会议的4位代表分别是:李培根院士,校党委常委、附属协和医院院长王国斌,民盟中央委员、计算机科学与技术学院院长、武汉光电国家实验室(筹)信息存储与光显示功能实验室主任冯丹(女),华工科技产业股份有限公司党委书记、董事长马新强。我校参加第十二届全国政协第五次会议的2位委员分别是:校长丁烈云院士,湖北省政协副主席、九三学社中央常委、省委主委、附属同济医院教授田玉科(女,土家族)。

7日,在第107个三八国际劳动妇女节来临之际,校妇委会、校工会共同主办“庆三八巾帼表彰暨读书分享会”。来自全校各单位的女教职工及学生代表齐聚一堂,学习先进,共品书香。校党委副书记、纪委书记,湖北省妇联副主席,校妇委会主任周建波出席会议并致辞,她代表校党委行政向“十佳女教职工”和全校广大妇女致以节日问候和美好祝福。她希望全校广大妇女同胞扬帆新征程,谱写新华章,以实际行动宣传和践行社会主义核心价值观,在传承和弘扬优良校风、师风、家风方面做出新贡献,迎接党的十九大胜利召开。

7日,武汉市副市长程用文一行来校调研座谈。校党委书记路钢、副校长梁茜出席座谈会。

8日,在中国科学院举行的纪念“三八”国际劳动妇女节107周年暨第五届“十大杰出妇女”表彰大会上,国家纳米科学中心,我校校友陈春英研究员荣获中国科学院第五届“十大杰出妇女”荣誉称号。这是她继荣膺“中国青年女科学家奖”之后获得的又一殊荣。

8日,来自鄂州的准二胎妈妈佳丽(化名),突发凶险无比的A型主动脉夹层,心脏大血管一旦破裂,母子二人随时都有可能性命不保。怀孕8月即将临盆,紧急关头,附属协和医院心外科、产科、新生儿科、麻醉科、手术室等十个学科的专家联手,经过连续12小时的手术奋战及术后精心的治疗,终于成功挽救了这对母子的性命。

根据ESI于美国时间2017年3月9日发布最新数据,我校ESI排名第381名,较上期前进3名,排名位置百分比为6.98%,较上期前进0.18%。我校保持15个学科进入ESI前1%排名。其中工程学领域排第34名,较上期前进1名,位置百分比为2.54%,继续保持前1‰水平;材料科学领域排第81名,位置百分比为10.05%,接近前1‰水平。

10日,由武汉市委宣传部、东湖高新区和我校共同主办的“创新创业宣讲团进高校”活动现场，“华中大”元素满满，这也是武汉“百万大学生留汉创业就业计划”宣讲活动的第二站。

16 日，由武汉市委组织部组织主办的武汉市“百万校友资智回汉”工作调研会在我校召开，包括教育部所属 7 所高校在内的在汉 10 所高校的分管校领导，组织部、校友办等相关职能部门负责人参加了会议。

17 日，我校传达学习全国“两会”精神报告会在一号楼学术报告厅举行。全国政协委员、校长丁烈云传达了全国政协十二届五次会议精神，全国人大代表、计算机学院院长冯丹传达了十二届全国人大五次会议精神。校党委书记路钢主持报告会并讲话。

20 日，《湖北日报》《楚天都市报》陆续推出整版报道，宣传我校崔崑院士积极践行社会主义核心价值观，热忱报国、忠诚爱党、无私奉献的事迹。

21 日，中国科协办公厅公布青年人才托举工程(2016—2018 年度)入选名单(科协办函学字[2017]56 号)，全国共有 206 名青年人才入选。我校青年教师刘大彪、唐科、黎敏入选，入选专业分别为固体力学、免疫学、强场光物理。我校入选人数位列全国高校第 7 位。

24 日，M. SuhailZubairy 教授长江讲座教授受聘仪式暨量子光学前沿研讨会举行。副校长陈建国教授出席受聘仪式，并向 M. Suhail-Zubairy 教授颁发了证书。

26 日，武汉市副市长刘英姿率黄陂区区委书记、区人大常委会主任吴祖云一行来校座谈。

29 日至 4 月 2 日，第 45 届日内瓦国际发明展在瑞士日内瓦举行，我校组织参展的 7 个创新项目斩获 6 金 1 银的佳绩，在国内参展高校中名列前茅。

30 日，湖北省科学技术奖励大会在汉召开。省委书记、省人大常委会主任蒋超良出席大会，并为 2016 年度省科学技术突出贡献奖获得者、附属同济医院陈孝平院士颁发证书和 100 万元奖金。

31 日，教育部公布 2016 年度“长江学者奖励计划”入选名单，共有 440 人入选 2016 年度长江学者特聘教授、讲座教授、青年学者。我校共有 12 位学者入选，并列全国高校第五。

31 日，科技部基础研究司司长叶玉江、重大科学研究处处长李非、科研基地处处长周平来到武汉光电国家实验室(筹)考察调研，湖北省科技厅副厅长杜耘陪同参观。

4 月

1 日，卓尔控股有限公司向学校捐赠仪式举行。卓尔控股向学校捐赠 500 万元人民币，用以支持学校建设。

1 日，从瑞士日内瓦国际发明展上传来好消息，生命学院 2013 级生物医学工程专业本科生高敏在日内瓦国际发明展上一举摘得金奖。

2 日，2016—2017 中国大学生马拉松联赛华中科技大学站暨校园春季长跑比赛举行。“啪”，随着发令枪响，6000 多名选手在春光明媚的喻园欢乐奔跑。校领导丁烈云、邵新宇、马小洁、湛毅青、马建辉出席开幕式。

6 日，校党委印发《华中科技大学党委理论学习中心组学习制度》，对学习的总体要求、组织职责、内容形式、管理考核等内容都做出了明确的规定，要求各基层党委、党总支和直属党支部认真遵照执行，切实抓实抓牢党委理论学习中心组学习。

8 日，武汉市“百万大学生留汉创业就业计划”“留下来”系列活动推进会在光谷体育馆启动，一揽子“干货”举措现场亮相，让大学生们感觉“留在武汉创业真的很实在”“很有奔头”。

10 日，湖北省委书记、省人大常委会主任蒋超良首次来校调研，参观科学平台，考察科研成果，座谈了解办学治校情况，协调解决实际问题。他强调，要认真学习贯彻习近平总书记系列重要讲话特别是在全国高校思想政治工作会议上的重要讲话精神，加强和改进党对高校的领导，加快世界一流大学和一流学科建设。湖北省委副书记、武汉市委书记陈一新，省委常委、省委组织部部长于绍良，副省长郭生练，校领导路钢、丁烈云等陪同调研。

10 日，全国大学生创新创业峰会在河南郑州召开，团中央书记处书记傅振邦出席会议。会上公布了首批入选“全国大学生创业示范园”的高校名单，我校成功入选。

11 日，滇西应用技术大学党委书记罗进忠、校长周跃一行来校调研，座谈推进对口帮扶工作。校党委书记路钢出席座谈会，副校长梁茜主持会议。

12日，我校第一批“重大科技成果培育计划”（简称“登峰计划”）资助团队研究进展交流会举行。校党委书记路钢、校长丁烈云、总会计师湛毅青、党委副书记马建辉出席会议。

13日，福布斯杂志在其官网公布了“2017 Forbes 30 under 30 Asia（2017 福布斯亚洲地区30岁以下30强精英）”榜单，选取来自十个领域、每个领域30位30岁以下的青年俊杰，共有300位年轻创新者、创业者和领军人物上榜。我校两位校友“脸萌创始人”郭列和“MINIEYE”CEO 刘国清荣登榜单。

19日，多模态、跨尺度生物医学成像设施大楼建设启动会举行。

20日，中组部人才工作局局长孙学玉一行来校，调研学校人才工作，看望高层次人才，并参观了学校重点科研基地。

20日19时41分，搭载天舟一号货运飞船的长征七号遥二运载火箭，在我国文昌航天发射场点火发射，约596秒后，飞船与火箭成功分离，进入预定轨道，发射取得圆满成功。作为“太空快递员”天舟一号的“首单生意”——我校物理学院引力中心“非牛顿引力实验检验的关键技术验证”，将于两天后到达天宫二号。

21日，新华社党组成员、副社长张宿堂一行来校调研光电国家实验室。校党委书记路钢、校长丁烈云陪同调研。

20日，湖北省教育基金会向我校捐赠50万元，用于在我校设立大学生“助勤帮困”项目。捐赠资金由湖北省教育基金会向湖北中烟工业有限责任公司筹集。

21日至23日，我校国家治理研究院、生命伦理学研究中心和深圳国家基因库、华大基因生命伦理学研究中心共同举办第二届中国生物样本库伦理论坛暨第四届组学与生命伦理研讨会。

22日至23日，第四届国家治理体系和治理能力建设高峰论坛在校举行。来自国家发改委、中央党校、中国社会科学院、中国人民大学、武汉大学、南京大学、澳门城市大学等全国各高校和研究机构的120余人参加了论坛。

24日，自然出版集团旗下学术期刊《光：科学与应用》（Light：Science & Applications）发表光电国家实验室学者研究成果，题为《基于旋转多普勒效应的涡旋光轨道角动量复谱仪》。博士生周海龙、付栋之为该研究论文的共同第一作者，董建绩教授、张沛副教授为通讯作者。

24日，首届“我选湖北”计划进高校巡回推介会走进我校。各市州提供丰富岗位，介绍政策利好，延揽优秀大学生在湖北实习实训、就业创业。

26日，中央电视台新闻联播节目在“家国栋梁”栏目播发报道“王琳：勇立潮头 再生医学解难题”，介绍了我校附属协和医院组织工程与再生医学中心主任王琳教授的事迹，以及其团队的科研成果。

26日，中央政策研究室副秘书长、文化研究局局长方江山一行来我校专题调研，了解我校学习贯彻落实全国高校思想政治工作会议精神工作情况。校党委书记路钢与专题调研组会见交流，校长丁烈云，校党委副书记、副校长马小洁，副校长梁茜等陪同调研。

5月

2日，十八届中央候补委员、中国电科集团总工程师、电科院院长、中国工程院院士吴曼青一行来校考察，与学校商议科技创新与科研合作。校党委书记路钢、校长丁烈云出席座谈会。

2日，我校团委荣获2016年度“全省五四红旗团委”称号。校友夏里峰、李明攀荣获“湖北青年五四奖章”称号。

4日，我校纪念五四运动98周年总结表彰大会暨“同奋斗·共青春”青年论坛在一号楼报告厅举行。

5日，我校和中国电机工程学会举行战略合作协议签约仪式，中国电机工程学会理事长郑宝森和校长丁烈云院士代表双方签订协议。

6日，中国建筑学会数字建造学术委员会成立大会暨第一次会员大会在校召开。中国建筑学会理事长修龙、中国建筑学会副秘书长顾勇新、中国建筑工业出版社社长沈元勤、北京市建筑设计研究院有限公司执行总建筑师邵韦平，校长丁烈云院士，学校科发院、土木学院、建规学院负责人，以及70多位来自全国各地数字建造领域的专家学者参加了大会。

11日，千人计划网正式公布了第13批国家“千人计划”青年项目和创业人员的最终入选名单。经形式审查、通讯评审、面试评审、公示及复核、审批等程序，共590人入选“千人计划”青年项目。我校20位学者入选，并列全国高校第六。

11日科睿唯安发布最新ESI数据，我校继续保持15个学科领域进入ESI前1%，其中材料科学首次进入ESI前1‰，列全球第73位，较上期(2017年3月)前进8位，较上年同期(2016年5月)前进18位；工程学继续保持ESI前1‰，列全球第29位，较上期前进5位，较上年同期前进12位。

12日，华中科技大学—海尔集团创新创业战略合作协议签约仪式在海尔集团总部举行。副校长梁茜、海尔电器首席财务官展波代表双方在合作协议上签字。

13—14日，第八届全国高等医学院校大学生临床技能竞赛总决赛在郑州大学举行。比赛由教育部医学教育临床教学研究中心及教育部临床医学专业实践教学指导分委员会主办。来自全国6大分赛区的42所高校代表队齐聚一堂、同台竞技。第二临床学院代表我校参加此届竞赛。由副院长刘争担任领队，2010级临床医学八年制刘康，2011级中德实验班康红磊、刘婕，2012级临床医学五年制袁帅等4名同学组成的参赛队伍出色完成比赛，荣获总决赛一等奖。

18日，中央电视台朝闻天下在“家国栋梁”栏目报道了崔崑院士的先进事迹。

19日，第五届中国工程院院刊(英文)发展研讨会在我校召开。中国工程院院长周济院士、副院长樊代明院士以及钱旭红、崔俊芝、张建云、邓秀新、孙永福、王静康、杨宝峰、潘垣等10位院士，高等教育出版社副总编韩筠，校长丁烈云院士、副校长骆清铭参加会议。参加会议的还有高等教育出版社相关负责人、中国工程院院刊各编辑部主要负责人及中国工程院院机关工作人员。会议由骆清铭与樊代明主持。

20日，同济医学院110周年院庆之际，我校与英国伯明翰大学签署“一院一校”合作签约仪式在基础医学院进行。副校长、同济医学院党委书记、院长陈建国与伯明翰大学执行副校长Jon Frampton分别代表我校和英国伯明翰大学在协议上签字。

23日，哈尔滨工程大学校长姚郁、副校长张志俭一行来校调研。校党委书记路钢，常务副校长邵新宇出席座谈会。

24日，学校召开推进“两学一做”学习教育常态化制度化工作部署会，贯彻习近平总书记重要指示精神，按照上级党组织的要求，对学校推进“两学一做”学习教育常态化制度化工作做出具体安排。校党委书记路钢，校党委副书记、副校长马小洁出席会议。

25日，南华大学党委书记王汉青一行来校座谈调研。校党委书记路钢出席座谈会，副校长梁茜主持会议。王汉青一行此行主要对我校“双一流”建设、信息化建设进行调研。

25日，校党委书记路钢来到新闻学院，为学子讲授题为“把握百年变局、增强传播自信、培养一流人才”的专题思政课。

25日，全国创新争先奖评选结果揭晓。人力资源社会保障部、中国科协、科技部、国务院国资委决定(人社部发〔2017〕44号)，授予大亚湾反应堆中微子实验团队等10个团队全国创新争先奖牌；授予王过中等28名同志全国创新争先奖章并享受省部级先进工作者和劳动模范待遇；授予丁列明等254名同志全国创新争先奖状。我校常务副校长邵新宇教授和附属同济医院妇产科(学系)马丁教授获得全国创新争先奖状。

26日，“十三五”国家重大科技基础设施“多模态跨尺度生物医学成像设施”项目建议书预审会在光电国家实验室召开。来自共建单位中科院武汉物数所，以及合作单位武汉大学、中科院武汉病毒所、华中农业大学、中科院水生生物所、中南大学、上海联影医疗科技公司等50余位院士、专家学者参加了预审会，主要围绕“多模态跨尺度生物医学成像设施”项目建议书预审要求，以及“多模态跨尺度生物医学成像设施”项目建议书方案的进一步完善等方面进行了研讨。

29—30日，“百万校友资智回汉工程”暨华中科技大学第十届企业家论坛将在武汉洲际酒店国际会议中心举办，主题为“创新驱动、大城崛起——新武汉·新机遇”。本届论坛由武汉市人民政府、华中科技大学共同主办。

29日，在“百万校友资智回汉工程”暨华中科技大学第十届企业家论坛上，华中科技大学企业家协会十年十大影响力人物名单(按姓氏首字母排序)揭晓，郭平、龚虹嘉、胡扬忠、黄立、李军、马国强、汪潮涌、张斌、周云杰、张小龙等10人入选。

30日，端午佳节之际，由武汉大学、武汉市东湖生态旅游风景区管委会、武汉市体育局与我校主办的第六届武汉大学&华中科技大学“同城双星”龙舟友谊赛于东湖长天楼水域举行。我校勇夺第六届“同城双星”龙舟友谊赛冠军。

30日，依托我校数字制造装备与技术国家重点实验室的“微纳制造与纳米测量技术”教育部创新团队结题验收工作会议召开。结题验收专家组组长由西安交通大学蒋庄德院士担任，成员有大连理工大学贾振元教授、中南大学朱文辉教授、清华大学路新春教授、武汉理工大学华林教授。我校科发院副院长高亮教授，机械学院党委书记、创新团队负责人史铁林教授及团队成员等20余人参加了会议。蒋庄德受教育部委托主持验收报告流程。

6月

电气学院陈德树教授荣获顾毓琇电机工程奖，并收到IEEE正式邀约，将于7月18日赴美领奖。这是我校教师第一次获此殊荣。

2日，“我为母校献一策”2017届本科毕业生座谈会在大学生活动中心A座409举行。校长丁烈云，副校长陈建国、梁茜与毕业生代表们现场交流，一同分享学习生活中的感悟与体会。

8日，由路透社与科睿唯安(原汤森路透知识产权与科技事业部)合作推出的“路透社TOP75亚洲最具创新力大学”年度榜单出炉。该榜单列出了在推动科学进步以及发明新技术方面卓有成效的教育机构。我校连续两年上榜，今年提升24位，进步明显，位列第33位；在中国内地高校中位列第六。

10日，《中国医疗卫生事业发展报告2016——中国医疗保险制度改革与发展专题》(卫生改革与发展绿皮书)成果发布会在我校同济医学院报告厅举行。

13日，附属同济医院传来消息，在共青团中央、国家卫计委等22个单位联合发布的《关于命名2015—2016年度全国青年文明号的决定》中，该院急诊内科获2015—2016年度“全国青年文明号”殊荣。

14日，在校长丁烈云院士的倡导下，科发院和同济医学院共同组织召开第一届医工医理交叉科学学术报告会。

15日，美国佐治亚理工航空航天学院院长、美国工程院院士杨威迦教授来访，并转交与我校签署的“佐治亚理工航空航天学院—华中科技大学航空航天学院教育合作协议书”，副校长陈建国代表我校正式签署了该协议。根据协议，两校将在本科生“2＋2”联合培养、“3＋1＋1”本硕连读、本科生暑期互访、教师互访、博士生联合培养等五个方面开展实质性国际教育合作。

16日，全球能源互联网研究院—华中科技大学战略合作框架协议签约仪式在南三楼举行。全球能源互联网研究院(下简称联研院)院长滕乐天与副校长骆清铭代表双方签订协议。此次双方正式签署战略合作框架协议，将进一步深化现有合作，拓宽合作领域，在科研、实验及人才培养等方面开展更深层次的合作与交流。

22日，《自然·实验手册》(Nature Protocols)发表了我校“千人计划”入选者、生命学院汪宁教授课题组关于三维细胞磁力扭曲仪和受激发射损耗(STED)纳米显微镜交互的超高分辨三维细胞磁力扭曲系统开发方案的文章。该方案不仅可以建立超高分辨的三维细胞磁力扭曲系统，还可以向下兼容普通的共聚焦显微镜和宽场显微镜，具有广阔的应用前景。

23日，湖北省副省长曹广晶来校调研科技成果转化工作，就进一步有效促进科技成果转化提出要求。校党委书记路钢、副校长骆清铭陪同调研。

28日，军委装备发展部副部长张育林一行来校调研。校领导丁烈云、骆清铭参加了活动。

30日，我校召开迎接建党九十六周年暨学习黄大年先进事迹党员代表座谈会，纪念建党96周年，深入学习贯彻习近平总书记对学习黄大年同志先进事迹的重要指示。来自学校机关党委职能部门、二级单位党组织、教师和学生党支部的20余名党员代表参加座谈。校党委书记路钢出席会议并做讲话，校党委副书记马建辉主持会议。

7月

3日，光明日报在头版“治国理政新思想新实践·新战略带来新气象”栏目刊登报道《华科思政教育贯穿育人全过程：做有情怀有温度的人》。

7日，中组部副部长、中央人才工作协调小组副组长周祖翼一行来校，看望慰问院士和专家学者，同时参观了学校部分科研基地。中组部人才工作局副局长、中央人才工作协调小组办公室副主任唐永刚，湖北省委组织部部长、省委人才工作领导小组组长于绍良，我校党委书记路钢、校长丁烈云、党委副书记马建辉陪同。

8—9 日，由我校化学与化工学院和科学出版社联合承办的第一届全国高等学校分析化学教学研讨会在校召开。

11 日，石河子大学校长代斌一行来校座谈，调研学校综合改革情况。

19 日，国务院第四次大督查第十一督察组组长、科技部副部长李萌一行来校调研。校领导路钢、邵新宇陪同调研。

19 日，湖北省第十一次党代会精神宣讲会在我校一号楼学术报告厅举行。省第十一次党代会精神宣讲团成员、省委组织部副部长、省委“两新”工委书记蔚盛斌来校对省第十一次党代会会议精神进行了宣讲报告。校党委书记路钢主持学习。全体在校校领导、中层干部、民主党派代表和师生代表 300 余人参加报告会。

20 日，福布斯中国发布 2017 年中国“30 岁以下精英”(简称“福布斯中国 30U30”)榜单，从我校走出的 7 位青年才俊，胡峻浩、彭楚尧、刘国清、郭列、柯尊尧、吴一明、李枭雅登上榜单。据悉，榜单首次涵盖娱乐、体育、社会企业和教育等十个领域，该榜曾被网友戏称“比考上哈佛大学都难”。

15—20 日，第十七届全国大学生田径锦标赛在内蒙古鄂尔多斯市举行。比赛由中国大学生体育协会主办，来自全国各省、自治区、直辖市和香港、澳门特别行政区的 260 所高校的 3100 余名运动员进行了 77 个项目的角逐。我校高水平田径队斩获四金一铜，载誉归来。

23 日，华中科技大学德国校友会成立大会在德国法兰克福举行。会议以“华中科技大学德国校友会建设”和“武汉-德国科技合作”为主题，并举办“创业就业”论坛。校党委副书记、副校长马小洁出席活动。

25 日至 8 月 1 日，由中国大学生体育协会主办的第二十二届中国大学生网球锦标赛在昆明理工大学举行，来自全国 110 所高校的 830 余名学生运动员展开角逐。我校代表队突破历史，首获男子甲组团体冠军，教练员孙静荣获“最佳教练员”称号。

29 日，华中科技大学中欧知识产权研究院合作洽谈会暨签约授聘仪式在波兰首都华沙举办。湖北省委常委、湖北省委组织部于绍良部长出席活动，校党委副书记周建波主持会议并颁发聘书，管理学院中德知识产权研究所所长余翔教授介绍中欧知识产权研究院建设和合作情况并与波方签约。

8月

4 日，校长丁烈云带队来到云南，与云南省委副书记、省长阮成发会面。双方就落实《云南省人民政府—华中科技大学战略合作协议》，主动服务融入国家“一带一路”倡议和创新驱动发展战略，发挥双方优势，共建高水平科技创新平台，助推云南经济社会发展，推进科技、教育、医疗扶贫等方面进行了深入交流。还共同见证了华中科技大学与昆明理工大学合作共建东盟联合研究中心协议签字，华中科技大学党委常委湛毅青、昆明理工大学校长彭金辉分别代表两校签署合作协议。副校长许晓东、梁茜，以及附属协和医院负责人、学校相关职能部门负责人参加了会谈和签字仪式。

7—9 日，第十二届中国研究生电子设计竞赛集成电路专项赛在中国科学院大学雁栖湖校区举行。我校雷鑑铭老师指导的两支参赛队伍通过网评初选、决赛现场首轮筛选，双双顺利进入 40 强。经过作品答辩和公开竞演，光电信息学院参赛队“ICC_313”获全国一等奖和格科特等奖，参赛队“ICEST”获全国二等奖，雷鑑铭老师同时荣获大赛“优秀指导教师”奖。此外，我校研究生参赛队还获企业奖一项。

8 日，新华社发文，以“有温度的医学质量管理管出群众高满意率”为题，详细介绍了附属同济医院以质量安全为核心的现代医院管理体系，为附属同济医院在改善医疗服务质量、提升病人满意度上的创新和努力点赞。这是 7 月 14 日国务院办公厅下发了《关于建立现代医院管理制度的指导意见》后，华中科技大学同济医学院附属同济医院作为全国三院三市现代医院管理的典型接受新华社的专访。

10—15 日，数字化迎新平台对本科新生开放(http://freshman.hust.edu.cn)，新生可按照数字化迎新平台的指引办理自助报到手续。在信息化的背景下，我校自 2015 年开展数字化迎新工作，将传统迎新的各个环节都纳入数字迎新平台进行操作,着力为迎新工作"减负"。

14—15日,我校机械工程学科开展国际评估现场评估工作。来自加拿大不列颠哥伦比亚大学、德国奥尔登堡大学、美国得克萨斯州农工大学、瑞士洛桑联邦理工学院、美国佐治亚理工学院和香港大学的机械工程领域全球知名专家学者对学科的师资队伍、人才培养、科学研究、学科发展、平台建设等方面进行了全方位诊断性评估。评估专家通过听取学科整体报告、实验室实地考察、与教师代表和学生代表座谈等形式,全面了解机械工程学科的发展现状,对学科的建设与发展做出客观评价,并结合国际最新发展动态提出建设性意见。

15日,中共中央总书记、国家主席、中央军委主席习近平给第三届中国"互联网+"大学生创新创业大赛"青年红色筑梦之旅"的大学生回信。他在信中勉励大学生扎根中国大地了解国情民情,在创新创业中增长智慧才干,在艰苦奋斗中锤炼意志品质,在亿万人民为实现中国梦而进行的伟大奋斗中实现人生价值。我校是第二届中国"互联网+"大学生创新创业大赛的承办高校,习总书记的回信在学校师生中引起了强烈反响。大家通过电视、网络、手机等多种形式学习回信精神,积极开展讨论与交流,畅谈自己对习总书记回信精神的理解、认识和体会,迅速在校内掀起了学习回信精神的热潮。

17日,国家自然科学基金委员会公布了2017年度国家自然科学基金申请项目评审结果,我校获资助项目707项,首次突破700项大关,立项数位居全国第四位;获批项目直接费用超过3.8亿元,位居全国第五位,再创历史新高。

24日,青岛市委常委、市委高校工委书记、市教育局局长邓云峰率团来访,与校领导路钢、骆清铭、梁茜座谈,探讨校地合作。

26日,东莞市委副书记、市长梁维东率团来校,与校领导路钢、丁烈云、邵新宇、骆清铭等座谈,就拓展合作的深度与广度进行探讨。

27日,我校青年教师童胜玢作为湖北省群众体育先进代表参加全国群众体育先进及体育系统先进表彰大会。大会前,包括童胜玢在内的湖北省17名体育先进代表团成员及全国各省体育先进代表团成员受习近平总书记会见,并合影留念。

28日,湖北省医学界首个由院士发起的基金会——湖北陈孝平科技发展基金会经省民政厅批准在汉成立。

31日,湖北省委常委、宣传部部长王艳玲来校看望崔崑院士,校党委书记路钢陪同看望。

本月,国家首批"千人计划"特聘专家、达闼科技创始人兼CEO、校友黄晓庆接受学校邀请出任电信学院院长一职,并提出了"学研产用"的新模式。

华中科技大学865支暑期社会实践队、逾六千名大学生走出"象牙塔",奔赴祖国各地,用心、用情感受祖国变化,研究社会问题,服务基层群众。

9月

1日,我校6届"胡吉伟班"16年接力传承英雄精神的事迹被各大媒体广泛关注,迅速在校内外引发热议。9月1日至9月2日,《新华每日电讯》、新华网、新华全媒头条、《光明日报》、中央人民广播电台、《中国青年报》、《湖北日报》、《楚天都市报》、《楚天金报》、人民政协网、中国教育在线、中国文明网、网易新闻、新浪新闻、凤凰网等媒体对该班事迹进行了充分报道与转发。在百度搜索关键词"胡吉伟班",可显示近4000条相关网页。

2日,湖北省委常委、襄阳市委书记李乐成来校看望熊有伦院士,校党委书记路钢陪同看望。

5日,2018英国泰晤士高等教育世界大学排名(Times Higher Education World University Rankings,简称THE)正式发布,我校排名全球401~500位,与其他3所大学(同济大学、武汉大学、厦门大学)并列内地高校第9位。

6日,湖北省委常委、省政法委书记王祥喜看望潘垣院士,校党委书记路钢陪同看望。

11—12日,在第十三届全国学生运动会大学组中,体育部2016级研究生游娜以个人历史最好成绩13秒61荣获女子甲组100米栏金牌,达到运动健将水平。公共管理学院2015级本科生麻淑淑以个人历史最好成绩51.13米荣获女子甲组铁饼金牌,达到一级运动员水平。体育部2017级研究生王泓以1米75的成绩荣获女子甲组跳高金牌。

12日,"外交外事知识进高校"活动来到我校,外交部外事管理司司长廖力强、西亚北非司司长邓励、边界与海洋事务司司长欧阳玉靖分别做主题报告。校党委书记路钢、校党委副书记马建辉、副校长梁茜出席活动。

13日,《光明日报》第6版“砥砺奋进的五年·迎接党的十九大特刊”专版报道了我校自党的十八大以来,沿着总书记指引的方向,坚持走中国特色世界一流大学建设之路的奋进历程。

14日,化学与化工学院谭必恩教授正式入选英国皇家化学学会会士(Fellow of the Royal Society of Chemistry,FRSC)。

15日,科睿唯安发布ESI数据(数据更新节点为2017年9月14日,数据覆盖时间为2007年1月1日—2017年6月30日),全球共5533家机构上榜,我校排第326名,较上期(7月)前进5名,位列“985”高校第10名。

15日,SAT竞赛(2017)组委会在其官方网站上发布了第二十届国际SAT算法竞赛的结果,来自计算机学院李初民教授的团队以较大优势(提交的4个求解器包揽了前四名)获得了Main组的冠军。

15日,湖北省委副书记、省长王晓东代表省委省政府,先后来到附属同济医院和主校区,看望杨叔子院士、李培根院士和樊明武院士。校党委书记路钢、校党委常委陈安民陪同看望。

16日,在国家网络安全宣传周开幕式上颁发了“网络安全优秀教师奖”,计算机学院金海教授成为我校第一位荣获该奖的教师。

16日,2017年“求是颁奖典礼”在复旦大学举行。我校“青年千人”化学与化工学院教授甘泉荣获“求是杰出青年学者奖”。

16—18日,第三届中国“互联网+”大学生创新创业大赛全国总决赛在西安电子科技大学举行。我校四支参赛团队获得三金一银的优异成绩,连续第二次位居高校金奖数第一,并获得先进集体奖。

21日,教育部官方微信“微言教育”正式发布了国家“双一流”正式名单。一流大学建设高校共42所,A类36所,B类6所。一流学科建设高校95所。我校入选一流大学建设高校A类名单,机械工程、光学工程、材料科学与工程、动力工程及工程热物理、电气工程、计算机科学与技术、基础医学、公共卫生与预防医学8个学科入选“双一流”建设学科名单。

22日,学校“两学一做”主题教育报告会在经济学院学术报告厅举行。党的十九大代表、全国优秀共产党员、国网天津滨海供电公司运检第四党支部副书记、运检部配电抢修一班班长兼黎明共产党员服务队队长张黎明应邀,以“工匠精神”为主题做报告。

24日,工业和信息化部党组成员、副部长罗文来校,调研数字化设计与制造创新中心。校党委书记路钢、校长丁烈云、副校长骆清铭陪同调研。

24日,中航工业成都飞机工业(集团)有限责任公司党委书记、董事长程福波一行来校交流,在先进制造大楼B702召开座谈会,校长丁烈云、机械学院院长丁汉出席会议。

25日,教育部党组成员、中管高校巡视整改工作指导小组副组长王立英来校,以“紧紧抓住巡视整改战略机遇,引领学校‘双一流’建设”为题,为我校干部教师做深化巡视整改专题辅导报告。校党委书记路钢主持报告会。

28日,湖北省副省长童道驰来校看望张勇传、段正澄院士。校长丁烈云陪同看望。

28日,我校与中国建设银行在经济学院举行普惠金融研究院合作共建签约仪式。中国建设银行党委委员、总行副行长章更生,总行机构业务部总经理黄曦,校党委副书记、校长丁烈云,校党委常委、总会计师湛毅青出席签约仪式。

29日,第三批科技成果转化签约大会华中科技大学专场在武汉会议中心举行。湖北省委副书记、武汉市委书记陈一新,武汉市委副书记、市长万勇,校党委书记路钢、校长丁烈云、副校长骆清铭,中国工程院院士潘垣、张勇传、段正澄等出席会议,并见证了超66亿元的62个项目的成功签约。万勇主持会议。

10月

5—8日举行的国际电气与电子工程师学会(IEEE)系统、人和控制论国际年会(SMC)上,自动化学院“青年千人”伍冬睿教授因在计算智能和脑机接口方面的研究取得突出进展,获“IEEE系统、人和控制论协会青年科学家奖”(IEEE SMC Early Career Award)。他是2017年度唯一获奖者,也是该奖首位获奖人。

12日,人力资源和社会保障部党组成员、副部长张义珍一行来校考察。校党委书记路钢、校党委副书记马建辉陪同考察。

12日，国际权威学术期刊《自然·通讯》（Nature Communications）以Article形式发表了我校电信学院智能互联网湖北省重点实验室“青年千人计划”入选者夏天教授课题组和佐治亚州立大学方宁教授课题组合作开发的最新研究成果：自动五维（三维空间的运动加上两个方位角）智能单颗粒追踪新方法。该论文题目为《Characteristic rotational behaviors of rod-shaped cargo revealed by automated five-dimensional single particle tracking》。夏天为并列通讯作者，电信学院硕士研究生范欣欣参与重要科研工作。

17日，光电国家研究中心骆清铭教授领衔的VBN团队关于“老年斑”的研究成果发表在国际光学学会（OSA）旗下权威期刊《光学快报（Optics Letters）》杂志上，论文题为《Label-free brainwide visualization of senile plaque using cryo-micro-optical sectioning tomography》（低温显微光学成像系统实现无标记获取全脑老年斑分布）。我校为论文第一署名单位，VBN团队袁菁教授为论文通讯作者，工程科学学院2014级本科生骆依林和光电国家研究中心王安乐博士为论文共同第一作者。VBN团队龚辉教授参与共同指导。硕士生刘萌萌、雷甜，中科院药物所蒋华良教授、高召兵教授及博士生张小川为共同作者。

18日上午9:00，中国共产党第十九次全国代表大会开幕会在人民大会堂大礼堂举行。习近平同志代表十八届中央委员会向大会做报告。我校师生热切关注大会进程，有组织或自发地集中在会议室、图书馆、教室、食堂，通过电视、电脑、手机、平板电脑等多种方式收听收看习近平同志所做的十九大报告，并掀起了学习十九大报告的热潮。

18日，接全国哲学社会科学规划办公室通知，经济学院院长张建华教授以首席专家身份申报的项目“贯彻新发展理念与国家治理现代化研究”，被立为国家社科基金“国家治理体系和治理能力现代化”研究专项项目（批准号17VZL002）。

24日，2018《美国新闻与世界报道》（US News & World Report）世界大学排名正式发布，我校排名全球282位，同比上升13位，列内地高校第9位，同比上升1位。

24日，1987年的诺贝尔化学奖得主、法国化学家Jean-Marie Lehn来校交流。Lehn教授是全球最早从事超分子领域化学研究的化学家之一，他第一个提出“超分子化学”概念，被誉为“超分子化学”之父。

27日，在福州举行的2017年中国计算机大会的颁奖晚宴上，计算机学院廖小飞教授荣膺2017年度CCF-IEEE CS青年科学家奖。这是计算机学院第一位获此殊荣的青年教师。

29日，屈向军校友捐赠暨我校创新教育和批判性思维研究中心成立仪式举行。校党委副书记、副校长马小洁主持捐赠和中心成立仪式。出席本次会议的有副校长梁茜、李培根院士、中国社会科学院大学谷振诣教授、延安大学21世纪新逻辑研究院院长武宏志教授等。屈向军向我校捐赠500万元人民币。

31日，中国科学技术信息研究所在京召开新闻发布会，发布2016年中国科技论文各项数据的统计结果。2016年，我校科技工作者作为第一作者及第一单位发表的国际科技论文数量及论文被引用等数据均有不同程度的增长，在全国高校排名均有提升。

11月

3—5日，第十届国际光子与光电子学会议（10th International Photonics and OptoElectronics Meetings，POEM 2017）举行。来自世界各地的约150名一流专家学者、科学家、研究人员、企业家参会，共聚科技盛宴。会议由华中科技大学主办，武汉光电国家实验室（筹）和光学学会（OSA）承办。

5—7日，为认真贯彻党的十九大精神，决胜全面建成小康社会，校党委书记路钢带队赴我校定点扶贫地区云南省临沧市临翔区推进扶贫工作，并分别访问昆明理工大学、云南大学和滇西应用技术大学。

9日，为积极响应“百万校友资智回汉工程”，在“资智同行 梦圆江城”2017湖北武汉创新驱动发展高峰论坛暨信中利CEO年会上，信中利与华中科技大学签订合作协议，信中利资本集团董事长、校友汪潮涌宣布，将成立信中利公益教育基金，向母校华中科技大学捐赠1亿元人民币，同时将联合母校共建“10亿”科技成果转化与校友创业基金。汪潮涌，湖北省政府副省长曹广晶，武汉市委常委、武汉开发区工委书记、汉南区委书记胡亚波，校党委书记路钢在仪式上分别致辞。校领导马小洁、陈建国、梁茜出席活动。

9日，科睿唯安发布ESI(Essential Science Indicators)最新数据，我校计算机科学排全球第35名，首次进入前1‰。至此，我校已有3个学科进入ESI全球前1‰。

10—12日，计划生育研究所举办首届长江生殖医学高峰论坛。11月9日下午，应邀参加论坛的美国蒙大拿州立大学副校长Renee A. Reijo Pera教授一行访问了同济医学院。副校长、同济医学院党委书记、院长陈建国会见了来访人员。

12日，“百万大学生留汉创业就业工程”大型校园巡回招聘活动启动仪式暨首场招聘会在华中科技大学光谷体育馆举行。湖北省委副书记、武汉市委书记陈一新，武汉市委副书记、市长万勇，武汉市委常委李述永、蔡杰、曹裕江、程用文、李义龙、李有祥，校领导路钢、丁烈云、陈安民、周建波、陈建国、梁茜等出席活动。校长丁烈云主持启动仪式。

14日，授予胡丙长院士“杰出校友”荣誉称号仪式在公卫学院举行。校长丁烈云，校友、哈佛大学公共卫生学院教授、美国国家医学院胡丙长院士出席仪式。

15日，共青团湖北省委书记张桂华来到我校，围绕准确把握党的十九大的主题和重大意义、学习领会党的十九大精神实质、习近平新时代青年工作思想对青少年与共青团工作的新要求等方面，面向团员青年宣讲十九大精神。校团委全体工作人员、各院系分团委书记、校学生组织负责人，以及全校各院系团支部书记、学生骨干代表共计300余人汇聚公管学院报告厅聆听，宣讲会由校党委常委、副校长梁茜主持。

17—19日，由教育部主办的2017国创计划十周年庆典暨第十届全国大学生创新创业年会在大连海事大学举行。来自全国各地的学生、教师、企业家、投资人等共1300余名代表齐聚一堂，展示交流创新创业新成果，探索创新创业教育新路径。我校获评“国家级大学生创新创业训练计划最佳组织奖”，副校长许晓东获评“卓越成就奖”，刘玉教授获评“最佳导师奖”。

17日，学习贯彻党的十九大精神宣讲报告会在管理学院学术报告厅举行，中国社会科学院马克思主义研究院党委书记、院长邓纯东来校做专题辅导报告。校党委书记路钢主持学习，校党委常委丁烈云、丁汉初、周建波、马建辉、陈建国、梁茜参加报告会。

21日，为深入学习贯彻党的十九大精神，加强基础研究和创新能力建设，依据《国家科技创新基地优化整合方案》的任务要求，科技部会同有关部门启动国家研究中心组建工作。根据专家论证意见，经研究，决定批准组建北京分子科学等6个国家研究中心，我校获批组建武汉光电国家研究中心。

21日，美国电子电气工程协会(IEEE)发布了2018年度新当选会士(Fellow)名单，我校能源学院罗小兵教授、电气学院曲荣海教授入选。

23日是发展经济学奠基人、我国著名经济学家张培刚教授逝世六周年纪念日。在这一特殊时刻，经张培刚先生夫人谭慧老师呕心沥血、历6年之功而成的《张培刚画册》正式由张培刚发展经济学研究基金会付梓，以缅怀这位学术巨匠的传奇一生。

27日，中国工程院公布了2017年院士增选结果。我校马丁教授当选为中国工程院院士。马丁教授的当选实现了我校医科院士在中国工程院零的突破，也是湖北省和我校目前第二位医科院士。

27日，中国工程院公布了2017年院士增选结果。我校米耀荣教授当选为中国工程院外籍院士。

27日和28日，中国工程院和中国科学院先后公布2017年院士增选结果。我校4校友分别当选两院院士。其中，校友邹学校当选为中国工程院院士；校友方复全、徐涛、张清杰当选为中国科学院院士。

27—29日，科技部主办的“ITER(国际热核聚变实验堆计划)十年——回顾与展望”会议在北京中国科技会堂召开。校长丁烈云院士、潘垣院士受邀参会。电气学院等离子体物理研究所于克训教授、陈忠勇教授等一批ITER研究团队成员组团参加了会议。

29日，比利时新鲁汶大学副校长Dana Samson教授、Marc Francaux教授等一行6人访问我校。副校长骆清铭会见了来访人员。

本月，全球专业信息与分析服务公司科睿唯安在线发布了2017年全球高被引科学家名单，自动化学院曾志刚教授入选，为我校唯一入选者。

武汉光电国家实验室(筹)王鸣魁教授入选英国皇家化学学会会士(Fellow of the Royal Society of Chemistry,FRSC)。

学校收到消防与应急救援国家工程实验室的有关任命文件,电信学院王殊教授和朱明副教授分别获任消防与应急救援国家工程实验室(华中科技大学)主任和常务副主任。同时,还聘任我校科发院基地办公室主任丁学俊为该国家工程实验室理事会理事,王殊为国家工程实验室技术委员会委员。这标志着消防与应急救援国家工程实验室(华中科技大学)正式落户电信学院。

12 月

4 日,我校"青年马克思主义培养学校"成立。"青马学校"由校团委筹办、校党委批准建立,党委书记任校长,分管学生工作的校领导任副校长。

6 日,海尔集团与我校共建的燃气具创新联合实验室在校揭牌。揭牌仪式上,海尔集团发布了全球首个《防干烧燃气灶标准》。该标准由我校能源学院煤燃烧国家重点实验室向军教授团队牵头参与研究。

6 日,俄罗斯南乌拉尔国立大学副校长 Radionov 一行来访我校。

7 日,中央电视台《24 小时》将我校同济医学院附属协和医院心血管外科临床基地作为内地医院对边境欠发达地区精准医疗帮扶的典型进行了报道。

8 日,党的十九大代表、光明日报社总编辑张政来校宣讲十九大精神。报告中,他积极与现场师生互动,现场学习氛围浓厚。

9 日,由我校国家治理研究院主办的第三届"全球治理 · 东湖论坛"——国际组织与全球治理国际研讨会在武汉东湖宾馆举行,来自中国、美国、德国、印度、澳大利亚、西班牙、莫桑比克、摩洛哥、加纳、老挝等十多个国家和地区的国际组织代表和专家学者 150 余人出席了论坛。这是继刚刚在北京召开的全球政党大会之后,又一次以高校智库为发起单位组织的全球性多边国际活动,形成了"中央与地方对接""南方与北方呼应"的局面,为习近平新时代中国特色社会主义思想特别是构建人类命运共同体理念的国际传播发挥了积极的推动作用。

9 日,"'学在中国'系列活动——全国首届来华留学生临床思维与技能竞赛 · 2017"("Study in China" — The First Clinical Thinking and Skills Competition for International Medical Students)在天津医科大学举行,我校代表队获得竞赛最高奖——优异团队奖、最佳团队合作奖和内科技能单项优秀奖 3 个奖项。

11—12 日,中共中央政治局常委、国务院总理李克强在国家卫生和计划生育委员会主任、党组书记李斌,湖北省委书记蒋超良,及省长王晓东陪同下在武汉考察。"癌症疾病关系千千万万人群,是重大民生痛点。我这次来就是想实地了解,现在有哪些'卡脖子'因素?攻克癌症需要政府给予什么政策支持?"12 月 12 日,李克强总理在我校同济医学院附属协和医院与 20 多位肿瘤专家"站谈"。两个月前的一次国务院常务会上,总理明确提出要求,要集中优势科研力量开展疑难高发癌症治疗专项重点攻关。12 月 12 日上午,李克强来到附属协和医院专门看望白血病患儿,并与肿瘤专家深入交流攻克癌症等问题。

12 日,国家孔子学院总部在西安举行第十二届全球孔子学院大会。本届大会以"深化合作,创新发展,为构建人类命运共同体贡献力量"为主题,来自 140 多个国家和地区的大学校长、孔子学院、驻外使领馆代表 2000 余人出席了此次盛会。国务院副总理、孔子学院总部理事会主席刘延东出席并致辞,为全球孔子学院先进单位和先进个人颁奖。我校与新西兰坎特伯雷大学合办的坎特伯雷院孔子学院喜获"全球先进孔子学院"称号。

14 日,美国医学院院士、美国工程院院士、美国宾夕法尼亚大学 Robert D. Bent 讲席教授、美国肿瘤协会-宾夕法尼亚大学物理-肿瘤科学中心主任、宾夕法尼亚大学生物物理-工程实验室主任 Dennis E. Discher 教授受聘为我校名誉教授。

15 日,中国高等教育国际化发展状况调查报告发布会暨来华留学质量认证工作会在北京举行。会上发布了全国第二批来华留学质量认证结果,我校顺利通过了教育部组织的来华留学质量认证,获得认证证书。

16 日,深圳市海鲸教育基金会向我校捐赠 500 万元人民币设立"海鲸探索奖学金",鼓励学生从事科研、创业和公益方面的探索,奖励跨学科综合性创新性人才。

16 日，我校与中国科学院大学签署“贝时璋菁英班”共建补充协议。

20 日，在我校“双一流”建设专题报告会上，云南大学校长林文勋联系该校实际畅谈“双一流建设中几个问题的思考”。

21 日，由武汉华中数控股份有限公司牵头承担的“与工艺融合的高端多轴加工工艺与编程方法研究”课题在用户现场东方电气集团东方汽轮机有限公司顺利通过了工信部组织的技术终验收。

25 日，由国家卫计委主管的全国性卫生行业报《健康报》医疗论坛版以“做对病人有意义的科研”为题深度解读了我校同济医学院附属同济医院的科研模式。

25 日，我校师生服务中心正式启用。校领导路钢、丁烈云、湛毅青、陈建国、梁茜参加启用仪式。中心以集中式受理、一站式服务为特色，统筹推进线上线下一体化建设，以为广大师生提供“方便、高效、舒心”优质服务为目标，首批 15 个单位进驻窗口服务，设有服务窗口 27 个，设置 24 小时自助服务区，同时引进多项社会服务，可办理各类事项 280 余项。

26 日，由教育部科学技术委员会组织评选的 2017 年度“中国高等学校十大科技进展”在京揭晓，我校陈吉红教授团队“高性能数控系统关键技术及产业化”成果入选。同时，我校同济医学院附属同济医院作为入选项目“慢性阻塞性肺病早期干预”的合作单位亦榜上有名。

26 日，武汉光电国家研究中心实施方案评审会举行。湖北省科学技术厅、湖北省发改委、武汉市科技局、武汉市发改委、东湖新技术开发区管委会、华中科技大学、中科院武汉物理与数学研究所、中船重工 717 所、武汉邮电科学研究院等单位代表参加会议，就进一步优化实施方案展开讨论。校党委书记路钢参加活动。

26 日，华中科技大学—中国船舶工业集团公司人才培养合作协议签约仪式暨华中科技大学中船俱乐部授牌仪式在学校八号楼二楼多功能厅举行。

27 日，华中科技大学在一号楼学术报告厅召开全校教师干部大会，中组部干部三局巡视员、副局长刘后盛宣布了中共中央关于华中科技大学党委书记的调整决定：邵新宇同志任华中科技大学党委书记（副部长级），路钢同志因年龄原因不再担任华中科技大学党委书记职务。

27—28 日，第六届国际青年学者东湖论坛举行。来自全球的 260 余名优秀青年学者共聚我校，开拓学术视野、启迪学术灵感。

28 日，教育部学位与研究生教育发展中心公布第四轮学科评估结果。我校 44 个学科参评，全部上榜。14 个学科进入 A 类，其中机械工程、光学工程、生物医学工程、公共卫生与预防医学等 4 个学科进入 A＋；28 个学科进入 B 类，其中 19 个进入 B＋。

28 日，中央人才工作协调小组办公室对第三批国家“万人计划”领军人才人选进行公示，其中，科技创新领军人才从科技部“创新人才推进计划”入选者中遴选产生。全国 315 家单位共 723 人入选，我校解孝林、涂良成、韩宏伟、马聪、王琳、刘剑峰、张勇慧、谢庆国、刘世元、周华民、金海、曾志刚、陈莉莉等 13 人入选，入选人数排名全国第四。

30 日，数字化设计与制造国家制造业创新中心创建工作汇报会在机械学院先进制造大楼召开。中国工程院院长周济院士、武汉市副市长徐洪兰、湖北省经信委党组成员王化平等听取汇报并指导工作。校党委书记邵新宇、校长丁烈云、副校长骆清铭，熊有伦院士、李培根院士、段正澄院士、李德群院士等参加会议。

本月，中央统战部推介我校积极推进统战知识进校园活动，报道了我校认真贯彻落实中央统战部、教育部“统战理论和政策进高校、进教材、进课堂工作”的工作举措。

土木学院工程管理系师生周诚副教授、博士生方伟立、博士生魏然、丁烈云院士的研究项目“支持地铁及地下工程吊装盲区安全的便携式敏捷物联网监控系统”获得 2017 年香港建造业议会创新奖国际大奖。

前沿（Frontiers）杂志社公布了 2017 年度 Top articles 和 Highlights，我校生命学院栗茂腾教授课题组于 2 月 14 日在 Frontiers in Plant Science 期刊上发表的论文《基因组编辑技术研究进展及其在植物研究中的应用》被选为 Top articles，并被作为 Highlights 文章推荐。

2017 年 12 月发布的 5G 新空中接口标准《复用与信道编码》正式采纳了我校江涛教授领衔的科研团队在信道编码（极化编码）方向的研究成果——校验级联极化码（Parity-Check-Concatenated Polar Codes)作为标准组成部分。

从中国国家标准化管理委员会网站获悉，由我校武汉光电国家研究中心周可教授团队牵头制定的国家标准《附网存储设备通用规范》(标准号:GB/T 33777—2017)和《模块化存储系统通用规范》(标准号:GB/T 35313—2017)分别于2017年5月31日和12月29日正式发布。

图书在版编目(CIP)数据

华中科技大学年鉴.2017/《华中科技大学年鉴》编纂委员会编著.—武汉:华中科技大学出版社,2019.12
ISBN 978-7-5680-5717-2

Ⅰ.①华… Ⅱ.①华… Ⅲ.①华中科技大学-2017-年鉴 Ⅳ.①G649.286.31-54

中国版本图书馆CIP数据核字(2019)第276577号

华中科技大学年鉴(2017) 《华中科技大学年鉴》编纂委员会
Huazhong Keji Daxue Nianjian (2017)

责任编辑:章 红
封面设计:林 夕
责任监印:周治超
出版发行:华中科技大学出版社(中国·武汉) 电话:(027)81321913
武汉市东湖新技术开发区华工科技园 邮编:430223
录 排:华中科技大学惠友文印中心
印 刷:湖北新华印务有限公司
开 本:880mm×1230mm 1/16
印 张:24.25 插页:2
字 数:745千字
版 次:2019年12月第1版第1次印刷
定 价:138.00元

华中出版

本书若有印装质量问题,请向出版社营销中心调换
全国免费服务热线:400-6679-118 竭诚为您服务